HEYNE BÜCHER

D1923505

SCIENCE FICTION

Herausgegeben
von Wolfgang Jeschke

Von Timothy Zahn erschienen in der Reihe
HEYNE SCIENCE FICTION & FANTASY:

*Die Blackcollar-Elite* · 06/4586
*Die Backlash-Mission* · 06/4587
*Astra* · 06/4645
*Totmannschaltung* · 06/4737
*Kriegspferd* · 06/4941
*Zeitbombe* · (in Vorb.)

TIMOTHY ZAHN

# KRIEGSPFERD

Roman

*Aus dem Amerikanischen übersetzt*
*von*
*Hilde Linnert*

Deutsche Erstausgabe

WILHELM HEYNE VERLAG
MÜNCHEN

HEYNE SCIENCE FICTION & FANTASY
Band 06/4941

Titel der amerikanischen Originalausgabe
WARHORSE

Deutsche Übersetzung von Hilde Linnert
Das Umschlagbild malte Keith Page

Redaktion: Wolfgang Jeschke

Erstveröffentlichung by Baen Publishing Enterprises, New York
(Teile des Romans erschienen in anderer Form
in ›Analog Science Fiction/Science Fact‹ im Mai 1982 und im Juni 1984)

Printed in Germany 1992
Umschlaggestaltung: Atelier Ingrid Schütz, München
Technische Betreuung: Manfred Spinola
Satz: Kort Satz GmbH, München
Druck und Bindung: Elsnerdruck, Berlin

ISBN 3-453-05852-6

# 1. Kapitel

Zwei Stunden zuvor hatte die *Dryden* ihre Rotation abgestellt und die Besatzung lebte zum ersten Mal seit fünfzehn Tagen wieder in der Schwerelosigkeit. Eine Stunde zuvor war der letzte Kurswechsel erfolgt und das Schiff so genau wie möglich in einen direkten Vektor mit dem Zielplaneten Arachne gebracht worden. Und nun, in den allerletzten fünf Minuten, war die leuchtend rote Masselinie endlich in der Mitte der Steueranzeige aufgetaucht und begann gemächlich, sich zum Rand hin auszudehnen.

Sie waren beinahe am Ziel. Beinahe in Arachne ... und bei den sie erwartenden Tampies.

Captain Haml Roman betrachtete die Masselinie noch einen Augenblick lang und bedauerte zum letzten Mal, daß ausgerechnet sein Schiff für diese Mission eingesetzt worden war. Dem Anschein und allen Versicherungen zum Trotz war der Ausgang genauso ungewiß wie Arachnes Umlaufbahn, und daß er bei der Scharade mitmachen mußte, verursachte ihm Sodbrennen. Aber weder der Senat noch die Admiralität hatten jemals daran gedacht, ihn in solchen Fällen nach seiner Meinung zu fragen. Wahrscheinlich hätte es ohnehin nichts gebracht.

Noch vier Minuten. Roman griff nach den Schaltern seiner Bordsprechanlage und tippte die Kabine seines Passagiers ein, doch noch während er damit beschäftigt war, ging die Tür rechts von ihm auf und Botschafter Pankau schwebte auf die Brücke. »Captain«, — er nickte und stieß sich ab, so daß er über die Brücke zu Roman glitt —, »wissen wir schon, wann wir ungefähr eintreffen werden?«

Roman nickte ebenfalls. »Ich wollte Sie gerade anrufen, Mr. Ambassador.« Er fragte sich kurz, wie Pankau es schaffte, seine steife Würde zu bewahren, während er wie ein Luftballon durch den Raum trieb. »Wir brechen in etwas weniger als vier Minuten durch.«

Pankau griff nach der Rücklehne von Romans Stuhl, um seinen Schwung abzustoppen, und stellte die Füße energisch auf eine der Haftplatten auf dem Boden. »Wie lange brauchen wir von hier aus nach Arachne?«

»Es kann sich nur um einige Stunden handeln. Vielleicht weniger, das hängt davon ab, wie nahe wir vor dem Durchbruch herankommen.«

Pankau war nicht begeistert, aber er besaß sichtlich genügend Erfahrung, um zu wissen, daß sich solche Ungewißheiten Romans Kontrolle entzogen. Der Mitsuushi-Raumantrieb brauchte dreißig Stunden für ein Lichtjahr und verschlang alle 1,7 Sekunden eine astronomische Einheit; trotz der Computerkontrolle hatte ein Schiff Glück, wenn der Durchbruch innerhalb einer Entfernung von fünfhunderttausend Kilometern von dem vorgesehenen Ziel erfolgte. »Tun Sie Ihr Möglichstes«, meinte der Botschafter beinahe widerwillig. »Und dann erwarte ich einen Mindestzeit-Kurs nach Arachne. Es hat keinen Sinn, es länger als unbedingt erforderlich hinauszuzögern.«

Lieutenant Commander Trent, der auf dem Platz des stellvertretenden Kommandeurs saß, warf Pankau einen verärgerten Blick zu, den dieser zum Glück nicht bemerkte. »Selbstverständlich, Mr. Ambassador«, antwortete Roman, unverändert höflich-neutral.

Pankau nickte kurz und verstummte, und dann beobachteten sie gemeinsam, wie sich die Masselinie ausdehnte. Sie hatte beinahe den Rand der Steueranzeige erreicht, als die Lichter auf der Brücke abrupt schwächer wurden und die Hälfte der Haupt-Statusanzeige von Grün über Rot zu Dunkelblau wechselte.

Die *Dryden* war angekommen.

»Lieutenant Nussmeyer?« fragte Roman und schaltete den Hauptmonitor ein. Der Bildschirm erwachte zum Leben; auf ihm leuchteten unzählige Sterne und links vom Zentrum die rot-orangefarbene Kugel der Sonne von Arachne.

»Haargenau am Ziel, Sir«, meldete Nussmeyer, der seinen Steuermonitor beobachtete. »Wir befinden uns etwas mehr als siebzigtausend Kilometer hangaufwärts von Arachne.«

Hangaufwärts bedeutete, daß die Schwerkraft der Sonne sie bei der Annäherung nicht behindern, sondern unterstützen würde. »Sehr gut, Lieutenant. Berechnen Sie einen Mindestzeit-Kurs bei ...« – er warf Pankau einen Blick zu – »bleiben Sie unter 1,5 Ge.«

»Aye, Sir. Ungefähr neunzig Minuten bis Orbit.«

»Sehr gut. Ausführen.«

Der Beschleunigungsalarm begann zu trillern, und Roman hörte dem Klicken und Knarren zu, als die Brücke in die Position für lineare Beschleunigung vorwärts einschwenkte. Die Zahl und das Dezibelniveau der Geräusche war in letzter Zeit gestiegen, und er schickte rasch ein Stoßgebet zum Himmel; hoffentlich hielt das Material wenigstens so lange, bis sie in den Hafen einliefen. Selbst bei einem relativ kleinen Kriegsschiff wie der *Dryden* konnte es sehr schnell zu einer sehr unangenehmen Situation kommen, wenn man versuchte, es von einer falsch ausgerichteten Brücke aus zu steuern. »Wollen Sie Nachrichten absenden, bevor wir in den Orbit einschwenken?« Roman blickte wieder zu Pankau hinüber. Dieser betrachtete mit zusammengekniffenen Augen den Hauptbildschirm, in dessen Mitte jetzt der kleine, sichelförmige Planet zu sehen war.

»Das hängt wahrscheinlich davon ab, ob die Tampy-Delegation noch oben ist, oder ob sie gelandet sind und ihr Schiff nach Hause geschickt haben«, antwortete er. »Können Sie das Bild noch ein wenig vergrößern?«

Roman wandte sich wieder seinem Steuerpult zu und stellte den Bildschirm erwartungsvoll auf volle Vergrößerung ein. Wenn das Tampyschiff tatsächlich noch bereitstand ...

Die kleine Sichel füllte sprunghaft den ganzen Bildschirm, stabilisierte sich, wurde größer und zum flachen Streifen eines bunten Planetenrandes. Die Kamera begann das Gebiet langsam abzutasten ...

Und da war es, hob sich von dem beleuchteten Teil ab: eine kleine, dunkle, rechteckige zylindrische Form, die einen ähnlichen, aber viel größeren Zylinder hinter sich herzog. Das Tampyschiff und das dazugehörende Raumpferd.

Auf dem Schirm blendete sich der Maßstab ein und stabilisierte sich, und jemand auf der Brücke pfiff leise. »Neunhundertzwanzig Meter lang«, las Pankau ab; selbst in seiner professionell kühlen Stimme lag ein Hauch von Ehrfurcht. »Ich glaube nicht, daß ich jemals ein so großes Raumpferd gesehen habe.«

»Die durchschnittliche Größe beträgt achthundert Meter«, bestätigte Roman. Sogar ihm fiel auf, wie jungenhaft aufgeregt seine Stimme klang.

Pankau hörte es offensichtlich ebenfalls, und sein Blick wanderte vom Bildschirm zu Roman. »Ihr erstes Raumpferd, Captain?«

Zum Glück war es in der Schwerelosigkeit schwierig, rot zu werden. »Es ist das erste, dem ich nahekommen werde«, gab er zu. »Natürlich habe ich sie schon aus der Ferne gesehen.«

Pankau brummte. »Für den Kommandanten eines Grenzschiffs wäre es ziemlich schwierig, ihnen gänzlich auszuweichen«. Seine Augen wanderten zum Hauptschirm zurück; er schob die Lippen vor. »Wahrscheinlich sollte ich jetzt zu ihnen sprechen. Wir müssen sie zumindest wissen lassen, daß wir hier sind.«

Roman nickte. Er griff nach dem Schalter für den Kommunikationslaser; erinnerte sich im letzten Augenblick und schaltete statt dessen das Funkgerät ein. Die Tampies hatten nie den Laser entwickelt und waren keineswegs daran interessiert gewesen, von der Kordonale die erforderliche Technologie zu erwerben. »Sie sind dran, Mr. Ambassador«, sagte Roman.

Pankau räusperte sich. »Hier spricht Botschafter Pankau an Bord des Kordonale-Raumschiffs *Dryden*«, meldete er sich. »Mit wem habe ich das Vergnügen?«

Die Reaktion erfolgte sofort; die Tampies hatten zweifellos bereits bemerkt, daß die *Dryden* eingetroffen war. »Ich höre«, antwortete die fremde Stimme.

Die greinende, kratzende, durch Mark und Bein gehende fremde Stimme. Roman biß die Zähne zusammen und versuchte, daran zu denken, daß die Tampies es nicht absichtlich machten.

»Ich bin Ccist-paa; ich spreche für die Tamplissta«, fuhr der Alien fort. »Ich begrüße euch.«

»Ich begrüße euch ebenfalls«, antwortete Pankau; in seinem Ton und seinem Verhalten war nichts von Romans Gereiztheit zu spüren. Aber Pankau war auch viel mehr an die Tampiestimmen gewöhnt. »Ich komme mit offenen Händen und gutem Willen und überbringe den Wunsch des Obersten Senats, unsere Differenzen so rasch wie möglich beizulegen.« Er zögerte den Bruchteil einer Sekunde. »Kannst du mir sagen, ob sich die Situation in den letzten vierzehn Tagen verändert hat?«

Pankaus Stimme klang leicht verstimmt, was Roman sehr gut verstehen konnte. Berufsdiplomaten lernten es, mit aufreizenden Stimmen und Verhaltensweisen zu leben; das Nichtvorhandensein von ausreichenden, zeitgerechten Informationen war etwas ganz anderes. Die *Dryden* war vierzehn Tage lang mit dem Mitsuushi-Antrieb unterwegs gewesen, und alles, was sie über die Schwierigkeiten auf Arachne wußten, war vierzehn Tage alt. Die Tampy-Mission hingegen hatte mit ihrer Kolonie bis zu dem Augenblick in Verbindung gestanden, in dem sie ihren Heimathafen verlassen mußte ... Was wahrscheinlich vor einigen Stunden geschehen war.

In diesem Fall stellte sich heraus, daß die Zeitdifferenz tatsächlich wesentlich war. »Es hat eine Veränderung gegeben«, erwiderte Ccist-paa und seufzte keuchend. »Einige der Menschen in der Arachne-Siedlung haben die Tamplissta von den Tyari angegriffen.«

Pankau schnalzte leise mit der Zunge. »Hat es Tote gegeben?«

»Menschen wurden nicht verletzt. Zwei Tamplissta sind gestorben.«

Roman verzog das Gesicht. Es war ein Schema, das sich in letzter Zeit immer öfter auf dem halben Dutzend Welten wiederholte, die die Kordonale mit den Tampies teilte: gärende Konfrontationen entwickelten sich zu heftigen Ausbrüchen von Gewalttätigkeit ... und immer waren die Tampies die Verlierer.

»Das bedaure ich«, erklärte Pankau. »Wir werden dein Schiff in ungefähr neunzig Minuten erreichen. Es wäre mir eine Ehre, dich auf die Oberfläche hinunterzubringen.«

»Die Ehre ist meinerseits«, erwiderte Ccist-paa. »Doch es besteht keine Notwendigkeit. Meine Landefähre ist in der Lage, mich hinunterzubringen.«

»Ach so«, murmelte Pankau. »In diesem Fall — könntest du so freundlich sein, mich hinunterzubefördern.«

Auf der Seite der Tampies trat kurz Stille ein. »Wir haben keine Filtermasken an Bord«, erklärte Ccist-paa.

»Ich besitze selbst eine.« Pankau zögerte und blickte zu Roman hinunter. »Angesichts der letzten Ereignisse halte ich es für besser, wenn wir diese Angelegenheit unter vier Augen besprechen, bevor wir uns den Siedlern stellen.«

Wieder eine Pause. »Du bist auf meiner Landefähre willkommen«, erwiderte Ccst-paa ohne eine Spur von Gefühlsregung. »Wenn du längsseits kommen willst, wird meine Landefähre an deinem Schiff anlegen.«

»Danke«, sagte Pankau. »Ich freue mich darauf, dich kennenzulernen.«

»Lebe wohl«, antwortete Ccist-paa, und augenblicklich wurde die Funkträgerwelle der Aliens abgeschaltet.

Roman tat mit der Funkanlage der *Dryden* das gleiche. Hinter ihm verwandelte sich das stärker werdende Summen des Haupt-Fusionsantriebs in ein dumpfes Dröhnen, und die Schwerkraft kehrte allmählich zurück. »Antrieb aktiviert, Captain«, bestätigte Nussmeyer unnötigerweise.

»Sehr gut«, nickte Roman. »Sobald wir ihnen nahe genug sind, beginnen Sie, den Treffpunkt-Vektor zum

Tampy-Schiff zu berechnen.« Er blickte zu Pankau auf. Das Gesicht des Botschafters wirkte plötzlich älter, aber das konnte auch die Auswirkung der wiederkehrenden Schwerkraft sein. »Hoffentlich sind Sie darauf gefaßt, mit einem Ausbruch von Gewalt konfrontiert zu werden«, bemerkte er leise.

Pankau verzog das Gesicht, ohne den Hauptmonitor aus den Augen zu lassen. »Was sonst war zu erwarten, wenn Menschen und Tampies zusammentreffen?« fragte er mürrisch. Als er jetzt zu Roman hinuntersah, war sein Blick sehr nachdenklich. »Macht es Ihnen nichts aus, Ihr Schiff nahe an ein Raumpferd heranzubringen?« fragte er merkwürdig herausfordernd.

Roman zog eine Augenbraue hoch. »Eigentlich nicht. Sollte es mir etwas ausmachen?«

Der prüfende Blick hielt noch einen Augenblick an und wandte sich dann ab. »Über Raumpferde sind eine Menge falscher Informationen im Umlauf«, antwortete Pankau. »Unrichtige, ausgeschmückte Geschichten, allgemeine Paranoia – und so weiter.« Er richtete sich auf und stieg von der Haftplatte hinunter. »Ich gehe in meine Kabine und mache mein Gepäck fertig. Lassen Sie es mich wissen, wenn wir das Tampy-Schiff erreichen.« Er zögerte. »Oder wenn etwas ... Unerwartetes ... eintritt.«

Roman warf Trent einen Blick zu, den der stellvertretende Kommandeur erwiderte. »Selbstverständlich, Mr. Ambassador.«

* * *

»Die Tampy-Landefähre hat abgelegt«, meldete Trent. »Flugbahn ... millimetergenau.«

»Bestätigt«, nickte Roman. »Verfolgen Sie die Landefähre weiter, Commander – vergewissern Sie sich, daß sich nichts verändert.«

Trent sah Roman an, bevor er sich wieder seinen Anzeigen zuwandte. »Sie nehmen an, daß Pankau etwas weiß, das wir nicht wissen?« fragte er.

Roman zuckte die Achseln. »Wahrscheinlich ist er nur vorsichtig. Andererseits ist es dort unten zumindest in einem Fall zu Gewalttätigkeiten gekommen.«

»Und da Pankau wahrscheinlich Anweisung hat, den Tampies alles zu geben, was sie wollen ...«, meinte Trent höhnisch.

Roman zuckte die Achseln. *Es ist nicht unsere Sache, nach dem Grund zu fragen,* dachte er. Das bedeutete natürlich nicht, daß es ihnen gefallen mußte.

Das Tampy-Schiff war in einen zehn Kilometer unterhalb der *Dryden* liegenden Orbit eingeschwenkt und entfernte sich langsam von ihr. »Folgen Sie ihnen, Lieutenant«, wies Roman Nussmeyer an, während er die Geschwindigkeitsangaben auf seinen Geräten beobachtete. Einen Kilometer vor dem Schiff der Aliens schwebte die dunkle Masse ihres Raumpferds ... »Nein, wir werden ihnen nicht einfach nur folgen«, stellte er plötzlich richtig. »Ich möchte mir das Raumpferd näher ansehen. Langsame Annäherung, paralleler Kurs und halten Sie uns in einer Entfernung von ungefähr zwei Kilometern.«

Die leisen Gespräche im Hintergrund brachen plötzlich ab. Nussmeyer sah Trent an und Trent sah Roman an. »Ist etwas, Commander?« fragte Roman sanft.

Trents Lippen zuckten.

»Die Tampies werden sich nicht freuen, wenn wir ihr Raumpferd erschrecken.«

»Deshalb bleiben wir ja in einer Entfernung von zwei Kilometern.«

»Und was ist, wenn das nicht weit genug ist?«

Roman zog die Augenbrauen hoch und sah sich auf der Brücke um. »Wir werden uns nicht an das Tier anschleichen, Gentlemen. Die Tampy-Betreuer werden sicherlich imstande sein, das Pferd unter Kontrolle zu halten, oder zumindest rechtzeitig merken, daß sie es nicht können und uns auf Distanz gehen lassen. Außerdem sind Raumpferde gar nicht so scheu.«

Trents Gesichtsausdruck war eisig, aber er machte sich

ohne weiteren Einwand an seine Arbeit. Roman beobachtete einen Augenblick lang seinen Rücken, dann wandte er sich der Steuerung zu. »Lieutenant?«

»Manöver berechnet und eingegeben«, berichtete Nussmeyer mit leicht gepreßter Stimme. Er war genauso wenig darüber glücklich wie Trent, aber im Gegensatz zu dem stellvertretenden Kommandeur war er nicht in der Lage, darüber zu debattieren.

»Sehr gut«, sagte Roman. »Ausführen.« Der Antrieb wurde auf Mindeststärke eingeschaltet, die Rumpfplatten zitterten leicht, und die Schwerkraft kehrte andeutungsweise wieder. Die *Dryden* bewegte sich langsam vorwärts und auf den Planeten zu, und kam am Tampy-Schiff und der einen Kilometer langen und beinahe unsichtbaren Zugleine vorbei. Einige Minuten später befanden sie sich parallel zum Raumpferd.

Es war beinahe ein Klischee — noch dazu ein zwanzig Jahre altes Klischee —, daß weder eine Kamera noch ein Holograph die beeindruckende Majestät eines Raumpferdes einfangen konnten.

Roman hatte das Klischee seit seinem Dienstantritt bei der Raumflotte hundert Mal gehört, verstand aber jetzt erst, warum jeder, der so ein Tier aus der Nähe gesehen hatte, die gleichen Worte gebrauchte, um es zu beschreiben.

Zunächst: Das Geschöpf war riesig. Es war neunhundertzwanzig Meter lang und hatte ungefähr die Form eines Zylinders mit abgerundeten Enden, der sich von vorn nach hinten leicht verjüngte. Neben ihm wirkte das kleine Tampy-Schiff, das es hinter sich herzog, zwergenhaft. Die zarten Leinen, die beide verbanden, waren sogar auf dem Teleskopmonitor praktisch unsichtbar, aber wenn das Sonnenlicht auf die Fasern fiel, glitzerten sie manchmal, wodurch das Bild einen märchenhaften Anstrich bekam.

Roman faszinierten jedoch vor allem die Einzelheiten, die man beim Abtasten aus großer Entfernung nicht erkennen konnte. Zum Beispiel die Haut der Raumpferde: Auf den Holos war sie einheitlich grau, während sie in Wirklichkeit merkwürdig schillerte und ihn an Seide erinnerte. Die in Axialringen an beiden Enden des Zylinders angeordneten Sensorengruppen waren ebenfalls weitaus zarter gefärbt, als die Hologramme wiedergeben konnten; die Farbskala reichte von Blaßblau über dunkles Burgunderrot und überraschend helles Gelb zu Tiefschwarz.

»Wir erhalten jetzt Absorptionswerte«, berichtete Trent und riß damit Roman aus seinen Gedanken. Obwohl in seiner Stimme noch immer Mißbilligung lag, schwang jetzt widerwilliges Interesse mit. »Die Haut scheint etwa sechsundneunzig Prozent des auf sie auftreffenden Sonnenlichts zu absorbieren, und dieser Prozentsatz gilt für das ganze elektromagnetische Spektrum.«

Roman nickte. Angeblich konnten die Raumpferde Strahlungen jeder Wellenlänge absorbieren — eine der Energiequellen, die die riesigen Tiere am Leben erhielten. »Haben Sie eine Ahnung, wie es zu dem Schimmern kommt?« fragte er.

»Wahrscheinlich ein durch den Staubschweiß verursachter Beugungseffekt«, erklärte Trent. »So jedenfalls die Theorie. Ich werde versuchen, die Werte direkt zu erhalten.«

Er streckte die Hand aus, als die Alarmanlage der *Dryden* plötzlich zu trillern begann.

»Anormale Bewegung, Captain«, berichtete Nussmeyer. Der Hauptmonitor wechselte selbsttätig zu einem taktischen Display, und die Laserfadenkreuze wanderten über das Raumpferd und an ihm vorbei.

»Immer mit der Ruhe, Gentlemen«, sagte Roman und schaltete auf den entsprechenden Monitor um, während seine Muskeln sich unwillkürlich verkrampften. Das Programm für anormale Bewegungen war ursprünglich dazu entworfen worden, um langsam fliegende, im Hinterhalt liegende Raketen zu entdecken; aber so nahe bei einem Raumpferd ... »Ich bezweifle, daß es hier etwas Gefährliches gibt.«

»Es handelt sich um einen Meteor, Sir«, meldete Trent sobald sich der Teleskopbildschirm auf das Objekt einstellte.

»Wie ich gesagt habe«, nickte Roman. »Hat nichts mit uns zu tun.«

»Vielleicht, vielleicht auch nicht«, widersprach Trent vielsagend. »Ich könnte mir vorstellen, daß die Tampies diesen Felsen nicht nur als Futter für das Raumpferd betrachten. Das Raumpferd könnte ihn zum Beispiel telekinetisch durch unseren Rumpf schleudern.«

Roman sah Trent stirnrunzelnd an und sein Magen verkrampfte sich schmerzhaft. In den letzten Jahren hatten die gedankenlosen Vorurteile gegen die Tampies in der gesamten Kordonale überhand genommen, und er hatte sich längst mit ihnen abgefunden. Aber daß er auf seiner eigenen Brücke darauf stieß ...

»Haben Sie schon einen Vektor für den Meteor, Lieutenant Nussmeyer?« erkundigte er sich ruhig.

»Er hält auf das Raumpferd zu, Sir«, antwortete der Steuermann etwas unsicher. »Wird irgendwo im vorderen Sensoren-Ring auftreffen.«

Trent verzog die Lippen. »Hat nichts zu besagen«, widersprach er eigensinnig. »Sir. Die Tampies könnten vorhaben, ihn im letzten Augenblick auf uns zu schleudern, wenn unsere Wachsamkeit nachläßt.«

Roman legte den Kopf schief. »Sie sollten dafür sorgen, Lieutenant, daß unsere Wachsamkeit nicht nachläßt.«

Trent hielt seinem Blick noch einen Augenblick lang stand, dann wandte er sich ohne ein weiteres Wort wieder seinen Displays zu. Roman schaltete eine der Teleskopkameras auf das Raumpferd und zwar so, daß sie auf den errechneten Kollisionspunkt mit dem Meteor fixiert war. Trents Verfolgungswahn war lächerlich; für Roman stand zweifelsfrei fest, wozu das Raumpferd den Meteor brauchte ... und er freute sich genauso darauf wie das Raumpferd. Der Display veränderte sich leicht, als der Kollisionsvektor korrigiert wurde und sich auf eine der Sensorengruppen einstellte: Acht beeindruckend gefärbte Organe, jedes einige Quadratmeter groß; sie bildeten einen Kreis um ein sonst unauffälliges Stück grauer Haut.

Einen Augenblick lang geschah nichts ... dann wurde die Farbe aller Organe unvermittelt dunkler, im grauen Fleck in der Mitte öffnete sich eine Spalte, deren Ränder sich mit einer kräuselnden Bewegung aufstellten. Der Meteor tauchte im Sichtfeld der Kamera auf und fiel in die Öffnung. Die Ränder glätteten sich, der Spalt verschwand und die Organe nahmen ihre ursprünglichen Farben an.

»Alarm beenden«, befahl Roman, und als das Trillern aufhörte, sah er zu Trent hinüber. Dessen Rücken war steif; er wirkte zornig. Wahrscheinlich hatte er gehofft, daß die Tampies die *Dryden* wirklich angriffen.

Er hatte eine Rechtfertigung seiner Vorurteile erhofft.

»Ich möchte, daß Sie eine vollständige Analyse des Ereignisses durchführen, das wir soeben aufgezeichnet haben, Commander«, sagte Roman in die Stille. »Konzentrieren Sie sich auf die Bewegungen des Meteors — Veränderungen des Vektors, Wechselwirkung mit lokalen Schwerkraft-Gradienten, und so weiter. Es gibt sehr viel, das wir über die Telekinese der Raumpferde nicht wissen, und es ist eine Wissenslücke, die wir dringend füllen müssen.«

Die Spannung in Trents Rücken ließ ein wenig nach. »Ja, Sir. Ich werde die Programme sofort eingeben.«

Das Spannungsniveau auf der Brücke sank deutlich, und Roman seufzte befriedigt. Man hatte ihm einmal beigebracht, daß ein vernünftiger Kommandant seine Untergebenen nur dann mit der Nase auf die Fehler stößt, die sie gerade begangen haben, wenn es unbedingt erforderlich ist. In diesem Fall war es nicht unbedingt erforderlich.

Trent war selbstgerecht, aber auch die Selbstgerechten müssen manchmal ihr Gesicht wahren.

* * *

Botschafter Pankau kam zwanzig Stunden später zurück — mit einem Übereinkommen, das genau der Scharade entsprach, die Roman erwartet hatte.

»Die Kolonisten auf Arachne werden ihre Energieanlage ungefähr dreißig Kilometer flußabwärts verlegen«, erläuterte Pankau, während er Roman die Bänder und die unterzeichneten Papiere übergab, die in die offiziellen Aufzeichnungen der *Dryden* aufgenommen werden sollten. »Davon abgesehen müssen sie gar nicht so viel aufgeben.«

Roman spürte, daß Trents Blick auf ihm ruhte. »Was ist mit der Siedlung an sich?«, fragte er Pankau, während er die Papiere entgegennahm. »Wenn sie die Energieanlage verlegen, müssen sie doch mit der Siedlung das gleiche tun?«

Pankau verzog das Gesicht. »Einige Siedler werden dazu gezwungen sein, aber nicht alle.«

»Und was geben die Tampies auf?« erkundigte sich Trent.

Pankau warf ihm einen streng dienstlichen Blick zu. »Zufällig ist es diesmal so«, erklärte er gelassen, »daß die Tampies recht gehabt haben. Die Energieanlage hat die Wanderung von mindestens vier Arten von Landtieren und Vögeln gestört.«

»Tiere, die ihr Leben nicht an eine lausige Energieanlage anpassen können, verdienen, daß sie aussterben«, schnaubte Trent. »Außerdem sind die verdammten Ghornheads für überhaupt nichts zu gebrauchen.«

Pankau beherrschte sich, aber Roman merkte, daß es ihm schwerfiel. »Das trifft vielleicht auf die Ghornheads zu, aber von den Mrulla kann man es bestimmt nicht behaupten. Sie halten die Zahl der Rodunis in den Feldern auf einem erträglichen Niveau, und außerdem folgen sie den Ghornheads wie kleine Hündchen überall hin.« Er wartete Trents Antwort nicht ab, sondern wandte sich wieder an Roman. »Ccist-paa hat mir berichtet, daß sie Schwierigkeiten mit den terranischen Wilddieben haben, die sich aus ihrem Cemwanninni *yishyar*-System Raumpferde holen.«

»›Ihrem‹ System?« murmelte Trent gerade so laut, daß man ihn hörte.

Pankau sah ihn an, und sein Blick wurde hart. »Ja, *ihrem* System. Ob es Ihnen paßt oder nicht, Commander — der Senat hat alle terranischen Ansprüche darauf aufgegeben. Die Tampies können eine Tränke für ihre Raumpferde wirklich brauchen, wir nicht. Futterneid entspricht kaum der Verhaltensweise zivilisierter Menschen.«

Roman fiel auf, daß Pankau fließend und ohne nachzudenken gesprochen hatte. Offenbar mußte er den Text sehr oft wiederholen. »Ich bin davon überzeugt, daß wir alle Verständnis für die vernünftige Haltung des Senats haben«, fuhr er schnell fort, bevor Trent etwas sagen konnte, das er später bereuen würde.

Doch dieser ließ nicht locker. »Es gibt genauso triftige Gründe dafür, daß der gänzliche Verzicht auf ein System im allgemeinen nicht die beste Lösung darstellt.«

»Jetzt kann man jedenfalls nichts mehr dagegen unternehmen«, stellte Pankau leicht verärgert fest. Er zeigte auf die Papiere in Romans Hand. »Damit haben Sie die offizielle Erlaubnis, das *yishyar* zu betreten, Captain. Sobald Sie mich in Solomon abgesetzt haben, sollen Sie sich auf den Weg machen und versuchen, den Wilddieb zu fassen.«

Von Arachne nach Solomon und von dort zum *yishyar*. Es wurde immer bunter. »Ich anerkenne Ihre Versuche, die Tampies zu beruhigen, Mr. Ambassador ...«

»Meine Aufgabe besteht nicht darin, Tampies zu beruhigen«, unterbrach ihn Pankau kalt. »Ich habe die Befehle und Wünsche des Obersten Senats der terranischen Kordonale auszuführen — und in diesem Fall ist es der ausdrückliche Wunsch des Senats, daß nicht autorisierte terranische Schiffe dem Raum der Tampies fernbleiben.« Er musterte Roman eisig. »Oder deuten Sie an, daß ich nicht die Befugnis habe, Sie auf eine solche Mission zu schikken?« Das stand jedenfalls nicht zur Debatte. Roman hatte bereits unbeschränkte Vollmachten des Senats gesehen und wußte, wie weitreichend sie waren. »Ich stelle Ihre Autorität keineswegs in Frage, Sir«, antwortete er. »Aber für ein Schiff von der Größe der *Dryden* ist es eine ziemlich lange Reise. Zwei Wochen, um Sie nach Solomon zurückzubringen, sechs Wochen oder mehr von dort zum *yishyar*-System und sechs Wochen für den Rückflug. Das sind drei Monate plus die Zeit, die es uns kosten wird, beim *yishyar* darauf zu warten, daß der Wilddieb auftaucht.«

»Wollen Sie damit sagen, daß Ihre Mannschaft ein paar Wochen im Weltraum nicht verkraften kann?« fragte Pankau herausfordernd.

»Nein, Sir«, antwortete Roman gleichmütig. »Ich meine damit, daß es uns zwei Wochen ersparen würde, wenn Sie Ccist-paa ersuchen, einen Umweg nach Solomon zu machen und Sie dort abzusetzen.«

Pankau war etwas verblüfft. »Ich verstehe.«

Roman sah ihm in die Augen. »Es sei denn, Sie können ein paar Stunden in einem Tampy-Schiff nicht verkraften.«

Einen Augenblick lang glaubte er, daß die berufliche Fassade abbröckeln würde. Aber er unterschätzte Pankau. »Das wird kaum ein Problem darstellen. Wenn Sie das Funkgerät einschalten würden ...«

Zehn Minuten später war alles geregelt. Eine Stunde danach saß Roman an seinem Steuerpult auf der Brücke und sah zu, wie das Raumpferd sprang.

Es war wohl der einzige vollkommen unspektakuläre Vorgang bei Raumpferden. Raumpferd und Schiff waren gerade noch auf dem Display, und einen Augenblick später waren sie weg.

»Ich würde wer weiß was dafür geben, wenn wir das auch könnten«, murmelte Trent. Roman betrachtete den leeren Fleck auf dem Display, an dem sich eben noch das Raumpferd befunden hatte. »Nicht nur Sie, sondern alle Angehörigen der Kordonale«, bestätigte er nüchtern. Vollkommen unspektakulär ... bis man darüber nachdachte, was wirklich geschehen war. Augenblicklich zurückgelegte interstellare Entfernungen ... und die einzige Einschränkung war, daß das Raumpferd imstande sein mußte, seinen Zielstern zu sehen. Die Vorstellung ließ Roman erschauern. »Wenn das *Amity*-Projekt in Angriff genommen wird, werden wir vielleicht einiges darüber erfahren, wie man Raumpferde zähmt und unter Kontrolle bekommt.«

Trent grinste spöttisch. »Die Chance ist gleich Null, Sir.«

Roman musterte ihn. »Sie glauben nicht, daß Menschen und Tampies lernen könnten, an Bord des gleichen Schiffes zusammenzuarbeiten?«

»Ich glaube nicht, daß es jemals so weit kommen wird, Captain«, antwortete Trent offen. »Meiner Meinung nach ist *Amity* nur ein Rauchvorhang, den Tampies und Pro-Tampy-Senatoren erfunden haben, damit es so aussieht, als unternähmen sie etwas in bezug auf das Problem der gemeinsamen Verwaltung der Welten. Die Raumflotte wird nie mit der Ausrüstung des Schiffes fertigwerden; und selbst wenn es ihnen gelingen sollte, wird die Mannschaft so voreingenommen sein, daß die Ergebnisse des Testflugs reiner Betrug sein werden.«

»Und wenn keines von beiden eintrifft?«

Trent sah ihm in die Augen. »Dann, Sir ... nein, ich glaube nicht, daß Tampies und Menschen jemals zusammenarbeiten können; nicht, ohne einander dabei umzubringen.«

Roman verzog das Gesicht. »Sie lassen der Kordonale sehr wenige Alternativen.«

»Beschwichtigung oder Krieg«, bestätigte Trent ruhig. »Und sogar ein so rückgratloser Senat wie der unsere kann sie nicht für immer beschwichtigen.«

Roman betrachtete das Display, den Fleck, an dem sich das Raumpferd noch vor einer Minute befunden hatte; und hätte gern wenigstens eine von Trents Ansichten widerlegt. Aber er konnte es nicht. Und selbst wenn er es gekonnt hätte — der andere hatte sich bereits festgelegt.

Wie so viele in der Kordonale.

»Sorgen Sie wenigstens dafür, Commander, daß Sie aufgeschlossen bleiben.« Er spürte selbst, wie abgedroschen es klang. »Sie können nie wissen, wann sich eine Alternative bietet. Bis dahin ... wir haben einen Auftrag auszuführen. Machen wir uns auf die Jagd nach einem Wilddieb.«

# 2. Kapitel

»Das wird allmählich lächerlich«, knurrte Stefain Reese, ohne sich an jemand Bestimmten zu wenden.

In die allgemeine Langeweile, die die Brücken-Crew der *Scapa Flow* erfaßt hatte, mischte sich jetzt Müdigkeit und Gereiztheit. Chayne Ferrol beobachtete von seinem Kommandopult aus, wie seine Männer Reese wütend musterten oder ihn deutlich übersahen, je nach persönlicher Vorliebe, und unterdrückte einen Fluch. Auch er hatte, genau wie seine Männer, mehr als genug von Reese; leider erforderten die politischen Notwendigkeiten, daß wenigstens ein Mensch weiterhin mit dem Mann sprach. »›Sie haben in fünf Stunden nichts gefangen?‹« zitierte er einen alten Anglerwitz. »›Kein Grund zum Kummer — ich habe in acht Stunden nichts gefangen.‹«

Der Versuch, humorvoll zu sein, ging daneben. »Geben Sie auf, Ferrol«, fuhr ihn Reese an. »In den letzten zweiundzwanzig Tagen habe ich diesen langweiligen alten Witz mindestens fünfmal gehört, und er war schon beim ersten Mal nicht komisch.«

Ferrol beherrschte sich mit Mühe. »Wir haben Ihnen von Anfang an klar gemacht, Mr. Reese, worauf Sie sich einlassen. Auch in einem *yishyar*-System befinden sich immer nur wenige Raumpferde gleichzeitig, und da draußen gibt es vierhundert Milliarden Kubikkilometer, auf denen die Raumpferde weiden können. Sie können nicht erwarten, daß uns am ersten Tag nach unserer Ankunft ein Raumpferd vor die Nase springt.«

»Aber mindestens fünfzehn sind uns mit ihren Sprüngen so nahe gekommen, daß das Anormale-Bewegungs-Programm sie registriert hat«, konterte Reese. »Sie sind keinem von ihnen gefolgt.«

Jetzt mischte sich Malraux Demarco vom Steuerpult aus ein. »Es ist ein verteufelt großer Unterschied, ob man einen

Echoimpuls auffängt oder sich an ihn heranschleicht«, stellte er bissig fest. »Außerdem ist keiner von uns darauf versessen, hier herumzusitzen und zuzusehen, wie die Steine vorübertreiben. Vergessen Sie nicht, daß Sie darum gebeten haben, mitgenommen zu werden.«

»Das war keineswegs meine Idee«, antwortete Reese genauso bissig. »Der Senator wollte, daß ich mitfliege und beobachte ...«

Ferrol schlug so heftig mit der Hand auf seine Armlehne, daß es durch die Brücke hallte und den beginnenden Streit mitten im Satz abschnitt. »Was?« fragte Reese und sah Ferrol herausfordernd an.

Ferrol erwiderte den Blick unverwandt und sah zu, wie sich die zornige Herausforderung in Unbehagen und dann in echte Angst verwandelte. »Ich verbiete Ihnen«, sagte er endlich leise, aber eiskalt, »den Senator in Zusammenhang mit diesem Schiff, seiner Mannschaft oder seiner Aufgabe zu erwähnen. Weder hier noch sonstwo. Niemals. Haben Sie verstanden?«

Reese schluckte sichtlich. »Ja.«

Ferrol ließ die Stille noch einen Augenblick andauern, dann wandte er sich wieder Demarco zu. »Haben wir jemals nähere Angaben über den Echoimpuls bekommen, den Randell aufgefangen und wieder verloren hat?«

Demarco schüttelte den Kopf. »Der Computercheck verlief negativ. Es kann ein Raumpferd gewesen sein, das auf einen Imbiß hereingesprungen ist und die Gegend sofort wieder verlassen hat.« Er machte eine Pause. »Oder es kann ein anderes Schiff gewesen sein.«

Ferrol nickte. Er hatte ebenfalls auf die zweite Erklärung getippt. »Glauben Sie, daß sie uns entdeckt haben?«

Demarco zuckte die Achseln. »Zweieinhalb Stunden sollten ihnen genügt haben, um ihre Position zurückzuberechnen, einen Kreis zu schlagen und sich von hinten auf uns zu stürzen. Da sie es nicht getan haben, war es wahrscheinlich ein anderer Wilddieb, der uns entdeckte und nervös wurde.«

»Oder vielleicht ein ungewöhnlich geduldiger Captain der Raumflotte, der uns in flagranti erwischen will«, meinte Ferrol. »Wir müssen die Augen offenhalten.«

»Ist das alles, was Sie unternehmen werden?« fragte Reese.

Ferrol sah zu ihm hinüber. »Was schlagen Sie vor, Mr. Reese?« fragte er sanft. »Daß wir den Schwanz einziehen, mit leeren Händen nach Hause rennen, und nicht einmal wissen, wovor wir davongerannt sind?«

Reese biß die Zähne zusammen. »Ich wollte damit andeuten, daß Sie einige praktische Vorsichtsmaßnahmen ergreifen sollten. Indem Sie zum Beispiel den Mitsuushi-Ring abschirmen.«

»Haben wir eine Mitsuushi-Abschirmung, Mal?« fragte Ferrol.

»Die die Ionenstrahlen eines Kriegsschiffs blockiert? Kaum.«

Ferrol sah Reese an. »Noch ein Vorschlag?«

Nach Reeses Gesichtsausdruck zu schließen, wäre der Vorschlag, den er machen wollte, deftig gewesen. Aber als er Luft holte ...

»Anormale Bewegung, Chayne!« rief Demarco. »Es ist ... du meine Güte – es ist beinahe bei uns. Peilung dreiundzwanzig Mark sechs, fünfzehn Mark zwei; Entfernung sechsundfünfzig Kilometer.«

»Ein Kriegsschiff?« fragte Reese. Seine Stimme lag um eine halbe Oktave höher als sonst.

Der Blick, den ihm Demarco zuwarf, zeigte deutlich, daß er mit seiner Geduld am Ende war. »Nein. Ein Raumpferd.«

»Allerdings ein ziemlich kleines«, fügte Ferrol hinzu, der die Anzeigen auf seinem Pult überflog. Es war tatsächlich klein, wenn er es recht bedachte. Wenn der Computer die Entfernung nicht vollkommen falsch berechnet hatte ...

Plötzlich fröstelte es ihn. »Es ist ein *Kalb*, Mal.«

Demarco starrte auf das Display. »Ich will verdammt sein.«

Ferrol fuhr sich mit der Zunge über die Oberlippe, und sein Herz begann zu hämmern, während er die Bordsprechanlage einschaltete. Ein Raumpferd-Kalb, jung, prägbar ... und vielleicht, nur vielleicht, dressierbar. »Captain an Mannschaft: Wir haben ein Ziel. Wir beginnen jetzt mit der Annäherung.« Er machte eine Pause. »Halten Sie wirklich genau Ausschau, Gentlemen. Dieses Kalb will ich haben.«

Demarco schaltete den Antrieb mit viel Gefühl ein und Ferrol merkte, daß Reese ihn nicht aus den Augen ließ. »Wenn Sie etwas zu sagen haben, Reese, dann sagen Sie es jetzt und halten Sie anschließend den Mund.«

Reese zeigte auf das zylindrische Geschöpf, das jetzt in der Mitte des Hauptdisplays erschienen war. »Sie hoffen, daß ein Kalb weniger Angst vor Menschen hat als ein erwachsenes Tier?« fragte er.

Die kleinen grauen Zellen des Mannes arbeiteten also doch. »Es funktioniert bei anderen Tieren«, antwortete Ferrol kurz. »Man bezeichnet es als Prägung.«

»Vorausgesetzt, das Kalb ist jung genug«, stimmte Reese vorsichtig zu. »Was immer in diesem Fall ›jung genug‹ bedeutet.«

»Wenn Sie eine Debatte beginnen wollen, wenden Sie sich an den Senat«, meinte Ferrol geistesabwesend. »Im Augenblick haben wir Wichtigeres zu tun.« Er holte tief Luft. »Okay, Mal; machen wir uns an die Arbeit.«

* * *

Sie näherten sich dem Tier mit einem Bruchteil ihrer üblichen Geschwindigkeit, so daß sie beinahe eine Stunde brauchten, um ihm so nahe zu kommen, daß sie es fangen konnten. Eine übertriebene und vielleicht unnötige Vorsichtsmaßnahme – das Kalb zeigte keinen Augenblick Anzeichen von Nervosität oder gar Panik –, aber sie hatten genügend Zeit und keinen Grund, ein Risiko einzugehen. Außerdem hatten sie keine Ahnung, ob ein Kalb, das im Begriff war davonzurennen, genauso reagieren würde wie ein erwachsenes Tier.

»Netzgeschütze bereit«, verkündete Demarco. »Entfernung zum Ziel ... 1,4 Kilometer. Anoden unter Höchstspannung.«

Ferrol entspannte bewußt seine Kiefermuskeln. Es war soweit. »Erstes Geschütz bereitmachen. Fertig ... Feuer.«

Als das in Geschoßform zusammengerollte Netz auf dem taktischen Display erschien, bäumte sich die *Scapa Flow* kurz auf; das Netz war genau auf sein Ziel unterwegs und zog die Haltetaue hinter sich her. Ferrol hielt den Atem an, ohne das Kalb aus den Augen zu lassen. *Nur noch ein paar Sekunden,* flehte er es im Geist an. *Bleibe nur noch ein paar Sekunden an der Stelle* ... Das Geschoß näherte sich auf dem Bildschirm dem Kalb und löste sich zu einem beinahe körperlos dünnen Netz auf. Nur noch ein paar Sekunden ...

Das Kalb bemerkte den näherkommenden Gegenstand zu spät. Das Geschoß – oder was von ihm übrig war – wurde telekinetisch mit einem Ruck zum Stillstand gebracht ... aber die Fäden des Netzes waren viel zu dünn, so daß das Kalb sie nicht richtig fassen konnte. Im nächsten Augenblick prallte das Netz auf sein Ziel auf und wikkelte sich um das Kalb ...

»Betäuben Sie es!« befahl Ferrol.

Die *Scapa Flow* bäumte sich wieder auf, diesmal viel heftiger, als das im Netz gefangene Kalb versuchte zu entkommen; doch noch während Ferrol in die Polsterung seines Sitzes zurückgeschleudert wurde, vernahm er das gedämpfte *Plopp* der Kondensatoren der *Scapa Flow*. Infolge der Sprühentladung leuchtete das Netz auf dem Bildschirm kurz auf ... und das Kalb hörte auf, sich zu bewegen.

Auf der anderen Seite der Brücke fluchte Reese leise, aber andächtig. »Sie haben es geschafft. Sie haben es tatsächlich geschafft.«

Ferrol fuhr sich mit der Hand über den Mund. »Vorausgesetzt, wir haben es nicht umgebracht. Mal?«

Demarco breitete die Arme aus. »Wer kann bei einem Raumpferd seiner Sache sicher sein? Anscheinend ist es aber in Ordnung.«

»Gut.«

Ferrol wurde auf ein blinkendes Lämpchen aufmerksam; der mittlere Rumpf der *Scapa Flow*, der jetzt durch die Entladung des Kondensators hoch positiv geladen war, drohte, einen Lichtbogen zum äußeren Rumpf zu bilden. »Ich schließe zum äußeren Rumpf kurz«, verkündete Demarco und griff nach dem entsprechenden Schalter.

»Warten Sie einen Augenblick.« Ferrols Nackenhaare kribbelten warnend. Wenn sie den inneren und den äußeren Rumpf kurzschlossen, würde der äußere Rumpf positiv geladen bleiben, bis er genügend Sonnenwind-Elektronen eingefangen hatte, um das Ungleichgewicht zu neutralisieren ... Das hieß, daß der Mitsuushi-Antrieb erst wieder eingesetzt werden konnte, wenn dieser Vorgang abgeschlossen war. »Geben Sie mir zuerst einen vollständigen Überblick über das Gebiet«, befahl er Demarco. »Suchen Sie vor allem nach Anzeichen dafür, ob sich das Schiff, das wir vorher registriert haben, in der Nähe herumtreibt.«

Demarco nickte kurz und machte sich an den Scannern zu schaffen. Ferrol wartete und versuchte, die regelmäßig aufleuchtende Warnung vor einem Lichtbogen zu übersehen, bis Demarco sich aufrichtete. »Sieht sicher aus«, berichtete er. »Natürlich kann es irgendwo im Hintergrund lauern und die Mitsuushi-Abfangschlinge bereits einprogrammiert haben.«

Ferrol biß sich auf die Unterlippe. Das war natürlich eine Möglichkeit ... »Also gut«, sagte er langsam. »Schließen Sie zum äußeren Rumpf kurz; dann isolieren Sie den mittleren Rumpf wieder und lassen Sie die Kondensatoren aufladen. Laden Sie auch den Reservekondensator auf.«

Damarco sah ihn erstaunt an, nickte aber. »In Ordnung.« Es krachte wieder – »Ladung zum äußeren Rumpf abgeleitet«, meldete er. »Äußerer Rumpf jetzt isoliert ... Aufladen beginnt.«

»Gut«, sagte Ferrol, wandte seine Aufmerksamkeit wieder dem Raumpferd-Kalb zu und startete die Prozedur für die Luftschleuse. »Townne und Hlinka, ihr setzt euch in Bewegung – das Raumpferd muß in einer halben Stunde transportfertig sein.«

»In Ordnung, Chay ...«

»Abnormale Bewegung!« fuhr Demarco dazwischen. »Entfernung fünftausend Kilometer, kommt direkt auf uns zu.«

»Was?« keuchte Reese. »Um Himmels willen, Ferrol ...«

Auf Ferrols Schaltpult leuchtete das Lämpchen des Laser-Funkgeräts auf. »Nicht identifiziertes Schiff«, sagte eine ruhige Stimme aus dem Lautsprecher, »hier spricht Captain Haml Roman an Bord der *K.R.S. Dryden*. Ich befehle Ihnen, Ihren Antrieb abzuschalten und zu warten, bis wir an Bord kommen.«

* * *

»Wie ich sehe, habe ich recht gehabt«, bemerkte Ferrol in die Stille. »Es war ein ungewöhnlich geduldiger Captain. Sie sollten das Festmachen des Kalbs aufschieben, Townne.«

»Mein Gott«, stöhnte Reese, »Sie werden sich doch nicht ergeben? Wenn man mich hier findet ...«

»Halten Sie den Mund oder verlassen Sie die Brücke«, unterbrach ihn Ferrol unbeeindruckt, während er die Anzeigen überflog. Das Kriegsschiff bewegte sich nicht sehr schnell, aber sogar bei seiner jetzigen Geschwindigkeit würde es sich in maximal zehn Minuten in einer Entfernung befinden, in der seine Mannschaft fünf Minuten später an die Luftschleusentür des *Scapa Flow* klopfen konnte. Bis dahin konnte die *Scapa Flow* nicht mit dem Mitsuushi-Antrieb das Weite suchen; den übrigen Anzeigen war zu entnehmen, daß die *Dryden* ihre Ionenstrahlen auf den Rumpf der *Scapa Flow* gerichtet hatte, ihn sowie den daran befestigten Mitsuushi-Ring auflud und ihn damit unbrauchbar machte.

Das heißt, die *Dryden* versuchte, den Rumpf aufzuladen. In diesem Augenblick war er infolge der vorhergehenden Entladung der Kondensatoren voll aufgeladen, so daß die Strahlung der *Dryden* zum größten Teil ohne Schaden anzurichten in den Weltraum abgelenkt wurde. Die Situation sagte Ferrol überaus zu ... und es war durchaus möglich, daß sein Gegenspieler auf der *Dryden* sie nicht bemerkt hatte. »Status der Kondensatoren, Mal.«

»Hauptanlage braucht noch drei Minuten bis zur vollen Kapazität«, berichtete Demarco. »Reserveanlage braucht weitere vier Minuten.«

Ferrol nickte und gab auf seinem Zeitschalter einen Countdown ein, den er im Auge behalten konnte. Es würde knapp werden. »Versuchen wir einmal, auf Zeit zu spielen«, sagte er zu niemand Bestimmten.

Er schaltete die Kommunikationskontrolle ein und dazu den brandneuen Domino III-Stimmenrefraktor, wobei er mit grimmiger Befriedigung dachte, welche Mühe es ihn gekostet hatte, dem Senat das Geld für diesen Apparat zu entreißen. Der Domino veränderte den Ton und die Frequenzen seiner Stimme unmerklich, so daß das andere Schiff nie herausbekommen konnte, mit wem es sprach. Der Senator hatte behauptet, daß das Gerät Geldverschwendung war, Ferrol hatte ihn vom Gegenteil überzeugt.

Ein Licht ging an: der Laser der *Scapa Flow* war auf sein Ziel eingestellt. »Captain, hier spricht Professor John English an Bord des Forschungsschiffes *Milan*«, meldete er sich, und verlieh seiner Stimme einen Hauch professioneller Muffigkeit. »Wir führen hier eine äußerst heikle Aufgabe durch, und wir wären Ihnen sehr dankbar, wenn Sie uns nicht näherkämen.«

»Tatsächlich?« fragte sein Gegenspieler. »Darf ich mich erkundigen, um was für eine Aufgabe es sich dabei handelt?«

»Natürlich. Wir beringen Raumpferde.« Ferrol bemerkte, daß die *Dryden* keineswegs langsamer geworden war. Er hatte es eigentlich nicht erwartet. »Wir versuchen, mehr über ihre Bewegungsabläufe und sozialen Gewohnheiten herauszubekommen. Ich nehme allerdings an, daß ein einfacher Beamter wie Sie nicht von dem Projekt erfahren hat.«

»Die esoterischen wissenschaftlichen Journale bekommen wir beim Dienst an der Grenze tatsächlich nicht an Bord geliefert«, antwortete der Captain so trocken, daß klar war, daß er kein Wort glaubte. »Sie werden vermutlich sechsunddreißig Quadratkilometer Tachyon-Sender/Empfänger an ihnen befestigen, nicht wahr?«

»Unsere Version ist wesentlich kompakter«, improvisierte Ferrol mühelos. »Es handelt sich um ein experimentelles System, das nur willkürliche Echosignale von Tachyon-Statik übertragen kann. Wir hoffen, daß irgendwann eine verbesserte Version für eine direkte Schiff-Schiff- oder Schiff-Erde-Kommunikation herauskommen wird.«

»Sicherlich ein würdiges Ziel. Aber weil wir gerade von Schiffen sprechen, könnten Sie uns vielleicht erklären, warum das Ihre nicht in unserem Register enthalten ist?«

»Wir sind wahrscheinlich zu neu.« Während Ferrol sprach, war seine Aufmerksamkeit vor allem auf den Kondensator-Countdown-Zeitmesser und die Vorgänge auf dem taktischen Hauptdisplay gerichtet. Die *Scapa Flow* befand sich beinahe breitseitig zum Annäherungsvektor der *Dryden*, eine schlicht lausige Position. »Wir haben uns erst vor zwei Monaten eintragen lassen, kurz vor unserem Abflug«, fügte er hinzu. »Sie sollten wirklich dafür sorgen, daß Ihr Register auf dem laufenden gehalten wird.«

»Natürlich — das ist es«, sagte der andere. »Das Verfahren wird sicherlich einfacher werden, sobald Sie Ihren Wunder-Mikro-Tachyon-Sender/Empfänger besser im Griff haben. Ich nehme an, daß Sie außer Ihren Registrierungspapieren keine schriftliche Erlaubnis von den Tampies besitzen, in ihrem *yishyar*-System herumzuschnüffeln.«

»Selbstverständlich besitzen wir die Erlaubnis.« Ferrol bemühte sich, gleichzeitig arrogant und beleidigt zu klingen. »Und eine Senatsdirektive, und eine Freigabe von der Raumflotte, und ein weiteres halbes Dutzend offizieller Bewilligungen. Es ist verblüffend, wie viel Papierkram erforderlich ist, um eine einfache wissenschaftliche Expedition durchzuführen. Ich muß nur das Ganze aus den Dateien ausgraben, dann schickt Ihnen mein Computer die Kopien hinüber.« Er schaltete die Verbindung ab. »Sobald ich es befehle, Mal, schwenken Sie ab, so daß sich das Kalb zwischen uns und der *Dryden* befindet. Denken Sie nicht darüber nach, daß die Gurte oder das Netz überbeansprucht werden, wir behalten sie ohnehin nicht.«

»Verstanden — bleiben Sie noch dran«, unterbrach ihn Demarco. »Soeben ist ein weiterer Echoimpuls aufgetaucht. Direkt hinter uns ... sieht wie ein verdammtes Tampy-Schiff aus.«

Ferrol atmete zischend aus. »Befehl unverändert. Sobald ich es sage, verschwinden wir hinter das Kalb.«

»Damit bekommt uns das Tampy-Schiff in voller Größe zu sehen«, mischte sich Reese ein. »Wir werden sogar breitseits zu ihm liegen ...«

»Das spielt keine Rolle«, unterbrach ihn Ferrol. »Sie sind zu weit entfernt, um uns mit einem Ionen-Strahl zu erreichen, falls sie überhaupt einen haben, und sie werden kaum etwas Stärkeres verwenden.«

Reese betrachtete stirnrunzelnd das taktische Display. »Warum nicht?«

»Natürlich deshalb, weil sie das Kalb treffen könnten«, knurrte Ferrol. »Außerdem glaube ich nicht, daß sie so etwas ohne Erlaubnis tun würden, noch dazu, wenn die *Dryden* zusieht.« Er schaltete den Sprechfunk wieder ein und warf dabei einen Blick auf den Zeitmesser. »Nur noch einen Augenblick, Captain. Wir haben den ganzen Stoß Papiere hier und kopieren sie für die Übertragung.«

»Aber natürlich«, antwortete der andere beinahe beruhigend. »Es hat mir Spaß gemacht, Captain, aber wir haben es jetzt zu Tode geritten. Machen wir weiter und lassen wir es gut sein, oder sind Sie tatsächlich entschlossen, noch mehr Zeit zu vergeuden, indem Sie gefälschte Dokumente übermitteln?«

Ferrol preßte die Lippen zusammen. Er haßte nichts mehr, als von der Gegenseite mit herablassendem Humor behandelt zu werden.

»Teilen Sie mir hiermit offiziell mit, daß ich verhaftet bin?« fragte er.

»Betrachten Sie es als offizielle Mitteilung. Sie haben doch nicht wirklich erwartet, daß Sie mit Ihrem Seemannsgarn durchkommen?«

»Es war den Versuch wert. Sie wären erstaunt, wie viele Leute ihr Gehirn abschalten, wenn man ihnen ein offiziell aussehendes Papier vor die Nase hält.« Ferrol schnippte mit den Fingern und gab Demarco ein Zeichen. Dieser nickte und der Antrieb erwachte plötzlich zum Leben, so daß Ferrol in seinen Sitz gedrückt wurde.

Er erwartete, daß der Captain der *Dryden* auf sein Manöver überrascht oder sogar zornig reagieren würde, aber falls dieser verärgert war, merkte man es seiner Stimme nicht an. »Was immer Sie vorhaben, Captain — ich kann Ihnen versichern, daß es nicht funktionieren wird«, erklärte er ruhig. »Unsere Sensoren zeigen eine hohe positive Ladung im Rumpf und im Mitsuushi-Ring an, und wir wissen beide, daß Sie uns im Normalraum unmöglich abhängen können.«

»Ich hoffe, daß meine Leute an Bord Ihres Schiffes gebracht werden, nachdem wir offiziell verhaftet worden sind«, sagte Ferrol, ohne auf die Bemerkung des anderen einzugehen. Die *Scapa Flow* fing jetzt an, sich in Bewegung zu setzen; noch eine Minute, und die Ionen-Strahlen der *Dryden* würden zumindest teilweise durch das friedliche Raum-Kalb blockiert sein, das noch immer ins Netz gewikkelt war. »Ich möchte außerdem nicht, daß Ihre Freunde mit den geschmolzenen Gesichtern mein Schiff in die Hände bekommen.«

»Sie haben etwas gegen die Tampies?«

Einen Augenblick lang kam die Erinnerung wieder, aber Ferrol unterdrückte sie unbarmherzig. Er konnte sich gerade jetzt keine emotionelle Ablenkung leisten. »Drücken wir es so aus, daß ich weiß, wozu sie fähig sind«, antwortete er kurz. »Obwohl die Propaganda des Senats das Gegenteil behauptet.«

Der Captain der *Dryden* dachte offenbar darüber nach. »Ein interessanter Kommentar«, sagte er nach einem Augenblick. »Vielleicht können wir uns auf dem Rückflug näher mit dem Thema befassen. Zufälligerweise stehen die Tampies da draußen überhaupt nicht mit dieser Geschichte in Verbindung.«

Ferrol fluchte leise. »Es spielt ohnehin keine Rolle. Auch wenn sie nicht aufgetaucht sind, um zuzusehen, wie Sie Jagd auf Wilddiebe machen, steht fest, daß Ihnen die ursprünglichen Befehle von den Tampies erteilt wurden.«

Die Pause war kurz, aber sie reichte, um Ferrol zu bestätigen, daß er einen wunden Punkt berührt hatte. »Wir haben unsere Befehle vom Senat erhalten, Captain«, sagte der andere gelassen.

»Eigentlich müßten Sie auf unserer Seite stehen«, erklärte Ferrol. »Solange die Tampies das Monopol auf den Besitz und den Einsatz der Raumpferde haben, müssen Sie und ich und die ganze Kordonale nach ihrer Pfeife tanzen. Die einzige Möglichkeit, um diese Macht zu brechen ...«

»Treffen Sie die notwendigen Vorbereitungen, Captain, um meine Leute an Bord Ihres Schiffes zu empfangen.« Die Stimme des anderen klang nicht mehr scherzhaft. Ferrol biß die Zähne zusammen. *Es war den Versuch wert,* dachte er. Und, was wichtiger war, es hatte der *Scapa Flow* die Zeit verschafft, die sie brauchte. Das Schiff befand sich in der richtigen Position; laut dem Zeitmesser waren es noch fünfzehn Sekunden bis zur vollen Aufladung. Ferrol schaltete den Laser aus und die Bordsprechanlage für das ganze

Schiff ein. »Mitsuushi in zwanzig Sekunden«, gab er bekannt. »Und halten Sie sich fest, es könnte stürmisch werden.« Er wandte sich Demarco zu. »In dem Augenblick, in dem die Kondensatoren voll aufgeladen sind, feuern Sie beide auf die Gurte ab«, wies er ihn an. »Wenn ich mich nicht geirrt habe, werden wir den Mitsuushi nur einige Sekunden lang haben — versäumen Sie das Fenster nicht.«

»Ferrol, was ...?«

»Klappe, Reese!« unterbrach ihn Ferrol, der den taktischen Display nicht aus den Augen ließ. Die *Dryden* trieb jetzt seitlich und schwang um das Raumpferd-Kalb herum, um wieder ein freies Schußfeld für die Ionenstrahlen zu bekommen. Ein gemächliches Manöver — bei den derzeitigen Schwankungen des Sonnenwindes würde es eine Stunde oder länger dauern, bis die Ladung des Rumpfs der *Scapa Flow* neutralisiert war, und das wußte der Captain des anderen Schiffs. Ferrol drückte sich im Geist die Daumen, ließ sich tiefer in seinen Stuhl sinken und sah zu, wie der Zeitmesser auf Null zurückkehrte. »Los!« befahl er.

Der doppelte Knall erschütterte das Schiff und hallte noch in Ferrols Ohren wider, als das Hauptdisplay hell aufleuchtete. »Wir haben gerade das Netz und die Gurte verloren!« rief Demarco, während der Rumpfbelastungsalarm zu trillern begann. »Der Strom muß sie verdampft haben.«

»Bereitmachen!« rief Ferrol, ohne den Oberflächen-Aufladungsindikator aus den Augen zu lassen. Vor der *Scapa Flow* vereinigten sich die freien Elektronen der beiden Kondensatoren mit denen der verdampften Netzfasern, und die ganze Masse stürzte sich mit Van-de-Graaff-Geschwindigkeit auf das elektronenärmste Objekt in ihrer Reichweite.

Die Tonhöhe des Rumpf-Stressalarms stieg, aber Ferrol hörte ihn kaum. Auf seinem Schirm zeigten die Mitsuushi-Sensoren an, daß die positive Ladung wie ein Stein fiel ...

»Der Rumpf ist neutral«, schnauzte er Demarco an. »Los!«

Einen Augenblick später waren das Raumpferd-Kalb, die *Dryden* und die Sterne verschwunden.

Sie hatten es geschafft.

Ferrol holte tief Luft. *Es hat funktioniert*, dachte er. »Status?«

»Der Mitsuushi ist in Ordnung, aber wacklig«, meldete Visockys Stimme aus dem Maschinenraum. »Wenn wir nicht in einer Stunde durchbrechen, tun es die Maschinen von sich aus. Die Ladung, die die Kondensatoren auf den mittleren Rumpf übertragen haben, muß abgeleitet werden, und zwar bald.«

Ferrol nickte. »Wir brechen in drei Minuten durch, ändern den Kurs und behalten ihn zehn Minuten lang bei. Wenn wir soweit sind, sollten wir so viel Zeit für das Putzen haben, wie wir wollen, ohne daß wir uns wegen unerwarteter Gesellschaft Sorgen machen müssen.«

Er schaltete ab, drehte sich um und stellte fest, daß Reese ihn ansah. Sein Gesichtsausdruck ... »Haben Sie etwas zu sagen, Reese?«

»Wir sind nach Hause unterwegs, nehme ich an?«

»Etwas anderes hätte nicht viel Sinn«, erwiderte Ferrol. »Irgendwann werden die Pro-Tampies ihre *yishyar*-Patrouillen einstellen. Bis dahin können wir nicht sehr viel unternehmen. Es sei denn, Sie wollen auf gut Glück Systeme absuchen.«

»Eigentlich nicht.« Reese warf einen Blick auf den abgeschalteten Hauptdisplay. »Sie sind ein verdammtes Risiko eingegangen. Ich verstehe nicht sehr viel von Raumschiffen, aber ich weiß, daß ein größerer Blitz zwischen der *Scapa Flow* und dem Raumpferd-Kalb sowohl die Mikro-Schweißnähte des Rumpfs als auch den Mitsuushi-Ring erledigen könnte.«

Ferrol sah ihn an. »Sie haben vollkommen recht, Mr. Reese. Sie verstehen wirklich nicht viel von Raumschiffen.«

Reeses Augen wurden hart. »Sie hätten die Kondensatorladung direkt an den äußeren Rumpf nebenschließen können«, sagte er angriffslustig. »Es war nicht notwendig, das Netz und die Gurte zu verdampfen.«

»Ich wollte die zusätzliche Elektronenwolke zwischen uns und der *Dryden* haben, falls sie wieder versuchten, den Ionenstrahl einzusetzen.« Ferrol bemühte sich, ruhig zu bleiben. »Außerdem, wenn wir an den Rumpf nebengeschlossen hätten, wären wir andere Risiken eingegangen.«

»Und außerdem haben Sie gehofft, daß der zusätzliche Stromstoß das Kalb töten würde, nicht wahr?«

Auf der Brücke war es still geworden. Die Spannung hätte das Kalb tatsächlich töten können. Bei dieser Vorstellung verkrampfte sich Ferrols Magen ... aber er würde Reese gegenüber nie zugeben, daß er sentimental war. »Das Raumpferd-Kalb hatten wir gefangen«, sagte er so hart, als meine er es tatsächlich. »Wenn wir das Tier nicht bekommen, kriegen es auch die Tampies nicht.«

Reese holte vorsichtig Luft. »Ich verstehe.«

»Das bezweifle ich. Aber ehrlich gesagt, es ist mir gleichgültig ... und für den Rest der Reise werden Sie auf der Brücke nicht mehr gebraucht.«

Reese schnallte sich mit unbewegtem Gesicht los und ging zur Tür. »Das wird der Senator erfahren.«

»Daran zweifle ich nicht«, erklärte Ferrol. »Es ist mir ebenfalls egal.«

Die Tür fiel hinter Reese zu und Ferrol seufzte müde und wandte sich wieder dem Display zu. Es war vielleicht der Anfang vom Ende. Nicht einmal die Hintermänner der *Scapa Flow* begriffen mehr, wie rasierklingendünn die Schneide war, auf der die Kordonale balancierte. Sogar sie ließen sich durch die Beteuerungen der Tampies, daß sie nur Frieden und Freundschaft wollten, einlullen.

Oder sie hatten den Mut verloren. In beiden Fällen ...

In beiden Fällen mußte ein ernstes Gespräch geführt werden, sobald die *Scapa Flow* nach Hause kam.

Ein sehr ernstes Gespräch.

* * *

Auf der Brücke herrschte lange Schweigen, und zwar jenes Schweigen, das Roman mit ungläubiger Verblüffung assoziierte.

So empfand er es jedenfalls. Unglauben ... und tiefen persönlichen Ärger.

Der Wilddieb hatte ihn geschlagen.

Er holte tief Luft. »Haben wir bei der Geschichte so etwas wie einen Abflugvektor registrieren können, Lieutenant Nussmeyer?«

»Ich glaube schon, Sir, ja«, erwiderte der Gefragte. »Obwohl er den Kurs nicht lange beibehalten wird, wenn er klug ist.«

Roman betrachtete Nussmeyer, auf dessen Gesicht etwas lag, das verdächtig nach Ehrfurcht aussah. »Und Sie nehmen an, daß er so klug ist?«

Nzssmeyer wurde rot. »Entschuldigen Sie, Sir, ich habe nur ...« Er machte eine hilflose Handbewegung. »Man muß einen Mann bewundern, der ein solches Risiko eingeht und damit durchkommt.«

»Ich muß?«

Nussmeyer wurde wieder rot und verstummte ... Aber als Roman sich auf der Brücke umsah, erkannte er, daß er diese Schlacht bereits verloren hatte. Die Bemerkung des Wilddiebs, daß die *Dryden* ihre Befehle von den Tampies erhielt, hatte ihm unterschwellig aber deutlich die Sympathie der Besatzung eingetragen – und dazu kam, daß das Tampy-Schiff im verdammt ungünstigsten Augenblick aufgekreuzt war. Es war vielleicht gut, dachte Roman, daß sie keine Chance hatten, den Verräter aufzuspüren. Die Besatzung der *Dryden* wäre ohnehin nicht rückhaltlos bei der Sache gewesen.

*Diese verdammten Tampies.* Er schaltete unvermittelt das Funkgerät ein. Falls die Tampies tatsächlich hier waren, um seine Jagderfolge zu begutachten – »Tampy-Schiff, hier spricht Captain Haml Roman an Bord der *Dryden*«, meldete er sich schärfer, als er vorgehabt hatte. »Eure Anwesenheit in diesem Teil des Systems unterstützt uns nicht gerade bei unserem Auftrag, die Wilddiebe zu fangen. Wäre es vielleicht möglich, daß ihr eure Operationen in ein anderes Gebiet verlagert?«

»Ich höre«, antwortete die greinende fremde Stimme sofort. »Wir führen hier keine Operationen durch, Rro-maa. Wir bringen eine Botschaft von deinen Leuten für dich.«

Roman blinzelte. Diese Antwort hatte er nicht erwartet. »Ich verstehe. Übermittelt die Botschaft, wir sind auf Empfang.«

Auf dem Bildschirm erschien kurz eine Anzeige. »Leb wohl«, sagte der Tampy und verschwand im nächsten Augenblick vom Monitor.

Die Mitteilung war kurz, aber trotzdem eine Bombe. Roman las sie zweimal, bevor er aufblickte. »Programmieren Sie den Kurs zurück nach Solomon ein, Lieutenant«, befahl er Nussmeyer. »Setzen Sie das Schiff in Bewegung, sobald der Mitsuushi soweit ist.«

»Schwierigkeiten?« fragte Trent.

Roman schüttelte den Kopf. »Ich bin nicht sicher. Die Nachricht lautet nur, daß wir zurückfliegen sollen, weil die Überholung für das Projekt *Amity* beendet ist.«

Trent runzelte die Stirn. »Das ist alles? Was wollen sie von uns – daß wir bei der *Amity* vorbeifliegen und sie durch einen Flyby in Schwung bringen?«

»Eigentlich nicht«, meinte Roman. »Vor allem wollen sie mich haben ... als Captain der *Amity*.«

# 3. Kapitel

Das Kurierschiff, das Roman von Solomon zum Kialinninni-System der Tampies gebracht hatte, war ein alter Kahn gewesen, der vor seiner Pensionierung stand oder diesen Zeitpunkt sogar bereits überschritten hatte. Wenn Aussehen und das gelegentliche Knarren der Stützstreben ein Hinweis waren, dann war das Shuttle, das ihn jetzt zur Kialinninni-Sonne und dem Raumpferdcorral der Tampies brachte, vom gleichen Jahrgang. Eine ständige Erinnerung daran, daß ein wesentlicher Teil des Senats und der Raumflotte dem *Amity*-Projekt verächtlich oder sogar mißtrauisch gegenüberstanden ... und daß es sich dabei um die Fraktion handelte, die über die Verwendung der zweckgebundenen Mittel entschied. »Ich hoffe, daß sich die *Amity* in besserem Zustand befindet als dieser Kasten«, bemerkte er.

Der Pilot grinste. Er wirkte genauso unspektakulär wie das Shuttle: Ein Lieutenant mittleren Alters, der offenbar den Gipfel seiner Laufbahn vor Jahren erreicht hatte und einfach hier hängengeblieben war. Im Gegensatz zur Hardware spürte man bei ihm unter der Oberfläche noch etwas; eine sanft flackernde Flamme der Begeisterung oder des Optimismus, die weder die amtliche Geringschätzung noch die gekürzten Budgets erstickt hatten.

Roman hatte diesen beinahe religiösen Glauben bei den glühendsten Anhängern der Tampies kennengelernt. Er wußte noch nicht, ob er das Phänomen als ermutigend oder erschreckend einstufen sollte.

»Machen Sie sich keine Sorgen, Sir«, beruhigte ihn der Pilot. »Die *Amity* ist eine Schönheit — brandneu, das beste innerhalb der Systeme eingesetzte Frachtschiff, und sie wurde vollkommen umgebaut. Sie verfügt über eine viel bessere Ausrüstung und bessere Quartiere als alles, was sonst fliegt. Auf jeden Fall besser als alles, womit ich jemals geflogen bin.«

Was unter Umständen nicht viel bedeutete. »Das hört man gern.« Roman warf einen Blick aus dem Fenster des Steuerraums. »Können wir sie von hier aus sehen?«

»Gerade noch, Sir.« Der Pilot zeigte nach vorn. »Das dort drüben ist die *Amity* – die Stelle am Rand der Corrals, an der sich das Sonnenlicht spiegelt.«

Roman runzelte die Stirn. »Das gehört zum Corral? Ich habe angenommen, daß er sich dort drüben befindet.« Er zeigte um dreißig Grad weiter nach links, wo im schwachen rötlichen Licht der Rand einer Raumstation zu sehen war. Daneben erkannte man die Umrisse von drei Raumpferden, hinter denen sich kleine Schiffe befanden. Es waren beinahe sicher Kurierschiffe; die Tampies hatten sich eigensinnig geweigert, die Tachyon-Sender/Empfänger der Kordonale für ihre interstellare Kommunikation zu verwenden.

»Das ist nur der Mittelteil«, erklärte der Lieutenant, »der sogenannte Fokus. Dort befinden sich die Verwaltungsgebäude, Quartiere für die diensthabenden Betreuer und das medizinisch-wissenschaftliche Studienzentrum. Die Einfriedung des Corrals erstreckt sich gut weitere dreihundert Kilometer in beide Richtungen.» Er grinste.« Der Platz reicht sogar bei Raumpferden dafür, daß sie bewegt werden.»

Roman musterte das angegebene Gebiet noch immer mißtrauisch. Weil er sie jetzt suchte, entdeckte er einige Raumpferde, die allein in einem Gebiet herumtrieben, das wie leerer Raum aussah. »Womit ist der Corral eingezäunt? Mit Netzen?«

»Hauptsächlich, Sir. Es ist ein Doppelnetz, das an einem geodätischen Gerüst befestigt ist, so daß es nicht die Form verliert.«

Roman sah zu der düsteren roten Sonne hinüber. »Was hindert sie also daran, einfach hinauszuspringen? Vielleicht die Tatsache, daß sie sich in der Nähe der Sonne in einem niedrigen Schwerkraftpotential befinden?«

»Zum Teil, Sir. Sprünge erfolgen zwischen Oberflächen

mit gleichem Potential, und praktisch jeder Stern, den die Pferde von hier aus sehen können, ist wesentlich größer und heißer. Deshalb haben die Tampies ihren Corral hier angelegt — diese Sonne ist kühl, aber sehr dicht, und jeder Sprung aus dem Corral würde das Raumpferd verdammt nahe an seine Zielsonne heranbringen. Aber das ist nicht alles.« Er betätigte einige Schalter am Navigationsdisplay, und das Schema eines Netzabschnitts erschien. »Die Knötchen an den Kreuzungspunkten des Gerüsts sind die Endpunkte von Lichtröhren. An den anderen Enden sind Linsen angebracht, die nach außen auf bestimmte Sterne gerichtet sind.«

Roman begriff allmählich. »Die Raumpferde sehen in diese Lichtröhren und erblicken ein normales Sternenspektrum, aber weil es sich dabei nicht um echte Sterne handelt, können sie kein Ziel erfassen, zu dem sie springen können. Wie immer sie das anstellen.«

»Richtig, Sir«, sagte der Lieutenant und nickte. »Das vorgetäuschte Sternenlicht verbirgt die wirklichen Sterne hinter ihm — ein zusätzlicher Pluspunkt. Einfach, aber elegant.«

Romans Lippen zuckten. Einfach, aber elegant — die feststehende Redewendung, mit der Tampy-Anhänger die Technologie der Tampies beschrieben. Die übliche Antwort der Anti-Tampianer lautete: *Schlicht und primitiv.* »Es funktioniert jedenfalls«, gab Roman zu. »Wie haben Sie das alles herausbekommen?«

»Ich habe natürlich die Tampies gefragt. Sie sind ausgesprochen scharf darauf, uns ihre Arbeitsweise beizubringen.«

»Vorausgesetzt, daß jemand wirklich etwas lernen will.«

Der Pilot sah ihn merkwürdig an. »Natürlich, Sir. Sie glauben doch nicht, daß uns die Tampies ihre Ansichten aufzwingen würden?«

»Auf den geteilten Welten versuchen sie es jedenfalls.« Roman gab der Versuchung nach, den Advocatus diaboli zu spielen. »Passiver Widerstand ist trotzdem Widerstand.«

Es war, als hätte jemand einen Teil der Persönlichkeit des Lieutenants ausgeschaltet. »Ja, Sir«, sagte er steif und förmlich.

Roman ließ die kühle Stille einen Augenblick lang in der Luft hängen. »Sie wissen ja, Lieutenant«, begann er im Plauderton, »daß jemand, der bei einer Debatte nicht beide Seiten verstehen kann, nie imstande sein wird, über reine Rhetorik und die Gefühle hinwegzukommen und einen gemeinsamen Nenner zu finden.«

»In diesem Fall gibt es vielleicht keinen gemeinsamen Nenner, Sir.«

»Es gibt immer einen gemeinsamen Nenner«, widersprach Roman scharf. »Und er kann immer gefunden werden, wenn jemand bereit ist, ihn zu suchen. Immer!«

Er beobachtete sein Gegenüber und sah, wie Anspannung und Zorn nachließen. »Ich habe verstanden, Sir«, murmelte der Lieutenant. Er sah Roman an und lächelte leicht.

»In diesem Fall sind vermutlich Sie dieser Jemand?«

Die halbe Mannschaft bestand aus menschlichen Wesen, die in ihrer Einstellung für oder gegen die Tampies gründlich, vielleicht sogar heftig gespalten waren ... und die andere Hälfte der Mannschaft waren Tampies. »Vielleicht«, gab Roman zu. »Friedensstifter ist sicher eine der beiden Rollen, die für mich hier vorgesehen sind.«

Der Lieutenant runzelte die Stirn. »Und die andere Rolle?«

Roman verzog das Gesicht. »Sündenbock.«

* * *

Die Frau war groß und schlank, Mitte Vierzig, hatte graumeliertes Haar, einen durchdringenden Blick und wirkte sehr selbstsicher, als sie leichtfüßig in das Zentrum von Romans Büro glitt. »Lieutenant Erin Kennedy, Captain«, stellte sie sich vor. »Melde mich wie befohlen zum Gespräch vor dem Flug.«

»Willkommen an Bord, Lieutenant.« Roman nickte. »Oder soll ich ›Commander‹ sagen?«

Ihre Augenbrauen zuckten. »›Lieutenant‹ ist vollkommen in Ordnung, Sir. Man hat mir gesagt, daß die Zurücksetzung im Rang nicht in meiner Akte vermerkt wird.«

»Das ist auch nicht der Fall. Zufällig hat einer meiner Freunde vor einigen Jahren auf einem Schiff gedient, auf dem Sie stellvertretende Kommandeurin waren, und Ihr Name hat sich mir aus irgendeinem Grund eingeprägt.« Er zog eine Augenbraue hoch. »Die Zurücksetzung ist vermutlich freiwillig erfolgt?«

»Ja, Sir. Ich war ursprünglich für den Posten des stellvertretenden Kommandeurs auf der *Amity* vorgesehen, wurde aber im letzten Augenblick ausgebootet – wahrscheinlich hat eine Fraktion des Senats gegen die andere gekämpft und meine Befürworter haben verloren. Das ließ mir die Wahl zwischen der Rückversetzung zum Zweiten Offizier oder dem Verzicht auf das Unternehmen.«

»Ich verstehe. Es war Ihnen so wichtig, auf der *Amity* mitzumachen?«

»Ja, Sir. Aber nicht aus dem Grund, aus dem sich alle anderen gemeldet haben.«

»Ihnen sind die Tampies ziemlich gleichgültig.« Es war eine Feststellung, keine Frage. Aus Kennedys psychologischem Diagramm ging hervor, daß sie in bezug auf die Tampies beinahe vollkommen neutral war – eine auffallende Anomalität unter der gefühlsbetonten Mehrheit auf der *Amity*.

Sie zuckte kaum merklich die Achseln. »Eigentlich nicht, Sir. Genauer: Von den Dingen, die ich an ihnen mag, und den Dingen, die ich an ihnen nicht mag, weiß ich genug, damit sie sich die Waage halten.«

Ihre Schilderung entsprach in vieler Hinsicht Romans Einstellung zu den Aliens. Er bedauerte einen Augenblick lang, daß Kennedy sich nicht als stellvertretender Kommandeur der Amity durchgesetzt hatte.

»Sie sehen sich also als Friedensstifterin zwischen Pros und Antis?«

Sie lächelte schwach.

»Damit man von beiden Seiten auf mich schießt? Nein, Sir. Der Hauptgrund, warum ich mitkommen wollte, ist die Erfahrung, mit einem Raumpferd zu fliegen. Da die kommerziellen Raumfahrtsgesellschaften bereits mit gemieteten Raumpferden und Tampies experimentieren, dürfte sich die interstellare Raumfahrt in Zukunft in diese Richtung entwickeln.«

»Vielleicht.« Vielleicht auch nicht. Die wenigen Gesellschaften, die versucht hatten, statt der Schiffe mit Mitsuushi-Antrieb Raumpferde einzusetzen, hatten tatsächlich beträchtliche Gewinne erzielt ... Und hatten im ungefähr gleichen Ausmaß das Wohlwollen ihrer Kunden verloren. Im Augenblick war es völlig offen, in welche Richtung sich das Experiment auf dem privaten Sektor entwickeln würde.

Eine weitere Last, dachte Roman mißmutig, die auf seinen und den Schultern der *Amity* ruhte. »Die Erfahrung mit Raumpferden kann ich Ihnen mit ziemlicher Sicherheit in Aussicht stellen. Hatten Sie bereits Gelegenheit, sich unseren Reiseplan anzusehen?«

»Selbstverständlich, Sir.« Sie war offensichtlich darüber erstaunt, daß er fragen mußte. »Ich habe auch die ursprünglichen Berichte über die vier Planeten gelesen, die wir besuchen werden. Dort wurden sie mit Alpha, Beta, Gamma und Delta bezeichnet.«

»Die Bezeichnungen waren nicht meine Idee«, versicherte ihr Roman trocken. »Ich hätte mir etwas Qualitätvolleres einfallen lassen.«

Sie lächelte wieder. »Ja, ich habe ebenfalls Erfahrung mit Bürokratie und dem Verfassen von Berichten. Eine Frage, wenn ich darf: die gesamten Berichte kamen über die Tampies?«

»Richtig. Wir sind die ersten Menschen, die diese vier Systeme besuchen.«

»Also ist alles, was in den Berichten steht, vom Standpunkt der Tampies aus gesehen?«

»Ja, und das müssen wir im Auge behalten, wenn wir dort eintreffen. Haben Sie noch etwas zu den Plänen und Berichten zu sagen?«

Sie überlegte. »Eigentlich nicht, Sir. Mir sind einige Stellen aufgefallen, an denen der Zeitplan oder sogar der Einsatzplan etwas vage sind. Darf ich annehmen, daß dies bewußt erfolgt ist?«

»Sie dürfen. Ich wollte uns genügend Freiraum lassen, um improvisieren zu können. Vergessen Sie bitte nicht, Lieutenant, es ist das erste Mal, daß man so ein Unternehmen startet. Sie sind dabei, wenn Geschichte gemacht wird.«

*Oder zumindest eine Fußnote zur Geschichte*, schien ihr Blick zu sagen. Doch sie bestätigte nur angemessen neutral: »Ja, Sir.«

»Wir werden den Reiseplan in regelmäßigen Abständen überprüfen«, fuhr Roman fort. »Ich freue mich schon auf Ihre Analyse und auch auf jeden Kommentar, den Sie abgeben.« Er warf einen Blick auf sein Display, um zu sehen, ob es noch Fragen gab, die er ihr hatte stellen wollen. »Wie steht es mit der Einteilung der Piloten und der Steuerleute? Sind bereits Probleme aufgetaucht?«

»Nichts von Bedeutung. Jedenfalls nichts, wenn man das Potential für psychologische Auseinandersetzungen an Bord des Schiffes in Betracht zieht.«

»Ja, in der technischen Abteilung ist es schon dazu gekommen«, bestätigte Roman grimmig.

»Ich habe davon gehört. Ich glaube nicht, daß Sie bei den Steuerleuten auf etwas Ähnliches gefaßt sein müssen. Auf manchen Kriegsschiffen, auf denen ich gedient habe, ist es zu schlimmeren Zwischenfällen gekommen.«

»Gut. Falls Sie keine Fragen mehr haben, überlasse ich Sie wieder Ihren Pflichten.«

»Ja, Sir. Ist der Abflug noch immer für morgen 0800 Uhr vorgesehen?«

»Vorausgesetzt, daß alle Tampies bis dahin an Bord sind und ihr Raumpferd vor unser Schiff gespannt haben«, erwiderte Roman ärgerlich. Zu seinem Kummer hatte er festgestellt, daß die Tampies eigene Ansichten darüber hatten, was man unter Höchstgeschwindigkeit versteht, und dabei weit hinter den menschlichen Erwartungen zurückblieben. »Sie können annehmen, daß wir uns an den Fahrplan halten, es sei denn, ich gebe etwas anderes bekannt.«

»Meine Leute werden bereit sein, wann immer Sie uns brauchen.«

»Davon bin ich überzeugt. Danke, daß Sie vorbeigekommen sind, Lieutenant. Das war wohl alles.«

Sie verließ den Raum, und Roman wandte sich seufzend seinem Tisch-Display zu. Hundertdreiundzwanzig Gespräche erledigt; nur noch eines stand aus ... aber dieses würde sehr wahrscheinlich der Höhepunkt sein.

Der stellvertretende Kommandeur der *Amity*. Der Mann, der trotz der Leistungen und der offensichtlichen Kompetenz von Erin Kennedy durch die Grabenkämpfe im Senat stellvertretender Kommandeur geworden war. Der Mann, der im Gegensatz zu den übrigen Offizieren des Schiffs und der Mannschaft knapp vierundzwanzig Stunden vor dem Abflug an Bord gekommen war, zu spät, um sich an den Vorbereitungen zu beteiligen.

Der Mann, der eine persönliche Akte und ein psychologisches Diagramm mitgebracht hatte, die praktisch vor Haß auf die Tampies trieften.

Das war unglücklicherweise die verdrehte politische Logik, auf die Roman gefaßt gewesen war. Die Anti-Tampy-Fraktion im Senat hatte natürlich verlangt, daß Romans bekannte Vorliebe für die Tampies durch das Gegengewicht des stellvertretenden Kommandeurs ausgeglichen wurde, und aus Kennedys Kommentaren ging hervor, daß diese Forderung tatsächlich gestellt und erfüllt worden war. In den letzten Tagen hatte er dennoch gehofft, daß man diese Einwilligung im letzten Augenblick zurückziehen würde; daß sie infolge der anhaltenden Schwierigkeiten an den Grenzen davon überzeugt waren, der *Amity* faire Chancen geben zu können, ohne deshalb die Karten zinken zu müssen. Sie hatten sichtlich keine Lust gehabt, dieses Risiko einzugehen.

Und da der Mann im letzten Augenblick eintraf, konnte Roman kaum noch etwas unternehmen. Er rief die Akte auf sein Display ab, überflog sie zum letzten Mal, um sein Gedächtnis aufzufrischen, und schaltete dann die Bordsprechanlage ein. »Ist der stellvertretende Kommandeur schon eingetroffen?« fragte er den Verwaltungsunteroffizier am Schreibtisch im Vorzimmer.

»Ja, Sir.«

Roman riß sich zusammen. »Schicken Sie ihn herein.«

Die Tür ging auf, und ein junger Mann, der sich etwas weniger sicher und ungezwungen bewegte als Erin Kennedy, trat ein. Weniger Erfahrung mit einem Schiff im Langsam-Rotations-Modus, notierte Roman automatisch, und merkte es sich zur eventuellen späteren Verwendung. »Willkommen an Bord, Commander«, begrüßte er den Neuen. »Ich bin Captain Haml Roman.«

»Lieutenant Commander Chayne Ferrol«, stellte sich sein Stellvertreter förmlich, steif und würdevoll vor. »Ich freue mich darauf, unter Ihrem Befehl zu dienen, Captain.«

* * *

Ferrol hatte wegen seiner Zuweisung lang und erbittert mit dem Senator und dessen Freunden gestritten — er hatte hundert Gründe angeführt, warum es nicht klappen würde, weitere hundert, warum er nicht unter dem Mann dienen wollte, der ihn und die *Scapa Flow* vor drei Monaten um Haaresbreite geschnappt hätte. Sie versicherten ihm, daß es kein Problem geben würde, überzeugten ihn davon, daß er der einzige Mann für diese Aufgabe war ...

doch als Ferrol jetzt Roman Aug' in Auge gegenüberstand, bedauerte er, daß er nachgegeben hatte. Diese Augen blickten viel zu intelligent, viel zu wach, und im ersten schrecklichen Augenblick war Ferrol davon überzeugt, daß der Captain irgendwie genau wußte, wer er war. Als Roman zum Sprechen ansetzte, machte sich Ferrol auf die Anschuldigungen gefaßt – und Roman sagte: »Wir freuen uns darauf, Sie an Bord zu haben, Commander.«

Der eiserne Ring um Ferrols Brust lockerte sich, und er begann, wieder ruhig zu atmen. *Dieser verdammte Verfolgungswahn,* dachte er und ärgerte sich darüber, daß er so voreilige Schlüsse gezogen hatte. »Danke, Captain. Entschuldigen Sie, daß ich erst im letzten Augenblick eingetroffen bin.«

Roman winkte ab. »Der Fehler liegt bei den Leuten, die Sie geschickt haben.« Er blickte auf sein Tisch-Display. »Sie werden es mir nicht übelnehmen, wenn ich feststelle, daß Sie mit vierundzwanzig etwas jung für Ihren Rang sind.«

»Die Ernennung erfolgte ehrenamtlich«, erklärte Ferrol. Das sollte eigentlich ein Geheimnis sein, doch Roman hatte es sicherlich längst herausbekommen. »Aber ich habe sechs Jahre in der Handelsflotte gedient, zwei davon auf einem eigenen kleinen Schiff. Sie werden bestimmt feststellen, daß ich absolut dazu fähig bin, als stellvertretender Kommandeur der *Amity* zu fungieren.«

»Davon bin ich überzeugt«, meinte Roman mild. »Nur ist Ihre Akte in bezug auf diese Einzelheiten merkwürdig vage, und ich möchte einige Punkte klarstellen. Zum Beispiel die Größe Ihres vorhergehenden Schiffes.«

»Ein kleiner interstellarer Schlepper mit fünfzehn Mann Besatzung.«

Roman nickte. »Ich kenne diese Schiffe. Eine eng zusammenhaltende Mannschaft, alle sind miteinander befreundet, der Captain ist im Prinzip Gott – aber wem es nicht gefällt, der mustert im nächsten Hafen ab. Es gibt sehr viele Leute, die so etwas für die ideale Größe eines Raumschiffs halten.«

Er sprach lässig, beinahe neckend ... aber seine Augen sagten etwas ganz anderes. »Wir können uns Zeit ersparen, Captain«, antwortete Ferrol, »wenn Sie mich direkt fragen, warum ich hier bin.«

Roman zog eine Augenbraue hoch. »Ach, ich weiß, warum Sie hier sind, Commander. Ich wollte Sie fragen, warum Sie die Tampies so sehr hassen?«

Sogar acht Jahre danach brannte die Erinnerung daran wie eine heiße Nadel unter seiner Haut. »Sie haben meine Akte vor sich.« Ferrol zwang sich, ruhig zu bleiben. »Sie sollten imstande sein, es selbst herauszubekommen.«

Roman musterte ihn. »Sie beziehen sich vermutlich auf den Prometheus-Vertrag.«

»Vertrag?« höhnte Ferrol. »Das war kaum ein Vertrag, Captain, das war eine Kriegserklärung.« Er zeigte mit einer Kopfbewegung auf Romans Tisch-Display. »Sie sollten einmal die offiziellen Dokumente lesen, Captain, falls es Ihnen gelingt, sie aus dem Schneehaufen der Raumflotte auszugraben. Lesen Sie das Märchen darüber, wie die Tampies eines Tages feststellten, daß sie Prometheus haben wollten — es spielte keine Rolle, daß wir gerade drei Jahre lang dort schwer an der Gründung einer Kolonie gearbeitet hatten. Lesen Sie, wie der Senat demütig zustimmte, und die *Defiance* ausschickte, um uns mit Gewalt fortzuschaffen.« Seine Stimme begann zu zittern und er holte tief Luft, um sie unter Kontrolle zu bringen. »Sie werden kaum davon lesen, daß damit meinen Eltern ihr Lebensziel geraubt wurde; diese Enttäuschung untergrub ihre Gesundheit und tötete sie zwei Jahre danach. Offizielle Dokumente befassen sich für gewöhnlich nicht mit solchen Nebensächlichkeiten.«

»Das tut mir leid.«

Trotz seiner Gemütsverfassung merkte Ferrol, daß der Captain es ehrlich meinte. »Ich bin nicht auf Mitgefühl aus, Captain«, knurrte er. »Und bevor Sie sich etwas Falsches in den Kopf setzen — auch nicht auf Rache. Ich will, daß die Kordonale die Tampies mit meinen Augen sieht.«

»Und wie sehen Sie sie?«

Ferrol blickte ihm in die Augen. »Es gibt zwei unwesentliche Tatsachen, die in der offiziellen Version bequemerweise ausgelassen wurden. Erstens war es nicht die Mannschaft der *Defiance*, die uns aus unseren Häusern und von unserer Welt vertrieb. Es war eine Spezialeinheit der Tampies. Eine sehr effiziente, sehr kalte, sehr militärische Spezialeinheit. Und zweitens ... sie vertrieben uns volle vier Tage vor dem im Vertrag festgesetzten Datum.«

Roman schwieg einen Augenblick lang. »Sie wollen damit sagen, daß die Tampies voreilig gehandelt haben?«

»Ich sage«, stellte Ferrol erbittert richtig, »daß sie einseitig Maßnahmen gegen uns ergriffen – und daß der Senat den Schwanz einzog und es ihnen durchgehen ließ.«

Roman rieb Daumen und Zeigefinger aneinander. »Könnte es sein, daß Sie sich in bezug auf das Timing irren? Schließlich waren Sie damals sehr jung ...«

»Ich war beinahe sechzehn«, unterbrach ihn Ferrol. »Also alt genug, um Tage, Wochen und Monate zu kennen, und um zu wissen, wie man die Ortszeit in die irdische Normalzeit überträgt.« Er sah sein Gegenüber wütend an. »Ich irre mich nicht, Captain. Die Tampies stellen sich in der Öffentlichkeit als friedliebende, passive Freunde der Natur dar, und das ist eine Lüge. Ich weiß es, der Senat weiß es, und der Rest der Kordonale hat ein Recht darauf, es ebenfalls zu wissen.«

»Wie weit wollen Sie gehen, um es zu beweisen?« fragte Roman geradeheraus.

Ferrol holte tief Luft und unterdrückte seinen Zorn. »Sie irren sich in bezug auf meine Absichten, Sir. Ich bin nicht hier, um die Tampies dazu zu verleiten, ihren wahren Charakter zu zeigen. Ich werde nicht dazu gezwungen sein – daß sie drei Monate lang eng mit einer Schiffsladung Menschen zusammenleben müssen, wird genügen.« Er sah dem Captain wieder in die Augen. »Ich bin nur hier, um sicherzustellen, daß die Beweise nicht durch einen Zufall irgendwo begraben werden.«

»Ich verstehe«, sagte Roman und nickte nachdenklich. Falls er wegen des Zweifels an seiner Integrität beleidigt war, zeigte er es nicht. »Dann habe ich nur noch eine Frage an Sie: Angesichts Ihrer Gefühle den Tampies gegenüber möchte ich wissen, ob Sie damit einverstanden sind, Ihr Leben in ihre Hände zu legen?«

»Warum sollte ich das tun?«

»Das wissen Sie nicht? Die *Amity* ist ein umgebautes Frachtschiff für den Einsatz innerhalb eines Systems und besitzt keinen Mitsuushi-Antrieb. Die gesamte Reise durch den Raum erfolgt mittels Raumpferden ... und die Systeme, die wir aufsuchen, befinden sich außerhalb der normalen Mitsuushi-Reichweite.«

In Ferrols Magen lag ein Eisklumpen. »Nein, das hat man mir nicht gesagt«, murmelte er. Die gesamte Reise wurde mittels eines Raumpferdes zurückgelegt — und nur die Tampies waren imstande, diese riesigen Geschöpfe unter Kontrolle zu halten oder eine Verbindung zu ihnen herzustellen.

»Das kommt mir ... ein wenig tollkühn vor, Sir«, brachte er heraus.

»Vielleicht.« Roman sah ihn überaus verständnisvoll an. »Falls Sie unter diesen Umständen auf den Posten verzichten wollen, würde ich Ihnen selbstverständlich nichts in den Weg legen.«

Der plötzlich aufsteigende Zorn vertrieb Ferrols Angst. Dieser großväterliche Gesichtsausdruck, als wäre er ein Kind ...

»Danke, Sir, aber ich bleibe.«

Roman musterte ihn von oben bis unten und nickte dann. »Also gut, Commander. Willkommen an Bord der *Amity*. Wir starten morgen um 0800 Uhr; ich möchte, daß Sie sich zwei Stunden vorher auf der Brücke einfinden.«

»Jawohl, Captain.«

»Also bis dann. Das war's wohl.«

* * *

Der Weg vom achtern liegenden Büro des Captains zum Quartier der Offiziere war lang und wurde dadurch erschwert, daß Ferrol die unmerkliche Gewichtsverlagerung und die Coriolis-Effekte ausgleichen mußte. Es handelte sich natürlich um ein Standard-Verfahren: wenn man die Rotationsgeschwindigkeit veränderte, testete man gleichzeitig die Trudeljets, das Schwungrad und die strukturelle Festigkeit. Aber er war nicht in der Stimmung, Standard-Verfahrensweisen gegenüber nachsichtig zu sein. Nicht einmal dann, wenn sie funktionierten.

Offenbar gehörte Lügen zu den Standardverfahrensweisen der Politik. Auch sie erfüllten oft ihren Zweck.

Sie hatten ihn belogen. Bewußt. Eine Lüge durch Verschweigen, aber trotzdem eine Lüge – und es brachte ihn wirklich in Wut, daß die Schuld zum Teil bei ihm lag. Es war ihm kein einziges Mal eingefallen zu fragen, ob die *Amity* einen Reserve-Mitsuushi besaß.

Zum Teufel mit ihnen!

Er gelangte zu seiner Kabine, verschloß die Tür hinter sich und warf sich auf das Bett. Durch das winzige Bullauge erblickte er ein schwindelerregendes Panorama, weil die Sterne im Gleichklang mit der Rotation der *Amity* vorüberzogen; doch seine Aufmerksamkeit richtete sich vor allem auf das Schott neben ihm. Ein normales, alltägliches Schott ... nur lag Ferrols Kabine zufällig am Rand des den Menschen zugewiesenen Bereichs des Schiffs.

Jenseits dieser Wand – sechs Zentimeter Metall und Schallisolation entfernt – lag die Tampy-Abteilung.

Tampies. Mißgestaltete Gesichter, idiotisch aussehende, karierte Halstücher, aufreizend greinende Stimmen, seltsame, leichte Übelkeit erregende Gerüche. Bio-›Technologie‹, die kaum den Namen verdiente. Hochtrabende Ideale, edel klingende Worte, und verstohlene, gewissenlose Aktionen. Die Erinnerungen kamen scharf und deutlich wieder, und einen kurzen Augenblick lang zogen sich die Ängste von Prometheus wie Gewitterwolken über ihm zusammen.

Aber er befand sich nicht auf Prometheus ... und er war kein hilfloser Sechzehnjähriger mehr.

Er war überhaupt nicht mehr hilflos.

Er drehte sich auf die andere Seite, griff hinunter, zog die unterste Schublade unter dem Bett auf und holte unter einem Stoß Hemden eine dünne, schwarze Schachtel heraus. Er traute Roman zu, daß dieser sein Gepäck untersuchen ließ ... aber das in das Schloß eingebaute Anzeigegerät bewies, daß es nicht angerührt worden war. Er gab einen Code ein, vernahm das leise Ticken des Schlosses und öffnete den Deckel.

Zuerst nahm er die kompakte Nadelpistole heraus und achtete darauf, daß sie von ihm weggerichtet war, als er sie auf das Bett legte. Als nächstes folgte das Reservemagazin und mit ihm die Sondererlaubnis zum Tragen dieser Waffe. Unter der Hardware befand sich der doppelte Boden, und darunter lag der Umschlag.

Die Pistole konnte ein diplomatisches Gespräch beeinflussen. Das Kuvert war seine Waffe.

Auf der Vorderseite des Kuverts stand in der kleinen, geometrisch präzisen Schrift des Senators eine einzige Zeile mit Anweisungen: *Zu verwenden, sobald erforderlich*. Ferrol betrachtete die Worte und spürte, wie die Schrift die ruhige Stärke und das unendliche Selbstvertrauen des Senators auf ihn übertrug. Nein, er befand sich nicht auf Prometheus und war nicht hilflos. Er befand sich auf der *Amity* ... und hatte die Chance, den stillen, nie erklärten Krieg der Tampies gegen sie zu wenden.

Falls er Glück hatte. Irgendwie nahm Ferrol an, daß er Glück haben würde.

* * *

Nachdem Ferrol gegangen war, blieb Roman ruhig sitzen, sah die Tür an und hörte zu, wie sein Herz pochte. Natürlich hatte er von dem Commander eine Anti-Tampy-Haltung erwartet — sogar eine bösartige Anti-Tampy-Haltung.

Was er nicht erwartet hatte, war dieser absolute, eiskalte Haß.

Sogar jetzt, da Ferrol nicht mehr vor ihm stand, verkrampfte er sich, wenn er an den emotionellen Aufruhr dachte, den er in dem jungen Mann gespürt hatte. Ferrols Schmerz und Zorn waren so frisch, als wäre er erst gestern von Prometheus vertrieben worden; diese Gefühle waren acht Jahre lang durch die Gewißheit am Leben erhalten worden, daß der Senat über das Schicksal der Kolonie das Blaue vom Himmel heruntergelogen hatte.

Zumindest in dieser Beziehung hatte er recht. Roman hatte die offiziellen Dokumente gesehen.

Er blickte die Bordsprechanlage an und kämpfte gegen die Versuchung. Er mußte nur einen Knopf drücken, ein einziges, sicherlich sehr schmerzhaftes Gespräch führen — und er konnte Ferrol vergessen. Die Zeitbombe, die die Antis auf sein Schiff geschmuggelt hatten, würde fort sein, die Fraktion würde vor Wut schäumen.

Und ihre Rache würde darin bestehen, daß sie die Mission der *Amity* torpedierten und damit vielleicht die letzte Chance der Menschheit vergaben, einen Krieg mit den Tampies zu vermeiden.

Roman schloß müde die Augen. Nein, es war zu gefährlich. Im Augenblick war es jedenfalls am sichersten, sich mit Ferrol zu arrangieren. Ihm soviel Spielraum zu lassen, wie er wollte ... und zu hoffen, daß sich in dem Augenblick, in dem Ferrol aktiv wurde — was immer er vorhatte —, eine Gelegenheit ergeben würde, ihn aufzuhalten.

Aber bis es soweit war, hatte Roman ein Schiff zu leiten. Er verdrängte Ferrol, so gut er konnte, aus seinen Gedanken, rief auf seinem Display den Statusbericht ab und macht sich wieder an die Arbeit.

Und versuchte, die Tatsache zu verdrängen, wie sehr in diesem Fall seine Methode des »Abwarten und Tee trinken« der Methode der Pro-Tampy-Senatoren ähnelte.

# 4. Kapitel

Am nächsten Morgen um genau 0812 Uhr legte die *Amity* vom Tampycorral ab. Ihr Raumpferd Pegasus zog sie an einen Kilometer langen, trügerisch dünnen Zugseilen in die Tiefe des Weltraums hinaus.

Roman wußte bereits, daß der Anblick eines Raumpferdschiffs beeindruckend war. Er hatte nicht gewußt, daß dies noch mehr für den Flug galt.

Natürlich war es leiser; aber die Wirklichkeit übertraf die Erwartungen bei weitem. Im Lauf der Jahre hatte sich Roman an die verschiedenen Arten von Geräuschen gewöhnt, die der Fusionsantrieb eines Schiffs erzeugen kann: Vom dumpfen, aber dennoch durchdringenden Summen des Leerlaufs bis zum gleichmäßigen Donnern der vollen Beschleunigung. Solange der Antrieb des Schiffs eingeschaltet war, hörte der Lärm nie auf, und daß sie jetzt mit einer gleichmäßigen Beschleunigung von 0,6 Ge geschleppt wurden, ohne daß man einen Hauch der vertrauten Geräusche vernahm, war beeindruckend und auch ein wenig furchteinflößend.

Kein Antriebsgeräusch bedeutete auch kein Vibrieren des Decks; es bedeutete auch, daß es die sanft schaukelnde Bewegung nicht mehr gab, die daher rührte, daß die Computer kleine Ungleichheiten in der Schubkraft der einzelnen Triebwerke registrierten und ausglichen. Es war genauso, als säßen sie in der Akademie im Simulator.

»Wir haben den hinteren Rand der Corraleinfriedung hinter uns«, berichtete Kennedy vom Steuer aus, »und signalisieren dem Betreuer, die Beschleunigung auf 0,9 Ge zu erhöhen.«

Roman nickte. Er hatte erwartet, daß Kennedy auf diesem Abschnitt der Reise das Steuer selbst in die Hand nehmen würde, und war nicht enttäuscht worden. Es war ihr tatsächlich ernst damit gewesen, daß sie Erfahrung mit

Raumpferden sammeln wollte. »Wie lange brauchen wir noch bis zum vorgesehenen Sprungpunkt?« fragte er.

»Mindestens eine Stunde und zwanzig Minuten«, antwortete sie, während das Körpergewicht aller Besatzungsmitglieder gleichmäßig zunahm.« Vorausgesetzt, wir halten uns an unseren Minimum-Energie-Kurs.»

»Wir haben es nicht besonders eilig, Lieutenant«, erklärte Roman. »Außerdem möchte ich während der Reise mit Pegasus verschiedene Manöver ausführen. Minimum-Energie, Minimum-Zeit, Geradeausflug — Sie kennen die Liste.«

Ferrol drehte sich halb um. »Sie erwarten hoffentlich nicht, daß Sie bei einem Raumpferd an ein Limit stoßen. Ich habe gehört, daß sie ohne merkbare Anstrengung fünf Ge erreichen.«

Roman schüttelte den Kopf. »Ich suche keine Limits, Commander, sondern nur Unterschiede.« Er wandte seine Aufmerksamkeit dem Mann am Scanner zu. »Wie steht es mit dem Signal von der Kontaktkontrolle, Lieutenant Marlowe?«

»Wir bekommen es deutlich herein«, antwortete Riddick Marlowe. »Ich lasse befehlsgemäß zwei Aufzeichnungsgeräte laufen.«

Roman nickte, drehte sich um und bemerkte, daß Ferrol nachdenklich die Stirn gerunzelt hatte. »Kommentar, Commander?«

Ferrol zögerte und schüttelte dann den Kopf. »Nein, ich habe mich wahrscheinlich geirrt. Wenn es genügte, die Signale eines Verstärkerhelms aufzuzeichnen, hätte jemand längst eine Zusammenfassung herausgegeben.«

Roman nickte. »Stimmt. Anscheinend geht es nicht nur darum, eine Liste der richtigen Befehle zusammenzustellen — offenbar ist der direkte und sofortige Kontakt mit dem Geist eines Tampies erforderlich, wenn man ein Raumpferd lenken will. Interessieren Sie sich für die Kontrolle von Raumpferden?«

»Selbstverständlich«, erwiderte Ferrol. »Das sollte überhaupt jedermann tun. Wenn die Menschheit jemals weiter als einige Dutzend Lichtjahre expandieren will, müssen wir entweder selbst Raumpferde besitzen oder den Mitsuushi sehr gründlich umbauen.«

»Oder einen langfristigen Mietvertrag mit den Tampies abschließen«, warf Kennedy ein.

Ferrol sah sie an. »Mieten geht dort in Ordnung, wo es am Platz ist. Ich glaube nicht, daß eine Kolonisation in großem Maßstab dazugehört.«

»Ganz bestimmt nicht, wenn die Tampies den Kolonisten ständig über die Schulter schauen und sich über ihre Entwicklungspläne beschweren«, stimmte Marlowe zu. »Manchmal könnte ich schwören, daß die Tampies uns für Achtjährige halten, die sie betreuen müssen.«

Kennedy kicherte, Ferrol nicht. »Damit können Sie recht haben, Lieutenant«, bestätigte Roman. »Aber vergessen Sie nicht, daß wir uns gelegentlich tatsächlich wie Achtjährige benehmen.«

»Stimmt leider, Captain.« Marlowe zuckte die Achseln und beobachtete kurz Romans Gesicht, als wolle er herausfinden, was sein neuer Kommandant von Tratsch auf der Brücke hielt. »Ich möchte jedoch einwenden, daß wir uns meist deshalb so verhalten, weil wir Sinn für Humor haben, der den Tampies vollkommen fehlt.«

»Vielleicht«, gab Roman zu. Bis jetzt hatte niemand herausgefunden, wie sich bei den Tampies der Sinn für Humor äußerte – falls es ihn überhaupt gab.

Und weil sie gerade von Tampies und versteckten Fähigkeiten sprachen ... Er schnallte sich los und stand auf. »Übernehmen Sie die Brücke, Commander«, sagte er zu Ferrol, während er die Instrumente noch einmal rasch überflog. »Ich bin vor dem Sprung wieder da.«

»Jawohl, Sir. Darf ich fragen, wo ich Sie finden kann?«

»Auf der Backbordseite. Es ist an der Zeit, daß ich den Tampies meinen Antrittsbesuch mache.«

* * *

Auf der Amity gab es zwischen der Abteilung der Menschen und jener der Tampies vier Verbindungen, von denen jede eine eigene Luftschleuse besaß. Neben der Schleuse lagen Filtermasken auf einem Ständer; Roman nahm eine davon, setzte sie auf und vergewisserte sich, daß die elastischen Dichtungen um Nase, Wange und Kinn eng anlagen. Er hatte davon gehört, wie Tampies in einem geschlossenen Raum rochen, und es wäre peinlich gewesen, wenn er bei seinem ersten Besuch gewürgt hätte. In der Luftschleuse lief der vorgesehene Zyklus ab, der den größten Teil der nach Menschen riechenden Luft durch ein reineres Sauerstoff/Stickstoff-Gemisch ersetzte. Der Vorgang dauerte ungefähr dreißig Sekunden lang. Roman holte durch die Filtermaske vorsichtig Luft und betätigte den Öffnungsmechanismus der Tür.

Hinter ihr lag eine andere Welt.

Er blieb eine Minute lang in der Schleuse stehen und sah sich um. Die Beleuchtung war gedämpft, indirekt und beruhigend; die Luft kühl und trocken und leicht bewegt, was Roman irgendwie an eine Brise im Wald erinnerte. Auf den Wänden und der Decke waren verschiedene, künstlerisch wirkende Gegenstände verstreut — sowohl kleine Skulpturen als auch flächige Werke. Obwohl die Gegenstände unregelmäßig, also asymmetrisch, verteilt waren, war der Gesamteindruck einheitlich und ausgewogen. Jeder nicht anderweitig genutzte Quadratzentimeter an Wänden und Fußböden war mit einem weich aussehenden grünen Teppich bedeckt. Dank des Spezifikationshandbuchs der *Amity* erkannte Roman wenigstens letzteren: Eine besonders widerstandsfähige Art von Moos, die die Tampies anstelle der technischen Luftfilterung und -erneuerung einsetzten. Aber auch hier stimmte das Ergebnis nicht mit Romans Erwartungen überein — statt an die leicht widerlichen terrestrischen Moose zu erinnern, sah die Version der Tampies wie ein exotischer synthetischer Teppich aus.

Die Pro-Tampy-Terraner behaupteten oft, daß die Tampies nicht nur über hoch entwickeltes künstlerisches Gefühl verfügten, sondern auch, daß ihre Kunst den Menschen voll zugänglich sei. Wenn das hier ein repräsentatives Beispiel darstellt, dachte Roman, dann trifft diese Behauptung zu.

»Rro-maa?« fragte eine krächzende Stimme vor der Schleuse.

Es war soweit. Roman riß sich zusammen, trat auf das Moos hinaus — es gab unter ihm genauso nach wie ein Teppich — und wandte sich in die Richtung, aus der die Stimme gekommen war.

Er stand zum ersten Mal in seinem Leben einem Tampy von Angesicht zu Angesicht gegenüber.

Eigentlich war es eine Enttäuschung. Infolge des Konflikts zwischen den beiden Rassen, der sich im Lauf der Jahre langsam aufgeschaukelt hatte — und infolge der Behauptungen von Menschen wie Ferrol, daß die Tampies eine Bedrohung der Menschheit darstellten — hatte Roman die Tampies unbewußt als Geschöpfe gesehen, die zwar kleiner waren als Menschen, aber doch Stärke oder sogar Bedrohung signalisierten.

Es stimmte, daß sie kleiner waren, aber der Rest entsprach überhaupt nicht der Wirklichkeit. Der Tampy, dessen mißgestaltetes Gesicht zu Roman aufblickte, war dünn und wirkte zerbrechlich; seine schmalen Schultern waren vorgebeugt, als wäre er sehr alt, und er hatte die Hände mit den Handflächen nach oben vor dem Körper gekreuzt. Seine Haut war blaß — eine kränkliche, an lange Bettlägerigkeit erinnernde Blässe — und die Haarbüschel, die in unregelmäßigen Abständen von seinem Kopf abstanden, sahen frappant wie feiner Kupferdraht aus.

Der Gesamteindruck ließ an beinahe absurde Zerbrechlichkeit denken, und im ersten Augenblick hielt es Roman für vollkommen ausgeschlossen, daß man solche Geschöpfe wirklich ernst nahm oder in ihnen gar eine Bedrohung sah.

Dann erinnerte er sich an Prometheus ... und das halb

komische Bild löste sich in Rauch auf. Nein, die Tampies waren Wesen, die man wirklich ernst nehmen mußte.

Er konzentrierte sich verspätet auf das gelb-orangefarben karierte Tuch des Tampies, das dieser sich locker um den Hals geschlungen hatte. Diese Farbkombination gehörte zu — »Rrin-saa?« fragte er vorsichtig.

»Ich bin«, bestätigte der Tampy. »Du bist Rro-maa?«

»Ja, ich bin Captain Roman. Ich habe nicht erwartet, daß man mich hier empfängt.«

Der andere führte schnell die Finger zum Ohr — das tampische Achselzucken. »Willst du alles sehen?«

Es war ein verlockendes Angebot. Wenn die Einrichtung der Tampies überall genauso ungewöhnlich und phantasievoll war wie in den Korridoren, war es sicherlich die Mühe wert, die ganze Runde zu machen. Aber das mußte bis zum nächsten Mal warten. »Nein, danke, Rrin-saa. Heute möchte ich nur eure Befehlszentrale sehen.«

»Ich verstehe nicht.«

»Befehlszentrale. Kontrollraum? — Wo du die Bewegungen der *Amity* beobachtest und die erforderlichen Befehle erteilst.«

»Ich erteile keine Befehle, Rro-maa. Ich herrsche nicht.«

Einen Augenblick lang verschlug es Roman die Sprache. »Ach so ... ich bitte um Entschuldigung. Ich habe geglaubt, daß du das Kommando über diese Hälfte des Schiffes führst.«

Rrin-saas Mund klaffte weit auf, wie die Parodie eines menschlichen Lächelns — das tampische Kopfschütteln. »Ich spreche für alle. Ich herrsche nicht.«

»Ich verstehe«, meinte Roman, obwohl er es eigentlich nicht verstand. Er hielt Anarchie oder auch nur Entscheidungen durch allgemeinen Konsens nicht für die richtige Art, ein Raumschiff zu führen. »Wenn du nicht herrschst, wer tut es dann?«

Finger zum Ohr. »Du, Rro-maa.«

»Ach soo ...« Die Sache wurde allmählich klarer. »Du meinst, daß dein Volk sich darauf geeinigt hat, einem

Menschen – mir – den Befehl über dieses Raumschiff zu überlassen, und daß ich euch allen Befehle erteilen soll?«

»Das ist richtig.«

Daß es nicht absolut richtig sein konnte, war Roman klar. Sie hatten zumindest ihre Quartiere eingerichtet und den Dienstplan erstellt, ohne daß die menschliche Hälfte des Schiffs sich eingemischt hatte, und diese einfachen Haushaltsangelegenheiten würden beinahe sicher weiterhin so geregelt werden.

Was auf irgendeine Form einer Befehlskette schließen ließ ... über die Rrin-saa anscheinend nicht sprechen wollte. »Wo sind die Relaisstellen von der Brücke?« fragte er.

»Bei den Betreuern.«

Roman nickte. »Würdest du mich dorthin bringen?«

Der ›Betreuerraum‹ befand sich spiegelgleich zur Brücke der Amity gleich hinter dem Instumentenraum am Bug. In der Mitte des Raums saß ein Tampy mit einem grün-purpurroten Halstuch und weit geöffneten Augen, summte atonal vor sich hin und beachtete weder Roman noch Rrin-saa. Links waren die Relais scheinbar willkürlich über die Innenwand verteilt; rechts drückte sich ein zweiter Tampy an die Außenwand, hatte den Hals in einem schmerzhaft wirkenden Winkel verdreht und starrte zum vorderen Bullauge hinaus; sein Kopf steckte in einem großen Helm, an dem zahlreiche Drähte angeschlossen waren. Diese Drähte führten zu einem Käfig aus Maschendraht, in dem ...

Roman zwang sich hinzusehen ... und es war tatsächlich nicht so schlimm. Man mußte sich immer wieder vor Augen führen, daß das haarlose, ferkelgroße Geschöpf im Käfig tatsächlich so aussah; daß es friedlich schlief und nicht tot war; und daß seine verdrahteten Gehirnneuronen über genauso viel Rechenkapazität verfügten wie die besten Zentraleinheiten der Kordonale.

Er wußte, daß der Computer der Tampies im Grunde auf dem gleichen Prinzip beruhte. Nicht ganz so einfach, aber trotzdem elegant.

»Sso-ngii.« Rrin-saa zeigte mit beiden Händen auf den behelmten Tampy. »Er spricht mit Pegasunninni.«

»Pega ...? – Ach so«, unterbrach sich Roman. Pegasunninni war die Bezeichnung der Tampies für das Raumpferd: Pegasus mit der dazugehörenden identifizierenden Nachsilbe. »Und der andere ist Hhom-jee?« fügte er hinzu und hoffte, daß ihn sein Gedächtnis in bezug auf die Farbzusammenstellungen nicht im Stich ließ.

»Das ist richtig«, bestätigte Rrin-saa. »Er ruht.«

»Aha.« Roman musterte den summenden Tampy interessiert. Der Schlaf der Tampies war körperlich aktiver als der menschliche und trat rund um die Uhr in nicht ganz regelmäßigen Abständen ein. Er war weit vom normalen terrestrischen Tag-Nacht-Rhythmus entfernt und hatte etliche der frühen Versuche zu einer Kommunikation zwischen den Spezies vereitelt. Die terranischen Arbeiter waren davon überzeugt, daß die Tampies trödelten, und Roman hätte darauf wetten können, daß sich die Tampies genauso über die Gewohnheit der Terraner geärgert hatten, dreißig Prozent des Tages im Koma zu verbringen. Allerdings konnte das niemand genau sagen, denn die Tampies hatten dieses Problem nie angeschnitten. »Er übernimmt den Dienst, wenn Sso-ngii schlafen muß?«

»Das ist richtig«, bestätigte Rrin-saa wieder einmal. Diesmal galt seine zweihändige Geste Hhom-jee. »Er ist der zweite, der mit Pegasunninni spricht.«

»Ja, ich erinnere mich daran, daß auf dem Dienstplan der Mannschaft drei Betreuer angeführt waren.« Roman zeigte auf Sso-ngii und das harmlose Tier im Käfig. Beim zweiten Mal war es gar nicht mehr arg. »Wenn es dich nicht stört, möchte ich mir den Verstärkerhelm genauer ansehen.«

»Geh nicht näher heran!«

Roman hielt mitten im Schritt an. »Warum nicht?«

»Er spricht mit Pegasunninni.«

»Und?«

»Du bist ein Räuber«, sagte Sso-ngii.

Roman fuhr herum; er hatte nicht bemerkt, daß der Betreuer zuhörte. »Haben wir deshalb Raumpferde nie unter Kontrolle bringen und nie in Gefangenschaft am Leben erhalten können?«

»Ich weiß es nicht«, antwortete Sso-ngii. »Ich weiß, daß Menschen manchmal Raumpferde gestört haben.«

Roman schob nachdenklich die Lippen vor. Er zögerte einen Augenblick lang, weil er nicht wußte, was er sagen oder tun sollte. Als er sich von Sso-ngii abwandte, bemerkte er die Relaisinstrumente, worauf er hinüberging und sie genauer in Augenschein nahm. Sie waren natürlich in der Tampy-Schrift gekennzeichnet, aber sein Schnellsiedekurs über die Tampies hatte auch die Schrift umfaßt und er brauchte nur eine Minute, um die Instrumente zu entdecken, die ihn interessierten. »Ich muß auf die Brücke zurück«, erklärte er Rrin-saa. »Wir nähern uns dem Sprungpunkt.«

»Ich verstehe«, erwiderte Rrin-saa. »Rro-maa ... diese Reise ist für die Tamplissta von großer Bedeutung. Wir verstehen euch; ihr versteht uns nicht. Ohne Harmonie können wir nicht weiterkommen.«

Roman nickte. »Ich bin deiner Meinung. Wir werden zusammen daran arbeiten, Rrin-saa. Wenn wir Glück haben ... vielleicht können wir auch bei unserem Volk dieses Verständnis wecken.«

»Das hoffen die Tamplissta. Denn wenn nicht ...« Er berührte das Ohr mit den Fingern und sprach den Satz nicht zu Ende.

»Ich verstehe«, sagte Roman.

Wenn nicht, dann würde Ferrol wahrscheinlich den Krieg bekommen, den er wollte.

* * *

Als der Captain endlich auf die Brücke zurückkehrte, hatten sie bis zum vorgesehenen Sprungpunkt noch eine halbe Stunde Zeit. »Captain«, grüßte Ferrol, schnallte sich los und erhob sich. »Wir halten noch immer den Fahrplan ein; siebenundzwanzig Minuten bis zum Sprung. Aus Kennedys Kursplan entnehme ich, daß wir vor dem Sprung die Geschwindigkeit nicht auf Null herabsetzen werden.«

»Richtig, Commander«, erwiderte Roman. »Raumpferde springen üblicherweise, während sie sich in Bewegung befinden, und manchmal mit hohen Geschwindigkeiten, je nach dem Stern, von dem sie aufgebrochen sind.«

In dieser Beziehung besaß Ferrol vermutlich wesentlich mehr Erfahrung als der Captain. Er hatte auf diese Art mehrere Raumpferde verloren, bevor er herausgefunden hatte, wie er sich an sie anschleichen konnte, ohne sie zu erschrecken. »Ja, Sir. Ich nehme an, daß Sie vorher zumindest unsere Beschleunigung abstellen wollen?«

Roman wollte antworten, unterließ es aber. »Das ist eine gute Frage. Haben Sie eine Ahnung, ob Raumpferde springen können, während sie beschleunigen?«

Ferrol runzelte die Stirn und dachte nach. Er erinnerte sich zumindest an ein Raumpferd im *yishyar* der Tampies, das verdammt schnell unterwegs gewesen war, als es seinem Netz entkam. Aber ob es beschleunigt hatte, als er es entwischen ließ ... »Ich bin nicht sicher. Ich kann mich nicht erinnern, etwas darüber gelesen zu haben. Ich wüßte aber nicht, warum sie es nicht können sollten.«

»Ich auch nicht. Versuchen wir es.«

*Und wenn es den Tampies lieber wäre, daß wir es nicht herausbekommen*? dachte Ferrol zynisch. Es hatte jedoch keinen Sinn, die Frage laut zu stellen. Die offizielle Version lautete, daß die Tampies ehrlich, offen und bereit waren, ihr gesamtes Wissen mit ihren geliebten menschlichen Brüdern zu teilen; wenn bei dieser Reise etwas feststand, dann war es die Tatsache, daß der Captain sich eisern an die offizielle Ansicht halten würde. »Ja, Sir«, sagte Ferrol. »Soll ich die Tampies benachrichtigen?«

Einen Augenblick lang glaubte er, Roman würde das Angebot annehmen. Aber – »Danke, Commander, das übernehme ich.« Roman setzte sich auf den Befehlsplatz und überflog die Displays.

Marlowe, der am Scanner saß, blickte auf. »Wenn Sie

ohnehin mit ihnen sprechen, Captain, könnten Sie sich vielleicht davon überzeugen, daß der viele Staub Pegasus nicht den Blick auf den Zielstern verschleiern wird.«

»So weit von der Ekliptik entfernt sollte es nicht soviel Staub geben«, brummte Roman und rief die Daten ab.

»Das habe ich auch angenommen, Sir«, nickte Marlowe. »Aber er ist da. Noch dazu steuern wir in ihn hinein — die Dichte nimmt allmählich zu.«

Als die Zahlen erschienen, blickte Ferrol Roman über die Schulter. »Das stellt kein Problem dar. Es handelt sich nur um Pegasus' eigenen Staubschweiß.«

Roman blickte zu ihm auf. »Ich habe nicht gewußt, daß Staubschweiß so dicht werden kann.«

Ferrol zuckte die Achseln. »Wir behalten eine ziemlich hohe Geschwindigkeit bei, auch wenn Pegasus sich die Anstrengung nicht anmerken läßt. Er besitzt eine riesige Oberfläche, durch die er schwitzen kann.«

»Und bei einer Beschleunigung wie der unseren fällt uns der gesamte Schweiß auf den Kopf«, ergänzte Roman. »Interessant. Eine der vielen Besonderheiten der Raumpferde als Transportmittel, über die noch niemand nachgedacht hat. Ich bin davon überzeugt, daß sich im Lauf der nächsten Monate noch mehr Kuriositäten ansammeln werden.«

*Ich kann es nicht erwarten,* dachte Ferrol. Er kehrte auf seinen Platz zurück und hörte mit halbem Ohr zu, als der Captain mit den Tampies über die Frage ›Beschleunigung beim Sprung‹ sprach. Auch sie wußten nicht, ob es möglich war, aber der Betreuer war bereit, es zu versuchen.

Natürlich wissen sie es nicht, dachte Ferrol erbittert. Es wäre zwar das erste, worüber sich jemand Gewißheit verschaffen würde, der an eine Kriegsführung mit Raumpferden denkt, nein, die Tampies hatten es nicht getan.

Natürlich glaubte ihnen Roman aufs Wort. Roman dachte ebenfalls nicht daran, mit Raumpferden Krieg zu führen.

»Commander?«

Ferrol zwang ein Lächeln auf sein Gesicht, bevor er sich umdrehte. »Ja, Captain?«

Roman musterte ihn eine Sekunde lang, als hätte er Ferrols Gedankengang erraten. »Ich hätte gern eine Probe dieses Staubs. Bitte informieren Sie die wissenschaftliche Abteilung, bleiben Sie dann an der Bordsprechanlage und überwachen Sie die Operation.«

Ferrol sah auf die Uhr. »Soll die Probe vor oder nach dem Sprung eingesammelt werden, Sir?«

»Gute Frage.« Roman überlegte. »Zu verschiedenen Zeiten könnte auch die Zusammensetzung verschieden sein. Nehmen wir eine Probe vor und eine nach dem Sprung, und dann sollen sie während des Rests der Reise täglich zwei Proben einsammeln.« Sein Blick wanderte zum Hauptdisplay. »Da die Raumpferde sich von Meteoriten ernähren, könnte es lehrreich sein, was sie als Ausscheidungsstoff betrachten.«

»Vor allem, wenn sich herausstellt, daß es sich um Gold, Platin oder Iridium handelt«, bemerkte Kennedy.

»Ich habe ebenfalls an diese Möglichkeit gedacht«, gab Roman zu.

Ferrol wandte sich wieder seinem Schaltpult zu und rief über die Bordsprechanlage die Forschungsabteilung an, verzog aber dabei verächtlich die Lippen. Das ewige, redliche Streben nach Profit. Irgendwo hatte er gelesen, daß das alte Rom angestrengt bemüht gewesen war, mit seinen Feinden Handel zu treiben – kurz bevor diese Feinde es vernichteten.

*Wer aus der Geschichte nichts lernt, ist dazu verurteilt, sie zu wiederholen*, rief er sich verbittert ins Gedächtnis.

Die Papiere der *Amity* bezeichneten sie als Forschungs- und Vermessungsschiff, und ihr übergroßes wissenschaftliches Kontingent erledigte seine Arbeit wesentlich besser als Ferrol erwartet hatte. Zehn Minuten vor dem Sprung befand sich die erste Probe im Schiff, lag auf dem Labortisch, eine erste Analyse war durchgeführt worden ... und Ferrol nahm mit stiller Befriedigung zur Kenntnis, daß der Staub wohl seltsame, exotische Silikate, aber keine Spur von Gold, Platin oder Iridium enthielt.

# 5. Kapitel

Roman drückte auf eine Taste und sah zu, wie die vorläufige Analyse des Staubschweißes auf seinem Display abrollte. Hauptsächlich Silikon und Eisen mit Spuren von Kalzium, Magnesium und Aluminium. Weder einzeln noch gemeinsam brauchbar. »Ist die Analyse der Molekularstruktur bereits fertig?« erkundigte er sich.

»Sie arbeiten noch daran«, antwortete Ferrol, der die Bordsprechanlage eingeschaltet hatte. »Sie haben einige wirklich komplizierte Moleküle gefunden, aber nichts davon ist wertvoll.«

»Sie sollen alles, was sie isolieren können, erfassen und aufbewahren.«

»Ja, Sir.« Ferrol gab den Befehl weiter.

Roman wendete sich wieder dem Hauptdisplay zu. Er hatte natürlich nicht erwartet, daß sie Goldnuggets finden würden – nach zwanzig Jahren Kontakt mit den Tampies war der Staubschweiß der Raumpferde sicherlich ein Dutzend Mal von Leuten analysiert worden, die weit mehr als er daran interessiert waren, mit Hilfe der Raumpferde ein Vermögen zu machen. Aber es wäre schön gewesen. »Lieutenant? Sprungbereitschaft?«

»Eine Minute bis zum Sprung, Sir. Der Betreuer hat signalisiert, daß er bereit ist; alle Systeme des Schiffs zeigen grün.«

»Marlowe?«

»Alle Innen- und Außensensoren sind eingeschaltet und zeichnen auf. Falls man während eines Sprungs irgendetwas sehen kann, bekommen wir es mit.«

Roman nickte. »In Ordnung. Na dann los!«

Vor einigen Monaten hatte Roman festgestellt, daß es vollkommen unspektakulär war zuzusehen, wie ein Raumpferd sprang. Jetzt stellte er fest, daß es genauso unspektakulär war, einen solchen Sprung mitzumachen.

Man spürte nichts. Überhaupt nichts. Sie waren gerade noch mit 0,9 Ge durch das Kialinninni-System der Tampies geflogen, und an Backbord hatte hinter ihnen eine mattrote Sonne gestanden; jetzt taten sie genau das gleiche, nur stand eine blendend weiße Sonne direkt vor ihnen. »Marlowe?« fragte Roman.

Der Gefragte schüttelte den Kopf. »Nichts, Captain. Keine Unregelmäßigkeiten oder Übergänge auf einem der Innensensoren. Auch auf den Außenscannern keine Hinweise auf den Übergang.«

»Wie steht es um das Zeitquantum auf den Sensoren, der üblichen halben Picosekunde?«

»Der Wert ist besser. Im Handbuch sind 0,05 Picosekunden angegeben; ich würde annehmen, daß der Wert näher bei 0,1 liegt.«

Eine Zehntelpicosekunde oder weniger. Vernünftigerweise konnte man nur von Nullzeit sprechen. »Danke. Lieutenant Kennedy? Haben wir Alpha bereits lokalisiert?«

»Ich arbeite daran, Sir«, erwiderte Kennedy. Sie sprach vollkommen unbeeindruckt, als würde sie jede Woche mit einem Raumpferd springen. »Der Computer hat die Ekliptikebenen identifiziert und berechnet mit Hilfe der Tampy-Daten, wo sich der Planet befinden muß. Es dauert nur noch einige Minuten.«

Roman nickte und schaltete die Bordsprechanlage ein, weil ihn die Erwähnung der Tampies auf eine Idee gebracht hatte. »Captain an Betreuer. Bist du imstande zu sprechen, Sso-ngii?«

Eine kurze Pause folgte, dann erschien das Bild des Tampies auf dem Monitor; zwischen dem Verstärkerhelm und dem rot-weißen Halstuch war sein verzerrtes Gesicht kaum zu erkennen. Wenigstens war so das schlafende Tier nicht zu sehen. »Ich höre, Rro-maa. Was ist dein Wunsch?«

»Weiß Pegasus, wo sich der Planet befindet, zu dem wir unterwegs sind? Ich meine, kann er ihn von hier aus spüren?«

Das Gesicht des Tampies war wie üblich ausdruckslos. »Ich weiß es nicht«, greinte er. »Ich weiß, daß Raumpferde innerhalb ihrer telekinetischen Reichweite viele ferne Sterne und Festkörper sehen können, das ist alles.«

»Ja«, brummte Roman verärgert, obwohl er diese Antwort halb erwartet hatte. Eine der aufreizendsten Charakteristika der Tampies war ihre unerschütterliche, sture Weigerung, laut zu überlegen, es sei denn, sie besaßen unwiderlegbare Beweise. Wenn er Sso-gnii weiter befragte, würde er von ihm irgendwelche unbekannten Tatsachen über Raumpferde erfahren; obwohl das irgendwann interessant sein konnte, hatte Roman im Augenblick keine Zeit dafür. »Dann warte einfach ab«, sagte er dem Tampy. »Wir werden den Standort in wenigen Minuten festgestellt haben und euch dann die Richtung übermitteln. Bis dahin kann Pegasus die Beschleunigung einstellen.«

»Eure Wünsche sind die unseren.«

Roman betrachtete stirnrunzelnd den Bildschirm und fragte sich, ob der Tampy sarkastisch war. Aber das war kaum wahrscheinlich. »Sehr gut. Befehl ausführen.«

Er schaltete die Verbindung ab und griff einen Augenblick später unwillkürlich nach den Armlehnen, weil die *Amity* mit einem Ruck, der Roman den Magen umdrehte, zu null Ge wechselte.

Der Verzögerungsalarm schaltete sich verspätet ein und Roman fluchte leise. Laut dem Handbuch für Fusionsantrieb dauerte der Vorgang Verlangsamung/Abkühlung fünf Minuten; seine alten Reflexe hatten ihn wieder einmal getäuscht.

»Captain?« Ferrol unterbrach Romans Gedankengang. Seine Stimme war zwar ausdruckslos, aber als Roman sich ihm zuwandte, merkte er, daß sein Stellvertreter heimlich die Unsicherheit seines Vorgesetzten genoß. »Die Forschungsabteilung berichtet, daß sie die nächste Staubschweißprobe hereingeholt haben.« Ferrol zog die Augenbrauen hoch. »Vorausgesetzt, Sie wollen immer noch, daß sie das Zeug analysieren.«

»Haben Sie einen anderslautenden Befehl erhalten, Commander?« fragte Roman sanft.

Ferrol kniff leicht die Augen zusammen. Vielleicht hatte er eine Überreaktion erhofft. »Nein, Sir«, antwortete er im gleichen Ton wie Roman.

»Dann hätten Sie doch annehmen können, daß ich immer noch eine Analyse des Staubes haben möchte, finden Sie nicht?«

»Ja, Sir.« Ferrols Lippen begannen unruhig zu zucken. Er befand sich jetzt in der Defensive, und das gefiel ihm überhaupt nicht. »Ich habe nach den negativen Ergebnissen des ersten Musters angenommen, daß man die Anordnung vielleicht überdenken könnte.«

Roman sah ihn einen Augenblick lang nur an und beobachtete, wie Ferrols Verlegenheit zunahm. »Wir befinden uns auf einem Forschungsschiff, Commander«, erklärte er schließlich. »Seine Aufgabe besteht darin, Daten zu sammeln: Über Tampies, Wechselwirkungen zwischen Menschen und Tampies, unerforschte Planeten, Flüge mit Raumpferden und Raumpferde an sich. Alle Daten, unabhängig davon, ob sie zur Zeit nützlich erscheinen oder nicht.«

»Ich habe verstanden, Sir.« Ferrols Unbehagen verwandelte sich allmählich in Wut.

»Gut.« Roman behielt den Augenkontakt noch kurz bei, dann wandte er sich Marlowe zu. »Fortschritte bei der Suche nach Alpha, Lieutenant?« fragte er.

»Noch eine Minute«, antwortete Marlowe sofort im Tonfall eines Kadetten, der sein Möglichstes tut, um nicht aufzufallen. »Wir haben die theoretische Position berechnet und suchen das unmittelbare Zielgebiet mit dem Teleskop ab.«

Roman nickte und verfolgte auf seinen Monitoren die Suche. *Damit sind die Positionen abgesteckt,* dachte er. Es ging Ferrol überhaupt nichts an, ob die Forschungsabteilung ihre Zeit mit dem Staubschweiß von Pegasus vergeudete, und das wußten er und alle übrigen auf der Brücke.

Die Frage war eine Herausforderung an Romans Fähigkeiten als Kommandant, oder an seine Urteilskraft oder an beides gewesen.

Mit anderen Worten: Trotz seiner großartigen Erklärungen vom Vortag hatte Ferrol nicht vor, es der Mannschaft der *Amity* zu überlassen, wie sie sich zu den Tampies stellte. Er hatte vielmehr vor, es zu einer persönlichen Konfrontation zwischen ihm, dem Anti-Tampi-Realisten, und Roman, dem militärisch/politischen Pro-Tampy-Idealisten, hochzuspielen.

Falls man sich nach Marlowes Reaktion richten konnte, war es Ferrol zumindest geglückt, die Stimmung auf der Brücke ein wenig zu verschlechtern. Er hatte einen kaum merklichen, aber echten Schaden angerichtet.

»Ich habe es, Captain«, meldete Kennedy. »Position 96.4, 15,3. Entfernung sechshunderttausend Kilometer.«

»Geben Sie den Tampies die Richtung bekannt«, befahl Roman. »Sobald wir eingeschwenkt sind, geradlinig hin, und sagen Sie Sso-ngii, er soll die Beschleunigung auf 0,9 Ge halten.«

Er hatte angenommen, daß Ferrol aufgeben würde, während er im Vorteil war. Er hatte sich geirrt. »Soll ich den Wendepunkt berechnen, Sir?« fragte Ferrol. »Vielleicht ist ihr Behelfscomputer nicht imstande, die Berechnungen durchzuführen.«

»Warten wir es ab, oder?« erwiderte Roman. »Geben Sie Sso-ngii die Position, Lieutenant, und überlassen Sie den Rest den Tampies.« Er sah Ferrol spöttisch an. »Vorausgesetzt, sie sind dazu imstande.«

Sie waren dazu imstande und führten es aus ... und nicht ganz fünf Stunden später zog Pegasus die *Amity* sanft in eine geosynchrone Umlaufbahn um Alpha.

Ferrol hatte zwar die erste Runde seines privaten Duells gewonnen, doch die zweite Runde ging eindeutig an die Tampies.

* * *

Im Lauf der Jahre hatte Roman eine erkleckliche Zahl von planetaren Landschaften entweder persönlich oder in Holos gesehen, und in jedem Fall hatte der erste Eindruck aus den exotischen, wilden Farbkombinationen bestanden, die den fremden Pflanzen eingefallen waren.

Alpha hatte sich als verblüffende Ausnahme von dieser Regel erwiesen. Die große, prärieartige Ebene, in der das Landeteam herumstocherte, und der Wald dahinter waren ausschließlich in Schwarz, Weiß und Grauschattierungen gehalten.

»Es ist wirklich erstaunlich«, bemerkte Ells Sanderson, und seine Erregung war trotz der Filtermaske deutlich zu hören. »Die vorherrschende Schwarzgraufärbung der Pflanzen ist im Hinblick auf die Photosynthese äußerst sinnvoll — es kann mehr Energie gespeichert und mehr Infrarot verwertet werden, als es bei Chlorophyllpflanzen möglich ist.«

»Der Anblick ist jedenfalls eintönig«, stellte Roman fest. »Sind die Tiere, auch die Insekten, von Haus aus farbenblind?«

»Das ist einer der Punkte, die wir überprüfen werden«, antwortete Sanderson. »Doch die Frage ist interessant: Wie kann es zu einer Bestäubung kommen, wenn keine Blumen mit leuchtenden Farben die Insekten anlocken?«

»Vielleicht werden dazu keine Insekten gebraucht«, meinte Roman. »Der Pollen könnte durch den Wind oder durch vorbeistreifende Tiere übertragen werden.«

»Dafür eignen sich die Staubbeutel der meisten Pflanzen nicht«, wandte ein anderer Wissenschaftler ein; Roman nahm an, daß es sich um Steef Burch handelte. »Außerdem sehe ich verschiedene Insekten, die durch und um die Büschel verschiedener Pflanzen fliegen.«

»Wir sammeln in der Nähe der Pflanzen Duftproben«, fügte Sanderson hinzu. »Dadurch werden wir erfahren, ob die Blumen chemische Reizstoffe einsetzen.«

»Klingt gut.« Roman überflog den vielfach unterteilten Bildschirm, auf dem man alle festmontierten Kameras der

Landefähre sowie die tragbaren Kameras des Landeteams sah, und wählte die Kamera, die die etwa zehn Meter von der Landefähre entfernte Analysetafel zeigte. Er holte das Bild auf seinen Monitor und an die Stelle von Sandersons Nahaufnahme des schwarzgrauen Laubs trat die Nahaufnahme eines kleinen, graubraunen Geschöpfs, das wie die alptraumhafte Kombination eines Erdferkels, eines Schildkrötenpanzers, kurzer Affenbeine und Hummerscheren aussah. Das Tier war mit einem Maschennetz an den Tisch gefesselt. »Wie kommen Sie mit den Tierstudien voran, Dr. Peyton?«

»Ttra-mii und ich sind begeistert«, antwortete Miki Peyton, die in ihre Arbeit vertieft war, geistesabwesend. Laut Peytons Akte war sie zum Teil Anti-Tampy und das hatte Roman ziemliche Sorgen bereitet, während die Landefähre den Planeten ansteuerte. Die Tampies würden diesen Teil der Arbeit genau beobachten und sich vergewissern, daß es zu nichts kam, was als schlechte Behandlung ausgelegt werden konnte. Das Letzte, das Roman wollte, war jemand, der unter den schiefen Blicken der Aliens die Nerven verlor. Aber Peyton war die Leiterin der Gruppe, die diesen besonderen Untersuchungstisch entworfen und gebaut hatte, und sie hatte mehr als deutlich zu verstehen gegeben, daß sie beim offiziellen Debüt ihres Lieblingsprojekts dabei sein würde. Die Gefahr, daß es auf Alpha zu Reibereien kam, war es nicht wert gewesen, einen Bürgerkrieg auf der *Amity* zu riskieren, und Roman hatte widerstrebend nachgegeben.

Doch bis jetzt schien es zu funktionieren. Er hoffte nur, daß Ttra-mii so vernünftig sein würde, nur zu schauen, aber nichts zu berühren.

»Wir sind mit den ersten Schichtenuntersuchungen fertig«, fuhr Peyton fort. »Empfangen Sie die Daten deutlich?«

»Dr. Tenzing?« wandte sich Roman an den Leiter der Forschungsabteilung.

»Wir empfangen sie sehr klar«, berichtete dieser sofort. »Wir haben bereits begonnen, sie zu sichten.«

»Gut. Wie geht es deiner Hand, Ttra-mii?«

»Der Schaden ist nicht ernst, Rro-maa«, greinte der Tampy. »Wie ich schon vorher gesagt habe, ist die innere Haut nicht verletzt worden.«

Womit vermutlich jede Gefahr einer Infektion oder Vergiftung auch in dem Fall ausgeschlossen war, wenn das Geschöpf mit den Hummerscheren einen Stoff enthielt, der die Physiologie der Tampies beeinträchtigen konnte. »Behalte jedenfalls den Analysator«, befahl ihm Roman. »Haben Sie schon herausbekommen, Dr. Peyton, wie das Geschöpf das fertiggebracht hat?«

»Sie meinen, wieso es Ttra-mii durch das Netz zwicken konnte, obwohl er so weit von dem Tier entfernt war, daß dieses ihn mit seiner Schere nicht erreichen konnte?« fragte sie trocken. »Noch nicht, aber ich habe wenigstens bewiesen, daß so etwas nicht unbedingt unmöglich ist. Das Ding hat keine Knochen.«

Roman runzelte die Stirn.

»Überhaupt keine?«

»Überhaupt keine«, bestätigte sie. »Und auch sehr wenig Knorpel. Der größte Teil seines Skelettgerüsts scheint nicht mehr oder weniger als eine organische Form von Bi-Zustand-Speicher-Plastik zu sein, das je nach Bedarf hart oder flexibel sein kann.«

Roman musterte das Geschöpf beinahe ehrfürchtig. »Interessant. Ist das etwas, das es nur bei dieser Spezies gibt, oder ist es auf Alpha die Regel?«

»Das werden wir in einer Minute wissen«, mischte sich eine neue Stimme ins Gespräch. »Hier spricht Singh, Captain; Llos-tlaa und ich sind im Begriff, ein Kaninchen zu fangen.«

Roman überflog den geteilten Schirm, fand Andrey Singhs Brustkamera und schaltete zu ihr um. Zwischen dem niedrigen Buschwerk saß ein Geschöpf auf seinem Hinterteil, das nicht die geringste Ähnlichkeit mit einem terranischen Kaninchen aufwies. »Das soll wohl das Kaninchen sein?« fragte er Singh.

»Es sieht jedenfalls so aus, als würde es diese Nische im Ökosystem ausfüllen.«

Eine Hand mit einer Netzpistole erschien am Rand des Bildschirms, während Singh auf seine Beute zuschlich, und aus der gegenüberliegenden Richtung tauchte der genauso bewaffnete Llos-tlaa auf. »Nur ruhig, Freundchen«, murmelte Singh beschwichtigend. »Wir tun dir nichts, wir wollen nur einen schmerzlosen Blick auf dein Innenleben werfen.« Er hob vorsichtig die Pistole.

Das Geschöpf verwandelte sich unvermittelt in etwas anderes und hüpfte davon.

»Verdammt noch mal!« stieß Singh hervor und das Bild bewegte sich schwindelerregend schnell, weil er sich umdrehte und zusah, wie ihm das Geschöpf entkam. »Das kann es doch nicht tun!«

Seine letzten Worte gingen beinahe im Geratter einer auf Dauerfeuer geschalteten Nadelpistole unter. Weiter hinten in der Ebene zuckte das Geschöpf mitten in einem Sprung zusammen und prallte regungslos auf den Boden. »Feuer einstellen!« brüllte Roman. »Wer war das?«

Einen Augenblick herrschte Stille. »Das war ich, Sir – Garin«, meldete sich der Anführer der zum Schutz der Wissenschaftler abkommandierten vierköpfigen Gruppe. »Ich war der Meinung, die Wissenschaftler wollten das Ding studieren ...«

*»Es war nicht notwendig, es zu töten!«*

Roman zuckte zusammen. Der Schrei klang hoch, beinahe schrill, von Kummer und Qual, Enttäuschung und Vorwurf erfüllt. Roman überflog den geteilten Bildschirm und suchte das noch an den Analysetisch gefesselte Geschöpf, weil er im ersten entsetzlichen Augenblick angenommen hatte, daß der Schrei irgendwie von dort gekommen war. »Wer hat das gesagt?« fragte er.

»Verzeih mir, Rro-maa.« Bei diesen drei Worten verwandelte sich das hohe Gekreisch wieder in das normale Greinen der Tampies. »Ich war zornig.«

»Das habe ich mir gedacht, Llos-tlaa.« An die Stelle von

Romans Zorn über Garins eigenmächtiges Handeln trat ein sehr unangenehmes Gefühl. Niemand hatte jemals erwähnt, daß die Tampies so reagieren konnten. »Garin, Sie werden nie wieder ohne Befehl schießen, es sei denn, Sie stehen einer tödlichen, unmittelbaren Bedrohung gegenüber. Verstanden?«

»Ja, Sir«, knurrte Garin beinahe mürrisch.

»Das gilt für euch alle«, machte Roman den Rest der Wachmannschaft aufmerksam. »Ist genug von dem Kaninchen übrig, damit Sie es studieren können, Dr. Singh?«

Singh beugte sich jetzt über das Geschöpf, und die Nahaufnahme des mit Nadeln gespickten Körpers verursachte Roman leichte Übelkeit. »Wir können es versuchen, Captain«, antwortete Singh, während er das Netz unter das Tier schob. »Interessant — ist Ihnen aufgefallen, daß es wieder zum Kaninchen wurde, als es starb?«

»In gewissem Sinn war es nie etwas anderes«, mischte sich Ferrol von der Brücke aus ein. »Meiner Meinung nach sollte man es dem Landeteam zeigen.«

»Wir haben hier etwas, Dr. Singh«, sagte Roman. »Schalten Sie auf Empfang um.«

Ferrol hatte die Übertragung von Singhs Kamera aufgezeichnet, sie durch den Computer geschickt und ließ sie in Zeitlupe ablaufen. Dadurch konnte man die Verwandlung des Kaninchens leichter verfolgen — aber sie war dennoch verblüffend.

»Es sieht aus, als würde die Haut *fließen*«, murmelte Singh. »Wie etwas Hochelastisches oder Halbflüssiges.«

»Sie sehen auch, wie sich die Skelettstruktur darunter verändert«, warf Peyton vom Analysetisch aus ein. »Ich hatte recht — es ist genau wie Bi-Zustandsplastik. Die Muskeln müssen ebenfalls eine ähnliche Verwandlung durchmachen — sonst könnten die Beine nicht länger werden, ohne an Kraft zu verlieren.«

»Die Muskeln und auch die Organe«, ergänzte Singh. »Bemerken Sie, wie sich die Kapazität der Lunge beinahe verdoppelt hat?«

»Es wird zu einer Laufmaschine«, murmelte Burch beeindruckt.

Das stimmte. Die erste Erscheinungsform des Geschöpfes hatte Singh an ein Kaninchen erinnert, doch das Tier, das der Film in Zeitlupe zeigte, erinnerte Roman an einen jagenden Windhund. »Hat jemand noch etwas dazu zu sagen?« fragte er.

»Es ist klar, daß wir hier auf etwas Einmaliges gestoßen sind«, stellte Tenzing fest. »Wir werden weitere Studien durchführen müssen, um zu sehen, ob die Fähigkeit, die Gestalt zu wechseln, auf Kampf/Flucht-Situationen beschränkt ist, oder ob jedes Geschöpf zwei vollkommen unterschiedliche ökologische Nischen ausfüllt und seine Zeit zwischen ihnen aufteilt.«

»Ach ja«, mischte sich Burch nicht sehr laut ein. »Ein Planet namens ›Werwolf‹.«

»Bleiben wir bei Alpha«, sagte Sanderson knapp. »Es gibt hier sehr viel, das unsere Aufmerksamkeit in Anspruch nimmt, ohne daß wir unsere Zeit mit Namensgebungen vergeuden. Vor allem, wenn das die Aufgabe der Tampies und nicht die unsere sein wird.«

Einen Augenblick lang herrschte gespannte Stille, ein Unbehagen, das Roman sogar auf der Brücke spürte. In der allgemeinen Aufregung hatten offenbar alle vergessen, wie die Realität aussah. Alpha war vierhundertdreißig Lichtjahre von der Erde entfernt und befand sich damit weit außerhalb der Reichweite des Mitsuushi-Antriebs. Was immer sie hier fanden — einen Platz für eine neue Kolonie, verwertbare Pflanzen und Tiere, oder nur eine exotische, aufregende Biologie — den Nutzen aus ihrer Arbeit würden die Tampies ziehen, nicht die Menschen.

»Sie begnügen sich nicht mehr damit, uns bis aufs Hemd auszuplündern«, murmelte Ferrol gerade laut genug, damit Roman es hörte. »Jetzt haben sie uns dazu gebracht, ihnen die Beute ins Haus zu liefern.«

»Jetzt reicht's, Commander«, knurrte Roman — aber der Schaden war bereits angerichtet. »Dr. Singh, ich möchte, daß Sie an dem Kaninchen eine vollständige Mikroben-Untersuchung vornehmen, und dabei darauf achten, ob man es gefahrlos auf die *Amity* bringen kann. Da es bereits tot ist«, fügte er hinzu, um einem eventuellen Einwand der Tampies zuvorzukommen, »können wir die Gelegenheit ausnützen.«

»Die vor dem Verlassen der Fähre durchgeführte Überprüfung der Luft und des Bodens hat nichts Gefährliches ergeben, und daher ist es nicht wahrscheinlich, daß das Kaninchen eine Bedrohung darstellt«, wandte Sanderson ein.

»Das weiß ich«, antwortete Roman. »Tun Sie es trotzdem.«

»Aha«, unterbracht Peyton das Gespräch. »Ich glaube, ich habe es. Ells, führen Sie bitte rasch an einigen Pflanzen eine Überprüfung des elektrischen Feldes durch.«

»Okay.« Sandersons Abschnitt des geteilten Bildschirms veränderte sich plötzlich, als er mit seiner Kamera niederkniete.

»Denken Sie an ein elektrisches Sinnesorgan?« fragte Burch zweifelnd.

»Warum nicht? Als wir die ersten Messungen durchführten, haben Sie selbst die hohe Dichte von Ionen in der Luft festgestellt.«

»Ja, aber das ist nichts im Vergleich zu der Dichte, die man im Meerwasser findet, in dem man für gewöhnlich auf elektrische Sinnesorgane stößt. Terranische Haie und so weiter.«

»Raumpferde können ebenfalls elektrische Felder spüren«, warf Ttra-mii ein.

»Interessant«, bemerkte Burch etwas scharf, »aber kaum von Belang in bezug auf Tiere, die sich innerhalb der Atmosphäre entwickelt haben.«

»Trotzdem gibt es einen deutlichen, unwiderlegbaren Beweis für ein elektrisches Sinnesorgan bei diesem Tier«, konstatierte Peyton. »Ells? Haben Sie etwas?«

»Es sieht so aus, als hätten Sie recht«, antwortete Sanderson. »Es gibt bei mehreren Arten eindeutig Felder verschiedener Intensität mit verschiedenen Schwingungsfrequenzen.«

»Schwingungsfrequenzen?« wiederholte Tenzing. »Soll das heißen, daß die Felder nicht statisch sind?«

»Allerdings. Die drei Pflanzen, die ich untersucht habe, weisen Zyklen von etwa neun Sekunden bis zu beinahe einer Minute auf.«

»Organische elektrische Oszillatoren«, murmelte Singh. »Wirklich elegant.«

»Überaus elegant«, stimmte Sanderson zu. »Ganz zu schweigen davon, daß es nützlich sein kann, vorausgesetzt, wir können den Mechanismus ergründen.«

»Dann suchen Sie sich ein paar gute Muster aus und bringen Sie sie an Bord«, wies ihn Tenzing an. »Denken Sie aber daran, daß wir für jeden Planeten nur ein einziges verschließbares Labor haben, und daß Sie noch zwei Wochen dort unten herumstöbern werden. Wenn Sie das Labor bis zur Decke füllen, werden diejenigen von uns, die innerhalb der nächsten zwei Monate in ihm arbeiten müssen, Ihre Vorfahren bis ins letzte Glied verfluchen.«

Sanderson murmelte zögernd etwas, das nach Zustimmung klang, und Roman unterdrückte ein Lächeln. *Wie Kinder in einem Spielzeuggeschäft*, dachte er.

»Captain?« meldete sich plötzlich Marlowe. »Ich habe etwas.«

Sein Ton ... »Ich habe es«, bestätigte Roman und schaltete das Scanner-Relais ein. Eine Infrarotschicht des Landungsgebiets, die von der Kamera am Bauch der *Amity* stammte ... und im Wald jenseits der Prärie, von blinkenden Signalen umgeben ...

»Warten Sie einen Augenblick, Dr. Sanderson«, rief Roman über die Bordsprechanlage. »Es sieht aus, als würden sich Ihnen von Westen drei große Tiere nähern.«

Das Gespräch im Hintergrund verstummte schlagartig. »Zur Kenntnis genommen, Captain«, erklärte Garin einige Sekunden später mit gepreßter Stimme. »Noch immer kein

Sichtkontakt, aber wir haben sie auf dem Scanner. Sie kommen direkt auf uns zu.«

Er brach ab, und in der Stille war das Klicken der Nadelgewehre, die auf Automatik geschaltet wurden, deutlich zu hören. »Wir haben noch immer gelben Alarmstatus«, erinnerte Roman Garin. »Geraten wir nicht in Panik, bevor wir Näheres wissen.«

»Ja, Sir.«

»Die Tiere sind schneller geworden«, berichtete Marlowe. »Etwa eine Minute bis zum Sichtkontakt.«

Auf der anderen Seite der Brücke stieß jemand zischend die Luft aus. »Einen Kommentar, Commander?« forderte Roman Ferrol auf, ohne den Blick von den Vorgängen bei der Landefähre zu wenden.

»Sollten wir nicht von hier verschwinden?« Ferrols Stimme klang noch gepreßter als die Garins. »Zumindest sollten wir die Leute in die Landefähre bringen, wo sie sich in Sicherheit befinden würden.«

»Dazu ist es zu spät«, mischte sich Kennedy ein. Roman fiel auf, daß sie eher interessiert als besorgt klang. »Sie haben sich zu weit verteilt, als daß alle rechtzeitig zurückkommen könnten. Und wenn sie kämpfen müssen, wird es ihnen im Freien leichter fallen, weil sie dort freies Schußfeld haben.«

»Falls die Tampies ihnen erlauben zu schießen«, knurrte Ferrol.

»Schluß jetzt!« fuhr Roman dazwischen und schaltete das taktische Display ein. Auf ihm erschien die Landschaft unter ihm; die Standorte der Landefähre, der acht Menschen und der beiden Tampies waren mit farbigen Kreuzen gekennzeichnet. Garin und die anderen drei Wächter hatten sich gegenüber der Stelle, an der die näherkommenden Tiere aus dem Wald auftauchen mußten, in einem Halbkreis aufgestellt. Sie waren gut ausgebildet und mit den vermutlich tödlichsten Waffen ausgerüstet, über die das Arsenal der Kordonale verfügte; Roman zweifelte nicht daran, daß sie notfalls die Tiere zerfetzen konnten.

Die große Frage war also, ob es notwendig war ... und ob die Tampies es genauso sehen würden wie die Menschen.

»Die Instrumente auf dem Analysetisch spielen verrückt«, meldete sich Peyton. »Ich glaube, daß sie die elektrischen Felder der Tiere empfangen.«

»Das ist unmöglich«, widersprach Sanderson. »Die Reichweite dieser Instrumente ist gering — sie sind nur für die Arbeit auf dem Tisch entworfen.«

»Das weiß ich«, fuhr ihn Peyton an. »Erzählen Sie das den Instrumenten.«

»Vielleicht kann es Gga-rri mit seiner Sensorausrüstung bestätigen«, schlug Llos-tlaa vor.

»Stör mich nicht, Tampy«, antwortete Garin scharf; er hielt seine Nadelpistole in der Hand. »Im Augenblick gibt es Wichtigeres, das mir Sorgen bereitet.«

»Tun Sie es, Garin«, befahl Roman. »Wenn diese Tiere eine so starke Energie ausstrahlen, daß der Analysetisch sie empfängt, müssen wir uns näher damit befassen.«

Einen Augenblick lang rührte sich die Nadelpistole nicht, dann sank sie unvermittelt aus dem Bild. »Ja, Captain«, bestätigte Garin, und man hörte, daß er die Zähne zusammengebissen hatte. »Ich überprüfe es jetzt ... nein, ich empfange nichts. Es muß sich um eine Störung im Tisch handeln.«

»Es ist keine Störung«, widersprach Peyton. »Überprüfen Sie es noch einmal, vor allem im Hochfrequenzbereich — fünfzig Hertz und darüber. Die Stromstärke ist wahrscheinlich nicht sehr hoch. Vielleicht ist sie gerichtet; oder es ist die hohe Ionenkonzentration, die ihr ermöglicht, so weit zu gelangen.«

Sie hatte ihren Satz kaum beendet, als im Wald plötzlich Äste zerbrachen; noch während Garin seine Nadelpistole auf die Bäume vor ihm richtete, wurden die Büsche heftig auseinandergedrückt und drei Geschöpfe traten auf die Ebene hinaus.

War das kleine Tier, das Garin vorher abgeknallt hatte,

ein Kaninchen gewesen, so handelte es sich jetzt um große Hunde. Hunde mit haarloser Elefantenhaut und flachen Schnauzen; mit großen Pfoten, deren gebogene Katzenkrallen noch in einer Entfernung von hundert Metern deutlich zu erkennen waren; mit breiten, haiähnlichen Mäulern voll weißer Zähne.

Noch während das Landeteam verstummte und erstarrte, trat der mittlere Hund einen Schritt vor, hielt an ... und verwandelte sich.

Es ging langsamer als bei dem Kaninchen und war dadurch viel beeindruckender. Zunächst streckten sich die Vorder- und dann die Hinterbeine zum anderthalbfachen ihrer ursprünglichen Länge, und Flanken und Brust dehnten sich. Die verlängerten Beine wurden dicker, als bildeten sich dort neue Muskeln, und der Bauch wurde flacher. Die runzelige Haut, die sich über der neuen Fläche spannte, glättete sich und schimmerte feucht. Die Schnauze veränderte sich nicht, aber der Kopf schwoll an beiden Seiten an, was Roman an einen Vogel erinnerte, der sich aufplustert. Der Vorgang dauerte ungefähr zehn Sekunden — als er zu Ende war, hatte sich der Hund in einen Wolf verwandelt.

Ein Wolf, der so groß war wie ein ausgewachsener Grizzly. Er stellte sich kurz auf die Hinterbeine und hob dann den Kopf, als stoße er einen lautlosen Schrei aus. Dann ließ er sich wieder auf die Vorderfüße sinken, wandte den Kopf und musterte die Invasoren seiner Welt. Sein Blick fiel auf Peyton und Ttra-mii, die noch immer neben dem Analysetisch und dem toten Kaninchen standen, das sie untersuchen wollten. Es hob wieder den Kopf, stieß den lautlosen Schrei aus ... und kam auf sie zu.

»Zielt auf die Beine«, befahl Garin. Die Mündung seiner Nadelpistole folgte dem Wolfsgeschöpf. »Wenn es möglich ist, wollen wir versuchen, es außer Gefecht zu setzen, ohne es zu töten.«

»Schießt nicht«, sagte Llos-tlaa.

»Schalten Sie auf Explosivgeschosse, Rehfeldt; zielen Sie zur Deckung auf den Kopf«, fuhr Garin fort, ohne sich um den Tampy zu kümmern. »Boschelli, Wehrmann ... o verdammt«, unterbrach er sich, als die beiden anderen Hundegeschöpfe ebenfalls begannen, sich in Wölfe zu verwandeln.

»Gga-rii ...« versuchte es Llos-tlaa noch einmal.

»Halt's Maul!«, knurrte Garin. »Das geht zu weit — explosive Nadeln, volle Automatik, zuerst die Beine, dann die Köpfe. Auf meinen Befehl ...«

»*Schießt nicht*!«

Roman zuckte zusammen und fluchte leise, weil das intensive Gefühl im Schrei des Tampies in seinen Ohren nachklang. Diesmal waren es nicht Kummer und Enttäuschung, sondern verzweifelte Dringlichkeit und das beinahe überwältigende Gefühl eines gerechten Zorns. »Nicht schießen, Garin!« befahl er, als er wieder sprechen konnte. Die Wolfsgeschöpfe hatten inzwischen ungefähr ein Viertel der Entfernung zu Peyton und Ttraa-mii zurückgelegt, ohne schneller zu werden; sie beachteten weder den Schrei des Tampies noch die tödlichen, auf sie gerichteten Waffen. »Warum sollen wir nicht schießen, Llos-tlaa?«

»Weil die schwachköpfigen Idioten lieber sterben würden als zuzulassen, daß einer ihrer kostbaren Freunde aus dem Wald verletzt wird«, erklärte Garin, bevor der Tampy antworten konnte.

»Llos-tlaa — *antworte* mir!«

»Es ist nicht notwendig, sie zu töten, Rro-maa.« Llos-tlaas Stimme hatte wieder ihren normalen Klang, zitterte aber hörbar am Rand eines neuen Schreis. »Ppey-taa und Ttra-mii müssen sich vom Tisch zurückziehen, dann werden die Geschöpfe nicht angreifen.«

»Scheißdreck«, fluchte Garin los. »Wachen, bei drei: eins ...«

»Ich habe gesagt, nicht schießen!« brüllte Roman. »Peyton, Ttra-mii – tut, was Llos-tlaa sagt! Tretet vom Tisch weg und vermeidet plötzliche Bewegungen!«

»Captain, die Leute da draußen befinden sich auf verdammt dünnem Eis«, mischte sich Ferrol ein. »Auch explosive Nadeln können etwas so Großes nur schwer aufhalten – wenn die Geschöpfe auf fünf Meter herankommen, werden sie Schaden anrichten, ganz gleich, wie schnell sie getötet werden.«

»Noch schlimmer ist es, wenn sie sich zum Angriff entschließen«, stimmte Kennedy zu. »Ich schlage vor, daß die Wächter das vorderste Tier sofort ausschalten, um die anderen beiden abzuschrecken.«

Roman drückte Daumen und Zeigefinger zusammen. Die Wolfsgeschöpfe waren jetzt nicht einmal sechzig Meter entfernt. »Llos-tlaa, warum glaubst du, daß die Geschöpfe nicht angreifen werden?«

Die Wolfsgeschöpfe legten weitere fünf Meter zurück, bevor der Tampy antwortete. »In ihnen ist kein Gefühl des Räubers vorhanden«, erklärte er, und Roman hatte den deutlichen Eindruck, daß er nach Worten suchte. »Es ist nichts von einer Jagdhaltung bei ihnen zu sehen.«

Mit anderen Worten, Llos-tlaa wußte nicht, warum er so dachte, wie er dachte. Großartig. »Sanderson? Ihre Meinung?«

»Sie haben eine Flucht/Kampf-Veränderung durchgemacht«, antwortete Sanderson. »Sehen sie aus, als würden sie vor etwas davonlaufen?«

Das war nicht der Fall, mußte Roman zugeben. Andererseits waren die Tampies dafür berühmt, daß sie in neuen Situationen nie Vermutungen anstellten – was irgendwie darauf hinwies, daß Llos-tlaa wußte, wovon er sprach, auch wenn er es nicht in Worte fassen konnte.

Aber falls er nur auf den unerträglichen Gedanken reagierte, etwas zu töten ...

Dreißig Meter entfernt ... er konnte die Entscheidung nicht mehr hinauszögern. »Garin, Nahziel der Kopf des Leitgeschöpfs«, wies er ihn an. »Stellen Sie auf acht Meter ein, Explosivnadeln. Rehfeldt, Boschelli — gleicher Befehl in bezug auf die anderen Geschöpfe.«

»Acht Meter ist verdammt knapp, Captain«, brummte Garin.

»Es muß genügen«, entschied Roman.

»Rro-maa ...«

»Ruhe, Llos-tlaa!«

Aber der Tampy ließ nicht locker. »Es ist nicht notwendig. Sie interessieren sich nicht für uns.«

»Für wen interessieren sie sich dann, verdammt noch mal?« knurrte Garin.

Llos-tlaas Hand erschien vor seiner Kamera und zeigte auf einen Punkt. »Sie suchen den Analysetisch.«

»Den was?«

Auf dem taktischen Display hielt das Leit-Wolfsgeschöpf plötzlich, aber nicht ruckartig an ... hinter dem Analysetisch.

»Es will das tote Kaninchen auf dem Tisch«, flüsterte Peyton. »Das ist alles.«

»Das ist nicht möglich«, widersprach Singh. »Es sieht nicht wie ein Aasfresser aus. Eher wie — oh. Oh!«

»Was ist los, Singh?« fragte Roman. »Was?«

Singh schnaubte leise. »Wir haben uns alle geirrt, Captain.« In seiner Stimme lagen Erleichterung und zunehmende Belustigung. »Die Verwandlung muß nicht nur eine Flucht/Kampfreaktion sein; es gibt einen dritten Grund, warum Tiere so groß und stark wie möglich aussehen wollen. Nämlich ... aber schauen Sie es sich selbst an. Es geht los.«

Im nächsten Augenblick stellte sich das Wolfsgeschöpf

auf die Hinterbeine und sprang auf den Tisch, so daß sich der Scanner an der Vorderseite zwischen seinen Vorderbeinen befand. Es hielt sich mühsam mit den Vorderpfoten fest, hob wieder den Kopf, sein ganzer Körper begann zu zittern ...

»Mich laust der Affe«, stellte Burch ehrfürchtig fest. »Es kopuliert mit dem Tisch.«

»Die vielen elektrischen Felder«, ergänzte Singh. »Erinnern Sie sich, Miki, daß Sie einen Spannungsstoß bemerkt haben, als die Geschöpfe auf Sie zugingen?«

»Sie haben auf die Elektronik in dem Scanner reagiert.« Ihr Seufzer klang wie ein Stöhnen. »Sie müssen ihn für ein Weibchen halten. Mein armer Tisch.«

Einen Augenblick später gab der Analysetisch, der nie für eine solche Behandlung entworfen worden war, den Geist auf. Seine Beine knickten ein und das Wolfsgeschöpf landete mitten in einem kleinen Vermögen an empfindlichen elektronischen Geräten auf dem Boden. Kaum jemand bemerkte das Aufflackern, als der selbständige Generator des Tisches zum Boden kurzschloß und ausbrannte. »Keiner rührt sich!« befahl Garin. »Sie können uns noch immer angreifen.«

Roman hielt den Atem an – aber die Befürchtung war grundlos. Noch während das Wolfsgeschöpf aus dem Trümmerhaufen kletterte und seine Pfoten das Wenige, das heil geblieben war, zertrampelten, begannen er und seine Gefährten mit der Verwandlung in ihre ursprüngliche Form. Das Leit-Hundegeschöpf sah sich noch einmal um, ohne sich um Menschen und Tampies zu kümmern, dann kehrten sie mit großen Sprüngen auf dem gleichen Weg in den Wald zurück, auf dem sie gekommen waren.

»Das ist wenigstens etwas, das man nicht jeden Tag zu sehen bekommt.« Burch bemühte sich angestrengt, unbeeindruckt zu klingen. »Ich hätte angenommen, daß die anderen wütend waren, weil sie nicht drankamen.«

»Vielleicht hörte in dem Augenblick, in dem die elektrischen Felder des Analysetisches zusammenbrachen, auch der Sexualtrieb der Tiere auf«, meinte Singh. Er war den Tieren näher gewesen als Burch, und seine Stimme zitterte noch merklich. »Oder vielleicht waren sie nur Freunde des Bräutigams.«

»Das halte ich nicht für komisch«, knurrte Peyton. Sie kniete neben dem zerstörten Tisch und sah die Reste der Geräte durch. »Das ist jedenfalls das Ende unserer Tierstudien, zumindest für heute.«

»Auch das Ende aller anderen Aktivitäten, nehme ich an«, ergänzte Sanderson. »Ich schlage vor, Dr. Tenzing, daß wir einige Pflanzenmuster sammeln und dann ins Schiff zurückkehren. Heute würde ohnehin keiner von uns hier unten noch viel zustande bringen.«

»Einverstanden«, stimmte Tenzing zu. »Wir müssen eine Möglichkeit finden, unsere Instrumente zu schützen, oder aber die örtliche Fauna von ihnen fernzuhalten. Ich werde der Mannschaft der Landefähre Anweisung erteilen, mit dem Abflugcheck zu beginnen. Das heißt«, fügte er hinzu, als erinnere er sich plötzlich daran, daß es sich hier um keine unter seiner Leitung stehende Universitätsexpedition handelte, »falls Sie damit einverstanden sind, Captain.«

»Absolut, Dr. Tenzing«, beruhigte ihn Roman, der inzwischen zu der gleichen Erkenntnis gelangt war. »Erteilen Sie der Mannschaft der Landefähre die entsprechenden Anweisungen, Lieutenant Kennedy.«

»Ja, Sir.« Kennedy griff nach der Sprechanlage.

»Noch etwas, Captain«, meldete sich Tenzing wieder. »Wir brauchen zwei der Elektroingenieure der *Amity*, damit sie die Geräte, die wir zur Abwehr der Tiere benützen wollen, zusammenbauen. Können Sie uns jemanden zuteilen?«

»Ich denke sogar an eine bessere Lösung«, antwortete Roman. Sie hatten den Heimathafen vor nicht ganz zwei Tagen verlassen und es stellte sich bereits heraus, daß die Politiker, die diese Expedition organisiert hatten, von der Annahme ausgegangen waren, daß die Wissenschaftler der Forschungsabteilung auf der *Amity* mehr oder weniger unabhängig von der übrigen Besatzung arbeiten und über eine eigene Ausrüstung, eigene Quartiere und eigene Befehlsgewalt verfügen würden. Roman war mit allen Punkten bis auf den letzten einverstanden. »Wir brauchen offensichtlich eine bessere Kommunikation und Koordination zwischen Ihren und meinen Leuten, Dr. Tenzing. Daher werde ich einen meiner Offiziere als Verbindungsmann abstellen. Er wird Ihnen zu Seite stehen, wenn Sie etwas von den Vorräten des Schiffes oder vom Personal brauchen; er wird dafür sorgen, daß Ihre Arbeit und Ihre Vorgangsweise nicht gegen die Sicherheitsvorschriften des Schiffes verstoßen — und so weiter.«

Eine ganz kurze Pause trat ein. »Ich verstehe«, antwortete Tenzing schließlich. »Ich habe den Eindruck, daß — aber das spielt keine Rolle. Ein Verbindungsoffizier ist eine gute Idee. Denken Sie an jemand Bestimmten?«

»Ja.« Ohne es zu merken, biß Roman die Zähne zusammen. Er ging ein Risiko ein — sogar ein großes Risiko —, und es war leicht möglich, daß er es bedauern würde. Aber er wußte irgendwie, daß er es versuchen mußte. »Ich übertrage Commander Ferrol diese Aufgabe.«

Er blickte zu Ferrol hinüber, der ihn erschrocken ansah. »Bei allem gebotenen Respekt, Sir ...«

»Der Posten gehört Ihnen, Commander«, unterbrach ihn Roman ungerührt. »Ich schlage vor, daß Sie zum Hangar gehen und das Landeteam in Empfang nehmen. Vergewissern Sie sich, daß die Proben richtig versiegelt sind und so bleiben, bis sie sich im Labor befinden.«

Ferrol holte tief Luft. »Zu Befehl, Sir.«

»Sehr gut, Commander. Das war alles.«

Ferrol verzog das Gesicht und verließ hoch aufgerichtet die Brücke.

* * *

*Also so stellt er sich das vor,* dachte Ferrol zornig, während er zum Hangar der *Amity* ging. *Er setzt Menschenleben aufs Spiel, weil die Tampies es ihm befehlen — entgeht um Haaresbreite einer Katastrophe — und wenn ich versuche, seine Prioritäten zurechtzurücken, werde ich kaltgestellt.* Er wollte aufstampfen, aber die langsame Rotation des Schiffs war bereits zum Stillstand gekommen; so mußte er sogar auf diese kleine Befriedigung verzichten. Man hatte ihn nicht nur ungerecht behandelt, sondern noch dazu beleidigt, denn die Landefähre war erst in einer Stunde fällig. Er dachte kurz an die Nadelpistole und das Kuvert in seiner Kabine ...

Nein, sagte er sich. Er mußte der Mission ihren Lauf lassen, mußte darauf warten, daß die Mannschaft der *Amity* den letzten, schwachen Versuch zunichte machte, mit dem bewiesen werden sollte, daß Menschen und Tampies keineswegs erbitterte Feinde sein mußten. Wenn es unentschieden ausging, würden die Pro-Tampies nur ihre Hinhaltetaktik fortsetzen.

Vielleicht war Roman mit seiner Zermürbungstaktik genau darauf aus, fiel ihm plötzlich ein. Vielleicht wollte er Ferrol dazu bringen, etwas zu unternehmen, um dieses Unentschieden oder sogar einen Umschwung zugunsten der Tampies zu erreichen.

Ferrol lächelte spöttisch. *Es tut mir leid, Captain, aber so leicht werde ich es Ihnen nicht machen.* Er würde alles ausführen, was man ihm befahl, ein mustergültiger Stellvertreter sein ... und warten.

Die Hangarmannschaft war bereit, die Landefähre in Empfang zu nehmen. Weil alles unter Kontrolle war und Ferrol keine Lust hatte, hier herumzulungern und darauf zu warten, daß das Landeteam auftauchte, suchte er den Laborkomplex der Forschungsabteilung auf, um die geschlossenen Labors rasch zu überprüfen. Die Wissenschaftler und Techniker schienen ebenfalls für den Empfang bereit zu sein, aber er mußte sich in bezug auf die technischen Einzelheiten auf das verlassen, was sie ihm sagten; als er in den Hangar zurückkehrte, befand sich das Landeteam bereits im Schiff.

»Dr. Sanderson«, begrüßte er den Leiter der Gruppe,

während dieser in der Schwerelosigkeit ungeschickt die nächste Haftplatte ansteuerte. »Ich bin Commander Ferrol. Wir haben einander gestern kennengelernt.«

»Ja«, nickte der Wissenschaftler, der sich im Geist sichtlich mit anderen Dingen herumschlug, zerstreut. »Wir haben die Schachteln mit den Proben im Laderaum gelassen – können Sie uns Leute verschaffen, die uns helfen, die Sachen ins Labor zu tragen?«

Hinter Ferrol ertönte der Rotationsalarm. »Wenn Sie ein paar Minuten warten, Doktor, ist die Schwerkraft groß genug, um einen dieser Karren zu benützen.«

»In Ordnung.« Sanderson trat zur Seite, weil der Rest seines Teams im Gänsemarsch aus der Landefähre herauskam. »Ich gehe voraus, um alles vorzubereiten; Steef – Dr. Burch – wird Ihnen zeigen, wie Sie die Behälter auspacken und aufladen müssen.«

Ferrol schluckte die Antwort, die ihm auf der Zunge lag, hinunter. »Ja, Doktor.«

Sanderson nickte wieder und begab sich ohne ein weiteres Wort zur Hangartür, und Ferrol machte sich auf den Weg zur hinteren Tür des Laderaums. Er öffnete die Schleuse, stieg über die hohe Gummischwelle und trat ein.

Das Landeteam war tatsächlich fleißig gewesen. Unter dem Sicherheitsnetz befanden sich neun Fünfzigliterbehälter sowie die Reste des zerstörten Analysetisches. Ferrol grinste; er war schon neugierig, wie der Captain den Zwischenfall in seinem Logbuch formulieren würde. Er löste das Netz und hielt es fest, während es sich auf die Trommel aufrollte. Ein Lufthauch traf seinen Nacken, er drehte sich um ...

Und keine dreißig Zentimeter von ihm entfernt stand ein Tampy.

Von Angesicht zu Angesicht mit einem Tampy, zum ersten Mal seit Prometheus ... und seine geistige Vorbereitung auf diesen Augenblick brach in Sekundenschnelle zusammen. Das schiefe Gesicht schien sich an das seine zu drängen – das leise, rasselnde Atmen des Fremden hallte in dem engen Raum wider — der Hauch von bitter-saurem Körpergeruch drehte ihm den Magen um ...

Als sich der rote Schleier der Erinnerung und des Zorns auflöste, sah Ferrol, daß der Tampy verschwunden war. Außerhalb der Landefähre ertönten verworrene, erschrokkene Geräusche. Und die Knöchel seiner rechten Hand kribbelten ...

*Verdammt.*

Er trat zu der Tür des Laderaums und sah gerade noch, wie Burch und Llos-tlaa dem Tampy in der niedrigen Schwerkraft wieder auf die Beine halfen. Links vom verzerrten Mund des Tampies erschien bereits ein rötlicher Fleck. Burch sah Ferrol ungläubig an. »Was ist hier geschehen?« fragte er.

Ferrol holte tief Luft; infolge des Adrenalinausstoßes begannen seine Muskeln zu zittern. *Ich muß mich entschuldigen*, wußte er; doch als er zum Sprechen ansetzte, blieben ihm die Worte im Hals stecken. Zu sagen, daß es ihm leid tat — leid tat! — einen Angehörigen der Rasse geschlagen zu haben, die ihm sein Zuhause gestohlen hatte ...

»Es ist in Ordnung«, krächzte der Tampy und fuhr sich mit der Hand über die Stelle an seinem Kinn, an der ihn Ferrol getroffen hatte. »Ich bin nicht verletzt. Es ist alles in Ordnung.«

Ferrol biß die Zähne zusammen, und wieder verschleierte eine Anwandlung blinder Wut sein Sehvermögen. Natürlich war der Tampy ›in Ordnung‹ — er würde das sogar vom Krankenbett aus beteuern, wenn es sein mußte. Die Tampies befanden sich auf der *Amity*, um Pluspunkte zu sammeln; wenn sie zeigten, wie gut sie es verstanden, die andere Backe hinzuhalten, mußte sich Ferrols unüberlegte Reaktion gegen ihn wenden.

Er wollte verdammt sein, wenn er das warme, mitfühlende Charisma der Tampies dadurch verstärkte, daß er so tat, als täte es ihm leid. »Schleich dich das nächste Mal nicht so an mich an«, erklärte er dem Tampy. »Wenn Sie soweit sind, Dr. Burch, helfe ich Ihnen mit den Behältern.«

Burch warf dem Tampy einen kurzen Blick zu. »Ach ... in Ordnung. Klar.« Er zögerte, musterte seinen Mitarbeiter genau und ging dann zu Ferrol in den Laderaum.

Sie arbeiteten schweigend, trugen die Behälter aus dem Laderaum und stapelten sie auf dem Hangardeck auf. Peyton tauchte auf, als sie bereits die Hälfte der Behälter umgeräumt hatten, aber da der enge Raum keinen Platz für einen dritten Arbeiter bot, bestand ihr Beitrag vor allem darin, daß sie einen Karren holte und die beiden wiederholt aufforderte, nicht auf die Überbleibsel ihres Analysetisches zu treten. Als sie den Karren endlich beladen hatten, herrschte wieder volle Schwerkraft; Ferrol übernahm die Steuerung, und sie machten sich auf den Weg zum Laborkomplex.

Auf halbem Weg sprach Burch endlich. »Warum haben Sie Ttra-mii geschlagen?« fragte er betont beiläufig.

»Ich mag die Tampies nicht.«

»Wieso? Vorausgesetzt, es macht Ihnen nichts aus, darüber zu sprechen.«

»Es macht mir etwas aus.« Ferrol warf Burch einen Blick zu und merkte, daß dieser schluckte. »Ach so«, meinte Burch nicht sehr überzeugend.

»Dort unten gibt es eine Menge interessantes Material, das wir studieren müssen.« Peyton versuchte offensichtlich, das Gespräch auf sicheren Boden zu lenken. »Haben Sie uns beobachtet, Commander?«

»Ich habe die Computerzeitlupe über die Verwandlung des Kaninchens gemacht«, erinnerte er sie.

Sie errötete leicht. »Natürlich.«

In Ferrol regte sich leises Schuldbewußtsein. Er hatte keinen Grund, die Angelegenheit für Burch und Peyton noch peinlicher zu machen — er hatte sich ja nicht über die Wissenschaftler geärgert. Im Gegenteil, es war sehr leicht möglich, daß gerade die Forschungsabteilung der *Amity* die Tampy-Fassade von Frieden und Freundlichkeit durchschauen würde. Wenn man ihnen den Eindruck vermittelte, daß alle Anti-Tampies gewalttätig und hirnlos waren, machte man es ihnen nur noch schwerer, die Wahrheit zur Kenntnis zu nehmen, wenn die Fassade zusammenbrach. »Die Memory-Plastik-Skelette sehen besonders interessant aus«, bemerkte er. »Glauben Sie, daß Sie imstande sein werden, das Material zu kopieren?«

»Ganz sicher«, versicherte Burch. »Wenn es ein Gebiet gibt, das die Human-Biotechnologie im Griff hat, dann ist es das Kopieren von interessanten Molekülen und biotechnischen Systemen.«

Peyton räusperte sich. »Man vergißt aber nur allzu leicht, daß das Ganze mehr ist als nur eine Sammlung von kommerziell verwertbaren Teilen. In dieser Hinsicht zumindest haben die Tampies recht.«

Burch sah sie verärgert an. »Wenn wir die Lebensphilosophie beiseite lassen, dann sind es gerade die kommerziellen Ergebnisse, die Expeditionen wie diese ermöglichen.«

»Wir werden eine Menge kommerzieller Ergebnisse zurückbringen«, seufzte Peyton. »Von den Memory-Skeletten bis zu den organischen elektrischen Feld-Oszillatoren werden wir so viel Material mitbringen, daß die Budget-Wachhunde des Senats gar nicht anders können, als glücklich sein.«

»Obwohl die Tampies alles behalten dürfen, was wir in den beiden Wochen finden?« fragte Ferrol.

Burch stieß die Luft zischend aus. »Sogar dann«, antwortete er.

Aber es klang nicht so, als glaube er daran.

Peyton steuerte das Gespräch zu Alphas ökologischen Wundern zurück, und danach zu der Tierwelt des Planeten, und weder die Tampies noch ihre Philosophie wurden wieder erwähnt. Ferrol half ihnen noch, die Proben im versperrten Labor aufzustapeln und verabschiedete sich dann. Aber es hatte genügt. Er würde zwischen den Wissenschaftlern weder Mißtrauen noch Unzufriedenheit säen müssen, denn wie er soeben bemerkt hatte, war beides bereits vorhanden. Seine Aufgabe bestand nur noch darin, diese Saat regelmäßig zu gießen ... wozu ein Verbindungsoffizier während der nächsten beiden Monate reichlich Gelegenheit haben würde.

Während er zur Brücke zurückging, gestattete er sich ein Lächeln. Nein, er würde im Augenblick weder die Pistole noch das Kuvert brauchen. Er würde sie vielleicht überhaupt nicht brauchen. Wenn sich die Lage weiter so entwickelte, war es durchaus möglich, daß ihm Captain Roman einen Großteil seiner Arbeit abnahm.

Es sei denn, dachte er ... und für einen Augenblick verschwand das Lächeln. War es etwa möglich, daß Roman ihm diesen Job eben deshalb übertragen hatte? Damit er bei den Wissenschaftlern Stimmung gegen die Tampies machte?

War es möglich, daß Roman insgeheim auf Ferrols Seite stand?

Nein, sagte sich Ferrol entschieden. *Vollkommen ausgeschlossen.* Der Senator hatte Romans psychologisches Diagramm gesehen, und Roman war bestimmt nicht fähig gewesen, die Seelenschnüffler der Raumflotte in diesem Ausmaß an der Nase herumzuführen. Er war Pro-Tampy und hatte Ferrol auf den Posten als Verbindungsoffizier abkommandiert, um ihn entweder zu bestrafen, oder aus der irrigen idealistischen Vorstellung heraus, daß der ständige Kontakt mit den Tampies Ferrols Haß besänftigen würde. So ein Narr.

Trotzdem ...

Ferrol hatte vorgesehen, sich in den nächsten Tagen während seiner freien Zeit Zugang zu den psychologischen Diagrammen der Mannschaft zu verschaffen. Falls es ihm gelang, konnte es nicht schaden, wenn er sich auch Romans Diagramm ansah. Nur um sicherzugehen.

# 7. Kapitel

Ferrol hatte von Roman eine offizielle Reaktion darauf erwartet, daß er den Tampy im Hangar niedergeschlagen hatte — von einer scharfen Zurechtweisung über zeitlich begrenzten Stubenarrest bis zur Degradierung und Verhaftung. Zu seiner Verblüffung erwähnte der Captain den Zwischenfall überhaupt nicht. Vielleicht hatte das Image der Tampies als friedfertige, nicht nachtragende Wesen auf ihn abgefärbt; oder vielleicht wollte er die führende Persönlichkeit der Anti-Tampisten auf der *Amity* nicht zum Märtyrer stempeln. Letzteres war eine absolut reale Möglichkeit — emotionelle Reaktionen und der Umgang mit ihnen waren sehr problematisch, und Roman schien auf diesem Gebiet weder Talent noch Erfahrung zu besitzen.

Oder aber Burch und die Tampies hatten aus Taktgefühl oder als weiteren Beweis ihrer Friedfertigkeit den Zwischenfall nie gemeldet. Das war eine sehr plausible Erklärung.

Sie umkreisten Alpha weitere vierzehn Tage lang und sahen aus der Umlaufbahn zu, wie die Landeteams die Wüste, die Wälder und den gebirgigen Teil des Planeten durchstreiften und bei allem, was sie erblickten, in begeisterte Ohs und Ahs ausbrachen. Die ›Lorelei-Stäbe‹ — wie Dr. Tenzing die überlangen elektronischen Zeltstäbe taufte, die die Elektroniker der *Amity* erfanden — funktionierten großartig; ihre oszillierenden elektrischen Felder lockten Alphas Raubtiere entweder von den Landeteams weg oder führten sie direkt in Netzfallen, je nachdem, was Sandersons Mitarbeiter im Augenblick vorzogen. Als Pegasus die Umlaufbahn verließ und durch den Weltraum weiterflog, war das erste Labor wie befürchtet buchstäblich bis zur Decke mit Probenbehältern gefüllt.

Der Sprung zum System Beta verlief problemlos, genau wie die darauffolgenden fünfzig Flugstunden durch den normalen Raum bis zum Zielplaneten. Diesmal überwachte Ferrol das Beschleunigungs/Verzögerungs-Diagramm genau; zu seiner Verblüffung hielt sich Pegasus getreulich an die 0,9 Ge, die Roman angeordnet hatte, und über- oder unterschritt sie nur ab und zu um nicht einmal ein halbes Prozent. Es war ein frappierendes, ernüchterndes Beispiel dafür, wie stark und effizient die Verbindung zwischen Betreuer und Raumpferd tatsächlich war ... eine Effizienz, die für die Menschheit ein ernstes Problem darstellen würde, wenn es endlich zum Krieg kam.

Beta, der zweite Zielplanet auf ihrer Liste, unterschied sich so sehr von Alpha, wie es bei zwei Planeten nur möglich ist, war aber dennoch genauso interessant. Er umkreiste in geringer Entfernung einen hellen, rot-orangefarbenen Stern, und das Leben auf ihm hatte sich zu außerordentlich spezialisierten Formen entwickelt, die außerordentlich spezialisierte ökologische Nischen bewohnten. Sie waren so sehr spezialisiert, daß die Landeteams oft bei einem Fünfkilometermarsch auf ein halbes Dutzend unterschiedlicher Pflanzen stießen, ohne daß es zu einer gegenseitigen Durchdringung der Arten gekommen wäre. Die Hälfte der Proben, die sie an Bord des Schiffes brachten, starb, bevor die *Amity* den Orbit verließ, und nur wenige der übrigen Lebewesen hielten etwas länger durch.

Es war eine ideale Gelegenheit, die Konflikte zwischen Tampies und Menschen zu schüren, und die Ergebnisse waren besser, als Ferrol zu hoffen gewagt hatte. Die Tampies, die sich selbst zu ›Schutzherren der Natur‹ ernannt hatten, waren gezwungen, ständig dagegen zu protestieren, daß hochempfindliche ökologische Strukturen gestört wurden. Auf beiden Seiten fielen scharfe Worte, überall herrschte Frustration, und ab dem Ende der ersten Woche gehörten Sandersons Landeteam keine Tampies mehr an.

Merkwürdigerweise schien dieser Boykott die Einstellung der Wissenschaftler den Tampies gegenüber kaum zu beeinflussen. Alle Bemerkungen, die Ferrol in seiner Rolle als Verbindungsoffizier aufschnappte, wiesen auf allgemeines, tolerantes Verständnis — und sogar Mitgefühl — für den Standpunkt der Aliens hin. Rückblickend wurde ihm klar, daß diese Reaktion zu erwarten gewesen war — sogar auf Prometheus war ihm aufgefallen, daß sich die Siedler, die mit den Tampies am engsten zusammenarbeiteten, durch die gespielt edelmütige Haltung der Aliens am leichtesten täuschen ließen.

Aber falls die Pro-Tampies im Senat auf diese emotionelle Beeinflussung gesetzt hatten, erwartete sie eine Enttäuschung ...

Denn noch während die Wissenschaftler die philosophischen Ansichten der Tampies nachplapperten und sich laut darüber Sorgen machten, daß sie das Gras, über das sie gingen, zertrampelten, verschlechterten sich die Beziehungen zwischen den Tampies und den Menschen auf der *Amity* langsam aber stetig.

Die Anzeichen waren bereits vorhanden gewesen, bevor sie das Alpha-System verließen.

Während der ersten Wochen hatte zwischen den beiden Hälften des Schiffes reger Verkehr geherrscht — zum Teil war es einfach Neugierde, und der Rest ein Versuch der Pro-Tampies in der Mannschaft, den freundschaftlichen Kontakt zu fördern. Aber sobald die Neugierde befriedigt war und die Tampies Sandersons Leute unermüdlich und immer dringender davor warnten, die Natur zu stören, ging die Zahl der Mannschaftsmitglieder, die Touristen spielten oder einfach ihren guten Willen zeigen wollten, beinahe auf Null zurück. Daß die Tampies auf Beta das Landeteam boykottierten, verbesserte die Situation natürlich nicht, und als Pegasus den Orbit verließ, ging in jenem Teil des Schiffes, den die Wissenschaftler und die höheren Offiziere kaum besuchten, heimlich eine Flut von Anti-Tampy-Witzen um.

Als die *Amity* den Orbit um den dritten Planeten, Gamma, verließ, wurden die Verbindungstüren nur noch aus dienstlichen Gründen benützt, und die Witze wurden in der Mannschaftsmesse offen erzählt.

Und als die letzten Proben von Delta an Bord waren, stand fest, daß sich die Hoffnungen der Pro-Tampies auf der *Amity* in nichts aufgelöst hatten.

* * *

»Hhom-jee berichtet, daß Pegasus sprungbereit ist«, meldete Ensign Connie MacKaig vom Steuer aus.

Ferrol nickte. »Sagen Sie ihm, daß er springen kann, wann immer er bereit ist.«

»Ja, Sir.«

Sie wandte sich der Sprechanlage zu, und Ferrol holte tief Luft. Es war vorüber. Vorbei. Wenn es Roman Spaß machte, konnte er den ganzen Tag in seinem Büro sitzen und die Fragebogen der Mannschaft durchgehen, aber es stand fest, daß der Versuch vollkommen gescheitert war. Er wußte es, Roman wußte es, und jeder, der in den letzten Wochen die Atmosphäre auf dem Schiff beobachtet hatte, wußte es.

Die Displays auf der Brücke flackerten gleichzeitig, als Deltas orangefarbene Sonne verschwand und an ihre Stelle der gelbe Zwerg des Solomonsystems trat. »Sprung durchgeführt«, meldete MacKraig. »Entfernung zu Solomon ... 3,5 Millionen Kilometer.«

Ferrol führte rasch eine Berechnung durch. Bei den 0,9 Ge, die die Tampies offensichtlich vorzogen, etwa elf Stunden. »Teilen Sie Solomon mit, daß wir eingetroffen sind, Ensign«, befahl er ihr, »und lassen Sie uns vom Betreuer in den Hafen bringen. Das übliche 0,9 Ge Beschleunigungs/Verzögerungs-Diagramm wird genügen.«

»Ja, Sir.«

Nachdem dieser kleine Abstecher endlich vorbei war, war es an der Zeit, daß er zur *Scapa Flow* zurückkehrte und dort weitermachte, wo er seine Tätigkeit unterbrochen hatte. Vorausgesetzt, daß die Patrouillen der Raumflotte aus dem *yishyar*-System der Tampies verschwunden waren ... und vorausgesetzt, daß der Senator es ihm erlaubte.

Bei der Erinnerung verzog Ferrol das Gesicht. Der Senator hatte kein Geheimnis daraus gemacht, daß es ihm nicht gefallen hatte, wie Ferrol der Aufbringung seines Schiffes durch Roman und die *Dryden* entgangen war, und hatte sogar angedeutet, daß Ferrol zu leichtsinnig wurde. Diese Diskussion war durch die *Amity*-Reise unterbrochen worden, aber weil diese Reise nun vorbei war, würde sie wieder in Gang kommen. Wenn er den Senator nicht davon überzeugen konnte, daß er noch vertrauenswürdig war ...

»Commander?« McKraigs Stimme klang plötzlich gepreßt. »Solomon berichtet, daß uns eine Tachyon-Nachricht erwartet — Dringlichkeitsstufe eins!«

Krieg. Das Wort fiel Ferrol unwillkürlich ein und einen Sekundenbruchteil lang schien sein Blut zu erstarren. Der Krieg hatte begonnen, und er saß auf einem Schiff mit Tampy-Besatzung in der Falle ... »Geben Sie Gelben Alarm«, befahl er und unterdrückte das Zittern in seiner Stimme. »Ich verständige den Captain.«

Während der Alarm schrillte und er sich an die Bordsprechanlage setzte, fiel ihm das Wort wieder ein.

Krieg.

# 8. Kapitel

»... obwohl ich der Meinung bin, daß diese Erfahrung die Mühe wert war, würde es mir kein Vergnügen bereiten, wieder mit den Tampies zusammenzuarbeiten. Es gibt einfach zu viele Unterschiede, zu viele Möglichkeiten, einander gegenseitig auf die Nerven zu gehen.«

Die Worte hörten auf, über den Display zu wandern, und Roman richtete sich auf. Der Bericht war fertiggestellt, und jetzt kam der Augenblick, den er fürchtete: Die Auswertung der Ergebnisse durch den Computer. Er rief die Information ab und sah zu, wie die Ergebnisse erschienen. Achtundzwanzig dafür, siebenundneunzig dagegen, und im Vergleich dazu die Zahlen vor dem Flug: sechzig zu fünfundsechzig. Beinahe ein Viertel der Besatzung der *Amity* hatte sich aus Pro-Tampies in Anti-Tampies verwandelt.

Verdammt.

Er lehnte sich zurück und betrachtete Pegasus' schattenhaften Körper, der am Rand des Bullauges gerade noch sichtbar war. Das großartige Experiment, das beweisen sollte, daß Umgang mit Fremden zu Achtung führt, war also gescheitert — und zwar so gründlich gescheitert, daß nicht einmal der verbissenste Optimist etwas dagegen vorbringen konnte. Die Begeisterung aller ursprünglichen Pro-Tampies für die Aliens war mehr oder weniger gedämpft worden, während gleichzeitig jeder einzelne der Anti-Tampies in seinen Vorurteilen bestärkt worden war.

*Ich hätte schärfere Kontrolle ausüben müssen,* sagte er sich, aber im Grund wußte er, daß auch das keinen Unterschied ausgemacht hätte. Er hätte auf seinem Schiff niemals eine Freundschaft zwischen den beiden Rassen erzwingen können, und es wäre zwecklos gewesen, es auch nur zu versuchen. Rrin-saas Worte über die Bedeutung der *Amity* fielen ihm ein, und einen Augenblick lang war er auf die Tampies wütend. Natürlich waren sie zum Teil selbst daran schuld – sie hatten nicht einmal den Versuch unternommen, ihre Opposition gegen die Art, wie die Menschen mit dem Universum umgingen, abzuschwächen. Sie waren in diesem Zusammenhang sogar mehr als einmal beinahe hysterisch geworden.

Er starrte die endgültigen Ergebnisse noch immer düster an, als das Büro plötzlich von dem leisen, aber aufdringlichen Trillern des Alarms erfüllt war. Einige Sekunden lang blieb er einfach sitzen, löste seine Gedanken von der interstellaren Politik und kehrte zu seiner unmittelbaren Verantwortung zurück. Er griff nach dem Schalter der Bordsprechanlage, aber sie schaltete sich ein, bevor seine Hand dort anlangte. »Captain hier«, meldete er sich.

»Hier ist die Brücke, Sir«, sagte Ferrol aufgeregt. »Solomon übermittelt uns eine Tachyon-Nachricht ... Dringlichkeitsstufe eins.«

Roman fröstelte es. Es gab einen einzigen Grund, warum jemand der *Amity* eine Botschaft dieser Dringlichkeitsstufe senden mußte. »Verstanden«, bestätigte er und gab seinem Terminal den Bestätigungscode ein. »Nehmen Sie sie auf«, wies er Ferrol an. »Leiten Sie sie an mich und an die Mannschaft auf der Brücke weiter – und sonst an niemanden.«

»Ja, Sir.« Ferrol sah auf seine Tastatur hinunter. »Hier kommt sie.«

Ferrols Gesicht verschwand vom Bildschirm, und an seine Stelle trat:

> AN FORSCHUNGSSCHIFF *AMITY*, SOLOMON:
> VON BEFEHLSHABER RAUMFLOTTE GRENZSCHIFFE
> NEBENSTELLE PREPYAT
> DRINGEND EINS ... DRINGEND EINS ... DRINGEND EINS
> BEGEBEN SIE SICH SOFORT ZU NCL 1148; NOTFALL; RETTET WISSENSCHAFTLICHE FORSCHUNGSSTATION AUF DRITTEM PLANETEN. NCL 1148 IM BEGRIFF ZUR NOVA ZU WERDEN.

»Heilige Hölle«, murmelte jemand im Hintergrund der Brücke.

»Ruhe«, knurrte Ferrol.

WEITERE DATEN ÜBER SYSTEM VON SOLOMON RAUMFLOTTENSTATION
ERHÄLTLICH. UNBEDINGT ERFORDERLICH, DASS *AMITY* RETTUNG DURCHFÜHRT.
VIZEADMIRAL MARCOSA COMBOREX PREPYAT
CODE/VER *(a)7882/53
8:22 GMT///ESD 3 APRIL 2335

»Nehmen Sie mit der Station Verbindung auf, Commander, und lassen Sie die Daten an uns übermitteln«, befahl Roman, dessen Magen sich allmählich wieder beruhigte. In ein System geschickt zu werden, dem eine Sonnenexplosion bevorstand, war kaum ein Grund zur Freude, aber es war weitaus besser als die allgemeine Mobilmachung, auf die er gefaßt gewesen war. »Und teilen Sie es den Tampies mit; Pegasus muß sprungbereit sein, sobald wir wissen, wohin wir springen.«

»Ja, Sir.« Ferrols Stimme klang immer noch angespannt. »Soll ich den gelben Alarm abstellen?«

»Das wäre gut«, stimmte Roman zu. Das Trillern der Sirene hatte wahrscheinlich den größten Teil der Mannschaft den gleichen Schluß ziehen lassen, zu dem er und Ferrol verleitet worden waren, und die Spannung mußte den Siedepunkt erreicht haben. »Verlesen Sie außerdem die Nachricht über die Bordsprechanlage — wenn der Stern tatsächlich im Begriff ist, in das kritische Stadium einzutreten, muß jeder sein Bestes geben.«

»Verstanden.«

Roman schaltete ab, schnallte sich los, und während seine Füße nach der nächsten Haftplatte tasteten, hörte das Trillern auf und Ferrol gab die plötzliche Änderung im Fahrplan der Amity bekannt.

Roman blieb einen Augenblick lang neben seinem Schreibtisch stehen und runzelte die Stirn. Das Datum auf der Nachricht war 8.22 GMT gewesen, das entsprach auf der Erde dem dritten April 2335. Das lag etwas mehr als dreißig Stunden zurück ... und in dieser Zeit hatte die Nachricht darauf gewartet, daß die *Amity* Solomon ihr Eintreffen meldete. Marcosa hätte die Nachricht mittels eines Kuriers, der über ein Raumpferd verfügte, an die Tampies schicken können, so daß sich bereits jetzt ein Rettungsschiff im System 1148 oder sogar bei der Forschungsstation befunden hätte.

Warum hatten sie es nicht getan?

*Politik*, dachte er. Politik und Standesdünkel, und das Bestreben, die Tampies unter keinen Umständen um Hilfe zu bitten. Von welchem Standpunkt aus man es auch betrachtete, war es verdammt idiotisch; und wenn das Forschungsteam deshalb ums Leben kam ...

Dann würde die gesamte Schuld der *Amity* zugeschrieben werden.

* * *

Ferrol hatte alle einlangenden Daten gesichtet, die einzelnen Abschnitte an die zuständigen Abteilungen weitergeleitet und war dabei, die Unterlagen genauer zu prüfen, als Roman endlich eintraf. »Das Team besteht aus ungefähr fünfzig Personen unter der Leitung von Dr. Jeman Lowry aus Cambridge«, berichtete er dem Captain, als dieser hereinschwebte und sich auf seinem Stuhl anschnallte. »Sie haben die Expedition unternommen, weil der Stern sich allmählich zur Nova entwickelte und sie die Vorgänge verfolgen wollten. Offenbar ist die Entwicklung schneller vor sich gegangen, als sie angenommen hatten.«

Roman nickte und ließ sich eine Kopie der Daten ausdrucken. »Was ist mit ihrem eigenen Schiff?«

»Sie haben keines. Sie mußten für den Transport ein Tampy-Schiff mieten — das System befindet sich über tausend Lichtjahre außerhalb der Mitsuushi-Reichweite.«

»Und dieses Schiff steht ihnen jetzt nicht zur Verfügung?«

»Ich würde sagen, daß das im Augenblick beinahe irrelevant ist, Sir«, erwiderte Ferrol. Diese Feststellung stimmte zwar nicht, aber wenn er ein bißchen Glück hatte, würde es der Captain nicht merken. »Sie haben die Erde verständigt, die Erde hat uns verständigt, und wir haben es jetzt am Hals.«

»Anscheinend. Haben wir das System bereits lokalisiert?«

»Ja, Sir«, meldete sich MacKaig vom Steuer aus. Sie rief die Daten ab und auf Ferrols Display erschien die entsprechende Seite. »Elfhundertfünfundsechzig Lichtjahre entfernt, Länge minus 2,6 Grad, Breite 5,9 Grad. Wir können nicht direkt von hier dorthin springen — es ist nicht deutlich genug sichtbar —, aber Pegasus kann von hier aus Deneb sehen und von dort sollte er imstande sein, 1148 zu sehen.«

Roman studierte die Aufstellung einen Augenblick lang und nickte dann. »Das sollte klappen. Übermitteln Sie Hhom-jee die Richtung und die Karten und teilen Sie ihm mit, daß er in dem Augenblick springen soll, in dem Pegasus dazu bereit ist.«

»Ja, Sir.« Sie wandte sich der Bordsprechanlage zu.

Der Computer neben Ferrol signalisierte, daß er die Berechnung durchgeführt hatte. Auf dem Display erschien eine Karte des Systems 1148 und dazu eine Aufstellung der augenblicklichen Standorte der Planeten. Ferrol stellte das Bild schärfer ein und sah es sich genau an.

Das System bestand aus zwei Sternen — einem eher kleinen roten Riesen und einem weißen Zwerg — plus drei Planeten der üblichen Größe und Umlaufbahnen. Die beiden Sterne waren einander sehr nahe, und der Zwerg umkreiste den Riesen in bedrohlicher Nähe von dessen äußerer Atmosphäre, so daß zwischen den beiden Sternen kein Platz für eine ständige planetarische Umlaufbahn blieb. Alle Planeten umkreisten beide Sterne, was zu so vielen Perturbationen führte, daß eine normale Berechnung der Umlaufbahnen beinahe unmöglich war. Ferrol war heilfroh darüber, daß das Team daran gedacht hatte, zugleich mit dem Hilferuf die neuesten Daten durchzugeben. Die Basis befand sich auf dem innersten Planeten, den das Team Shadrach getauft hatte: Ein ungefähr marsgroßer Felsbrocken ohne Leben mit zwei Monden, dessen Umlaufbahn etwa fünfhundert Millionen Kilometer vom Zentrum des Riesen entfernt verlief.

»Wir schwenken ein«, meldete MacKaig, »und machen uns für den Sprung zu Deneb bereit.«

»Gut«, sagte Roman. »Commander Ferrol?«

»Sir?« antwortete Ferrol, ohne den Display aus den Augen zu lassen.

»Kennen Sie Admiral Marcosa?«

Ferrols Nackenmuskeln verkrampften sich. Er zwang sich, sich zu entspannen und war froh, daß er dem Captain nicht das Gesicht zuwandte. »Ich habe von ihm gehört, Sir, ihn jedoch nie kennengelernt.« Es war mehr oder weniger die Wahrheit.

»Anti-Tampy?«

Ferrol unterdrückte ein Lächeln. Selbstverständlich — er war sogar ein fanatischer Anti-Tampy. Marcosa war einer der engsten Freunde des Senators in der Admiralität, ein unsichtbarer Verbündeter, von den heimlichen Jagdausflügen der *Scapa Flow* an bis zu der Protektion, der Ferrol den Posten auf der *Amity* verdankte. Es war bestimmt kein Zufall, daß Marcosa den neuen Befehl unterzeichnet hatte. »Ich würde es annehmen, Sir«, erwiderte er. »Warum fragen Sie?«

Er fühlte Romans Blick beinahe körperlich in seinem Nacken. »Ich wüßte gern«, meinte dieser beinahe lässig, »warum er das Risiko eingegangen ist, auf uns zu warten, statt die Tampies zu ersuchen, eines ihrer Schiffe loszuschicken.«

Es wäre eine Gelegenheit für eine sarkastische Bemerkung über die Schnelligkeit und Effizienz der Tampies gewesen, aber Ferrol war so sehr mit anderen Dingen beschäftigt, daß er keine Zeit dafür hatte. »Ich hätte einen

Vorschlag zu unserer Vorgangsweise, Captain.« Ohne auf Erlaubnis zu warten, übertrug er das Schema des Planeten auf Romans Display. »Wenn wir von Deneb direkt nach 1148 springen, treffen wir irgendwo an dieser Linie ein.« Er zog vom Doppelstern eine Linie nach außen: »Es hängt davon ab, wie sich die gravitational äquipotentiellen Oberflächen auswirken. Dadurch werden wir uns in einer Entfernung von mindestens hundert Millionen Kilometern vom Planeten befinden.«

»Während wir wesentlich näher beim Planeten eintreffen könnten, wenn wir zwischen Sternen mit den entsprechenden Positionen hin- und herpendeln?«

Ferrol, der unwillkürlich beeindruckt war, nickte. Vielleicht war Roman klüger, als seine blinde Vorliebe für die Tampies vermuten ließ. »Ja, Sir«, bestätigte er. »Ich habe zwei gute Möglichkeiten gefunden, bin aber nicht sicher, welche die bessere wäre.«

»Ensign?« wandte sich Roman an MacKaig.

Diese hatte Ferrols Schemata abgerufen und befaßte sich jetzt konzentriert mit ihnen. »Es sieht so aus, als würde uns die zweite Variante näher ans Ziel bringen. Allerdings ist der Unterschied nicht groß — bestenfalls eine halbe Million Kilometer.«

»Wir müssen jede Möglichkeit ausschöpfen, die sich uns bietet«, meinte Roman. »Formatieren Sie es auf Sichtanzeige um und schicken Sie es zu Hhom-jee hinunter. Wir wollen die Sprünge eins-zwei-drei so schnell wie möglich hintereinander durchführen.«

»Ja, Sir.« Sie zögerte. »Das setzt natürlich voraus, daß Pegasus drei Sprünge hintereinander ausführen kann.«

»Damit haben Sie recht.« Roman griff nach der Sprechanlage. »Am besten, wir finden es gleich heraus.«

Ferrol schaltete sich in dem Augenblick in die Verbindung ein, als das Gesicht des Tampies auf dem Bildschirm erschien.

»Rro-maa, ja?« krächzte er.

»Ja.« Roman nickte. »Die *Amity* hat soeben den Auftrag

erhalten, eine Rettungsmission durchzuführen, Rrin-saa. Bist du informiert worden?«

»Ja, Ffe-rho hat es uns mitgeteilt.«

»Also gut. Wir werden drei Sprünge hintereinander machen, und ich brauche auf zwei Fragen rasch Antworten. Erstens: Wird sich Pegasus zwischen den Sprüngen ausruhen müssen?«

»Das weiß ich nicht«, greinte der Tampy. »Ich weiß, daß Raumpferde zweimal gesprungen sind, ohne sich auszuruhen; das ist alles.«

»Ich verstehe«, antwortete Roman, ohne durch das Geschwafel des Tampies ungeduldig zu werden. Vielleicht hält er es für eine ausreichende Antwort, dachte Ferrol ironisch. »Wir werden es gemeinsam herausfinden«, fuhr der Captain fort. »Und jetzt die zweite Frage. Die Raumpferde absorbieren einen hohen Prozentsatz der Sonnenenergie, die auf ihren Körper auftrifft — ist dann eine Nova oder ein Stern im Vornovastadium für Pegasus zu hell?«

Ferrol schluckte. Auf diese Idee war nicht einmal er gekommen, und er hielt den Atem an, während er auf die Antwort wartete.

Die Sorge war überflüssig gewesen. »Ich weiß es nicht, Rro-maa«, antwortete der Tampy. »Ich weiß, daß sie an normale Sterne nahe herankommen; das ist alles.«

»Ja, gut ... danke.«

Ferrol schaltete angewidert ab. »Sie haben doch nicht ernstlich erwartet, daß Sie von ihnen eine brauchbare Antwort erhalten werden?«

Roman sah ihn nachdenklich an und wandte sich dann dem Steuerpult zu. »Status, Ensign?«

»Wir haben uns auf Deneb ausgerichtet«, meldete MacKaig. »Hhom-jee signalisiert, daß Pegasus bereit ist.«

Roman nickte. »Springen!«

* * *

Der Sprung zu Deneb erfolgte ohne Zwischenfall, und von dem neuen Standort aus konnte MacKaig die Zahlen für die nächsten beiden Sprünge genauer berechnen. Nach einer halben Stunde Flug durch den Normalraum befand sich die *Amity* in der richtigen Position für den zweiten Sprung zu einem schwachen, namenlosen Stern.

Ferrol hatte den Eindruck, daß Hhom-jee diesmal länger brauchte, um Pegasus für den Sprung bereit zu machen. Als der dritte Sprung nach 1148 an der Reihe war, stand dies zweifelsfrei fest.

Zum ersten Mal während der Mission zeigte Pegasus Anzeichen von Müdigkeit.

»Wir befinden uns seit fünf Minuten in Position, Rrinsaa«, sagte Roman in die Sprechanlage, achtete aber darauf, daß in seiner Stimme keine Spur von Ärger oder Nervosität lag. »Worin besteht die Schwierigkeit?«

»Es gibt keine Schwierigkeit. Pegasunninni befindet sich in einer leichten *perasiata* — es dauert nur noch wenige Augenblicke.«

Roman atmete zischend aus. »Hhom-jee soll ihn so sehr drängen, wie es möglich ist. Wir haben keine Ahnung, wieviel Zeit uns zur Verfügung steht.«

»Eure Wünsche sind die unseren.«

Roman unterbrach die Verbindung und wandte sich Ferrol zu. »Haben Sie von unten etwas über die letzte Analyse des Staubschweißes erfahren?«

»Die Zusammensetzung ändert sich deutlich«, berichtete Ferrol. Es fiel ihm schwer weiterzusprechen, denn er hatte — sogar sehr laut — gegen die Analyse des Staubschweißes gewettert; jetzt stellte sich heraus, daß sie doch einen Sinn hatte. Dadurch wirkte Roman überaus weitblickend, und Ferrol hatte unrecht. Er konnte sich aussuchen, welche der beiden Varianten ihm weniger gefiel. »Der Schweißausstoß ist stärker, aber gleichzeitig ist bei einem Teil der Spurenelemente eine deutliche Abnahme festzustellen.«

Roman nickte nur. Bis jetzt hatte er keine spöttische Bemerkung darüber gemacht, wie Ferrol sich zu der Untersuchung des Staubschweißes geäußert hatte. Alle auf der Brücke Beschäftigten erinnerten sich ohnehin daran.

»Klingt, als hätten sich durch die Müdigkeit Abfallprodukte angesammelt«, meinte er.

»Dr. Tenzing hält das für eine der Möglichkeiten.«

»Es bleibt uns ohnehin nichts anderes übrig als zu warten, bis es sich gibt.«

»Ja, Sir. Was ist diese *perasiata* eigentlich für eine Masche?«

»Es handelt sich kaum um eine Masche«, antwortete Roman steif. »Es ist eine Art Bewußtseinsausfall, der manchmal bei Raumpferden eintritt. Es entspricht der Art, wie die Tampies schlafen; so haben sie den Zustand jedenfalls beschrieben.«

Ferrol nickte. Die Leistungsfähigkeit eines Raumpferds war also doch begrenzt. Interessant. Noch interessanter war, daß es bis jetzt niemand entdeckt hatte.

»Captain?« meldete sich MacKaig wieder. »Hhom-jee signalisiert, daß Pegasus sprungbereit ist.«

»Sehr gut. Ausführen!«

Roman hatte die Worte kaum ausgesprochen, als sich das Sonnenlicht innerhalb von Sekundenbruchteilen veränderte ... und sie da waren.

Mit bloßen Augen gesehen, war 1148 nur ein heller, rötlicher Stern; durch das Sonnenskop der *Amity* gesehen, war es ein wirklich beeindruckender Anblick. Die Zwillingssterne waren von leuchtendem Dunst umgeben, wurden scheinbar durch sich bewegende farbige Ranken zusammengehalten und wirkten sowohl wie eine vollkommene Einheit als auch wie der Höhepunkt eines Konflikts. Ein Kind in den Armen seiner Mutter, oder zwei Kämpfer, die einander gegenseitig buchstäblich das Leben entrissen.

Ferrol erschauerte und zwang sich, die Bilder zu vergessen. Wenn er in ein Prä-Nova-System hineinflog, war eine blühende Phantasie das Letzte, was er brauchte.

»Interessanter Anblick«, bemerkte Roman hinter ihm. »Haben wir Shadrach schon im Teleskop, Ensign?«

»Ja, Sir. Etwa drei Grad seitlich von einer direkten Linie

zu den Sternen, Entfernung ungefähr vierzig Millionen Kilometer.«

»Näher hätten wir ohnehin nicht herankommen können«, bemerkte Roman. »Gute Arbeit. Geben Sie die Zahlen an Hhom-jee weiter und sagen Sie ihm, daß er uns dorthin befördern soll.« Er schaltete die Bordsprechanlage ein und bedeutete Ferrol, sich dazuzuschalten. »Dr. Tenzing? Haben Ihre Leute schon Theorien darüber aufgestellt, was dort draußen vor sich geht?«

»In diesem Stadium können wir nur raten, Captain«, brummte Tenzing. Auf dem Gesicht des Wissenschaftlers kämpften wissenschaftliches Interesse und der Wunsch, mehrere Lichtjahre weit weg zu sein, miteinander. »Zweierlei steht allerdings fest. Erstens: Beide Sterne, vor allem B – der Zwerg –, sind viel heißer, als sie sein sollten; und zweitens kühlt B rasch ab. Das weist darauf hin, daß wir eine Variante des klassischen Anselm-Zyklus vor uns haben, der entweder gravitational oder thermal ausgelöst wurde.«

»Und was ist der Anselm-Zyklus?«

»Soviel ich weiß, ist er nie tatsächlich beobachtet worden, aber das Drehbuch sieht ungefähr wie folgt aus: Ein Teil der Gashülle von A – dem Riesen – fällt am Gravitationsäquipunkt vorbei auf B und löst einen Ausbruch von Energie aus, der Bs Oberfläche erhitzt und Masse absprengt. Die durch diesen Rülpser ausgestrahlte zusätzliche Energie erwärmt A leicht, worauf sich dieser etwas mehr ausdehnt und weitere Masse auf B schleudert. Irgendwann – besagt die Theorie – wird durch einen dieser Zyklen genügend Materie auf B geschleudert, um eine nukleare Protonen-Protonen-Reaktion an der Oberfläche auszulösen. Wenn es soweit ist, wird B zur Nova, vergrößert seine Leuchtkraft ungefähr um den Faktor fünfzigtausend und brät alles, was sich in dem System befindet.«

Roman verdaute die Information. »Klingt einleuchtend. Wann können wir den nächsten Rülpser erwarten?«

»Das wissen wir nicht«, gab Tenzing zu. »Wir können

nur schätzen, daß der bisher letzte vor sechzig oder achtzig Stunden stattfand, das wären ungefähr zwei Drittel der theoretischen Dauer des Zyklus. Daraus könnte man schließen, daß der nächste in dreißig oder vierzig Stunden erfolgen wird, aber das kann ich nicht mit Sicherheit sagen.«

»Wie rechtzeitig werden wir gewarnt, bevor es soweit ist?«

Tenzing blickte kurz zur Seite. »Auch das kann keiner meiner Leute mit Bestimmtheit sagen; vermutlich bleiben uns höchstens einige Minuten.«

»Ich verstehe. Haben Sie eine Ahnung, welcher dieser Rülpser die Nova auslösen wird?«

»Eigentlich nicht. Wir verfügen nicht über die geeignete Ausrüstung, um exakte Werte der Plasmadynamik zu erhalten, und ohne bessere Unterlagen über die Lagrange-Oberflächen und die Ausdehnungskoeffizienten können wir nur raten. Es könnte beim nächsten Rülpser der Fall sein, es könnte aber auch zwei Wochen dauern.«

Roman nickte grimmig. »Danke, Doktor.« Er schaltete ab und sah auf den technischen Monitor. »Wie wird das Schiff damit fertig?«

»Die Temperatur des Rumpfs nimmt zu, aber nicht gefährlich«, berichtete der Ensign, der diese Instrumente beobachtete. Obwohl keine akute Gefahr bestand, ließ sie die Anzeigen nicht aus den Augen. »Solange B weiterhin abkühlt, ist alles in Ordnung. Die Partikelstrahlung ist gering und hält sich innerhalb der Sicherheitsgrenzen.«

Das geht in Ordnung, dachte Ferrol. Der Rumpf der Raumschiffe konnte solche Belastungen ohne weiteres verkraften; und wenn alle Stricke rissen, konnten sie in den Schatten von Pegasus ausweichen ...

Er fuhr herum, sah Roman an und bemerkte am Gesichtsausdruck des Captains, daß es beiden im gleichen Augenblick aufgefallen war. Roman war als erster bei der Sprechanlage. »Rrin-saa? Hier spricht der Captain. Warum bewegen wir uns nicht?«

Ferrol schaltete sich in das Gespräch ein, doch das Display blieb lange Zeit leer. Dann tauchte plötzlich ein Tampy mit Kontakthelm und grünrotem Halstuch auf. »Ja, Rro-maa«, krächzte er.

»Warum machen wir keine Fahrt, Hhom-jee?« fragte Roman wieder. »Ensign MacKaig hat Ihnen die Anweisung vor einigen Minuten übermittelt.«

»Pegasunninni will sich nicht bewegen.«

Roman fluchte leise. »Wir müssen weiterfliegen, Hhom-jee. Ist Pegasus besorgt, weil wir dem heißen Stern näherkommen? Wenn ja, dann können wir ihn abschirmen ...«

»Pegasunninni ist nicht wegen des Sterns besorgt. Er will sich nicht bewegen. In keine Richtung. Er scheint sich nicht wohl zu fühlen.«

Roman sah Ferrol mit zusammengekniffenen Augen an ... und Ferrols Magen verkrampfte sich. Ohne Pegasus saß die *Amity* in diesem System fest.

Dessen Stern im Begriff war zu explodieren.

# 9. Kapitel

Es war merkwürdig, dachte Roman geistesabwesend. Im Lauf der Jahre hatte er endlose Stunden in engen Raumfähren und Raumanzügen verbracht, ohne daß es jemals zu Schwierigkeiten gekommen wäre. Jetzt hatte er Milliarden Kubikmeter offenen Weltraums um sich, und bekam plötzlich einen Anfall von Klaustrophobie.

In einem Vor-Nova-System gefangen ... »Was soll das heißen, daß er sich nicht wohlfühlt?« fragte er. »Soll das heißen, daß er krank oder müde oder sonst was ist?«

»Ich weiß es nicht«, lautete die wie immer vorhersehbare Antwort. »Ich weiß, daß ich noch nie ein Raumpferd in diesem Zustand gesehen habe; das ist alles.«

Roman knirschte mit den Zähnen. »Wo ist Sso-ngii? Ich möchte mit ihm sprechen.«

»Er ruht.«

»Dann weck ihn auf!« knurrte Ferrol.

»Man darf ihn nicht stören«, erklärte Hhom-jee.

Ferrol wollte etwas erwidern, schwieg aber, als Roman ihm einen warnenden Blick zuwarf. »Ich komme zu euch«, kündigte er Hhom-jee an. »Versuch es weiter.«

Er schaltete ab und schnallte sich los. »Zünden Sie Tenzings Leuten ein kleines Feuer unter dem Hintern an, Commander«, befahl er, während er sich auf die Tür zu bewegte. »Sie sollen sich den Kopf darüber zerbrechen, was mit Pegasus los sein kann, und bis zu meiner Rückkehr einige Vorschläge bereithaben, wie man ihm auf die Beine helfen könnte.«

»Ja, Sir«, rief ihm Ferrol nach.

Der Tampy-Abschnitt sah genauso aus wie damals, als Roman zum ersten Mal dort gewesen war, aber diesmal bemerkte er die fremdartige Schönheit überhaupt nicht. Seine Finger tasteten in dem dicken Moos nach Haltegriffen, und er zog sich rasch die Korridore entlang.

Er erreichte den Betreuerraum, betrat ihn durch die Luftschleuse und stellte fest, daß ihn drei Aliens erwarteten. Genauer gesagt erwarteten ihn eigentlich nur Rrin-saa und Hhom-jee; Sso-ngii schwebte allein in einer Ecke, summte leise vor sich hin und war nicht in der Lage, Roman oder jemand anderen zu erwarten.

»Rro-maa«, sagte Rrin-saa ernst, als Roman eine der wenigen Haftplatten, die die Tampies in ihrem Abschnitt zugelassen hatten, fand und dort vor Anker ging. »Hhom-jee hat mir mitgeteilt, daß du kommst.«

»Hhom-jee hat mir mitgeteilt, daß Pegasus krank ist«, antwortete Roman, der hinter seiner Filtermaske mühsam Luft holte und zu Hhom-jee hinübersah. Die Augen des Betreuers waren auf das Bullauge und Pegasus gerichtet.

»Wir wissen nicht, ob er krank ist«, erklärte Rrin-saa. »Vielleicht stört ihn nur das wechselnde Licht des Sterns und er wünscht deshalb noch nicht, sich zu bewegen.«

»Warum wissen wir es nicht?« fragte Roman. »Hhom-jee steht mit ihm in Verbindung – warum fragt er ihn nicht einfach, was los ist?«

Rrin-saa sah Hhom-jee und dann wieder Roman an. »So ist es nicht, Rro-maa. Hier gibt es keine Fragen und Antworten, es ist einfach so.«

Roman holte tief Luft, um den Zorn zu unterdrücken, der plötzlich in ihm hochstieg. »Das ist weder der Ort noch die Zeit für philosophische Diskussionen, Rrin-saa. Auf dem Planeten befinden sich fünfzig Menschen, die verdampfen werden, wenn wir Pegasus nicht dazu bringen können, sich in Bewegung zu setzen. Ganz zu schweigen von allen Tampies und Menschen, die sich an Bord der *Amity* befinden.«

Rrin-saa sah ihn merkwürdig gespannt an. »Wir teilen deine Gefühle, Rro-maa. Die Tamplissta haben ebenfalls ein Observatorium auf dieser Welt.«

Roman zog die Augenbrauen hoch. Es gab natürlich keinen Grund, warum keine Tampies dort sein sollten – Shadrach bot so vielen Forschungsteams Platz, wie man nur wollte. Aber es paßte irgendwie nicht zu ihnen, daß sie sich für einen nicht lebenden Teil der Natur interessierten. »Warum hast du das nicht schon früher erwähnt?«

Rrin-saa berührte das Ohr mit den Fingern: das Achselzucken der Tampies. »Man hat mich nicht gefragt.«

Roman schob die Lippen vor. »Ein Grund mehr, nicht hier hängenzubleiben.« Es zeigte auf den summenden Sso-ngii. »Wenn Rhom-jee Pegasus nicht dazu bringen kann, sich in Gang zu setzen, wird es vielleicht Sso-ngii gelingen.«

Rrin-saa blickte von Hhom-jee zu Sso-ngii und dann wieder zurück zu Roman. »Das glaube ich nicht. Er wird keinen Zwang ausüben wollen; außerdem glaube ich, daß Zwang zwecklos wäre.«

»Versuch es trotzdem.«

Rrin-saa sah wieder zu Sso-gnii hinüber. »Er ruht jetzt und darf nicht gestört werden.«

Roman biß sich auf die Lippe und zwang sich, ruhig zu bleiben. »Rrin-saa ... ich verstehe, daß diese Ruhezeiten für euch genauso wichtig sind wie für uns der Schlaf. Aber wir befinden uns hier in einer kritischen Situation und ich weiß genau, das es ihm nicht schaden wird, wenn er geweckt wird. Also weck ihn!«

»Es wird nicht gut für ihn sein«, erwiderte Rrin-saa starrsinnig. »Und es ist nicht notwendig. Wenn Hhom-jee Pegasunninni nicht in Bewegung setzen kann, dann kann es Sso-gnii auch nicht.«

Einen Augenblick lang geriet Roman in Versuchung, zu Sso-ngii hinüberzugehen und ihn wachzurütteln. Aber hier stand ein Prinzip auf dem Spiel; ein Prinzip und die Erinnerung daran, warum sie alle auf der *Amity* zusammen waren. »Als wir diese Reise begannen, hast du mir bestätigt, Rrin-saa, daß ich den Befehl über die *Amity* führe, daß du und die anderen um des Experiments willen bereit seid, euch meiner Führung unterzuordnen. Ich akzeptiere deine Feststellung, daß Sso-ngiis Chancen vermutlich sehr gering sind; aber wir Menschen sind auf geringe Chancen angewiesen, und wenn wir etwas erreichen, dann deshalb, weil wir erst aufgeben, wenn wir dazu gezwungen sind.« Er zeigte auf Sso-ngii. »Diesen Punkt haben wir noch nicht erreicht. Betrachte es als eine Lektion über die menschliche Denkweise oder über den menschlichen Eigensinn, was immer dir lieber ist.

Aber betrachte es auch als Befehl.«

Einige Herzschläge lang rührte sich Rrin-saa nicht. Dann schwebte er langsam zu Sso-ngii hinüber, berührte ihn am Arm und sprach leise auf ihn ein. Das Summen verstummte, Sson-ngii schüttelte sich wie ein nasser Terrier und rieb sich den Nacken. Rrin-saa sagte noch etwas. Sso-ngii sah Roman einen Augenblick lang an, begab sich zu dem schwebenden Hhom-jee und nahm ihm den Helm ab.

»Er wird es jetzt versuchen«, erklärte Rrin-saa. Soweit Roman feststellen konnte, lag in seiner Stimme keinerlei Gefühlsregung.

Einige Minuten lang war es still im Raum. Dann wandte sich Sso-ngii vom Bullauge ab. »Pegasunninni wird sich nicht bewegen«, stellte er fest. Die Worte kamen deutlich und entschieden und ließen keinen Widerspruch zu.

Es war jedenfalls den Versuch wert gewesen. »Versuche es weiter«, wies Roman Sso-ngii an, dann schwebte er zum Instrumentenbrett, fand die Bordsprechanlage und wählte die Brücke. »Commander? Gibt es etwas Neues von der Forschungsabteilung?«

»Nichts Brauchbares«, antwortete Ferrol bedrückt. »Sie haben vier oder fünf Theorien von Strahlungskrankheit bis zu Unterernährung aufgestellt, aber es gibt für keine die Spur eines Beweises. Eine Behandlung kommt natürlich überhaupt nicht in Frage.«

Auch das war den Versuch wert gewesen ... Jetzt blieb der *Amity* noch eine einzige Möglichkeit. »Also gut, dann müssen wir improvisieren«, erklärte er Ferrol. »Rufen Sie die technische Abteilung an und lassen Sie Stolt den Fusionsantrieb zünden. Dann richten Sie Tenzing aus, er soll eine Ausrüstung, mit der er Pegasus' Zustand weiterhin überprüfen kann, zusammenstellen und sie zur Landefähre bringen.«

Ferrol runzelte die Stirn. »Ich hoffe, Captain, daß Sie nicht versuchen wollen, Pegasus bis Shadrach zu ziehen.« Es war eine Feststellung, keine Frage.

»Das ist richtig. Wir werden die *Amity* von Pegasus abkoppeln und allein hineinfliegen. Pegasus wird mit dem größten Teil des Forschungsteams und genügend Tampies hierbleiben, um sicher zu gehen, daß er nicht plötzlich gesund wird und uns davon springt.«

»Und was ist, wenn ... ?« Ferrol brach sich plötzlich ab. »Wenn ich darf, möchte ich unter vier Augen mit Ihnen darüber sprechen.«

Roman sah ihn an. »Ich bin in einer Minute wieder auf der Brücke. Ist das rechtzeitig genug?«

Ferrol nickte. »Ja, Sir. Ich erteile Stolt die Anweisung bezüglich des Fusionsantriebs.«

»Sehr gut. Ende.«

Er wandte sich wieder den Tampies zu. »Du hast gehört, Rrin-saa?«

»Ich habe gehört, Rro-maa.«

»In Ordnung. Überlege dir, wer von euch mit der *Amity* zu Shadrach fliegen soll; die übrigen sollen die Rettungsboote einsatzbereit machen. Natürlich müssen alle drei Betreuer bei Pegasus bleiben.«

Rrin-saa zögerte. »Eure Wünsche sind die unseren«, greinte er schließlich.

»Versuche weiterhin, Pegasus in Bewegung zu setzen.« Roman war bereits zu der Tür unterwegs. »Falls es euch gelingt, macht euch sofort auf den Weg. Ich bin auf der Brücke, falls du mich brauchst.«

Als Roman aus dem Tampy-Abschnitt erschien, waren die Korridore bereits von Geschäftigkeit erfüllt. Ferrol erwartete ihn auf der Brücke. »Stolt sagt, daß es ungefähr eine Stunde dauern wird, bis der Antrieb auf Touren kommt«, berichtete er. »Ich habe ihm gesagt, daß er nichts überstürzen soll, denn wir werden genauso lange brauchen, um die Landefähre und die Rettungsboote startklar zu machen.«

»Gut.« Roman überflog rasch alle Anzeigen und sah dann seinen Stellvertreter fragend an. »Also, was wollen Sie unter vier Augen mit mir besprechen?«

»Um es offen zu sagen: Ich traue den Tampies nicht.«

»Sie meinen, daß Pegasus' Krankheit nur vorgetäuscht ist?«

»Nein, Sir. Ich meine, daß sie Fersengeld geben, sobald Pegasus wieder gesund ist – unabhängig davon, ob die *Amity* schon zurückgekehrt ist oder nicht.«

Roman musterte den Jüngeren einen Augenblick lang. Aus Ferrols Augen sahen ihn die Gespenster von Prometheus an – und Roman dachte an die siebenundneunzig negativen Fragebogen. »Das halte ich für äußerst unwahrscheinlich«, meinte er schließlich. »Aber es ist ohnehin nicht notwendig, daß wir auch nur das geringste Risiko eingehen. Wenn wir einen Teil des Forschungsteams hierlassen, muß natürlich auch ein Teil der Mannschaft zurückbleiben, um sich um die Wissenschaftler zu kümmern ... Sie werden also bei weitem genügend Leute zur Verfügung haben, um die Tampies zu beobachten.«

Es dauerte eine Sekunde, bis Ferrol begriff; dann fragte er verblüfft: »Ich, Sir?«

»Sie, Commander«, bestätigte Roman. »Ich brauche innerhalb einer halben Stunde eine Liste der Leute, die Sie mitnehmen werden. Sorgen Sie dafür, daß sie kompatibel sind – es gibt auf der *Amity* schon genügend Streitereien, und auf den Rettungsbooten ist kein Platz für Reibereien.«

»Ja, Sir.« Ferrol fuhr sich mit der Zunge über die Lippen. »Sir ... mit dem gebotenen Respekt: Ich möchte lieber auf der *Amity* bleiben.«

»Das weiß ich, Commander, aber mir bleibt keine Wahl. Jemand mit Befehlsgewalt muß bei Pegasus bleiben, und ich werde sowohl Stolt als auch Kennedy bei mir brauchen. Damit bleiben nur Sie übrig.«

Ferrol holte tief Luft. »Ja, Sir.« Der Protest in seiner

Stimme war unüberhörbar. Er kehrte ohne ein weiteres Wort zu seiner Station zurück.

Roman sah ihm einen Augenblick lang nach, dann wandte er sich seinem eigenen Steuerpult zu. Er mußte Befehle erteilen; aber bevor er diese Aufgabe in Angriff nahm, mußte er eine entscheidende Frage klären.

Die Meinung des Computers, die dieser eine Minute später lieferte, war eindeutig, aber bedrohlich: Die *Amity* konnte sogar ohne Pegasus als Schild den Flug zu Shadrach überleben ... aber nur so lange, als der Energieausstoß von B auf oder unter dem jetzigen Niveau blieb. Bei einer Beschleunigung von zwei Ge — das Maximum, das die Tampies über längere Zeit verkraften konnten — würden sie in jede Richtung fünfundzwanzig Stunden brauchen.

Der entscheidende Rülpser des weißen Zwerges konnte jederzeit erfolgen. Wenn es innerhalb der nächsten fünfzig Stunden dazu kam, wurde die *Amity* gebraten.

*Wir Menschen müssen uns mit geringen Chancen begnügen,* hatte Roman Rrin-saa erklärt; jetzt konnte er nur hoffen, daß es nicht reine Prahlerei gewesen war. Er rief den Pager des Computers ab. »Schick die Lieutenants Kennedy und Marlowe auf die Brücke!« wies er ihn an.

* * *

Die leuchtenden Kondensstreifen des überhitzten Plasmas aus dem Fusionsantrieb der *Amity* waren noch lange zu sehen, nachdem sich das Schiff außer Sichtweite befand. Ferrol, der vor dem Verlassen des Schiffes alle Zahlen überprüft hatte, beobachtete durch das hintere Bullauge der Landefähre, wie sie immer schwächer wurden; einige Minuten später waren sie ebenfalls im grellen Leuchten der Zwillingssterne verschwunden.

Die *Amity* war fort.

In Ferrol kämpften widerstreitende Gefühle, während er ihr weiterhin nachsah. Roman hatte die Gefahr untertrieben, aber Ferrol wußte, daß die Chance der *Amity* auf des

Messers Schneide stand. Wenn der Stern rülpste, bevor sie Shadrach erreichten, war die *Amity* wahrscheinlich erledigt.

Wodurch er das Kommando übernehmen würde.

Er verzog das Gesicht. Das Kommando über einen desorganisierten Haufen von Wissenschaftlern, von denen nur wenige eine Ahnung hatten, wo bei der Landefähre vorn und hinten war, und von denen die meisten nur ein Hemmschuh sein würden, wenn es hart auf hart ging. Das Kommando über eine Mannschaft, die verdammt genau wußte, was los war und deshalb hochgradig nervös war.

Das Kommando über eine Gruppe von Tampies.

Ferrol wandte sich vom Bullauge ab und überblickte das Innere der Landefähre. Er war auf allen Seiten von einem dreidimensionalen Chaos aus Menschen und Ausrüstungsgegenständen umgeben, die ideale Hölle für unheilbar anspruchsvolle Wesen. Im Auge des Hurrikans schwebte Dr. Tenzing und brüllte seinen Leuten so gut es durch die Filtermaske ging, Anweisungen zu; ein kleines Stück davon entfernt war Waffenmeister Garin dabei, das gleiche mit seinen Leuten zu tun.

Und hinter ihnen befanden sich in einer kleinen Oase der Stille die Tampies.

Ihre kompakte, kleine Gruppe saß größtenteils stumm und regungslos eng beisammen — selbst in der Schwerelosigkeit hielt Ferrols Gehirn daran fest, ihre seltsame Haltung mit gekreuzten Beinen als Sitzen zu bezeichnen. Gelegentlich sprachen sie leise miteinander, oder berührten einander, oder duckten die mißgestalteten Köpfe, um an dem Schwarm von Rettungsbooten vorbei die dunkle Gestalt von Pegasus zu beobachten, die in einem Kilometer Entfernung dahintrieb. Einer von ihnen bewegte sich ein wenig, so daß Ferrol einen kurzen Blick auf Ssongii erhaschte, dessen Augen unter dem umfangreichen Verstärkerhelm nicht einmal blinzelten, und einen noch kürzeren Blick auf das widerliche Tier werfen konnte, das an den Helm angeschlossen war.

Sie planten etwas — davon war Ferrol überzeugt. Die einzige Frage war, was.

Er stieß sich von der Wand ab und es gelang ihm tatsächlich, Tenzing zwischen zwei Befehlen abzufangen. »Wie kommen Ihre Leute voran, Doktor?«

»Wir sind beinahe fertig«, antwortete Tenzing etwas heiser. »In zehn oder fünfzehn Minuten können wir beginnen.«

»Gut. Ich muß Ihnen wahrscheinlich nicht sagen, daß Sie sich beeilen sollen.«

In Tenzings Gesicht bildeten sich Falten, und Ferrol nahm an, daß der Wissenschaftler ihn anlächelte. »Ich besitze einen akademischen Grad in Astrophysik, Commander«, erwiderte er. »Ich weiß wesentlich genauer als Sie, was eine Nova für ihre unmittelbare Nachbarschaft bedeutet.«

»Auch ich möchte es nicht in Großaufnahme sehen«, stimmte Ferrol zu. »Sorgen wir dafür, daß es nicht so weit kommt.«

Er stieß sich wieder ab und schwebte zur Backbordseite, wo Garin am mittleren Bullauge schwebte. »Wie sieht es aus?«

»So gut, wie es unter den gegebenen Umständen möglich ist«, brummte Garin. »Ich habe mir gerade die Haltestricke der Rettungsboote angesehen. Sie dürften fest genug sein.«

»In Ordnung. Wenn Sie eine Minute Zeit haben, möchte ich, daß Sie Yamoto suchen und ihr sagen, sie soll uns in den Schatten von Pegasus bringen. Sie muß sich nicht beeilen, es aber doch bald tun — wir verfügen nicht über die Abschirmung der *Amity*, und es hat keinen Sinn, wenn wir hier herumsitzen und unnötigerweise Hitze und Strahlung abbekommen.«

»Ja, Sir. Und danach?«

Ferrol überlegte kurz. »Danach ... möchte ich, daß Sie die Tampies im Auge behalten.«

»Soll ich auf etwas Bestimmtes achten?«

»Auf irgendeine Hinterlist. Daß sie zum Beispiel versuchen, ohne die *Amity* zu springen, falls und wenn Pegasus wieder normal wird. Vielleicht irgendein verrückter Sabotageplan – womöglich hat uns Rrin-saa ein Selbstmordteam aufgehalst. Ich weiß nicht, was sie vorhaben, aber ich spüre, daß sie etwas vorhaben.«

Garin betrachtete die Gruppe der Tampies. »Mir geht es genauso. Machen Sie sich keine Sorgen, Sir, ich halte die Augen offen.«

»Gut. Und wenn Sie sie bei etwas ertappen ...« – Ferrol zögerte –, »dann lassen Sie es mich wissen. Unter vier Augen.«

»Ja, Sir«, versprach Garin. »Das werde ich tun.«

Ferrol nickte und stieß sich ab. Die winzige Nadelpistole in seiner Innentasche fühlte sich sehr groß an.

# 10. Kapitel

Die *Amity* war noch vierhunderttausend Kilometer von Shadrach entfernt, und Roman döste in seinem Stuhl, als B rülpste.

»Sind Sie sicher?« Er studierte seine Displays und versuchte, die Spinnweben aus seinem Gehirn zu fegen. Es sah nicht so aus, als hätte sich Bs Energieausstoß wesentlich verändert.

»Ja, Sir.« Marlowe betätigte eine Taste, und auf Romans Scanner-Display erschien eine Geschwindigkeitsberechnung. »Der Zwerg hat eine dünne Schicht Plasma abgesprengt, die sich mit beinahe vierhundert Kilometern pro Sekunde nach außen ausdehnt. Im Augenblick blockt diese Schicht noch die zusätzliche Strahlungsenergie ab, aber das wird nicht lange so bleiben. Sobald sie sich so weit ausgebreitet hat, daß das Licht sie durchdringt ... na ja, dann werden wir kurz in Schwierigkeiten geraten.«

»Wie lange?« fragte Roman, der den Kursstatus abrief.

»Schlimmstenfalls einige Minuten.«

Roman nickte bedrückt. Die *Amity* verringerte ihre Geschwindigkeit, weil sie sich Shadrach näherte, aber mit den zwei Ge, mit denen sie unterwegs war, würde sie eine Stunde sechsundvierzig Minuten brauchen, um die Sicherheit des Planetenschatten zu erreichen. »Kennedy?«

Ihre Finger bewegten sich bereits über die Tastatur des Steuers. »Wir können das Schiff umdrehen, Sir, und einige Minuten lang beschleunigen, bevor wir wieder kehrtmachen und die Geschwindigkeit neuerlich verringern«, schlug sie zögernd vor. »Aber das zweimalige Wenden würde bestimmt alle Vorteile aufheben, die wir dabei gewinnen.«

Und es würde ihnen auch nichts nützen, wenn sie die Geschwindigkeit rascher herabsetzten, dachte Roman: die *Amity* würde zwar früher anhalten, aber sie wären weit von dem Planeten entfernt.

Es sei denn ...

Er rief eine großräumige Darstellung ihrer Position ab, hielt die Luft an ... und die Götter waren tatsächlich gnädig gestimmt. Der größere von Shadrachs beiden Monden lag beinahe auf dem Kurs der *Amity* und war ihnen gute dreihunderttausend Kilometer näher als Shadrach. »Kurswechsel, Kennedy«, befahl er. »Wir versuchen, die dunkle Seite von Shadrachs Mond zu erreichen. Führen Sie das Manöver durch, sobald Sie die Zahlen haben, dann berechnen Sie die Geschwindigkeitsverringerung und die Ankunftszeit beim Mond und stellen Sie fest, wieviel Zeit wir dadurch gewinnen. Marlowe, beschaffen Sie mir eine Schätzung von Bs Helligkeit hinter der Schicht und geben Sie die Zahlen an Stolt durch – ich möchte wissen, wie lange der Rumpf imstande sein wird, die Belastung auszuhalten. Dann überprüfen Sie Kennedys Ankunftszeit und sehen Sie nach, ob es reicht.«

Die *Amity* neigte sich leicht seitlich, als sie begann, ihre Richtung um die erforderlichen wenigen Grade zu ändern. Die Brücke knarrte ein bißchen, als sie rotierte, um die Richtungsänderung auszugleichen, dann bewegte sich das Schiff wieder auf einer geraden Linie und Roman kämpfte gegen die umgekehrte Neigung, bis die Brücke die neuerliche Korrektur beendet hatte. »Kurswechsel durchgeführt«, meldete Kennedy. »Wenn wir von hier aus mit einer gleichmäßigen Geschwindigkeitsverringerung von acht Ge fliegen, erreichen wir den Mond in etwas unter siebenundzwanzig Minuten.«

»Marlowe?«

»Es wird verdammt knapp, Sir. Die Triebwerke werden die Hauptlast tragen, sie sind wesentlich widerstandsfähiger gegen Hitze als der Rumpf. Aber wir zielen nicht direkt auf den Stern; und selbst wenn wir langsam rotieren, so daß jeder Teil des Rumpfes gleichmäßig ausgesetzt ist, erreichen wir dennoch den theoretischen Gefahrenpunkt in fünfzehn bis zwanzig Minuten.«

»Was haben Sie noch anzubieten, Kennedy?«

Sie schüttelte den Kopf. »Nicht viel, Sir. Wir können den Vorgang auf zwanzig Minuten verkürzen, indem wir den Antrieb abstellen und unsere jetzige Geschwindigkeit neun Minuten lang beibehalten, aber das bedeutet, daß wir die letzten elf Minuten mit zwölf Ge fliegen.«

Elf Minuten mit zwölf Ge. Elf Minuten Hölle für das Schiff und die menschliche Besatzung ... und vielleicht für die an Bord befindlichen Tampies noch viel schlimmer. Konnten Tampies überhaupt zwölf Ge überleben? Roman schaltete die Sprechanlage ein. »Rrin-saa?«

Das Gesicht des Alien erschien. »Ich höre, Rro-maa.«

»Wir befinden uns in einer kritischen Situation, Rrin-saa. Wir werden elf Minuten lang mit zwölf Ge fliegen müssen, sonst schafft es die *Amity* nicht. Können deine Leute das aushalten?«

Der Schatten eines Gefühls schien über Rrin-saas Gesicht zu huschen, aber Roman war seiner Sache nicht sicher. »Ich weiß es nicht. Ich weiß, daß Tamplissta acht Ge eine Zeitlang überlebt haben; das ist alles.« Er schwieg einen Moment lang. »Eure Wünsche sind die unseren, Rro-maa. Du mußt tun, was notwendig ist.«

Roman biß die Zähne zusammen. »Geben Sie Ihren Kurs ein, Kennedy. Das Signal für gefährliche Beschleunigung. Rrin-saa ... viel Glück.«

Der Antrieb wurde abgeschaltet, und als der Alarm zu heulen begann, klappte Romans Stuhl zu einer Beschleunigungscouch auseinander. Er drückte sich in die Kissen, so gut es in der Schwerelosigkeit ging, spürte, wie sie sich seinem Körper anpaßten, und beobachtete die Displays. Er hatte alles getan, was in seiner Macht stand; jetzt konnte er nur noch warten, während die physikalischen Gesetze in Funktion traten.

Die expandierende Plasmaschicht brach planmäßig eine Minute später auseinander. Die Zahlen der Rumpftemperatur schnellten in die Höhe, viel weiter, als Roman es je erlebt hatte, und sanken dann plötzlich, als alle Sensoren auf der Sonnenseite sich entweder ausschalteten oder verglühten. Die Zerstörung wiederholte sich um den ganzen Rumpf herum, weil die langsame Rotation, in die Kennedy das Schiff versetzt hatte, der tödlichen Strahlung einen Abschnitt nach dem anderen aussetzte. Binnen Minuten begann die äußere reflektierende Schicht Blasen zu werfen, und die Temperatur innerhalb des Schiffes stieg schneller, als das Kühlsystem sie senken konnte.

Dann schaltete sich der Fusionsantrieb wieder ein und Roman schnappte keuchend nach Luft, als ihn eine riesige, unsichtbare Hand hart in die Couch preßte. Ihn zusammendrückte, ihn festhielt, alles versuchte, um das Leben aus ihm hinauszupressen ... Bevor die Dunkelheit von ihm Besitz ergriff, flackerte ein letzter Gedanke durch sein Gehirn. Es war eine verdammt merkwürdige Art, eine Rettungsmission durchzuführen, indem er Schiff und Mannschaft diesem Hochdruckvulkan aussetzte.

* * *

Langsam, als glaubte sie selbst nicht, daß sie überlebt hatte, begann die *Amity* wieder zu funktionieren.

— »Schadenkontrolle berichtet mehr als zwanzig verbogene Rumpfplatten. Instandsetzungsmannschaften beheben die ärgsten Schäden.«

— »Ein relativ großer Teil nicht ordnungsgemäß verstauter Ausrüstung ist zu Bruch gegangen, aber anscheinend befindet sich nichts Lebenswichtiges darunter. Wir machen Ordnung.«

— »Die Landung war etwas rauh, aber die Triebwerke wurden nicht beschädigt. Wir befinden uns einige Kilometer südöstlich vom Zentrum der dunklen Seite des Mondes. Die Rotationsperiode beträgt ungefähr neun Tage, wir können uns also hier verstecken, solange es notwendig ist.«

— »Verluste, Captain. Die Tampies melden acht Tote während des Bremsvorgangs. Bei uns gibt es keinen Toten, aber ein paar Knochenbrüche und geringfügige innere Verletzungen. Ein Ärzteteam hat sich nach Backbord begeben, um den Tampy-Ärzten zu helfen.«

Acht Tote. Roman fluchte leise. Acht Tote ... und die Tatsache, daß es Tampies waren, machte es beinahe noch schlimmer. Er mußte natürlich Rrin-saa aufsuchen und ihm offiziell sein Beileid ausdrücken ...

»Captain?« rief Marlowe. »Es ist mir geglückt, die statische Ionensuppe da draußen mit einem Laserstrahl zu durchdringen. Wir haben Dr. Lowrys Gruppe erreicht.«

Roman schaltete seine Sprechanlage ein. »Hier spricht Captain Haml Roman vom Kordonale-Forschungsschiff *Amity*. Dr. Lowry?«

»Hier, Captain.« Die statischen Störungen ließen etwas nach und auf dem Bildschirm erschien kurz ein Mann mit schneeweißen Haaren im Druckanzug. Soweit man sein Gesicht im Helm erkennen konnte, wirkte er abgezehrt. »Sie können sich nicht vorstellen, wie glücklich wir darüber sind, daß wir Sie hier haben.«

»Ich bin froh, daß wir es geschafft haben. Wo befinden Sie sich?«

»Auf der dunklen Seite des Planeten. Ich kann Ihnen Länge und Breite unserer Position geben, aber das wird Ihnen nicht viel nützen — Shadrachs Rotation dauert vierundvierzig Stunden, und wir müssen in Bewegung bleiben, um dem Licht zu entgehen.«

»Ja.« Roman hatte den Planeten ein einziges Mal durch das Bullauge betrachtet. Obwohl er tief am Himmel stand, so daß man nur eine halbe Scheibe sah, und obwohl er nur infolge des Lichtes leuchtete, das von verhältnismäßig dunklem Gestein reflektiert wurde, hatte er Roman beinahe geblendet. »Sie haben vermutlich eine Landefähre?«

»Ja — eine Sinor Grayback TL1. Etwas eng für alle fünfzig, aber es geht.«

»Kennedy?« murmelte Roman.

»Etwas groß, Sir«, antwortete sie sofort, »aber weil unsere Landefähre fort ist, wird im Hangar genügend Platz für sie sein.«

»Danke. Das können wir deichseln, Doktor. Wie steht es um Ihren Treibstoff?«

»Wir mußten einen großen Teil bei der Basis zurücklassen und haben vom Rest inzwischen einiges verbraucht, um dem Sonnenlicht zu entgehen, aber es ist soviel übrig, daß wir mit Ihnen im Orbit zusammentreffen können, sobald Sie soweit sind. Vorausgesetzt, daß es sich um keinen zu hohen Orbit handelt.«

»Das wird sich einrichten lassen. Soviel ich weiß, arbeitet auch eine Gruppe Tampies auf Hochdruck. Sind sie bei Ihnen?«

Lowry schüttelte den Kopf. »Leider kann man ihnen nicht mehr helfen. Als der Zwerg zum ersten Mal aufflammte, befand sich ihr Lager auf der Sonnenseite. Sie sind alle tot.«

Romans Magen verkrampfte sich. »Sind Sie sicher?«

Lowry seufzte kaum hörbar und Roman sah trotz der Statik und des Druckanzugs, daß der Wissenschaftler erschauerte. »Leider. Sobald sich ihr Lager auf der dunklen Seite befand, suchten wir es auf. Es gab keine Vorwarnung, sie hatten keine Chance. Wenn die Hitze Shadrachs minimale Atmosphäre nicht verflüchtigt und Schockwellen im Boden ausgelöst hätte, wäre es uns genauso ergangen.« Lowry hob die Hand, als wolle er sich durch die Haare fahren, und ließ sie dann sichtlich verlegen sinken. »Wir wissen nicht, warum der Zwerg so früh aufflammte; es hätte mindestens noch einen Monat dauern sollen.«

»Auf die Einzelheiten können wir später eingehen, Doktor. Sind Ihre Leute unverletzt?«

Lowry riß sich sichtlich zusammen. »Es geht uns großartig — oder es wird uns großartig gehen, sobald wir von hier weg sind. Sagen Sie uns nur, wann wir zu dem Rendezvous mit Ihnen starten sollen.«

»Es wird leider noch eine Weile dauern«, dämpfte Roman die Euphorie des Wissenschaftlers. »Wir müssen warten, bis die Lichtintensität soweit nachläßt, daß wir zu

Ihnen hinüberkommen können. Im Augenblick verstecken wir uns auf der dunklen Seites Ihres größten Mondes.«

Lowry starrte ihn an. »Sie befinden sich nicht über Shadrach? Captain ...« Er schluckte und holte tief Luft. »Captain, Sie können nicht so lange warten. Unsere Berechnungen zeigen, daß der nächste Ausbruch der entscheidende sein wird.«

Romans Mund war plötzlich trocken. »Die Nova?«

Lowry nickte. »Und bis dahin wird die Lichtintensität höchstens um eine Größenordnung abnehmen.«

Auf der Brücke war es sehr still geworden. »Wieviel Zeit bleibt uns?« fragte Roman.

»Unseren Schätzungen zufolge bestenfalls sechzig bis siebzig Stunden.«

Sechzig Stunden. Und mindestens fünfundzwanzig brauchten sie, um zu Pegasus zurückzukehren. »In Ordnung, Doktor, wir werden sehen, was wir tun können. Ende.«

Roman schaltete ab und die elektronischen Störungen hörten plötzlich auf. Die Stille auf der Brücke wurde dadurch noch deutlicher. Er drehte sich vorsichtig um — der Zwölf-Ge-Flug hatte Schmerzen in jedem Muskel hinterlassen — und sah Marlowe an. »Sie haben alles gehört. Sie und Stolt stecken jetzt die Köpfe zusammen und stellen fest, was der Rumpf noch aushalten kann.«

»Das haben wir bereits getan, Captain«, antwortete Marlowe. Auf Romans Display verschwand die Licht-Intensitätskurve und an ihre Stelle traten eine neue Kurve und eine Zahlenreihe. »Commander Stolt schätzt, daß die Triebwerke noch weitere fünfzehn Stunden überstehen können, ohne Schaden zu nehmen. Unglücklicherweise können wir nicht von hier direkt in Shadrachs Schatten gelangen — die Steuerjets erzeugen nicht genügend Schub.«

»Wie steht es mit dem Rest des Rumpfs?«

Marlowes Wangen zuckten.

»Nach zwanzig Minuten würden die Schweißnähte zu platzen beginnen.«

Roman preßte die Lippen zusammen. »Was sagen Sie dazu, Kennedy?«

Sie schüttelte den Kopf. »Nichts Erfreuliches, Sir. Wenn wir unter acht Ge bleiben, schaffen wir es nicht unter einer Stunde. Und jede weitere Beschleunigung würde weiteren Tampies das Leben kosten.«

Das erinnerte ihn daran, daß er den Aliens unangenehme Nachrichten überbringen mußte. Und er mußte es bald tun. »Was ist, wenn wir den Rumpf zusätzlich abschirmen?« erkundigte er sich. »Wir haben einige Reserveplatten für den Antrieb mit.«

Marlowe schüttelte den Kopf. »Ich bezweifle, daß wir genügend Platten haben, um etwas zu erreichen, aber ich werde es checken.« Er zögerte, blickte zu Kennedy hinüber und wollte offensichtlich noch etwas hinzufügen. Doch dann behielt seine Unentschlossenheit die Oberhand und er wollte sich abwenden ...

»Machen Sie sich wegen der Nova Sorgen, Lieutenant Marlowe?« fragte Roman sanft.

Der Lieutenant verkrampfte sich und verzog das Gesicht — was wahrscheinlich nicht nur auf schmerzende Muskeln zurückzuführen war. Sein Blick wanderte wieder zu Kennedy — diesmal beinahe bittend.

»Der Lieutenant wollte wahrscheinlich darauf hinweisen«, sagte Kennedy, »was der bessere Schutz des Antriebs bedeutet: daß wir B jederzeit verlassen können. Wir verfügen über genügend Treibstoff, um direkt zu Pegasus zurückzufliegen, vorausgesetzt, daß wir den Treibstoff nicht unterwegs vergeuden.«

Roman sah sie an. »Das würde bedeuten, daß wir die Leute auf Shadrach ihrem Schicksal überlassen. Schlägt einer von Ihnen vor, daß wir die Mission abbrechen?«

Ein Blick zu Marlowe zeigte Roman, daß dieser sichtlich verlegen war. Kennedy zuckte mit keiner Wimper. »Im Augenblick nicht, Sir«, antwortete sie ruhig. »Aber wenn wir nicht binnen dreißig Stunden bei ihnen sein können, werde ich es empfehlen.«

Auf der Brücke war es wieder still geworden. »Ich habe es zur Kenntnis genommen, Lieutenant«, sagte Roman. »Hoffen wir, daß es nicht soweit kommt.«

»Ja, Sir.«

Sie und Marlowe wandten sich ihren Steuerpulten zu, die Gespräche im Hintergrund setzten wieder ein ... und Roman merkte plötzlich, daß er Kennedys Hinterkopf anstarrte. Er bedauerte, daß in ihrer Akte nichts Näheres über ihren vorhergehenden Militärdienst gestanden hatte. Sie hatte sicherlich auf Kriegsschiffen gedient; wahrscheinlich hatte sie an einem der unzähligen Gefechte zwischen den einzelnen Planeten teilgenommen, zu denen es mit deprimierender Regelmäßigkeit gekommen war, bis das Auftauchen der Tampies die allgemeine Aufmerksamkeit von diesen unwichtigen Streitigkeiten abgelenkt hatte.

Es war ohne weiteres möglich, daß ihr damals nichts anderes übriggeblieben war, als Menschen dem sicheren Tod zu überlassen.

Er fröstelte. *Hoffen wir, daß es nicht dazu kommt,* dachte er inbrünstig. Bis jetzt war er noch nie gezwungen gewesen, Menschen in den Tod zu schicken, und er wollte ganz gewiß nicht jetzt damit beginnen.

Dann fiel ihm schlagartig etwas ein, als hätte ihm jemand eiskaltes Wasser ins Gesicht geschüttet, und er spürte, daß er vor Verlegenheit und Scham errötete.

Nein, er hatte keine Menschen in den Tod geschickt. Nur Tampies. Er starrte die Sprechanlage an, und sein Magen zog sich schmerzhaft zusammen. Aber der Anruf war überfällig, und je länger er ihn hinausschob, desto schlimmer wurde es.

Wie üblich meldete sich Rrin-saa. »Ja, Rro-maa?«

»Ja, Rrin-saa. Ich wollte dir mein Beileid zu dem Tod von acht deiner Leute ausdrücken.«

»Elf. Drei weitere sind an inneren Verletzungen gestorben. Wir trauern um sie.«

Elf! »Das tut mir leid, ich habe es nicht gewußt.« Er zögerte. »Leider habe ich vom Planeten auch schlechte Nachrichten erhalten. Die Tampy-Basis wurde durch das erste Aufflammen vollkommen zerstört.«

Rrin-saa machte die Bewegung, die bei den Tampies einem Nicken entsprach. »Wir haben es erwartet.«

»Ihr habt es schon gewußt?«

Rrin-saa schloß kurz die Augen. »Wenn die Tamplissta überlebt hätten, wäre keine Rettung erforderlich gewesen, Rro-maa. Sie hätten sich und die Menschen in Sicherheit gebracht.«

»Ach so. Natürlich.« Roman wurde klar, daß Rrin-saa und seine Gefährten die Wahrheit gekannt oder zumindest vermutet hatten, als der Hilferuf hereinkam. Aber er hatte sich nicht die Mühe gemacht, sie zu fragen, wie sie darüber dachten ... und die Tampies lieferten solche Informationen nur selten von sich aus. »Auch das tut mir sehr leid. Ich hätte mir gewünscht, daß sich alles anders entwickelt.«

»Genau wie wir. Ich muß dich jetzt verlassen, Rro-maa. Das Trauern geht weiter.« Der Bildschirm wurde dunkel.

* * *

Stolts Gesicht wirkte auf dem Monitor der Sprechanlage abgezehrt und irgendwie unsicher – das Gesicht eines Mannes, der mit einem Dutzend Krisen konfrontiert ist, von denen jede sofort bereinigt werden muß. Aber als er sprach, klang es weder vage noch unsicher. »Das ist möglich, Captain. Wir besitzen genügend zusätzliche Platten, Abschirmteile und aufsprühbares, ableitendes Material, um die äußere Hülle um etwa zwei Zentimeter zu verstärken. Vorausgesetzt, wir können es gleichmäßig verteilen, was natürlich nicht möglich ist.«

Roman nickte ernst. »Ich habe nicht angenommen, daß es reichen wird, wollte mich aber vergewissern. Haben Sie mit dem früher erwähnten Reflektorschirm Fortschritte gemacht?«

»Wir führen noch immer Simulationen durch, aber es

sieht nicht sehr hoffnungsvoll aus«, gab Stolt zu. »Die Materialien, mit denen wir es bis jetzt versucht haben, können entweder mit dem Licht oder mit der übrigen Strahlung fertigwerden, aber nicht mit beidem. Woller unternimmt einen Versuch mit einem Vielschichtenüberzug, aber da bin ich nicht optimistisch.«

»Captain?« Kennedy wandte sich Roman zu. »Wäre genügend Reserveabschirmung vorhanden, um ein Rettungsboot damit abzudecken?«

Um mit ihm zu Shadrach hinüberzufliegen, die Wissenschaftler irgendwie hineinzustopfen und zurückzufliegen ... »Stolt?«

Die Antwort kam so schnell, daß Stolt sich diese Lösung offensichtlich auch überlegt hatte. »Sinnlos. Zunächst wäre es sehr schwierig, das Boot zu fliegen – wir können nur eine Seite abschirmen, worauf sich sein Schwerpunkt verschieben würde. Und selbst dann würde die Abschirmung nur für den Hinflug reichen – unterwegs würde sich von dem Zeug so viel auflösen, daß sie den Rückflug nicht schaffen würden.«

»Es sei denn, Lowrys Gruppe verfügt über etwas, das sie auf dem Rückflug als Schutz verwenden könnten«, ließ Kennedy nicht locker.

Stolt schnaubte verächtlich. »Glauben Sie nicht, daß sie von selbst auf die Idee gekommen wären, das Zeug auf ihrer Landefähre zu verwenden, wenn sie so etwas besäßen?«

»Muß nicht sein«, widersprach Kennedy. »Sie sind keine Ingenieure, sondern Astrophysiker. Vielleicht haben sie etwas Brauchbares und wissen es nicht.«

»Man sollte es ihnen vorschlagen«, pflichtete ihr Roman bei. »Lassen Sie einen Ihrer Leute Lowry anrufen, Stolt; er soll sich eine vollständige Liste der Materialien geben lassen, die ihnen zur Verfügung stehen.«

»Ja, Sir.«

Roman schaltete ab und wandte sich Marlowe zu. »Wird die Strahlung draußen überhaupt geringer, Lieutenant?«

»Ja, Sir, ein wenig«, antwortete Marlowe zerstreut, ohne einen seiner Schirme aus den Augen zu lassen. »Aber nicht schnell genug. Captain, ich habe gerade etwas in einer Umlaufbahn um Shadrach entdeckt. Sie sollten es sich ansehen.«

Roman betrachtete stirnrunzelnd seinen Scanner. Ein aufleuchtender Kreis bezeichnete die Stelle ... »Ein Raumpferd?«

»Das habe ich auch angenommen«, bestätigte Marlowe. »Wahrscheinlich ist es das Raumpferd, das die Tampies mitgebracht haben – man kann gerade noch die Überreste eines Schiffs hinter ihm erkennen. Die Frage ist, warum es sich noch immer hier befindet.«

Roman biß sich auf die Lippen. Einen Augenblick lang hatte er ein verrücktes Bild vor Augen – das Raumpferd hielt wie ein Hund getreulich Wacht und schützte seine toten Herren ... »Es ist wahrscheinlich tot«, erklärte er laut und schüttelte das Bild ab. »Es ist zugleich mit den Tampies gestorben.«

»Oder aber auf dem Schiff lebt noch jemand und betreut das Pferd«, murmelte Kennedy.

Es war nicht ausgeschlossen. Das Schiff hinter dem Raumpferd sah aus, als wäre es halb geschmolzen, aber wenn es Glück gehabt und sich im Schatten des Raumpferds befunden hatte, als der Stern rülpste, konnten an Bord tatsächlich ein oder mehrere Tampies überlebt haben.

Was sofort zu der Frage führte, warum keiner der theoretischen Überlebenden entweder Lowrys Gruppe gerettet oder das System schleunigst verlassen hatte. »Haben Sie schon versucht, mit dem Schiff Kontakt aufzunehmen?« fragte er.

»Seit es hinter dem Rand des Planeten hervorgekommen ist«, antwortete Marlowe. »Bis jetzt keine Reaktion.«

Roman verzog das Gesicht. Rrin-ssa und die übrigen Tampies von der Amity trauerten wahrscheinlich noch immer um ihre toten Gefährten, und er hatte sie bereits einmal dabei gestört. Aber etwas sagte ihm, daß dieses Problem nicht warten konnte.

Rrin-saa befand sich nicht im Betreuerraum, doch der Monitor der Sprechanlage fand ihn schnell. »Ja, Rromaa?« greinte er. Falls er darüber verärgert war, daß er schon wieder bei der Trauerfeier gestört wurde, zeigte er es nicht.

»Wir haben das Raumpferd eurer Expedition gefunden«, teilte ihm Roman mit. »Es befindet sich noch immer in einer Umlaufbahn um Shadrach. Hast du eine Ahnung, warum es nicht gesprungen ist?«

Der Alien blieb lange regungslos stehen, und sein schiefes Gesicht veränderte sich kaum merklich. »Es gibt eine Möglichkeit«, sagte er schließlich. »Das Raumschiff wurde in eine stationäre Umlaufbahn oberhalb des Landeteams gebracht, und fünf oder sechs Tamplissta blieben als Betreuer an Bord. Als alle starben ...« Er stockte und sein Gesichtsausdruck veränderte sich wieder. »Du mußt wissen, daß wir stärker am Leben hängen als die Menschen. Der plötzliche Tod ihrer Gefährten kann bei den Betreuern eine *perasiata*-Reaktion ausgelöst haben, die durch sie auf das Raumpferd übertragen wurde.«

Sie waren inmitten eines sterbenden Systems katatonisch geworden. Das vielgerühmte Einfühlungsvermögen der Tampies konnte sich also auch nachteilig auswirken. »Wann werden sie aus der *perasiata* herauskommen?«

»Die Tamplissta werden nicht mehr herauskommen. Sie werden jetzt schon tot sein.«

Roman pfiff leise. Er hatte einen Augenblick lang geglaubt, daß sie einen Ausweg aus der Klemme gefunden hatten.

»Das tut mir leid«, sagte er. »Dann ist das Raumpferd wahrscheinlich ebenfalls tot?«

»Das weiß ich nicht. Ich weiß, daß es entweder tot oder noch in *perasiata* ist; das ist alles.«

Roman sah Marlowe an und zeigte auf dessen Display. Marlowe nickte und machte sich an die Arbeit. »Angenommen, das Raumpferd befindet sich tatsächlich in *perasiata* — wie könnte man es aufwecken?«

»Ich habe nicht gesagt, daß es in *perasiata* ist«, stellte der Tampy richtig. »Ich weiß es nicht.«

Roman schluckte eine zornige Antwort hinunter. Es war nicht der richtige Augenblick für die verbale Zurückhaltung der Tampies. »Nimm einmal rein theoretisch an, daß es sich so verhält«, knurrte er. »Sag mir, wie wir es aufwecken können.«

»Es gibt Methoden dafür. Die Betreuer lernen sie.«

Großartig. Die Betreuer waren dazu imstande ... nur befanden sich alle Betreuer der *Amity* bei Pegasus. »Ich nehme an, daß keiner von deinen hier anwesenden Leuten diese Ausbildung erhalten hat.«

Rrin-saa zögerte. »Selbst wenn man das Raumpferd dazu bringen könnte, sich in Bewegung zu setzen, würde es nicht die Kraft haben, die *Amity* über eine große Entfernung zu ziehen.«

»Das wäre nicht notwendig. Wie brauchen nur seinen Schatten, um uns in ihm zu verstecken — wir verfügen über mehr als genug Treibstoff, um aus eigener Kraft nach Shadrach zu fliegen. Wir brauchen nur einen ausgebildeten Betreuer, der mit einem gut abgeschirmten Rettungsboot hinüberfliegt und dort den Versuch unternimmt, das Raumpferd aufzuwecken.«

Rrin-saas Gesicht veränderte sich wieder unmerklich. »Also gut«, sagte er schließlich. »Mach dein Rettungsboot bereit. Ich fliege hinüber.«

Roman blinzelte. »Du?«

»Ich bin zum Betreuer ausgebildet. Es ist meine Aufgabe.«

Roman starrte ihn an. Ein kleines, häßliches Geschöpf, dessen Gesicht sich nicht entscheiden konnte, ob es makaber oder hoffnungslos lächerlich wirken sollte ... und dieses Geschöpf erklärte sich seelenruhig bereit, sein Leben aufs Spiel zu setzen, um — aus der Sicht der Tampies — eine Gruppe von gefährlichen Aliens zu retten.

»Du weißt, daß ich dir nicht befehlen kann hinüberzufliegen«, erinnerte er den Tampy, denn er wollte sicher sein, daß dieser genau verstand, worauf er sich einließ. »Es wird gefährlich sein – möglicherweise lebensgefährlich ...«

Etwas in Rrin-saas Gesicht ließ Roman verstummen. »Verstehst du uns noch immer nicht, Rro-maa?« fragte der Tampy leise. »Unsere Pflicht gilt allen lebenden Wesen: Wir müssen sie und das Gleichgewicht sowie die natürliche Rangordnung, innerhalb derer sie existieren, respektieren. Als fühlende Geschöpfe besitzen wir die große Macht, dieses Gleichgewicht zu ändern. Diese große Macht bringt eine gleich große Verantwortung mit sich. Wir haben die Rolle des Betreuers nicht gewählt. Wir wurden in sie gedrängt; es ist der Preis, den wir für die Gabe des Empfindungsvermögens zahlen müssen.«

Roman hatte diese Philosophie schon etliche Male gehört, aber immer nur von Verteidigern und Anhängern der Tampies, nie von ihnen selbst. »Und deshalb setzt du dein Leben aufs Spiel, um eine Gruppe von Menschen zu retten?«

Rrin-saa berührte das Ohr mit den Fingern: ein Achselzucken. »Du bist weder eine Kreatur noch ein Betreuer, Rro-maa, und dennoch beides. Wir verstehen dich noch nicht ganz. Aber wir lernen.«

Roman lief es kalt über den Rücken. Er hatte sich oft gefragt, aus welchem Grund die Tampies bereit gewesen waren, am Projekt *Amity* teilzunehmen. Er hätte gern gewußt, wie der Bericht aussehen würde, den Rrin-saa nach Hause brachte. »Ich achte deine Bereitschaft hinüberzufliegen. Hoffentlich hast du Erfolg.«

»Nicht nur um der Menschen, sondern auch um des Raumpferdes willen. Auch das Tier ist es wert, gerettet zu werden, falls dies möglich ist.«

»Ich bin deiner Meinung«, nickte Roman. Wenn es nicht möglich war, das Raumpferd zu retten, dann besaß es vielleicht noch genügend Kraft für einen letzten Sprung. In diesem Fall mußte die *Amity* den gefährlichen Flug zu Pegasus zurück vielleicht nicht unternehmen. Immer vorausgesetzt, daß Pegasus sich erholt hatte. Einen Augenblick lang kehrten seine Gedanken zu Ferrol und den anderen zurück, die auf sie warteten ...

Er zwang sich energisch, an die naheliegenden Aufgaben zu denken. Was immer bei den anderen geschah, entzog sich seiner Kontrolle und seiner Hilfe. »Wir machen das Rettungsboot bereit. Es wird ungefähr eine Stunde dauern – wir werden es dich wissen lassen.«

»Ich werde bereit sein.«

Roman unterbrach die Verbindung und sah Marlowe an. »Haben Sie etwas?«

»Das kann ich nicht sagen, Sir.« Marlowe schüttelte sichtlich frustriert den Kopf. »Alle Werte, die ich durch die Plasmasuppe bekomme, sind zweideutig. Es kann am Leben sein, es kann tot sein.«

»Also gut. Sagen Sie Stolt, daß er das Rettungsboot bereitmachen soll.« Er holte tief Luft und wandte sich Kennedy zu. Jetzt kam der heikle Teil. »Wir brauchen einen Freiwilligen, der es fliegt. Einen Piloten, der ein Rettungsboot fliegen kann, das sich durch die Abschirmung nicht mehr im Gleichgewicht befindet.«

»Dafür ist MacKaig die richtige«, antwortete Kennedy, ohne zu überlegen. »Sie hat Erfahrung mit Schleppern und Minenräumbooten. Ich lasse sie herkommen.«

Roman hob die Hand. »Machen Sie ihr unmißverständlich klar, daß es sich um ein Himmelfahrtskommando handelt, wenn das Raumpferd tot ist.«

Kennedy lächelte. »Sie wird es tun. Wenn es um Tampies geht, ist sie nicht gerade vertrauensselig.«

Es dauerte lange, bis Roman diese kryptische Bemerkung verstand. Erst als das Rettungsboot startbereit war, stellte er die Verbindung zu Rrin-saas Bemerkung über die Rettung des Raumpferdes her. Die einfachste Lösung zur Rettung des Raumpferdes bestand für die Tampies darin, es aufzuwecken und springen zu lassen.

# 11. Kapitel

Der winzige, strahlend helle Lichtfleck sah wie ein einsamer Diamant aus, der vor den eiskalten Sternen schwebte. »Also?« fragte Ferrol, als Tenzing vom Teleskop zurücktrat und blinzelte, bis sich seine Augen an die relative Dunkelheit der Landefähre gewöhnt hatten.

»Es wird eindeutig schwächer«, antwortete der Wissenschaftler, dessen Stimme noch müder klang als er aussah. »Ich glaube aber nicht, daß wir jetzt schon gefahrlos Pegasus' Schatten verlassen können.«

»Das hatte ich ohnehin nicht vor«, antwortete Ferrol enttäuscht und betrachtete ebenfalls den winzigen Lichtpunkt. Sie hatten nicht genügend Instrumente an Bord der Landefähre, und die Strahlung, die von Bs letztem Rülpser stammte, war viel zu stark, als daß sie sich aus Pegasus' Schatten wagen konnten; sie würden also improvisieren müssen. Wenn sie das von dem Asteroiden reflektierte Licht analysierten, würden sie zwar nur ungefähre Werte erhalten, aber etwas Besseres stand ihnen nicht zur Verfügung. Unglücklicherweise verfügte von allen an Bord anwesenden Wissenschaftlern nur Tenzing über Erfahrung im Schätzen von Sternengrößen ohne Instrumente, und seine Lehrzeit lag viele Jahre zurück.

Dabei war Genauigkeit gar nicht so wichtig. Ein einziger Blick auf den Asteroiden genügte zur Feststellung, daß B noch viel zu heiß war, als daß man sich seiner Strahlung direkt aussetzen konnte.

Und wenn Helligkeit und Strahlung noch in dieser Entfernung so stark waren ...

»Glauben Sie, daß die *Amity* es überlebt haben kann?« fragte Tenzing leise.

Ferrol schüttelte den Kopf, und diese Bewegung führte beinahe zu einem Schwindelanfall. Seit dem Abflug der *Amity* waren beinahe dreißig Stunden vergangen, und er hatte während dieser Zeit nicht einmal fünf Stunden geschlafen. Obwohl es keine Rolle gespielt hätte, wenn er nicht wach geblieben wäre. »Wir werden es erst wissen, wenn wir hinter Pegasus hervorkommen und versuchen können, sie mit Funk oder Laser zu erreichen«, erklärte er. »Wenn der Captain ihre Beschleunigung auch nur während eines Teils des Flugs über zwei Ge erhöht hat, dann sollten sie den Schatten des Planeten erreicht haben, bevor es losging.«

Und wenn sie es nicht geschafft haben ... es war nicht notwendig, über diese Möglichkeit nachzudenken. Alle Menschen und Tampies in der Landefähre und den Rettungsbooten hatten genügend Zeit gehabt, sich die Folgen auszumalen.

»Ja«, flüsterte Tenzing. »Ja, also ...« Er erschauerte.

»Was gibt es Neues von Pegasus?« fragte Ferrol, um das Thema zu wechseln.

»Keine merkbare Veränderung«, seufzte Tenzing. »Die chemische Zusammensetzung des Staubschweißes ist noch immer weit von unseren Standardwerten entfernt, obwohl es so aussieht, als ginge es ihm ein klein wenig besser.«

»Hat sich etwas Dramatisches ereignet, als der große Ausbruch erfolgte?«

»Nein. Nicht einmal etwas Undramatisches, soweit wir es beurteilen konnten. Übrigens behaupten die Tampies das gleiche von seinem geistigen Zustand.«

»Ja, das habe ich gehört«, brummte Ferrol, ohne Tenzing zu erklären, wieviel Vertrauen er zu Aussagen der Tampies hatte. Doch es wurde immer wahrscheinlicher, daß Pegasus' Verhalten nicht mit den äußeren Ereignissen zusammenhing. »Leider bleiben nur zwei Erklärungen übrig: Müdigkeit oder Krankheit.«

»Es sieht so aus. Aber da wir ohnehin nicht die Möglichkeit haben, eine der beiden Ursachen zu heilen, handelt es sich um eine rein akademische Diagnose.«

»Und die Tampies haben natürlich keine Ahnung, was helfen könnte.«

Tenzing sah ihn merkwürdig an — Ferrol hatte offenbar schärfer gesprochen, als er vorgehabt hatte. »Sie tun, was sie können, Commander«, sagte er. »Sie müssen sich vor Augen halten, daß keiner von ihnen jemals ein Raumpferd in diesem Zustand erlebt hat.«

»Natürlich.« *Oder sie geben es nicht zu,* dachte Ferrol. Es machte ihm noch immer zu schaffen, daß die auf der *Amity* befindlichen Tampies vielleicht als Himmelfahrtskommando ausgewählt worden waren, obwohl er sich nicht vorstellen konnte, was sie durch die Zerstörung der *Amity* gewinnen wollten. »Der Vanadium-Test hat vermutlich auch keine Ergebnisse gebracht?«

»Nicht die geringsten. Das Vanadium ist einfach aus dem Staubschweiß verschwunden.«

Ferrol nickte. Vanadium hatte zu den Spurenelementen in Pegasus' normalem Staubschweiß gehört, die seit dem Sprung in dieses System nicht mehr feststellbar waren. Auf Dr. Sandersons Empfehlung hin hatte Ferrol vanadiumhaltige Instrumente und Werkzeuge über Bord werfen lassen. Pegasus hatte sie prompt telekinetisch in eine Freßöffnung befördert, aber das war die einzige Reaktion des riesigen Geschöpfes gewesen. Daran hatte sich in den letzten sechs Stunden nichts geändert. »Vielleicht sollten wir es mit einem anderen Spurenelement versuchen«, schlug er vor. »Pegasus fehlen insgesamt acht.«

Tenzing zuckte die Achseln. »Wir können es natürlich versuchen, aber wir vergeuden nur unsere Zeit. Mangelerscheinungen treten nicht so schnell auf.«

»Vielleicht gilt das nur für normale Tiere«, meinte Ferrol. »Wer kann es schon in bezug auf Raumpferde wissen? Außerdem ist es eine halbwegs sinnvolle Art, unsere Zeit zu vergeuden, bis wir das wirkliche Problem entdecken.«

»Das stimmt«, gab Tenzing zu. »Doch ich bezweifle, daß wir weiterkommen, wenn nicht einmal die Tampies ...«

Er unterbrach sich mitten im Satz, weil Ferrols Hand seinen Oberarm umklammerte. »Ich will das nicht mehr hören«, erklärte Ferrol eiskalt. »Weder von Ihnen noch von einem Ihrer Leute. Die Tampies sind nicht allwissend, sie sind keine Übermenschen, und Sie werden es sich abgewöhnen, sich so zu verhalten oder zu denken. Die Tampies stehen mit der Natur in Verbindung und lieben alle bescheidenen Geschöpfe des Universums? — großartig. Wir verändern die Natur und machen mit ihr, was wir wollen, und wenn Pegasus nicht springen will, werden wir, verdammt noch mal, einen Weg finden, um ihn zum Springen zu bringen. Mit Hilfe der Tampies oder ohne sie.«

»Verstanden, Commander«, murmelte Tenzing, der Ferrol mißtrauisch beobachtete.

»Halten Sie sich daran.« Ferrol ließ seinen Arm los. »Jetzt gehen Sie an die Arbeit und finden Sie ein Heilmittel für Pegasus.«

Tenzing schluckte. »Ja, Sir.« Er machte wortlos kehrt und schwebte in das improvisierte Labor zurück.

Ich hätte nicht so scharf sein sollen, dachte Ferrol, und in seine Enttäuschung, Müdigkeit und Besorgnis mischte sich Verlegenheit. Aber Tenzing hatte mehr als einmal Achtung vor den Ansichten der Tampies gezeigt, die beinahe an Heldenverehrung grenzte, und Ferrol hatte nicht vor, die passive Warten-wir-ab-Haltung auf die einzigen Menschen abfärben zu lassen, die imstande waren, ein Heilmittel für Pegasus' geheimnisvolle Krankheit zu finden.

Sein Blick wanderte zum Bug der Landefähre und den Tampies ... und plötzlich vergaß er seine Verlegenheit und die schleichenden Gefahren des Defätismus.

Die Aliens saßen nicht mehr mit untergeschlagenen Beinen im Kreis um den Betreuer. Statt dessen hatten sie sich dicht zusammengedrängt und jeder von ihnen hielt den Betreuer an einem Arm oder einem Bein fest. Der Betreuer war steif und starr und sein schiefes Gesicht war vollkommen verzerrt.

Und die Hälfte der Anzeigen auf dem Verstärkerhelm leuchteten rot.

»Garin!« rief Ferrol und stieß sich in Richtung auf den Bug hin ab; aber es war zu spät. Pegasus torkelte ohne Vorwarnung heftig und schleuderte dadurch die Landefähre seitwärts, so daß Ferrol kopfüber an die Rückseite einer der Liegen prallte.

Er suchte noch immer nach einem Haltegriff, als das Raumpferd wieder torkelte und ihn wieder in die Luft warf. Das Trillern der Beschleunigungs-Warnung durchschnitt das Stimmengewirr, und Ferrol hatte gerade noch Zeit, sich an der Kopfstütze einer Liege festzuhalten, bevor ein Stoß aus den Triebwerken die Landefähre vorwärts trieb. Die diensthabende Pilotin Yamoto kämpfte mit dem Steuer, um die Landefähre in Pegasus' Schatten zu halten. »Alle anschnallen«, übertönte Ferrols Stimme das dumpfe Dröhnen, obwohl die Aufforderung kaum nötig war. Der Antrieb blieb etwa drei Sekunden lang eingeschaltet, dann kehrten sie wieder in die Schwerelosigkeit zurück. »Garin!« brüllte Ferrol neuerlich.

»Hier, Sir«, meldete sich Garin dicht hinter ihm. »Was, zum Teufel, ist hier los?«

»Ich weiß es nicht«, antwortete Ferrol, stieß sich von der Kopfstütze ab und hoffte inbrünstig, daß es zu keinem weiteren Torkeln kommen würde, bevor er den Bug erreicht hatte und sich in einen der Sitze schnallen konnte. »Kommen Sie – wir wollen es herausfinden.«

Pegasus torkelte wieder, bevor Ferrol im Bug anlangte, aber diesmal war Yamoto darauf vorbereitet und setzte die Steuerjets ein, um das Schlimmste auszugleichen. Sobald Ferrol die Stühle erreicht hatte, zog er sich in einen von ihnen und schnallte sich an.

»Sso-ngii?« rief er und suchte den wild durcheinandergerüttelten Haufen von Tampy-Körpern nach dem rotweißen Halstuch des leitenden Betreuers ab. »Wo, zum Teufel, bist du, Sson-ngii?«

»Ich höre, Ffe-rho«, antwortete die krächzende Stimme aus der Mitte der Gruppe, während die Tampies die kurze Pause benützten, um ihre Gliedmaßen zu entwirren.

»Da freue ich mich aber«, knurrte Ferrol. »Was, zum Teufel, war da los?«

»Pegasunninni geht es nicht ... gut.« Sson-ngii zögerte beim letzten Wort deutlich.

»Ach, wirklich«, höhnte Ferrol. »Er wirkt verdammt gesünder als in den letzten anderthalb Tagen.«

»Du verstehst es nicht, Ffe-rho«, erwiderte Sso-gnii. »Pegasunninni fühlt sich nicht wohl. Wir müssen ihn loslassen.«

Ferrol lief es kalt über den Rücken. »Was müssen wir tun?«

»Wir müssen ihn loslassen ...«

»Ja, ich habe dich gehört«, unterbrach ihn Ferrol. »Ich habe es einfach nicht geglaubt – nicht einmal von einem Tampy. Was soll das heißen, ›loslassen‹? Wohin loslassen?«

»Ihn loslassen – ihn loslassen, damit er frei ist.« Sso-ngii stotterte ganz uncharakteristisch. Seine zarte Gestalt wirkte unnatürlich gespannt, aber Ferrol konnte nicht erkennen, ob Angst oder ein anderes Gefühl dahintersteckte. »Wir müssen ihn freigeben, oder er wird sterben.«

Jetzt mischte sich Garin ein. »Aber *natürlich*. Ihn gehen lassen, einfach so? Haltet ihr uns denn für vollkommene Idioten?«

Ferrol bedeutete Garin, den Mund zu halten. »Warum muß Pegasus losgelassen werden?« Er zwang sich, ruhig zu sprechen. Sso-ngiis Spannung war merkwürdig ansteckend.

Sso-ngii zögerte kurz, dann öffnete er widerstrebend den Mund hinter der Filtermaske weit – das Tampy-Gegenstück zu Kopfschütteln. »Ich weiß es nicht.«

»Was meinst du damit, daß du es nicht weißt?«

»Ich kann es nicht erklären, Ffe-rho ...« Er brach ab, als Pegasus wieder torkelte und Yamoto darum kämpfte, die Landefähre und die mit ihr zusammenhängenden Rettungsboote in Pegasus' schützendem Schatten zu halten. »Ich weiß nicht, warum er sterben wird. Ich weiß nur, daß er sterben wird.«

Ferrol drehte sich um und schaute nach hinten. »Tenzing! Was haben Sie in Pegasus' Staubschweiß gefunden?«

»In der letzten Probe befand sich nichts Neues«, rief Tenzing zurück; seine Stimmte zitterte, obwohl er offensichtlich bemüht war, sich zu beherrschen. »Aber das war vor beinahe einer Stunde. Was ist los?«

»Das wissen wir nicht.« Ferrol überlegte fieberhaft. Wenn Pegasus weiterhin torkelte, kam Tenzings übliche Sammelmethode wahrscheinlich nicht in Frage. »Stellen Sie ein Team in Raumanzügen zusammen, Garin«, befahl er. »Sie sollen zu Pegasus hinüberfliegen und eine frische Probe holen.«

»Ja, Sir«, antwortete Garin. Er blickte kurz zum vorderen Bullauge hinaus, betrachtete Pegasus, schnallte sich los, stieß sich ab und nahm unterwegs zwei Mitglieder der Mannschaft mit.

»Du mußt zulassen, daß Pegasunninni losgelassen wird, Ffe-rho.«

Ferrol wandte sich wieder Sso-ngii zu. Die kleine Nadelpistole lag wie ein harter Klumpen in seiner Tasche. »Weißt du, was geschehen wird, wenn wir ihn aus dem Netz lassen?« fragte er ruhig. »Er wird springen, das wird er tun, und wir werden in der Helligkeit und der Strahlung braten.«

Sso-ngii schwieg für einen Augenblick. »Ich glaube nicht, daß Pegasunninni springen wird«, meinte er schließlich. »Nicht sofort. Er hat noch nicht die Kraft und die Fähigkeit dazu.«

»Er hat mehr als genug Kraft, um uns wie ein Kinderspielzeug herumzuschleudern«, widersprach Ferrol. »Wie kommst du auf die Idee, daß er nicht springen kann?«

»Das weiß ich nicht.« In Sso-ngiis Stimme lag etwas, das beinahe wie Verzweiflung klang. »Ich weiß, daß er losgelassen werden muß, das ist alles.«

»Und du hältst an dieser Empfehlung fest? Selbst wenn es bedeutet, daß auch du sterben wirst? Ich meine, sofort und unter beträchtlichen Schmerzen?«

Das Gesicht des Tampies verzerrte sich noch mehr als gewöhnlich zu einer Grimasse, die einem sardonischen Lächeln ähnelte. »Du vergeudest die Zeit, Ffe-rho«, greinte er. »Ich will nicht drohen. Wenn ich mich irre und Pegasus springt, dann sterben wir alle.«

Ferrol sah ihn wütend an ... und einige Herzschläge lang konzentrierten sich sein Zorn und seine Verachtung für die Tampies ausschließlich auf das Individuum, das vor ihm schwebte. Ruhig, unaufrichtig, undurchschaubar, schweigsam, Risiken gegenüber gleichgültig — in diesem Augenblick verkörperte Sso-ngii für Ferrol alles, was er an den Tampies haßte. Seine Hand sank zu der Tasche und zu der Nadelpistole in ihr, und er empfand das beinahe überwältigende Bedürfnis, sie zu ziehen. Sie zu ziehen ... um zu sehen, ob das schiefe Gesicht Angst zeigte, bevor er es in Stücke schoß.

Aber er widerstand diesem Drang ... denn trotz der in ihm tobenden Gefühle wußte er, daß ihm in Wirklichkeit keine Wahl blieb. Es war ein verdammtes Risiko, Pegasus freizulassen, aber wenn er es nicht tat, würde eine der Zukkungen des Raumpferdes so heftig sein, daß Landefähre und Rettungsboot womöglich voll ins Sonnenlicht gerieten.

Und wenn das Raumpferd tatsächlich starb, weil es im Netz blieb, dann waren alle tot. Sie selbst, die *Amity*, die Wissenschaftler auf Shadrach; alle. Garantiert.

Sso-ngii hatte recht ... und das haßte Ferrol am meisten.

»Garin!« rief Ferrol und drehte sich um. In seinem Mund spürte er den bitteren Geschmack der Niederlage. »Stecken Sie weitere drei Leute in Raumanzüge — Leute mit Erfahrung im Arbeiten außerhalb des Raumschiffs. Wir werden das Netz um Pegasus lockern und beobachten, ob das etwas nützt.«

»Und wenn es nichts nützt?« fragte Sso-ngii.

Ferrol verzog das Gesicht. »Dann werden wir wohl versuchen müssen, es ihm ganz abzunehmen. Aber im Augenblick konzentriere dich nur darauf, das verdammte Biest wieder unter Kontrolle zu bekommen.«

»Eure Wünsche sind die unseren«, sagte Sso-ngii und verstummte.

Ferrol biß die Zähne zusammen und ließ Garin und seine Mannschaft nicht aus den Augen. *Sind Sie angesichts Ihrer Gefühle den Tampies gegenüber sicher,* hatte Roman zu Beginn der Reise gefragt, *daß Sie ihnen Ihr Leben anvertrauen wollen?*

Damals war Ferrol seiner Antwort nicht sicher gewesen. Jetzt war er es.

Wenn Sso-ngii log – wenn Pegasus sprang und die unter seinem Befehl stehenden Frauen und Männer dem Tod überantwortete –, dann stand es hundertprozentig fest, daß die Tampies als erste daran glauben würden. Und Ferrol würde dafür sorgen, daß ihr Tod so qualvoll wie möglich war.

Garantiert.

# 12. Kapitel

»Kontakt in einer Minute«, verkündete Marlowe, und Roman wandte seine Aufmerksamkeit von den Reparaturarbeiten am Rumpf ab und den für das Rettungsboot zuständigen Monitoren zu. Es war nur wenig zu sehen; MacKaig wurde auf der dunklen Seite des Raumpferdes sichtbar, und die geringe Beleuchtung, die sie verwendete, verschwand spurlos in der energieabsorbierenden Oberfläche des Geschöpfs. Nur die dünnen Taue des Tampy-Geschirrs, die lose um das Geschöpf herumschwebten, waren sichtbar.

»Ich nähere mich einer Zügelleine«, berichtete MacKaig, deren Stimme durch die Statik kaum zu hören war. »Rrin-saa ist in Trance – oder was immer es ist – gefallen, und Hill und Sievers warten darauf, die Verbindung herzustellen.«

»Marlowe?« murmelte Roman.

Der Angesprochene schüttelte den Kopf. »Ich kann noch immer nicht sagen, ob es lebt oder tot ist.«

Die leisen Gespräche auf der Brücke verstummten. *Es muß am Leben sein*, dachte Roman immer wieder. Es gab eine Theorie, der zufolge sich die Raumpferde in der energiereichen Akkretions-Scheibe eines schwarzen Lochs entwickelt hatten – einige wenige Tage im gesteigerten Sonnenlicht von B konnten es unmöglich getötet haben.

Auf dem Display zuckte das Raumpferd heftig, und Romans Herz hämmerte schmerzhaft. »MacKaig?« fragte er scharf.

»Ich bin dort«, meldete sie, während sie sich der Bewegung anpaßte. »Sie stellen Verbindung mit der Leine her.«

»Wir haben es«, unterbrach sie Sievers. »Übernehmen, Rrin-saa.«

Roman hielt den Atem an, aber vom Rettungsboot kam nur Statik. »Rrin-saa? Was ist los?«

Eine Art keuchender Seufzer drang durch die Statik. »Er lebt, aber er ist sehr schwach.« Roman erkannte die Stimme des Tampies kaum wieder. »Er hat unter der Strahlung sehr gelitten.«

»Kann er die Rundreise hierher und zurück schaffen?«

»Ich weiß es nicht. Es könnte zu viel für ihn sein.« Noch ein Seufzer. »Aber wir werden es versuchen.«

»Wir bewegen uns, Captain«, meldete MacKaig.

»Verstanden«, sagte Marlowe einen Augenblick später. »Ankunftszeit ... bei der Beschleunigung, die sie aufbringen, mindestens zehn Stunden.«

»Das reicht«, stellte Roman fest. Es war zwar etwas langsam; aber andererseits besagten Lowrys Berechnungen, daß sie Zeit hatten, und es konnte gefährlich sein, wenn sie das Raumpferd zu größerer Eile zwangen. »Bleiben Sie mit ihnen in Verbindung, Marlowe. Achten Sie darauf, ob irgendwelche Probleme auftreten.«

»Ja, Sir.«

Roman warf einen letzten Blick auf das Display, dann rief er einen Statusbericht ab. Die Instandsetzungsarbeiten an der *Amity* machten gute Fortschritte; wenn sie Glück hatten, würde das Schiff bei der Ankunft des Raumpferds reisefertig sein. »Sobald Sie Ihre Kursberechnungen abgeschlossen haben, Kennedy, möchte ich, daß Sie eine Statuszusammenfassung erstellen und sie an Commander Ferrols Position senden. Nur mit Laser, stellen Sie auf unbegrenzte Wiederholung ein. Teilen Sie ihm mit, daß er uns in etwa fünfzig Stunden erwarten kann.« Er zögerte, aber es mußte gesagt werden. »Teilen Sie ihm auch mit, daß er, wenn der Stern wieder ausbricht und wir noch nicht eingetroffen sind, sich sofort auf den Weg machen und allein nach Solomon zurückkehren muß.«

»Ja, Sir«, antwortete Kennedy so ruhig, als hätte Roman gerade das Abendessen bei ihr bestellt. »Darf ich den Captain daran erinnern, daß sie beinahe sicher hinter Pegasus in Deckung gegangen sind und uns deshalb nicht empfangen können?«

»Das ist mir klar. Aber wir müssen es versuchen. Sie wissen nicht, daß der nächste Rülpser die Nova ist, und wenn sie es endlich merken, ist es wahrscheinlich zu spät.«

»Verstanden, Sir.« Sie sahen einander einen Augenblick lang in die Augen, und es fiel ihm nicht schwer, ihre Gedanken zu lesen: Wenn das Raumpferd, das von Shadrach zu ihnen hinkte, zum Krüppel geworden war, weil es der Strahlung des Doppelsterns zu lange ausgesetzt war – wie wirkte sich dann die gleiche Bestrahlung auf Pegasus aus?

Es war eine Frage, an die Roman wirklich nicht denken wollte.

* * *

Zwölf Stunden später tauchte das Raumpferd kurz in den Schatten des Mondes, ohne sich dem Himmelskörper zu nähern. Die *Amity* wartete, und sie begannen zusammen die tödliche Durchfahrt.

»Wir bekommen von der Flanke des Raumpferdes ein wenig überquellende Strahlung«, berichtete Marlowe, als sie den Halbschatten des Mondes verließen. »Es ist aber nicht so schlimm, wie die Simulation erwarten ließ.«

»Hilft der ›Sonnenschirm‹?« fragte Roman.

»Ganz sicher. Vor allem gegen das sichtbare Licht, aber er schluckt auch einen ansehnlichen Teil des Neutronenflusses.«

Roman nickte. Der ›Sonnenschirm‹ war die Erfindung eines Mitglieds von Stolts technischer Abteilung: Eine dünne Schicht versilberten Plastiks war in zwei Metern Entfernung vom Rumpf der *Amity* an einer zentralen Strebe befestigt; als Verstärkung dienten Rippen aus Memory-Plastik. Diese Rippen waren das große Problem bei der Operation gewesen – die Synthesizer der *Amity* brauchten eine gewissen Zeit, um das Plastik zu erzeugen –, bis jemand auf die Idee gekommen war, in den Aufzeichnungen der Forschungsabteilung nachzusehen. Es hatte sich herausgestellt, daß Memory-Knochen und -Muskeln, die vor zwei Monaten bei der Erkundung des ersten Planeten alle so erschreckt hatten, nicht nur leichter und schneller zu synthetisieren waren als die bisher gebräuchlichen Produkte, sondern daß sie auch über einen wesentlich größeren Querschnitt zum Einfangen von Neutronen verfügten. »Behalten Sie den Sonnenschirm im Auge«, wies Roman Marlowe an. »Wenn er uns mehr Schwierigkeiten bereitet als er wert ist, werfen wir ihn über Bord.« Er schaltete zum Rettungsboot. »Rrin-saa? Hier ist der Captain. Wie geht es dem Raumpferd?« Es dauerte lange, bis die Antwort kam. »Sein Zustand verschlechtert sich.« Rrin-saa brachte die Worte nur mühsam heraus. Auf dem Display wirkten seine Augen ausdruckslos und seltsam glasig. »Ich weiß nicht, ob er den Flug überleben wird.«

Roman rieb Daumen und Zeigefinger aneinander. »MacKaig?«

»Ich muß es bestätigen, Captain«, antwortete sie bitter. »Wir haben mit einer Beschleunigung von nicht einmal 0,1 Ge begonnen; bei dem Rendezvous betrug unsere Geschwindigkeitsverringerung drei Viertel dieses Wertes. Wie es jetzt aussieht, können wir von Glück sprechen, wenn wir Shadrach in achtzehn Stunden erreichen.«

Achtzehn Stunden nach Shadrach, dann fünfundzwanzig zurück zur Amity ... und unter Umständen brach die Nova bereits in sechsundvierzig Stunden aus. Ihr Spielraum wurde immer enger. »Marlowe? Strahlungsstatus?«

»Draußen ist es immer noch zu heiß für einen Alleinflug nach Shadrach. Die Rumpfplatten würden vielleicht ein bis zwei Stunden durchhalten.«

Und sie mußten eine Reserve für den Fünfundzwanzig-Stunden-Flug zu Pegasus haben. »So steht es also«, sagte Roman. »Wir bleiben so lange wie möglich beim Raumpferd und drücken die Daumen. Sie berechnen die Ankunftszeit alle fünfzehn Minuten neu, Kennedy, und geben die Zahlen an Lowrys Gruppe durch — sie sollen in dem Augenblick in den Orbit einschwenken, in dem wir die Position erreicht haben, in der wir sie aufnehmen können.«

»Ja, Sir.«

MacKaig hatte recht; das Raumpferd wurde eindeutig schwächer. Es gab Perioden, in denen es einfach dahintrieb und sich von Shadrachs Schwerkraft anziehen ließ; im Lauf der Zeit wurden diese Perioden immer länger.

Als Shadrachs Scheibe endlich die Displays ausfüllte, gab das Geschöpf auf.

»Es ist ganz bestimmt tot, Captain«, erklärte MacKaig gepreßt. »In den letzten zwanzig Minuten ist es nur noch auf den Planeten zugefallen. Und Rrin-saa ... er sieht nicht gut aus.«

Roman warf einen Blick auf das betreffende Display. Rrin-saas Gesicht war unter dem Verstärkerhelm seltsam ausdruckslos. »Rrin-saa?« rief er. »Was ist los, Rrin-saa?«

Keine Reaktion. »Nehmen Sie ihm den Helm ab, Sievers«, befahl Roman und rief gleichzeitig über die Bordsprechanlage den Tampy-Abschnitt der *Amity* an. »Ich werde die Tampies fragen, wie man ihn aus diesem Zustand herausholt.« Er beugte sich zur Bordsprechanlage ...

»Das ist nicht notwendig.«

Romans Halsmuskeln verkrampften sich unwillkürlich, als er den Kopf wieder dem Display zuwandte. Rrin-saas greinende Stimme klang sehr fremd; trocken, brüchig und beinahe tierisch – eine Stimme, die Roman noch nie gehört hatte. Und dennoch lag in der Fremdheit gleichzeitig tiefe, sehr menschliche Trauer. Es war eine entnervende Kombination und Roman lief es kalt über den Rücken. »Geht es dir gut?« fragte er, als er wieder sprechen konnte.

»Ja, Rro-maa«, antwortete der Tampy. Seine Stimme nahm langsam eine normale Klangfarbe an. »Er ist tot.«

Roman holte tief Luft. »Das tut mir leid. MacKaig? Das war es dann. Werfen Sie das Halteseil ab und kommen Sie hierher zurück. Wir bleiben im Schatten, bis Sie an Bord sind und werden dann zusehen, daß wir so rasch wie möglich hinüberkommen. Kennedy?«

»Das Raumpferd wird in Shadrachs Schatten gelangen, bevor es aufprallt«, antwortete Kennedy prompt. »Aber wenn wir die ganze Zeit bei ihm bleiben, geraten wir zu tief in den Gravitationstrichter des Planeten.«

»Rechnen Sie eine Kompromißlösung aus, die uns einem Mindestmaß an Sonnenlicht aussetzt, ohne viel Treibstoff zu verbrauchen.«

»Bereits ausgerechnet, Sir. Wir werden den Schatten des Raumpferds in genau achtzehn Minuten verlassen.«

»Gut. Führen Sie es durch, sobald das Boot hier ist, und teilen Sie Mr. Lowry mit, wie es steht.«

* * *

Siebenunddreißig Minuten später wartete die *Amity* in einer synchronen Umlaufbahn, als die blaue Flamme von Lowrys Landefähre zu ihr emporstieg.

Das Rendezvous verlief enttäuschend undramatisch, aber das störte niemanden. Roman hatte befürchtet, daß das kleinere Raumschiff nicht imstande sein würde, sich der horizontalen Geschwindigkeit der *Amity* anzupassen, und mit ungeheurer Wucht auf den vorderen Hangar aufprallen würde. Aber Lowrys Pilot war darauf vorbereitet gewesen und hatte seinen letzten Treibstoff verbraucht, um zu beschleunigen, als die *Amity* auf ihn zufegte. Sehr viel Lärm und ein beachtlicher Ruck begleiteten das Manöver, aber es wurde nichts Lebenswichtiges beschädigt.

»Willkommen an Bord«, rief Roman über die Sprechanlage in den Hangar. »Man wird Sie zu Ihren Beschleunigungsliegen bringen; schnallen Sie sich sofort an. Beschleunigung in fünf Minuten.«

Er wandte sich Kennedy zu. »Sind Sie bereit?«

»Ja, Sir.« Ihre Kursberechnung erschien auf Romans Display. »Wir verlassen den Orbit, fliegen geradeaus von Shadrach weg und bleiben so lange wie möglich in seinem Schatten. Dann biegen wir ab, um zu Pegasus zurückzukommen. Damit hat B mehr Zeit abzukühlen, und wir sind auch weiter von ihm entfernt, wenn der Rumpf dem Sonnenlicht direkt ausgesetzt ist.«

»Trotzdem«, mischte sich Marlowe ein, »werden wir wahrscheinlich gelegentlich den Antrieb abstellen und mit dem Heck zu B rotieren müssen, damit der Rumpf abkühlen kann.«

Kennedy nickte. »Das habe ich berücksichtigt. Wir sollten Pegasus in ungefähr siebenundzwanzig Stunden erreichen.«

Womit der Spielraum gerade noch eine Stunde betrug. »Wie steht es draußen mit der Strahlung?« fragte Roman Marlowe.

»Geht konstant zurück; damit sollten wir keine Probleme haben.« Marlowe verrenkte sich den Hals, um Roman anzusehen. »Es dürfte für Commander Ferrol jetzt ungefährlich sein, gelegentlich hinter Pegasus hervorzukommen und sich kurz umzusehen.«

Roman war ebenfalls zu diesem Schluß gelangt. Seine Berechnungen zeigten sogar, daß es bereits seit einer Stunde ungefährlich war.

Ohne daß eine Nachricht von Ferrol eingetroffen wäre.

»Er will vielleicht kein Risiko eingehen«, drängte sich Kennedy in Romans Gedanken. »Oder sein Laser kann die Interferenz da draußen nicht durchdringen – für diese Suppe ist er nicht entworfen worden.«

Oder Pegasus war inzwischen gesund und bereits gesprungen. Wenn Sso-ngii und die anderen Tampies nicht imstande gewesen waren, ihn unter Kontrolle zu halten ...

»Es hat keinen Sinn, darüber Spekulationen anzustellen«, sagte er. »Was immer da draußen geschieht – wir erfahren es in siebenundzwanzig Stunden ... und bis dahin gibt es überhaupt nichts, das wir unternehmen können. Schalten Sie den Alarm ein, Kennedy, und sehen wir zu, daß wir hier wegkommen.«

## 13. Kapitel

»Commander?«

Die Stimme war nur ein heiseres Flüstern, und Ferrol war zuerst nicht sicher, ob sie wirklich oder nur einer der surrealistischen Träume war, die im tödlichen Zwielicht, das ihn zu ersticken schien, durch sein Bewußtsein trieben. »Commander?« wiederholte die Stimme, und diesmal wurde er vorsichtig am Arm gerüttelt. Er öffnete widerwillig die müden Augen.

Es war Yamoto, deren erschöpftes Gesicht vor Schweiß glitzerte. »Jetzt beginnt mein Dienst, Commander«, krächzte sie.

Ferrol holte vorsichtig Luft und bereute es sofort: Die Luft erinnerte ihn nun noch stärker an den Rückstand eines Hochofens als bei seinem Dienstantritt. »Wie geht es den anderen?« fragte er und fuhr sich mit der Zunge über die ausgedörrten Lippen.

Yamoto zuckte die Achseln. Sie hatte wie alle auf der Landefähre längst ihre gesamte Kleidung abgelegt, aber Ferrol bemerkte es kaum. »Ungefähr genau wie vor einer Stunde«, antwortete sie. »Die Leute kommen abwechselnd zu sich und verlieren dann wieder das Bewußtsein.«

»Wie zum Beispiel ich«, meinte Ferrol, der mit den Gurten kämpfte, die ihn in seine Liege fesselten. Aus einem unerklärlichen Grund war der Bug der Landefähre um ungefähr fünf Grad heißer als das Heck, und er hatte befehlen müssen, daß die Wachablösung hier stündlich erfolgte.

Dieser Befehl betraf natürlich nicht die Tampies. Sie drängten sich an der Spitze des Bugs zusammen, und es fiel ihm nicht zum ersten Mal ein, daß er mit seiner Nadelpistole auch nichts hätte anstellen können, das schlimmer war als das, was sie jetzt durchmachten.

Durch das vordere Bullauge sah man die Rettungsboote, die sich in dem winzigen Schatten der Landefähre wie

Entenküken unter den Flügeln ihrer Mutter zusammendrängten. Ferrol fragte sich kurz, wie es ihnen gehen mochte, und schob den Gedanken dann wieder von sich. Die Rettungsboote waren dem entsetzlichen Sonnenlicht etwas weniger ausgesetzt und konnten infolge des Verhältnisses von Oberfläche zu Rauminhalt Hitze besser abgeben, also ging es ihnen zumindest nicht schlechter als den Leuten auf der Landefähre. Und selbst wenn dem nicht so war, konnte er vor der Rückkehr der *Amity* nichts dagegen unternehmen. Falls sie jemals zurückkehrte.

»Der Strahlungsmesser ist wieder ausgefallen«, meldete Yamoto. Ferrol konzentrierte sich auf das Schaltpult und fand mit einiger Mühe das richtige Display. Er war tatsächlich leer, weil seine Elektronik den Geist aufgegeben hatte. »Als ich ihn das letzte Mal überprüfte, befanden wir uns weit unter dem Gefahrenpegel«, beruhigte er sie und versuchte angestrengt, sich zu erinnern, wann er diese Überprüfung vorgenommen hatte. »Die Hülle aus Materie, die der Stern abgesprengt hat, war das Schlimmste — sobald das vorbei war, begannen die Werte zu sinken.« Er überflog die übrigen Instrumente und bemerkte, daß trotz der zusätzlichen Hitzeabstrahlung, die sie zusammengebastelt hatten, die Temperatur im Innern der Landefähre während der letzten Stunden wieder um ein Grad gestiegen war.

»Nichts Neues von der *Amity*?«

Ferrol schüttelte halb frustriert und halb resigniert den Kopf. »Solange sie sich ausschließlich auf den Laser beschränken, können wir nichts Neues erfahren. Es war ein glücklicher Zufall, daß wir die Übertragung von Shadrachs Mond aufgefangen haben.«

»Wahrscheinlich. Senden wir noch immer einen Leitstrahl ...? Ach, da ist er ja«, unterbrach sie sich, als ihr Blick auf das Funkdisplay fiel.

»Obwohl er da draußen nicht viel Sinn hat«, bemerkte Ferrol bitter. »Ihre Chance, uns visuell zu finden, ist genauso groß wie die Chance, in dieser Statik einen Leitstrahl aufzufangen.«

Immer vorausgesetzt, daß es dort draußen jemanden gab, der sie suchte ... »Commander?«

Ferrol gab sich einen Ruck und wandte ihr wieder seine Aufmerksamkeit zu. »Entschuldigen Sie«, murmelte er und griff nach den Gurten, bevor ihm einfiel, daß er sich bereits losgeschnallt hatte. »Ich hätte nie geglaubt, daß es ein Handicap sein kann, wenn man in der gemäßigten Zone eines Planeten aufgewachsen ist.« Er packte die Seitenlehne der Liege, schob sich aus der klebrigen Umklammerung des Schalensitzes hoch ...

Und hatte sich gerade von der Liege gelöst, als vom Funkdisplay ein leises Piepsen ertönte.

Noch bevor sein benommener Geist das Geräusch zur Kenntnis genommen hatte, piepste es zum zweiten Mal; und erst beim vierten Piepsen begriff er, daß es vom Antwortsender des Strahls kam.

Die *Amity* war eingetroffen.

Er stürzte zum Schaltbrett, und seine Finger suchten den Schalter für den Haupt-Sender/Empfänger. »Landefähre an *Amity*«, rief er ins Mikrophon und hoffte inbrünstig, daß das optische Display noch funktionierte. »Landefähre an *Amity*.«

»*Amity* an Landefähre«, dröhnte Romans Stimme aus dem Lautsprecher. »Commander Ferrol?«

»Ja, Captain«, antwortete Ferrol. Hinter ihm wurde es allmählich lebendig, als der einem Hitzschlag nahen Besatzung bewußt wurde, daß die lange Qual beinahe vorüber war. »Es tut gut, Ihre Stimme zu hören, Sir.«

»Uns geht es genauso«, erwiderte Roman. Die Optik erwachte verspätet zum Leben, und Ferrol erblickte durch die Statik Romans besorgtes Gesicht. »Wir haben jetzt visuellen Kontakt mit Ihnen ...« Er zögerte und seine Besorgnis nahm sichtlich zu.

»Sie fragen sich, wo Pegasus steckt?« sagte Ferrol.

Roman blickte kurz zur Seite, wo vermutlich Marlowe etwas sagte. »Wir haben anscheinend Probleme mit unserem Maßstab-Programm«, erklärte er.

Ferrol schüttelte den Kopf. »Nein, Sir, es ist nicht der Maßstab. Pegasus ist tatsächlich fort. Er ist vor ungefähr dreiundfünfzig Stunden gesprungen.«

Roman sah zu einem anderen Instrument, wahrscheinlich zum Scanner-Display, hinüber.

»Was ist dann ...«

»... der Flugkörper da draußen?« beendete Ferrol den Satz an seiner Stelle. »Ein Abschiedsgeschenk von Pegasus.« Er blickte auf das Display der Heckkamera, auf die kurze, zylindrische Gestalt, die von der hinter ihr stehenden Sonne in eine goldene Aura gehüllt wurde. »Ich möchte Ihnen Junior vorstellen, Captain. Pegasus' Kalb.«

Er wandte sich wieder Roman zu und dankte den zuständigen Göttern dafür, daß das visuelle Display wieder funktionierte. Der Ausdruck auf dem Gesicht des Captains war noch umwerfender, als er erwartet hatte.

* * *

Die dünne Nadel stach zum zehnten Mal – Ferrol hatte mitgezählt – nicht gerade schmerzlos in seine Haut; dann war es zum Glück vorbei.

»Das war die letzte«, stellte der Sanitätsoffizier der *Amity* fest und ließ das Oberteil des automatischen Geräts in die Höhe gleiten. »Zehn krebsverdächtige Geschwülste, Commander. Angesichts der Strahlung, der Sie ausgesetzt waren, gar nicht so schlimm. Wir haben natürlich alle ausgeschaltet.«

»Das freut mich.« Ferrol schob sich vorsichtig aus der glänzenden Kiste und zog die Hose an. Das Schlimmste an den automatischen Geräten außer ihrer Ähnlichkeit mit hochtechnologischen Särgen war die Tatsache, daß die verdammten Dinger einen jeder Menschenwürde beraubten. »Es wäre mir nicht recht, wenn ich diese Sticheleien grundlos ertragen hätte. Etwas tiefer Sitzendes gab es ja nicht?«

»Wir haben jedenfalls nichts entdeckt«, versicherte ihm

der Arzt. »Obwohl wir Sie in den nächsten Wochen weiteren Tests unterziehen werden, damit wir unserer Sache sicher sind. Das heißt, irgendwer wird diese Tests vornehmen«, stellte er ein wenig traurig richtig.

»Stimmt«, brummte Ferrol, der inzwischen vollkommen angekleidet war. Natürlich tat es dem Arzt leid, daß die Mission der *Amity* beinahe zu Ende war — er hatte zu den besonders lästigen Pro-Tampy-Typen an Bord gehört. »Sie müssen mich entschuldigen; der Captain hat mir befohlen, mich bei ihm zu melden, sobald ich hier fertig bin.«

Er flüchtete in den Korridor, wo die Luft nicht mit Rührseligkeit gesättigt war, und begab sich in Romans Büro.

Der Captain begrüßte ihn ernst. »Ich muß Ihnen wohl nicht sagen, Commander, daß Sie in die Geschichtsbücher eingegangen sind.«

»Die *Amity* ist in sie eingegangen«, wehrte Ferrol höflich ab. »Ich halte mich eher für eine Fußnote.«

»Sie sind zu bescheiden«, widersprach Roman. Seine Augen musterten Ferrols Gesicht. »Der Mann, der das Kommando führte, als ein Raumpferd zum ersten Mal in Gefangenschaft ein Kalb warf, ist bestimmt mehr als nur eine Fußnote wert.«

Ferrol zwang sich, Roman in die Augen zu sehen. »Ich nehme an, Sso-ngii hat Ihnen erzählt, daß ich den Tampies vor der Geburt des Kalbes drohte, sie zu töten.«

Romans Gesichtsausdruck veränderte sich nicht. »Er hat es nicht in Worte gefaßt, aber ich lerne allmählich, bei den Tampies zwischen den Zeilen zu lesen. Wollen Sie mir erzählen, warum?«

»Warum ich ihnen gedroht habe? Warum sollte ich Geschöpfe bedrohen, die mich freundlich auffordern, unsere Rückfahrkarte aus der Hölle zu vernichten, mir jedoch nicht erklären wollen, warum ich das tun soll.«

»Sie haben es Ihnen nicht erklärt, weil sie es nicht konnten«, warf Roman besänftigend ein. »Die Tampies sind nie imstande gewesen, ihre Raumpferde zur Fortpflanzung zu bringen.«

Ferrol zuckte die Achseln. Vielleicht; aber andererseits war er noch nicht bereit zu glauben, daß die Tampies keine Ahnung davon gehabt hatten, was vor sich ging, bevor die Schwellung in Pegasus Flanke es offenkundig machte. Immerhin kam der Ausdruck ›kalben‹ direkt von den Tampies – ein Hinweis auf die Ähnlichkeit zwischen der Fortpflanzung der Raumpferde und dem Abbrechen von Gletschern – und für Ferrol stand damit fest, daß die Tampies irgendwann Zeugen des Geburtsvorgangs geworden waren. Vielleicht hatten sie sogar die Leiden des kalbenden Raumpferdes mitbekommen ... obwohl Rrin-saa behauptete, daß er keine Ahnung davon gehabt hatte.

Natürlich war nichts beweisbar, jedenfalls nicht von Bord der *Amity* aus. »Tatsache bleibt, Sir«, sagte er statt dessen, »daß ich nicht wußte, ob sie recht oder unrecht hatten, oder ob sie logen wie gedruckt. Ob sie vielleicht einen rituellen Massenmord vorhatten und uns mitnehmen wollten.«

»Doch es stellte sich heraus, daß sie recht hatten«, wandte Roman ein.

»Ja, dieses Mal. Trotzdem sind ein paar von uns beinahe gestorben.«

»Ja, ich habe den vorläufigen medizinischen Bericht gelesen«, sagte Roman ruhig. »Rückblickend wäre es schön gewesen, wenn wir daran gedacht hätten, Ihnen abschirmendes oder reflektierendes Material zurückzulassen. Aber wir konnten natürlich nicht wissen, daß Sie ein achthundert Meter langes Raumpferd gegen ein hundert Meter langes Kalb eintauschen würden.«

Ferrol wurde ruhiger. Roman war offenbar nur an seiner Darstellung des Zwischenfalls interessiert und nicht auf eine Konfrontation aus. »Ja, Sir. Es war einfach Glück, daß wir imstande waren, Pegasus freizulassen und Junior ins Netz zu bekommen, bevor sie sich orientierten und gemeinsam sprangen.«

»Ja, Sso-ngii war von der Schnelligkeit Ihrer Mannschaft beeindruckt.« Roman musterte wieder Ferrols Gesicht. »Er sagte, daß Sie genau wußten, was Sie taten.«

»Wie gesagt, einfach Glück«, wiederholte Ferrol unbeeindruckt, »und eine eingespielte Mannschaft, die an Arbeiten außerhalb des Raumschiffs gewöhnt ist.« Falls der Captain hoffte, daß Ferrol ihm schuldbewußt von seiner Tätigkeit als Wilddieb erzählen würde, mußte er ihn enttäuschen.

Falls Roman enttäuscht war, zeigte er es nicht. »Und Sie haben Junior statt Pegasus behalten, weil ...«

»Ich habe angenommen, daß Pegasus' Probleme vor der Nova nicht ausschließlich mit dem Kalben in Verbindung standen«, antwortete Ferrol. Es war nicht die volle Wahrheit, klang aber plausibel. »Wenn das stimmte, hatten wir mit Junior eine größere Chance, von hier wegzukommen, sobald es soweit war.«

»Ein Glücksspiel«, bestätigte Roman. »So ist das Leben anscheinend. Wir berechnen die Chance, so gut wir können, dann würfeln wir und warten darauf, was geschieht.« Er blickte durch das Bullauge zum Netz und zu Junior. »In diesem Fall haben wir offenbar die Bank gesprengt.«

Ferrol nickte. Das hatten sie tatsächlich. »Übrigens, wo befinden wir uns?«

»Nur in einem kleinen System auf unserer Route. Nachdem wir wieder Kontakt mit Ihnen aufgenommen hatten, konnten wir dorthin am schnellsten und mühelosesten springen. Ein roter Zwerg, zwei gefrorene Planeten – nichts wirklich Interessantes. Wir werden zwei Tage lang um den Zwerg herumschwingen, um in die richtige Position zu kommen, dann werden wir, wie Kennedy es ausdrückt, einen raschen Doppelsprung zuerst zu Sirius und dann nach Solomon vollführen.«

»Gut.« Ferrol erhob sich und hielt sich vorsichtig in dem halben Ge, das Juniors Beschleunigung dem Schiff brachte, im Gleichgewicht. »Dann werde ich mit Ihrer Erlaubnis mit der Einsatzbesprechung beginnen.«

Roman runzelte die Stirn. »Was für eine Einsatzbesprechung soll das sein?«

»Dr. Lowrys Team natürlich. Ich habe angenommen,

daß die übliche Vorgangsweise in einem Fall wie diesem darin besteht, daß man die mündlichen Berichte so bald wie möglich auf Band aufnimmt. Und da Sie mich zum Verbindungsmann des Schiffes ernannt haben, finde ich, daß ich derjenige sein sollte, der das durchführt.«

»Daran habe ich eigentlich nicht gedacht, als ich Ihnen die Aufgabe übertrug«, erklärte Roman immer noch mit gerunzelter Stirn. »Außerdem sollten Sie nach allem, was Sie durchgemacht haben, den Rest des Flugs im Krankenrevier oder in Ihrem Bett verbringen.«

»Ich bin Ihnen für Ihre Besorgnis dankbar, Sir«, erwiderte Ferrol steif und legte, wie er hoffte, genau das richtige Quantum an professionellem Stolz in seinen Ton. »Darf ich den Captain daran erinnern, daß alle an Bord Anwesenden – er inbegriffen – in den letzten vier Tagen genauso viel mitgemacht haben?«

Der Captain lächelte. »Womit Sie recht haben«, gab er trocken zu und bewegte die wahrscheinlich noch immer schmerzenden Schultermuskeln. Ferrol hatte von dem Zwölf-Ge-Rennen zu Shadrachs Mond, das in die Geschichte eingehen würde, gehört. »Also gut, Commander. Das Letzte, was ich im Augenblick will, sind hitzige Debatten, ganz gleich, wer sie auslöst. Wenn Sie die Einsatzbesprechung durchführen wollen, habe ich nichts dagegen.«

* * *

Es dauerte beinahe bis zum Ende der Besprechungen, aber schließlich fand Ferrol den Mann, von dem er wußte, daß er sich an Bord befinden mußte.

Er hieß Kheslav und war einer von Lowrys Technikern. »Ich hatte schon Angst, daß mich der Senator einfach den Löwen vorwerfen würde«, murmelte er. Sein Gesicht zuckte, während er sich zum fünften Mal seit dem Beginn des Gesprächs im Konferenzraum umsah. »Und daß er mich meinem Schicksal überlassen würde.«

»Das hat er offensichtlich nicht getan«, beruhigte ihn

Ferrol. »Es war beinahe zu durchsichtig. Die Nachricht über Ihre mißliche Lage traf mit Admiral Marcosas Unterschrift ein, noch dazu mit dreißigstündiger Verspätung. Er hätte genauso gut Neonlichter einschalten und offiziell eine Rückverfolgung auslösen können.«

Kheslav fuhr herum und sah Ferrol schuldbewußt mit großen Augen an. »Glauben Sie, daß das jemand tun wird?«

»Vermutlich nicht.« Ferrol bedauerte, daß er es überhaupt erwähnt hatte. Kheslav erwies sich als ein Gemisch aus allen Eigenschaften, die Ferrol wie die Pest haßte: Fehlen jeglicher Überzeugung und jeglichen Engagements für die Aufgabe, die ihm der Senator offenbar anvertraut hatte, kein Funke Mut, und zu allem Überfluß war er ein Quatschkopf. »Erzählen Sie mir also, warum Marcosa wollte, daß die *Amity* — damit meinte er vermutlich mich — hier sein sollte, als man Sie abholte.«

Kheslav fuhr sich mit der Zunge über die Lippen. »Ich habe ein Datenpack in meiner Kabine«, erklärte er mit verschwörerisch leiser Stimme. »Lowry hat es nie erfahren, aber meine wirkliche Aufgabe auf Shadrach bestand darin, das Raumpferd der Tampies zu beobachten. Es würde monatelang tagaus tagein am gleichen Ort vorhanden sein, so daß wir es ständig überwachen konnten ...«

»Ich verstehe«, unterbrach ihn Ferrol »Die *Amity* hatte zum Teil die gleiche Aufgabe.«

»Richtig.« Kheslav sah sich wieder um. »Das Wichtige daran ist, daß wir Monitore an dem Netz des Raumpferds befestigt hatten — natürlich ohne Wissen der Tampies —, und alles wurde mittels zweier Relais-Satelliten mit einem gebündelten Strahl oder aber direkt zu einem Empfänger gesendet. Als B das erste Mal rülpste und alle Tampies starben — nun, ich besitze eine vollständige Aufzeichnung der Lichtintensität und der verschiedenen Strahlungen, denen das Raumpferd ausgesetzt war, sowie eine Menge des Zeugs, das durch die Zügel hinauf und hinunter ging.« Seine Stimme wurde noch leiser. »Und da sich einige Instrumente auf der geschützten Seite, also im Schatten, befanden, und da Sie mit uns Sichtkontakt hatten, als Sie in den Schatten des Raumpferds kamen ... sind einige der Daten bis zum Ende erfaßt.« Er starrte Ferrol plötzlich intensiv an. »Verstehen Sie, was das bedeutet?«

Natürlich verstand Ferrol. Es bedeutete, daß die Menschheit zum ersten Mal erfuhr, was genau man tun mußte, um ein Raumpferd zu töten.

Es war wie der Augenblick der Wahrheit, ein Augenblick, in dem tiefe Stille angebracht war. Es war typisch für Kheslav, daß er unbeeindruckt weiterplapperte. »Sie sehen also das Problem, wenn ich das Datenpack selbst nach Hause bringe.« Er fuchtelte hilflos mit den Händen. »Bei all der Publicity und Aufmerksamkeit – überhaupt jetzt nach dem Kalben – kann ich nicht einfach mit einem privaten Datenpack, das ich niemandem zeige, an den Leuten von der Universität vorbeigehen ...«

»Sie wollen also, daß ich es übernehme«, unterbrach Ferrol den Redeschwall.

»Ich wäre Ihnen dankbar«, erklärte Kheslav offensichtlich erleichtert. »Sie können es vorläufig bestimmt an Bord des Schiffes verstecken, und es später dem Senator bringen ...«

»Danke, ich weiß mir schon zu helfen«, knurrte Ferrol. »Sobald ich die gesamte Gruppe befragt habe, komme ich an Ihrer Kabine vorbei und hole es.« Sein Gesicht wurde härter. »Und danach erwarte ich, daß ich Sie auf dem Rest der Reise weder sehe noch mit Ihnen spreche.«

»Natürlich«, bestätigte Kheslav eifrig wie ein junger Hund. »Natürlich, ich verstehe. Ich bin Ihnen sehr dankbar, Commander ...«

»Leben Sie wohl, Kheslav.«

»Ja.« Kheslav stand ungeschickt auf. »Ja. Leben Sie wohl.«

Erstaunlicherweise schwieg er, als er den Raum verließ.

* * *

Zwei Stunden später befand sich Ferrol wieder in seiner Kabine und zwängte das Datenpack ohne größere Schwierigkeiten zu der Nadelpistole in seine Schachtel. Neben die Pistole und auf das Kuvert des Senators ... Er unterbrach seine Tätigkeit einen Augenblick lang, betrachtete das Schott, das ihn von dem Abschnitt der Tampies trennte und kostete den bittersüßen Geschmack des Paradoxons aus. Der Senator hatte ihn ausdrücklich deshalb an Bord der *Amity* gebracht, damit er die Mission des Schiffes sabotierte; er sollte dafür sorgen, daß das Experiment einer Zusammenarbeit der Tampies mit den Menschen mit oder ohne sein Eingreifen zu einer vollkommenen, peinlichen Katastrophe wurde.

Jetzt mußte er alles unternehmen, was in seiner Macht stand, damit das *Amity*-Experiment fortgesetzt wurde.

Ihm fiel ein weiteres Paradoxon auf. Er hatte schon einmal ein Raumpferdkalb in Reichweite gehabt — hatte die Möglichkeiten erkannt, die sich durch ein solches Geschöpf ergaben — und Roman hatte es ihm vor der Nase weggeschnappt. Jetzt bot eben dieser Mann der Menschheit zum zweiten Mal die Chance, selbst eine Raumpferdflotte aufzustellen.

Selbst wenn sich herausstellte, daß sich Raumpferde nicht von menschlichen Betreuern leiten ließen ... Ferrol blickte wieder zum Datenpack. Es wäre bedauerlich, aber keine Katastrophe. Dank Pegasus' Kalben und Kheslavs Daten war die Beherrschung der Raumfahrt durch die Tampies zu Ende.

Sie war so oder so zu Ende.

Er verschloß die Schachtel, verstaute sie in der Schublade unter dem Bett und kehrte zu seinen Pflichten zurück.

## 14. Kapitel

Die Triebwerke des Shuttles feuerten zum letzten Mal und schalteten sich ab, und Ferrol kämpfte wie jedes Mal einige Sekunden lang gegen Übelkeit, während sein Körper sich an die Schwerelosigkeit gewöhnte. Die Anpassung schien länger als sonst zu dauern ... aber andererseits war er bei solchen Übergängen selten so müde wie heute.

Er seufzte und sah sich um. Die Senats-Besatzung hatte es als Shuttle bezeichnet; aber genauso gut hätte der Ausdruck Yacht darauf gepaßt. Die Yacht eines reichen Mannes, die angeblich für öffentliche Zwecke abgestellt worden war, und in der man einige Stuhlreihen in einem Raum festgeschraubt hatte, der früher einmal wahrscheinlich als Speise- oder Konferenzsaal oder etwas Ähnlichem gedient hatte. Die Änderungen hatten zwar seinen Charakter nicht wesentlich beeinflußt — die stufenlos einstellbaren Sitze mit eingebauten Unterhaltungssystemen konnten kaum mit den Standard-Beschleunigungsliegen der Raumflotte verwechselt werden. Ferrol hörte dem Knurren seines Magens zu und fragte sich verdrossen, ob die Besucher dadurch in die reale Welt zurückgebracht werden konnten, daß jemand in ihrem glitzernden Prachtraum erbrach. Er bezweifelte es.

»Commander Ferrol?«

Ferrol blickte auf, bevor ihm klar wurde, daß die Stimme aus der Rücklehne seines Stuhls kam. »Ja?« fragte er.

»Die besten Empfehlungen von Captain Mendez; er würde sich freuen, wenn er Sie, sobald es Ihnen möglich ist, auf der Brücke begrüßen könnte.«

Ferrol runzelte die Stirn. Gab es Schwierigkeiten? »Ich bin schon unterwegs.«

Er fand den Auslöseknopf und wartete zwei Sekunden lang, bis der Sicherheitsgurt wieder im Sitz verschwunden war. Er hatte beim Hereinkommen bemerkt, daß sich die

Brücke drei Abteile weiter vorn befand, direkt vor einem Besprechungsraum und einem schrankgroßen Raum, der offenbar nicht benützt wurde. Er stieß sich ab und trieb zu der Tür.

Die Tür öffnete sich, als er sie erreichte, und schloß sich hinter ihm beinahe bevor er ganz durch war. Licht flackerte – möglicherweise eine Identitätskontrolle –, dann glitt die innere Tür auf, und er schwebte in den Besprechungsraum.

»Guten Abend, Chayne.«

Ferrol griff nach einem der Stühle, um sich festzuhalten, war erleichtert, weil es sich um keinen Notfall handelte, und ärgerte sich gleichzeitig darüber, daß ihm das als erstes eingefallen war. Rückblickend war ihm klar, daß er auf so etwas hätte gefaßt sein müssen. »Guten Abend, Senator«, erwiderte er kühl und höflich. »Sie sind anscheinend zum Captain befördert worden.«

Der Senator lächelte flüchtig. »Ich hielt es für besser, wenn ich Sie im Namen des Captains hierher zitiere. Persönliche Unterhaltungssysteme sind theoretisch nicht abhörbar, aber es hat keinen Sinn, unnötige Risiken einzugehen.«

Ferrol zog sich in einen Stuhl; während er sich anschnallte, wanderten seine Augen zur Tür der Brücke. »Ich würde annehmen, daß Ihre Anwesenheit hier bereits ein Risiko ist, Sir.«

»Da drinnen befinden sich ausschließlich meine Leute«, beruhigte ihn der Senator. »Entschuldigen Sie meine Direktheit, Chayne, aber Sie schienen mit dem Verlauf der heutigen Hearings keineswegs zufrieden zu sein.«

»Sie haben es also bemerkt?« meinte Ferrol spöttisch.

Der Senator, der bis jetzt bewußt einen seiner Fingernägel betrachtet hatte, wandte Ferrol langsam den Blick zu. »Wir haben es bemerkt, glauben Sie mir. Alle.«

Ferrol errötete. »Entschuldigung«, murmelte er.

Der Senator sah ihn lange wortlos an. »Sie werden sicherlich verstehen«, sagte er schließlich, »daß Sie der letzte sind, von dem wir erwartet hätten, daß er leidenschaftlich den Tampy-Standpunkt vertritt. Sie werden sicherlich auch verstehen, daß eine so unvermittelte Änderung Ihrer Einstellung unsere Freunde nervös machen muß.«

»Ich trete nicht für den Standpunkt der Tampies ein«, widersprach Ferrol verärgert. »Ich stelle nur fest, daß wir in diesem besonderen Fall von einer Erweiterung der *Amity*-Mission genauso viel zu gewinnen haben wie die Tampies. Ich weiß nicht, wie ich das noch klarer darlegen soll, als ich es ohnehin schon getan habe.«

»Ihr Standpunkt ist uns vollkommen klar«, meinte der Senator achselzuckend. »Nur Ihre Urteilsfähigkeit wird angezweifelt.«

Ferrols Verärgerung verwandelte sich allmählich in Zorn. »Es handelt sich nicht um eine halb ausgegorene Idee, mit der ich aus heiterem Himmel dahergekommen bin. Ich war lange, bevor Sie mich an Bord der *Amity* gebracht haben, der Meinung, daß Raumpferdkälber die beste Chance für die Menschheit darstellen.«

»Tatsächlich«, bemerkte der Senator trocken. »Unsere Gruppe kennt Ihre Auffassung von den Kriegspferden zur Genüge. Einige halten Ihre Ansichten sogar für eine fixe Idee – das macht einen großen Teil unserer Sorge aus. Welche Beweise besitzen Sie dafür, daß Raumpferdkälber sich eher von Menschen leiten lassen als die erwachsenen Tiere?«

»Überhaupt keine. Welche Beweise für das Gegenteil besitzen Sie?«

Die Lippen des Senators zuckten, und Ferrol, der diesen Ausdruck schon kannte, kam sich wieder einmal wie ein eigensinniges, nicht sehr intelligentes Kind vor. »Ich möchte Ihnen klarmachen, Chayne, daß Sie offenbar nicht an alles gedacht haben. Nehmen Sie einen Augenblick lang an, daß Junior kein glücklicher Zufall war, sondern daß irgendein Faktor bei der Mission der *Amity* zu der Fortpflanzung geführt hat. Nehmen Sie weiterhin an, daß wir dieses Ergebnis nach Belieben wiederholen können, und daß es uns irgendwie gelingt, uns mit einem Kalb aus dem Staub zu machen. Wie würden Ihrer Meinung nach die Tampies darauf reagieren?«

»Sie würden nicht gerade glücklich darüber sein ...«

»›Nicht gerade glücklich darüber sein‹ deutet nicht einmal an, wie ihre Reaktion ausfallen würde«, unterbrach ihn der Senator scharf. »Falls es Ihrer Aufmerksamkeit entgangen sein sollte, Chayne: Die Tampies verstehen sich als die Hüter der Natur im allgemeinen und der Raumpferde im besonderen. Wenn wir vor ihrer Nase ein Kalb zu Forschungszwecken stehlen, ist es leicht möglich, daß wir einen echten Krieg auslösen, für den wir keinesfalls gerüstet sind.«

Ferrol hatte die Zähne zusammengebissen und zwang sich jetzt, sich zu entspannen. »Dann stehlen wir eben kein Kalb. Wir finden schon eine Möglichkeit, mit ihm zu experimentieren, ohne daß die Tampies wissen, was wir tun.«

Der Senator zog die Augenbrauen hoch. »Und wie stellen Sie sich das in der Praxis vor?«

»Das weiß ich nicht«, fuhr ihn Ferrol an. »Sie haben die Leute mit den Ideen – fragen Sie doch die! Vorausgesetzt, sie haben nicht ebenfalls die Nerven verloren.«

»Solche Vorhaben brauchen Zeit, Ferrol«, antwortete der Senator verärgert. »Zeit, Geld und Planung. Sie würden wahrscheinlich noch einige Monate, vielleicht sogar ein Jahr auf der *Amity* bleiben müssen.«

»Was immer ... *was?*« Ferrol starrte den Senator an. »Was soll das heißen, daß ich auf der *Amity* bleiben müßte?«

Der Senator erwiderte den Blick. »Das Komitee wird der *Amity* nur dann den Auftrag zur Zucht von Raumpferdkälbern erteilen, wenn mindestens fünfzig Prozent der ursprünglichen Mannschaft und alle Offiziere sich bereit erklären, an Bord zu bleiben. Bis wir wissen, was das Kalben auslöst.«

Ferrol starrte sein Gegenüber an und sein Zorn wurde zu eiskalter Wut. »Ist es nur darum gegangen? Sollte ich mich so sehr in das Thema hineinsteigern, daß ich gar nicht mehr darüber nachdenke, ob ich noch ein Jahr meines Lebens für Sie opfern will?«

»Betrachten Sie es als Test für Ihre Nerven«, erwiderte der Senator kühl. »Schließlich ist es Ihre Vision. Wenn Sie nicht genügend Engagement besitzen, um es durchzustehen ...« Er zuckte die Achseln.

Das war offenkundige emotionelle Manipulation, begriff Ferrol. Aber diese Erkenntnis half ihm nicht weiter. Und das hatte der Senator zweifellos vorhergesehen. »Ich werde auf der *Amity* bleiben, solange es erforderlich ist«, knurrte Ferrol. »Vergewissern Sie sich nur, daß Sie eine Möglichkeit finden, zu einem Kalb zu gelangen.«

»Vorausgesetzt, daß Kälber zu bekommen sind«, stimmte der Senator zu. Nachdem er sein Ziel erreicht hatte, war der drohende Unterton verschwunden und er war wieder so, wie Ferrol ihn kannte, leicht zynisch und distanziert. »Wir werden einfach abwarten müssen.«

»Ja«, stimmte Ferrol zu; er fand den Auslösemechanismus nicht sofort, weil seine Hände noch vor Aufregung zitterten. *Wie ein gut geschmierter Roboter*, dachte er bitter. *Er drückt auf den Knopf, und ich tanze.* »Wenn das alles ist, werde ich jetzt auf meinen Platz zurückkehren.«

»Nur noch eines, Chayne.« Der Senator unterbrach sich und preßte die Lippen beinahe unmerklich zusammen. »Wenn alle Offiziere der *Amity* an Bord bleiben, bedeutet das, daß auch Erin Kennedy auf der *Amity* bleibt.«

Ferrol sah ihn erstaunt an. »Sie sagen das, als sollte es mich beunruhigen.«

Der Senator nickte. »Vielleicht sollte es Sie beunruhigen. Wußten Sie, daß sie sich mit einer Zurücksetzung im Rang einverstanden erklärte, um an der ursprünglichen Mission der *Amity* teilnehmen zu können?«

»Das habe ich gehört.« Ferrol runzelte nachdenklich die Stirn. Er hatte nie viel Kontakt mit Kennedy gehabt; ihm war nur aufgefallen, daß sie ihre Pflichten vorbildlich erfüllte.

Vielleicht zu vorbildlich? Oder sah der Senator Gespenster? »Nehmen Sie an, daß sie eingeschleust wurde? Womöglich vom militärischen Geheimdienst?«

»Es wäre denkbar«, gab der Senator zu. »Bis jetzt haben wir nicht herausbekommen, warum sie hier ist ... aber wir wissen, daß sie ursprünglich als stellvertretender Kommandant vorgesehen war, und das weist darauf hin, daß sie ein Schützling der Pro-Tampy-Seite ist. Beobachten Sie sie also. Beobachten Sie sie sehr genau. Vor allem, falls ...« Er zog die Augenbrauen vielsagend hoch.

Vor allem falls und sobald der Zeitpunkt gekommen war, das Kuvert zu verwenden.

»Ich werde sie beobachten«, versprach Ferrol. »Ich besitze noch die Pistole, die Sie mir gegeben haben.«

»Gut. Ich bezweifle nicht, daß Sie mit ihr fertigwerden können, falls es sich als notwendig erweist. Aber vergessen Sie nicht, daß Kennedy, soweit es Sie betrifft, die gefährlichste Person auf der Brücke der *Amity* ist. Noch etwas; soviel ich weiß, haben Sie ein Päckchen für mich.«

Ferrol zwang sich, Kennedy zu vergessen. »Ja, Sir; Kheslavs Datenpack. Ich bringe es morgen früh zum Hearing mit.«

»Sie werden es jetzt holen.«

Ferrol, der bereits über seinem Sitz schwebte, hielt sich fest. »Was, während das Shuttle die Checks für den Rückflug vornimmt? Wird es nicht ein wenig merkwürdig aussehen, wenn ich vom Hangardeck der *Amity* davonrenne und sofort wieder zurückgalopiert komme?«

»Es ist mir vollkommen gleichgültig, wie es aussieht.« Die Stimme des Senators war plötzlich eiskalt. »Ich will das Datenpack, und ich will es jetzt.«

Ferrol sah ihm lange in die Augen ... aber es war keine Kraftprobe. »Ja, Sir«, knurrte er schließlich. »Wenn Sie gestatten, Senator, werde ich jetzt auf meinen Platz zurückkehren.«

»Nur noch eins, Chayne. Es gefiel mir nicht, wie Sie vor ein paar Minuten mit mir gesprochen haben. Ich möchte nicht, daß Sie jemals wieder andeuten, ich hätte die Nerven verloren – das heißt, ich möchte nicht, daß Sie es auch nur denken. Habe ich mich klar ausgedrückt?«

Ferrol schluckte. »Vollkommen klar, Sir.«

Das bedeutet natürlich nicht, dachte er, daß es nicht stimmt ...

* * *

Eine halbe Stunde später dockte das Shuttle an der *Amity* an, und die Vorbereitungen für ihre Rückkehr auf den Planeten waren noch im Gang, als Ferrol mit Kheslavs Datenpack aus seiner Kabine zurückkam.

Der Senator sah ihm wortlos entgegen, obwohl sich Ferrol einbildete, daß ein mißtrauischer Zug um seinen Mund lag. Aber er fragte nicht, warum Ferrol so lange gebraucht hatte.

Vielleicht mußte er nicht fragen. Ferrol machte sich deswegen keine Sorgen. Während der kurzen Auseinandersetzung hatte er zweimal den Eindruck gehabt, daß der Senator und seine Freunde das Spiel nicht mehr in der Hand hatten ... und falls das stimmte, würde es ihnen nicht schwerfallen, ihre Kopie des Datenpacks zu verlegen.

Aber selbst wenn es nicht dazu kam, war es einfach vernünftig, wenn es eine zusätzliche Kopie der Daten gab. An einem Ort, an dem sie niemand suchen würde.

* * *

Einen Monat später verließ die *Amity* mit beinahe der gleichen Mannschaft, aber mit einem neuen Raumpferd Solomon und begab sich wieder in den Tiefenraum. Diesmal war ihre Aufgabe eine genaue Kopie der ersten: Die vorbereitende Untersuchung von vier von den Tampies entdeckten Planeten. Es bestand keine Möglichkeit, die Vor-Nova-Erfahrung zu wiederholen, selbst wenn jemand verrückt genug gewesen wäre, es zu versuchen; als Ersatz führte Roman sein Schiff in die sich ausdehnende Gaswolke eines planetaren Nebels.

Drei Monate später kehrten sie mit Datenpacks voll sensationeller Zahlen zurück; und ein neues Raumpferd-Kalb zog ihre Landefähre.

Bei ihrer dritten Mission untersuchte die *Amity* einen Pulsar und ein in der Nähe liegendes Wolf-Rayet-System. Bei der vierten Mission untersuchte sie nur verschiedene Abschnitte des interstellaren Raums.

Zu diesem Zeitpunkt war selbst den vorsichtigsten Mitgliedern der Admiralität und des Senats klar, daß der eigentliche Auftrag der Mission offenbar keine Rolle spielte. Anscheinend spielte es auch keine Rolle, daß persönliche Konflikte jedesmal eine weitgehende Auswechslung der Mannschaft und der Wissenschaftler erforderlich machten. Die *Amity* kehrte von jeder Reise mit einem neuen Kalb zurück.

Und am letzten Tag der Vorbereitung zu ihrer fünften Reise machte der Senator endlich seinen Zug.

# 15. Kapitel

Der Mann, der neben Ferrol stand, war hochgewachsen und schlaksig und Roman hatte den geistesabwesenden Ausdruck in seinen Augen immer mit Drogenmißbrauch assoziiert. Doch aus den Befehlen, die der Mann mitbrachte, ging klar hervor, daß er nichts mit Drogen zu tun hatte.

Das macht es beinahe noch schlimmer, dachte Roman, während er die Befehle überflog. Es bedeutete, daß dieser Ausdruck für den Mann ganz normal war und daß er ihn wahrscheinlich während des ganzen Flugs beibehalten würde.

Roman schaltete das Lesegerät ab und wandte seine Aufmerksamkeit voll seinem Besucher zu. »Das ist sicher ein interessantes Experiment, Mr. Demothi. Sie werden mir verzeihen, wenn ich skeptisch bleibe.«

Mr. Demothis gelassener Ausdruck änderte sich nicht. »Der Senat war ebenfalls skeptisch. Genau wie die Admiralität der Raumflotte vor ihm, und das Sinshahli Psych Sciences Institute vor ihr, und die Universität vor ihm.« Er deutete auf die Befehle. »Keine dieser Körperschaften ist lange skeptisch geblieben.«

»Vielleicht«, gab Roman zu. »Andererseits teilen Delphine und Wale ihren Heimatplaneten und einen großen Teil ihrer Geschichte mit der Menschheit. Raumpferde sind vollkommen fremde Wesen.«

Demothi zuckte die Achseln. »Das gilt auch für die Tampies, und trotzdem konnte ich während meiner Zeit auf Traklee-Kan mit ihnen kommunizieren.«

»Was vielleicht noch weniger bedeutet als Ihre Studien der Wale«, meinte Roman. »Vielleicht hat ihr Tampy-Partner am anderen Ende des Verstärkerhelms die gesamte Arbeit geleistet.«

Roman wurde allmählich klar, daß ein Teil seines Gehirns versuchte, dem Mann eine Reaktion — irgendeine

Reaktion — zu entlocken. Er hätte bei einem Zementblock mehr Erfolg gehabt. »Ich verstehe Ihre Zweifel, Captain«, antwortete Demothi vollkommen ungerührt. »Ich bin tausend Mal bei tausend verschiedenen Menschen auf die gleiche Feindseligkeit gestoßen, und meine Kritiker wurden jedesmal zum Schweigen gebracht. Ich verlange nur eine Chance, mich zu bewähren.«

Unglücklicherweise blieb Roman nichts anderes übrig, als ihm diese Chance zu geben. Die Befehle, die Demothi mitgebracht hatte, waren klar und eindeutig und ließen keinen Spielraum offen. »Meine Befehle garantieren Ihnen diese Chance, Mr. Demothi«, erklärte er seinem Gegenüber ohne große Begeisterung. »Aber Sie müssen eines begreifen: Falls ich Grund zu dem Verdacht habe, daß Ihr Vertrag das Leben oder das Wohlergehen des Kalbs gefährdet, bekommen Sie nur diese eine Chance. Ist das klar?«

Demothi richtete sich zu seiner vollen Größe auf, eine Geste, die bei einem anderthalbmal so schweren Mann weit beeindruckender gewesen wäre. »Eine Chance genügt mir.«

»Fein.« Roman sah zu Ferrol hinüber, der die beiden Männer bekannt gemacht und sich dann vorsichtig aus dem Gespräch herausgehalten hatte. »Ich nehme an, daß Sie Mr. Demothi ein Quartier zur Verfügung gestellt haben?«

»Ja, Sir«, bestätigte Ferrol ausdruckslos. Er hätte sich die Mühe sparen können; auch wenn man nicht über Demothis angebliche physische Fähigkeiten verfügte, erkannte man sofort, daß dieser Schachzug von Ferrols Anti-Tampy-Freunden stammte. »Ich habe ihm Kabine Nummer vier im Abschnitt D zugewiesen. Sie wurde frei, als die Raumflotte unsere Organisation umstieß und zu der Erkenntnis gelangte, daß wir nicht mehr vier Geologen brauchen.«

»Welch großartiges Timing«, bemerkte Roman trocken. Er beobachtete Ferrol, der keinerlei Reaktion zeigte, einen Augenblick lang und wandte sich dann wieder Demothi zu. »Sind Sie schon jemals mit einem militärischen Raumschiff geflogen?«

»Während meiner Raumflotten-Tests habe ich einige Tage auf einem solchen Schiff zugebracht. Ich bin auch einige Male mit Passagierschiffen geflogen. In letzter Zeit bin ich vor allem auf Tampy-Schiffen gereist.«

»Dann müssen Sie sich auf einige Veränderungen gefaßt machen.« Roman drückte auf einen Knopf auf seinem Schreibtisch. »Das Leben an Bord der *Amity* hat nicht viel mit einer Passagier-Kreuzfahrt zu tun – es ist vor allem viel strenger geregelt und viel weniger privat. Einen großen Teil der Zeit werden wir uns im Zustand der Schwerelosigkeit befinden.«

Demothis Blick wanderte zum Bullauge, wo die Sterne im Gleichklang mit der axialen Rotation der *Amity* vorbeipurzelten, und sah schnell wieder weg. »Ich verstehe. Ich kann damit fertigwerden.«

»Wir werden uns außerdem einige Monate lang im Weltraum aufhalten«, fügte Roman hinzu. Die Tür summte und glitt auf, und ein junges Mitglied der Besatzung trat ein. »Die durchschnittliche Dauer unserer Missionen betrug achtundneunzig Tage, die längste dauerte 134 Tage.«

»Ich verstehe«, wiederholte Demothi.

Roman schob die Lippen vor. Er hatte eigentlich nicht erwartet, daß Demothi Angst bekommen und das Schiff verlassen würde, aber es war den Versuch wert gewesen. »Sie sollen nur wissen, worauf Sie sich einlassen.« Er zeigte auf den wartenden jungen Mann. »Kliment wird Sie zu Ihrer Unterkunft begleiten und Ihnen helfen, Ihre Ausrüstung zu verstauen. Wir werden weitere fünf Stunden in einer Umlaufbahn um Solomon bleiben.«

Demothi verbeugte sich kurz. »Danke, Captain. Ich werde mich bemühen, niemandem in die Quere zu kommen.« Damit verließen er und Kliment den Raum, und die Tür glitt hinter ihnen zu.

Roman wandte sich Ferrol zu. »Also. Ihre Meinung, Commander?«

»Worüber, Sir?« fragte Ferrol.

»Natürlich über Demothi. Glauben Sie, daß er auch nur die geringste Chance hat?«

»Der Senat glaubt es offenbar«, antwortete Ferrol. »Ich kann mir nicht vorstellen, daß sie sich nur aufgrund ihres Wunschdenkens so tief in eine gefährliche Situation begeben.«

»Das stimmt. Es sei denn, er befindet sich aus einem ganz anderen Grund hier.«

Roman war nicht sicher, ob Ferrols Gesicht gezuckt hatte. »Was für einen Grund könnte es sonst geben?« fragte der Commander. »Eine geheime Inspektion?«

»Das halte ich für sehr unwahrscheinlich. In letzter Zeit besteht die einzige interessante Tätigkeit der *Amity* darin, beim Kalben von Raumpferden Hebamme zu spielen, und bis auf das erste Mal ist jedes Kalben vom Anfang bis zum Ende aufgezeichnet worden. Was könnte ein Beobachter sehen, das die Kameras nicht gesehen haben?«

»Vielleicht die Arbeit der Mannschaft«, meinte Ferrol. »Oder vielleicht interessiert sich der Senat noch immer für die Wechselwirkung zwischen Menschen und Tampies. Schließlich war dies der ursprüngliche Grund, aus dem dieses Schiff in den Weltraum aufgebrochen ist.«

Das stimmte ... und nach vier Reisen hatten wahrscheinlich sogar die optimistischesten Parteigänger der Tampies zugegeben, daß sie in dieser Beziehung eine Niederlage erlitten hatten. Nicht einmal ein so seltsames und beeindruckendes Ereignis wie das Kalben eines Raumpferds genügte, die Anti-Tampy-Gefühle zu dämpfen, die bei dem menschlichen Teil der Mannschaft unweigerlich auftraten; trotz des Prestiges der *Amity* und der öffentlichen Aufmerksamkeit, die sie erregte, meldete sich jedes Mal weniger als ein Drittel der Mannschaft für die nächste Mission. Abgesehen von den Offizieren und den Tampies hatten nur zehn Mann der ursprünglichen Besatzung an allen vier Missionen teilgenommen. »Ich bezweifle ernsthaft, daß noch jemand an dieses Experiment denkt«, erklärte Roman Ferrol. »Nein — ganz gleich, aus welchem Grund Demothi hier ist, es muß mit dem Kalben zusammenhängen. Wenn er nichts als ein Raumpferd brauchte, müßte er nur zu dem Corral in Kialinninni fliegen und sich eines aussuchen. Und das gilt auch für das sogenannte Kontakt-Experiment.«

Ferrol zuckte die Achseln. »Vielleicht. Andererseits fallen mir mindestens zwei Gründe ein, warum man diese Art von Kontakt zuerst an einem Kalb ausprobieren will. Erstens, weil ein Kalb vielleicht nicht den gleichen Widerwillen gegen Menschen empfindet, den die Raumpferde offensichtlich später entwickeln; und zweitens, weil ein Kalb nicht annähernd so kräftig ist wie ein ausgewachsenes Raumpferd. Außerdem ist es absolut unfähig zu springen.«

»Das letzte Argument ist stichhaltig«, gab Roman zu, dessen Magen sich immer mehr zusammenkrampfte. Das alles klang sehr vernünftig ... aber Ferrol hatte die Argumente etwas zu schnell bei der Hand. Und das bedeutete ... was? Daß seine Freunde im Senat ihn über Demothis wahre Aufgabe informiert hatten? Oder nur, daß er in letzter Zeit über Raumpferdkälber und ihr Potential nachgedacht hatte? »Wir können nur abwarten.«

»Ja, Sir. Ich glaube wirklich, daß wir keinen Grund zur Besorgnis haben. Er ist bestimmt nur deshalb hier, weil er versuchen will, mit dem Kalb Kontakt zu bekommen.«

Roman seufzte. »Wenn er das vorhat, wünsche ich ihm Glück. Wir sind uns doch darüber einig, daß die menschliche Kontrolle der Raumpferde der Schlüssel zur weiteren Ausbreitung der Kordonale ist — und so gesehen ist es wahrscheinlich gut, daß Kennedy bei diesem Kalben die Landefähre befehligen wird.«

Ferrols Pokerface verzog sich unmerklich. Aber es genügte. »Kennedy, Sir?« wiederholte er.

Roman nickte. »Sie wollte ohnehin einmal die Arbeit mit dem Netz leiten; und weil der Senat soviel von ›Demothi dem Wunderknaben‹ hält, müssen wir ihm unsere besten Leute auf die Landefähre mitgeben. Nur für den Fall, daß sich Probleme ergeben.«

»Natürlich, Sir«, antwortete Ferrol steif. »Ich hatte Sie allerdings darum bitten wollen, diesmal mir die Leitung des Einsatzes zu übertragen.«

Roman fröstelte. Sein vager Verdacht verdichtete sich. Demothi führte etwas im Schilde. Ferrol wußte, worum es ging ... und wollte unbedingt dabei sein.

Oder aber er wollte nicht, daß Kennedy allein dabei war. Roman hätte gern gewußt, was Ferrols Freunde ihm von Kennedy erzählt hatten. »Das sollte kein Problem darstellen.« Er zwang sich, gleichgültig zu sprechen. »Es gibt keinen Grund, warum Sie nicht beide daran teilnehmen sollten.«

Einen Augenblick lang schien Ferrol seinen Captain zu studieren, und Roman hatte das seltsame Gefühl, daß seine eigenen Gedanken dem anderen wie ein Spiegelbild durch den Kopf gingen. »Das ist eine Lösung«, meinte Ferrol schließlich. »Vorausgesetzt, Kennedy nimmt nicht an, daß ihre Fähigkeiten in Frage gestellt werden.«

Roman schüttelte den Kopf. »Sie nimmt daran teil, um Erfahrung mit der Steuerung zu sammeln. Sie nehmen daran teil, weil Sie sich für Raumpferde interessieren. Mehr steckt nicht dahinter.«

Ferrols Gesicht verzog sich wieder kurz. »Ja, Sir. Danke, Captain.«

Roman tat, als hätte er nichts gemerkt. »Gut, das wäre erledigt. Sie kehren jetzt am besten auf die Brücke zurück, Commander. Es ist noch eine Menge zu tun, bevor wir den Orbit verlassen.«

»Ja, Sir.« Ferrol machte kehrt und verschwand.

Roman sah ihm einen Augenblick lang nach. Jetzt war sie also da: die Reaktion der Anti-Tampies auf den unerwarteten Durchbruch der *Amity*. Mit Ferrol konnte er fertigwerden, falls es notwendig wurde ... aber Ferrol plus Demothi war etwas ganz anderes. Und wenn es hart auf hart ging ...

Ihn fröstelte unwillkürlich. Was hatten Ferrols Freunde ihm von Kennedy erzählt?

* * *

Neue Gesichter waren an Bord der *Amity* keine Seltenheit, aber Roman erwartete trotzdem, daß Demothi Aufsehen erregen würde, und diese Erwartung erfüllte sich mit einer Schnelligkeit, die seine pessimistischesten Befürchtungen übertraf. Innerhalb einer Stunde hatte sich die Neuigkeit von Demothi und seinem — möglicherweise — historischen Experiment im ganzen Schiff verbreitet; innerhalb von zwei Stunden war er das Thema Nummer eins in den Aufenthalts- und Arbeitsräumen. Als Sso-ngii das Schiff von seinem neuen Raumpferd Bucephalus aus dem Solomon-Orbit hinausziehen ließ, hatte sich bereits jeder eine Meinung über Demothis Erfolgschancen gebildet, und es kam zu den ersten Streitigkeiten. Und als der erste Sprung erfolgte, war der Mann bereits die Pointe von zwei Witzen.

Daraus ergab sich sofort, daß Demothi allen gründlich auf die Nerven gehen würde, aber hier irrte Roman. Demothi bereitete niemandem Schwierigkeiten, ganz im Gegenteil. Er verbrachte einen großen Teil seiner Zeit im Tampy-Abschnitt des Schiffs, sprach mit Sso-ngii und den anderen Betreuern über seinen bevorstehenden Kontaktversuch, und übte mit dem Reserve-Verstärkerhelm. Er kehrte nur zu den Mahlzeiten und zum Schlafen in den menschlichen Abschnitt des Schiffs zurück, und da er oft allein in seiner Kajüte aß, traf Roman tagelang nicht einmal in einem der Korridore mit ihm zusammen. Roman entdeckte keinen Grund für Demothis selbstauferlegte Isolation — das Psycho-Diagramm, das mit ihm an Bord eingetroffen war, enthielt jedenfalls keinen Hinweis auf antisoziale Tendenzen. Die plausibelste Erklärung kam von Kennedy, die darauf hinwies, daß Demothi vielleicht annahm, er könne den Kontakt besser herstellen, wenn er sich so weit wie möglich von Menschen fernhielt. Da man über die Gefühle der Raumpferde tatsächlich sehr wenig wußte, war diese Theorie nicht von der Hand zu weisen.

Doch Demothis ›Tour‹ als Weltraumeinsiedler trug bei den primitiven Witzbolden an Bord nicht zu seinem Ruf bei, und Roman war deshalb nicht enttäuscht, als Bucephalus bereits sechzig Tage nach Beginn der Reise die ersten Anzeichen der wohlbekannten Lethargie aufwies.

»Es ist tatsächlich bald soweit«, berichtete Marlowe, während er auf dem Computer die letzten Aufzeichnungen mit den bei früheren Reisen gesammelten Daten über das Kalben verglich. »Ich würde sagen, noch ein Sprung und einige Stunden Ruhe, und dann ist Bucephalus bereit, Mutter zu werden.«

»Gut«, nickte Roman. »Rufen Sie Demothi an – er braucht vielleicht Zeit, um sich fertigzumachen. Commander? Wie steht es mit der Suche nach dem Entbindungsraum?«

Ferrol hatte einen Abschnitt der Neuen-Cygni-Liste auf seinem Bildschirm, und Roman sah von seinem Platz aus, daß einige Linien gelb leuchteten. »Ich bin dabei, Sir. Ich glaube ... ja, das ist es. NCL 11612. Ein kleiner K-Typ, etwa vier Lichtjahre entfernt. Zwei Riesenplaneten aus Gas, über die nichts bekannt ist; vollkommen uninteressant.« Er wandte sich Roman zu und zog die Augenbrauen fragend hoch.

»Klingt gut.« Roman blickte zum Steuer. »Yamoto?«

»Vektor ausgearbeitet, Captain«, antwortete sie prompt. »Bereit, an die Tampies zu übermitteln.«

Roman nickte, und sein Magen verkrampfte sich leicht. »Tun Sie es.« Er wandte seine Aufmerksamkeit Ferrol zu, der ihn noch immer ansah, und der Druck in seinem Magen nahm zu. »Sie gehen jetzt am besten hinunter, Commander. Sie wollen bestimmt die Vorbereitungen des für die Netze zuständigen Teams überwachen.«

»Ja, Sir.« Ferrol schnallte sich los und stieß sich zur Tür der Brücke ab.

*Um die Vorbereitungen des Teams zu überwachen,* dachte Roman, *und um seine eigenen Vorbereitungen zu treffen.*

Ganz gleich, was diese Vorbereitungen umfaßten.

* * *

Die meisten Vorbereitungen für das Kalben waren lange vorher getroffen worden, und die wenigen, mit denen man bis zur letzten Minute warten mußte, waren in kaum einer Stunde beendet. Ferrols persönliche Checkliste — die hauptsächlich daraus bestand, daß er die Nadelpistole und das Kuvert aus seiner Kabine holte und in die Tasche für Arbeiten außerhalb des Schiffes steckte — war noch kürzer.

Womit ihm ein paar Stunden blieben, in denen er überhaupt nichts zu tun hatte, außer nachzudenken und sich Sorgen zu machen.

Er hatte seit dem Beginn der Reise vielleicht ein halbes Dutzend Mal mit Demothi gesprochen, und nach jedem Gespräch war ihm weniger klar gewesen, was, zum Teufel, der Senator im Schilde führte. War Demothi wirklich nur so, wie er sich gab, ein eher umnebelter Träumer, den der Senator aufgestöbert und auf die *Amity* gelockt hatte, um Ferrols Forderung nach Action zu entsprechen? Oder war er ein Agent der Anti-Tampy-Lobby, der außer dem Kontaktexperiment zusätzlich eine Aufgabe auszuführen hatte?

Keiner von Ferrols Versuchen, mehr zu erfahren, hatte Erfolg gehabt. Die Ungewißheit machte ihn nervös.

Sie waren zu ihrem Zielsystem gesprungen, und Bucephalus hatte sich beinahe eine Stunde lang ruhig verhalten, als endlich der Anruf kam. »Captain an Bereitschaftsraum; Commander Ferrol?«

»Ja, Sir«, meldete sich Ferrol. »Ist es soweit?«

»Es sieht so aus. Die Analyse des Staubschweißes zeigt, daß das Kalb in etwa zwei Stunden zur Welt kommen wird.«

Es war hoch an der Zeit, daß er seinen Platz einnahm. »Wir sind unterwegs, Sir.«

Er ging Kennedy und Demothi zum Hangardeck voran und fragte sich verdrossen, wie lange es dauern würde, bis die beiden Tampies, die sie begleiten sollten, endlich gemächlich zum Heck geschlendert kamen. Der Zynismus war ausnahmsweise fehl am Platz. Während er den Kopf einzog und sich durch die Tür zwängte, sah er, daß die beiden bereits da waren.

»Ffe-rho?« krächzte einer von ihnen.

»Ja«, bestätigte Ferrol. Unterhalb der Filtermaske, die das mißgestaltete Gesicht halb verbarg, war ein Zipfel des rotweißen Halstuchs zu sehen. »Sso-ngii?« fragte er vorsichtshalber.

»Ja.« Der Tampy zeigte auf seinen Gefährten. »Wwis-khaa wird helfen.«

»Fein.« Ferrol nahm seinen Platz am Kommandopult ein und rief die Status-Werte ab. Es war aufschlußreich, wen sich Sso-ngii als Helfer ausgesucht hatte. Laut den Personalakten der Mannschaft war Wwis-khaa der einzige Betreuer an Bord der *Amity*, der bereits frisch gefangene Raumpferde beruhigt hatte. Bisher war beim Kalben nie ein so erfahrener Betreuer erforderlich gewesen ... aber da hatte es auch keinen Demothi gegeben, der mit seinem Verstärkerhelm überall auftauchte. Soviel Ferrol wußte, hatte keiner der Tampies Einwände gegen Demothis Experiment erhoben; aber es war klar, daß sie kein Risiko eingehen wollten.

»Aufbruchbereit, Commander«, mischte sich Kennedy in seine Gedanken.

Ferrol wandte seine Aufmerksamkeit wieder seinem Monitor zu. »Sieht gut aus«, bestätigte er. »Beginnen wir.«

Kennedy manövrierte sie geschickt aus dem Hangar, brachte sie vom Rumpf weg und flog an den schimmernden Zügeln entlang zu dem dunklen Fleck am Himmel, der Bucephalus war.

Sie erreichten die gerundete Flanke des Raumpferdes,

wo bereits rege Geschäftigkeit herrschte. Die Flutlichter von drei Rettungsbooten beleuchteten die Fläche, auf der sich ein hundert Meter langer Zylinder durch die dunkelgraue Haut ins Freie schob. Rings um ihn schnitten Tampies in Raumanzügen vorsichtig die zu eng gewordenen Netze durch, damit die Rundung Platz hatte, sich auszudehnen. In fünfzig Metern Entfernung warteten zwei weitere Rettungsboote, zwischen denen schlaffe Netze schimmerten. Kennedy flog zu dieser Gruppe, denn von dort aus konnten sie die letzten Stadien des Kalbens aus der Vogelperspektive beobachten, und sich mit dem brandneuen Kalb in Verbindung setzen, sobald es sich in sicherem Gewahrsam befand.

Bis jetzt gab es keineswegs genügend Daten, um ein ›Paradebeispiel‹ des Kalbens von Raumpferden zu beschreiben; aber falls es jemals dazu kam, würde Bucephalus' Kalben ihm wahrscheinlich am nächsten kommen. Zweieinhalb Stunden, nachdem die Rundung entstanden war, riß die Haut des Raumpferdes plötzlich auf und öffnete sich wie ein langer, zahnloser Reißverschluß über die gesamten hundert Längenmeter des Kalbs. Sekunden später trieb das neue Raumpferd frei im Raum; der Schauer, der über seine hellere Haut lief, war das einzige Lebenszeichen. Theoretisch verfügte sogar ein so junges Kalb über genügend telekinetische Kraft, um die Boote mit den Netzen übel zuzurichten, aber das war nie geschehen und geschah auch diesmal nicht. Das Kalb trieb fügsam dahin, während die Boote es einfingen; Kennedy, die sich direkt hinter ihnen befand, bekam das Bündel der Zügel mit dem vorderen Fanghaken der Landefähre zu fassen: Sso-ngii, der schräg hinter Ferrol saß, verkrampfte sich und entspannte sich dann, als die winzigen Anzeigelichter auf dem Helm auf Grün schalteten. »Das war es, *Amity*«, sagte Ferrol in das Mikrophon. »Der Kontakt ist hergestellt. Sieht solide aus.«

»Sehr gut, Commander«, antwortete Roman. »Ziehen Sie es lieber ein bißchen zurück, sobald Sie können.

Hhom-jee? Irgendwelche Schwierigkeiten mit Bucephalus?«

»Bucephalus geht es gut«, antwortete der Tampy. »Er hat sich beinahe vollkommen erholt und zeigt keine Anzeichen von Stress.«

»Das freut mich aber«, meinte Ferrol ironisch. Beim dritten Kalben war es zu einem, wie es Hhom-jee bezeichnete, ›milden Stress‹ gekommen, und er und Sso-ngii hatten eine halbe Stunde gebraucht, um das Raumpferd zu beruhigen. Er hatte keine Lust, in einem zerbrechlichen Shuttle draußen zu sein, wenn es wieder zu so etwas kam. »Wir können es also versuchen.«

Roman zögerte kurz, sagte aber dann: »Das stimmt. Wir werden uns zuerst einige Kilometer von Ihnen entfernen und Ihnen viel Platz lassen. Nur für den Fall, daß ein Problem auftritt.«

Ferrol sah verstohlen zu Demothi hinüber. Trotz seines ruhigen, gelassenen Gesichtsausdrucks merkte man ihm die Spannung an. »Eine gute Idee. Haben Sie übrigens schon einen Namen für das Kalb?«

»Wir könnten es ›Quentin‹ nennen, weil es das fünfte Kalb ist.«

»Nicht besonders originell.«

»Leider stehen die Namen der Nachkommen des ersten Bucephalus nicht in unseren Akten«, antwortete Roman beinahe scharf.

Ferrol verzog das Gesicht. In seiner Erregung über das Kalben hatte er fast vergessen, daß Roman und er in diesem Krieg Gegner waren; daß der Captain einen Erfolg Demothis ziemlich sicher als eine gefährliche Destabilisierung des brüchigen Waffenstillstands betrachten würde, zu dem es dank der Raumpferdezucht der *Amity* in der Beziehung zwischen Menschen und Tampies gekommen war. »Dann bleibt es bei Quentin, Sir«, sagte er.

Einige Minuten lang herrschte Schweigen, und Ferrol spürte gelegentlich einen Ruck, als das Kalb vorsichtig begann, sich zu bewegen. Die meisten Bewegungen führten von der Landefähre weg, und Ferrol sah zu, wie Kennedy die Zügel vorsichtig bis zu ihrer vollen Länge von einem halben Kilometer auslaufen ließ. Als hätte sie einen seltenen, riesigen Fisch am Haken ... Er vertrieb das Bild aus seinem Geist. »Machen Sie lieber weiter«, rief er.

»In Ordnung.« Kennedy überflog gemächlich die Instrumente. »Okay. Die Zügel sind ganz ausgelaufen und gespannt; die *Amity* hat gerade die Fünf-Kilometer-Marke hinter sich gelassen. Sie verlangsamen jetzt auf null Beschleunigung ... alle unsere Kameras sind eingeschaltet und übertragen.«

»Wir sind in Position, Commander«, bestätigte Roman: »Wann immer Sie bereit sind.«

»Ja, Sir.« Ferrol gab sich einen Ruck und wandte sich Demothi zu, der ruhig zwischen Sso-ngii und Wwis-khaa saß. »Sie sind dran.«

Sso-ngii nahm den Verstärkerhelm ab und reichte ihn Demothi; dieser zögerte nur kurz, ergriff ihn dann und setzte ihn vorsichtig auf. Ferrol hielt den Atem an ... und sein Gehirn hatte gerade noch Zeit zu registrieren, daß der Anzeiger abrupt auf Rot gewandert war ...

Als er hart in seinen Sitz geschleudert wurde, weil Quentin scheute.

»Sso-ngii!« fuhr er auf; sein Körper schätzte die Beschleunigung automatisch auf ein Ge. Vermutlich die volle Stärke des Kalbes – was immer Demothi getan hatte, hatte er verdammt gründlich getan. Einen Augenblick später brach Quentin zur Seite aus und Ferrol wurde in seine Gurte geschleudert. Das Dröhnen der Steuerjets füllte die Landefähre; Ferrol verkrampfte seine Kinnmuskeln, um seine Zähne zu schützen, und sah zu, wie die beiden Tampies und Demothi sich bemühten, den Helm einzufangen, der an seinen Kabeln wild um sie herumschwankte. Quentin wechselte noch vier Mal die Richtung, bis Wwis-khaa endlich den Helm zu fassen bekam und ihn sich auf den Kopf quetschte. Die Lichter veränderten sich und das wilde Hin und Her beruhigte sich allmählich.

»Rechnen Sie unseren Kurs aus, Kennedy«, befahl Ferrol, sobald er wieder gefahrlos den Mund öffnen konnte. »Wir werden zur *Amity* zurückkehren ...«

»Ferrol — die *Amity* ist weg«, unterbrach ihn Kennedy.

»Sie ist *was?*« Ferrol tippte auf seine Kontrollanzeigen. Ein Rundumblick zeigte keinen Körper von der Größe eines Raumpferdes. »Sie kann doch nicht verschwunden sein.« Er verfluchte sich sofort, weil er eine so idiotische Feststellung von sich gegeben hatte. *Entspann dich,* befahl er sich scharf. *Sie würden nicht einfach springen und uns im Stich lassen. Es gibt eine gute, ausreichende Erklärung dafür. Irgendwo.* »Befinden wir uns noch im System 11612?«

»Quentin ist angeblich zu jung um zu springen«, erinnerte ihn Kennedy, deren Finger über ihre Tastatur glitten.

»Ich weiß, was er angeblich ist ...«

»Und außerdem stimmt das Spektrum«, fügte Kennedy hinzu, als der Computer mit seiner Analyse fertig war.

Ferrol preßte die Lippen zusammen. Der Schock klang ab und sein Gehirn begann wieder zu arbeiten. »Haben Sie über Funk oder Laser etwas gehört?« fragte er.

Sie schüttelte den Kopf. »Ich habe die meiste Zeit die Jets eingeschaltet gelassen, um die wilde Fahrt unter Kontrolle zu bekommen.« Sie schaltete den Recorder auf Wiedergabe. »In dem Lärm kann eine kurze Nachricht ohne weiteres untergegangen sein ... das ist es schon.« Sie lauschte einen Augenblick lang ihren Kopfhörern, dann schaltete sie den Lautsprecher ein.

Romans Nachricht war tatsächlich kurz. »Landefähre — Ferrol — Bucephalus ist in Panik geraten. Hhom-jee kann ihn nicht halten — wir kommen zurück ...« Die Stimme und das Summen von *Amitys* Sender verstummten gleichzeitig.

Kennedy sah Ferrol an. »Wir haben soeben eine brandneue Entdeckung in bezug auf Raumpferde gemacht«, bemerkte sie trocken. »Ist die Wissenschaft nicht wunderbar?«

»Einfach großartig«, stimmte er zu. »Was sagst du dazu, Sson-ngii?« fragte er und wandte sich Demothi und den Tampies zu. »Kannst du mir erklären, warum Bucephalus plötzlich in Panik gerät und springt, wenn Quentin derjenige ist, der erschrickt?«

Demothi runzelte die Stirn. »Wie kommen Sie auf die Idee, daß er es wissen könnte ...«

Ferrol brachte ihn mit einem Blick zum Schweigen. »Sson-ngii?«

»Ich weiß es nicht«, antwortete Sso-ngii. »Ich weiß, daß Raumpferde einander manchmal Gefühle übertragen können; das ist alles.«

»Telepathie?«

Sso-ngii griff sich mit dem Finger an das Ohr — das Achselzucken der Tampies. »Was ist Telepathie?«

Kennedy grinste: »Telepathie: Jede Kommunikationsmethode, die wir noch nicht verstehen.«

Ferrol schnaubte, aber sie hatte recht. Außerdem war die Methode in diesem Fall kaum von Bedeutung. »Also gut, dann versuchen wir es anders«, wandte er sich an Sso-ngii. »Nehmen wir an, daß Quentins Panik sich irgendwie auf Bucephalus übertrug; warum ist dann Bucephalus gesprungen, statt Quentin zu Hilfe zu kommen?«

»Sie vermenschlichen die Tiere«, wandte Demothi ein. »Sie können nicht erwarten, daß sich ein Raumpferd wie eine menschliche Mutter verhält.«

»Mmo-thee hat recht«, bestätigte Sso-ngii. »Vielleicht hörte Bucephalus nur die Angst des Kalbes und sprang so, wie das Kalb vorhatte.« Sein Gesicht verzerrte sich noch mehr als gewöhnlich. »Die Menschen verstehen ein so vollkommenes Teilen von Gefühlen nicht.«

»Nein, die edle Empathie der Tampies ist wahrscheinlich zu hoch für uns«, brummte Ferrol. Etwas auf Kennedys Schaltbrett piepste. »Ist das die *Amity*?« fragte er.

Kennedy schüttelte den Kopf. »Nein — eines der Vorreiterboote hat uns mit einem Kommunikationslaser gefunden. Sie wiederholen nur die Nachricht des Captain.«

Ferrol hatte nicht daran gedacht, daß die drei Rettungsboote ebenfalls zurückgelassen worden waren. »Wir sollten zurückkehren und uns ihnen anschließen«, erklärte er Kennedy. »Rechnen Sie für Wwis-khaa einen Kurs aus — ich schalte unseren Laser ein und teile ihnen mit, daß wir zu ihnen unterwegs sind.«

»Vorausgesetzt, Wwis-khaa kann Quentin dazu bringen, ihm zu gehorchen«, bemerkte Kennedy.

Ferrol sah den Tampy und die grünen Lämpchen auf seinem Helm an. »Jemand, der mit einem wilden Raumpferd fertig wird, sollte mit Quentin keine Probleme haben.«

»Aber Wwis-khaa wird Quentin nicht betreuen«, mischte sich Demothi ein. »Das werde ich übernehmen.«

Ferrol drehte sich bewußt langsam zurück. Demothi hatte sich zu seiner vollen Größe aufgerichtet, was noch lächerlicher wirkte, weil er in seinem Sitz festgeschnallt war. »Wie war das noch?« fragte er freundlich.

»Ich werde das Kalb betreuen«, wiederholte Demothi. »Meine Befehle vom Senat und der Admiralität ...«

»Sie haben Ihre Chance gehabt«, unterbrach ihn Ferrol wütend. Er hatte beinahe vergessen, daß Demothis Versagen bei der Kontrolle des Kalbes das Ende eines Traums bedeutete. Das Ende seines Traums. »Sie haben Ihre Chance gehabt und sie ist vorbei.«

»Es war kein fairer Versuch.« Demothis friedlicher Ausdruck war verschwunden und an seine Stelle war ein merkwürdiges Gemisch aus Entschlossenheit und Flehen getreten. »Es war für mich und Quentin eine neue Erfahrung, denn keiner von uns hatte Zeit, sich dem anderen anzupassen. Ich bin es in Gedanken durchgegangen und weiß jetzt, was ich falsch gemacht habe.« Er holte tief Luft. »Bitte, Commander. Nur noch eine Chance.«

»In etwa vierundzwanzig Stunden wird Quentin absolut fähig sein zu springen«, murmelte Kennedy.

Ferrol sah sie scharf an, weil er sich an die verhüllten Warnungen des Senators erinnerte. Sie erwiderte den Blick freundlich fragend ...

Sie hatte leider recht. Falls Demothi jemals eine zweite Chance erhalten sollte, dann mußte es geschehen, während das Kalb noch zu jung war, um zu springen. »Also gut«, knirschte er und zog seine Gurte fester. »Eine einzige Chance, und damit hat es sich. Wwis-khaa, gib ihm den Helm. Und Sie, Demothi, konzentrieren sich darauf, einen dauerhaften Kontakt zu Quentin herzustellen, bevor Sie auch nur versuchen, ihn in Bewegung zu setzen — und wenn Sie spüren, daß Quentin wieder in Panik gerät, nehmen Sie den Helm verdammt schnell ab. Haben Sie kapiert?«

»Ja.« Demothi grinste ihn schief an. »Ich werde nicht versagen.«

Hoffentlich, dachte Ferrol mißmutig. Demothi nahm den Helm von Wwis-khaa entgegen und setzte ihn sich auf. Die Anzeigenlichter blinkten unentschlossen, jedes wechselte mehrmals zwischen Rot, Orange und Grün, bis es sich endgültig für Grün entschied. Die Landefähre schaukelte einmal sanft, aber sonst ereignete sich nichts; und als die Lichter unverändert blieben, hatte Ferrol das unheimliche Gefühl, daß er zusah, wie Geschichte gemacht wurde. Demothi würde es schaffen ... und dann senkte Ferrol den Blick für einen Augenblick und betrachtete Demothis Gesicht.

Der Mann sah aus, als würde er im nächsten Augenblick explodieren.

»Sso-ngii!« rief Ferrol ... aber er kam zu spät. Der Ruck, als die Landefähre scharf nach links taumelte, war imstande, Wirbelsäulen auszurenken. Ferrol sah, wie Sso-ngii nach dem Helm griff und gegen die Beschleunigung der Landefähre zog, um ihn von Demothis Kopf herunterzubekommen. Die Steuerjets sprangen wieder an, und im selben Augenblick wurde die Landefähre neuerlich herumgerissen. Ferrols Kopf flog herum und er erblickte durch das Bullauge neben sich einen matten roten Stern.

Er sah noch immer in diese Richtung, als der Stern verschwand.

# 16. Kapitel

Quentin beruhigte sich, die Steuerjets wurden abgeschaltet, und eine Minute lang herrschte in der Landefähre Stille. Hundert Flüche jagten Ferrol durch den Kopf, aber keiner war für das ungewöhnliche Ereignis, das sie gerade hinter sich hatten, kräftig genug. Vorn leuchtete hinter Quentins mächtigem Körper der Rand eines hellen, blauweißen Sterns; Ferrol wandte sich langsam von ihm ab und betrachtete Kennedys Profil. Sie hatte vielleicht seine Bewegung gespürt, denn sie wandte sich ihm zu, und einen Augenblick lang sahen sie einander nur schweigend an. Offenbar reichte Kennedys Repertoire an Flüchen ebenfalls nicht für diese Situation aus.

»Wollen wir nachsehen, wo wir überhaupt sind?« fragte er sie schließlich.

Sie holte tief Luft. »Ja. Okay.« Ihre Finger begannen langsam, als wären sie durch den Schock noch gelähmt, sich über die Tastatur zu bewegen. Ferrol sah ihr einen Augenblick zu, dann drehte er sich um.

Die beiden Tampies rührten sich nicht, und alle Lichter auf Sso-ngiis Helm leuchteten grün. Demothi, der zwischen ihnen saß, sah aus wie ein kleines Kind, das darauf bestanden hat, das kristallene Erbstück der Familie in die Hand zu nehmen, und es fallen gelassen hat. »Wir wollen jetzt nicht mit Vorwürfen beginnen.« Ferrol bemühte sich, ruhig und beherrscht zu sprechen. »Ich möchte wissen, Wwis-khaa, wieso Quentin diesen Sprung geschafft hat.«

»Das weiß ich nicht ...«

»O doch, du weißt es«, unterbrach ihn Ferrol scharf. »Du weißt es, oder kannst es dir zumindest sehr gut vorstellen. Ist es möglich, daß Raumpferde sofort nach der Geburt springen können, aber nicht gut genug sehen, um sich auf einen Zielstern einzustellen?«

Wwis-khaa legte den Kopf schief. »Das ist möglich.«

»Aber es ist nur ein Gedanke«, warnte Sso-ngii. »Die Tamplissta wissen es nicht sicher.«

»In der jetzigen Situation begnüge ich mich auch mit wohlbegründeten Annahmen«, erwiderte Ferrol. »Also, wie gut konnte Quentin sehen, Wwis-khaa?«

Der Tampy zögerte. »Ich glaube nicht, daß er sehr viel sehen konnte«, meinte er schließlich sichtlich widerstrebend.

Ferrol, der gegen den plötzlichen Drang kämpfte, irgendwem den Hals umzudrehen, zwang sich, seine zusammengebissenen Zähne zu lockern. »Ich verstehe, daß du nichts wiederholen willst, von dem du nicht persönlich weißt, daß es eine Tatsache ist. Aber versuche einmal zur Kenntnis zu nehmen, daß wir uns verirrt haben; wir können den Rückweg nur finden, wenn wir wenigstens über einige Angaben verfügen.«

Stille. »Bearbeiten Sie sie weiter, Demothi«, befahl Ferrol, dessen Wut sich in Widerwillen verwandelte. »Tun Sie zur Abwechslung einmal etwas Nützliches.« Er wandte sich ab und Kennedy zu. »Haben Sie schon etwas?«

»Eigentlich nicht.« Er stellte erleichtert fest, daß ihre Stimme wieder eisern beherrscht klang. »Der Computer überprüft noch die hellsten Sterne, aber ich bezweifle, daß das Navigationsprogramm so umfassend ist, um uns ausfindig zu machen. Auf der *Amity* würde ich es in drei Minuten herausbekommen; so kann ich nur sagen, daß wir in ein System mit einem B4-Stern geraten sind, daß wir über achthundert Lichtjahre von unserem Ausgangspunkt entfernt sind und daß wir uns beinahe sicher noch innerhalb der Milchstraße befinden.«

Achthundert Lichtjahre! Ferrol fröstelte. »Okay. Nehmen Sie an, daß Sie Captain Roman sind, zurückkommen und feststellen, daß wir verschwunden sind. Was würden Sie tun?«

Kennedy überlegte. »Wenn es stimmt, daß ein Kalb deshalb nicht springen kann, weil seine Sehkraft noch nicht voll entwickelt ist, dann ist es einfach. Die *Amity* muß nur die vom System 11 612 aus sichtbaren hellsten Sterne ermitteln und von einem zum anderen springen, bis sie beim richtigen landet.«

Ferrol biß die Zähne zusammen. Natürlich war es einfach ... falls Roman nicht auf die Idee kam, daß das Ganze ein komplizierter Plan war, den er, Ferrol, gemeinsam mit Demothi ausgeheckt hatte, um ein Raumpferdkalb zu stehlen. Falls der Captain das annahm, war es möglich, daß er ganz anders darauf reagierte. Zum Beispiel, daß er mit seiner Suche in der Kordonale und bei den zunächst liegenden Sternen begann ...

Er zwang sich, an etwas anderes zu denken. Sie hatten schon genügend Schwierigkeiten, ohne nach weiteren zu suchen. »Wenn es sich so verhält, müssen wir mit unseren Ressourcen logischerweise sparsam umgehen und warten.« In einer Ecke seines Schaltpults befand sich der rot umrandete Leitstrahl-Schalter für Notfälle. Ferrol betätigte ihn. »Hoffen wir nur, daß der Captain klug genug ist, genauso zu denken.«

»Er ist es«, erklärte Kennedy.

Die Überzeugung in ihrer Stimme berührte ihn unangenehm. Der Captain war wirklich klug, aber die Frage war, ob er so klug war, daß er seine Zeit nicht mit offensichtlich falschen Fährten vergeudete.

Doch es hatte keinen Sinn, es Kennedy gegenüber zu erwähnen. »Statt untätig herumzusitzen, könnten wir etwas Nützliches unternehmen.« Er versuchte, so ruhig wie möglich zu sprechen. »Ich werde das Teleskop aufstellen; Sie füttern den Computer mit dem Begutachtungsprogramm und schalten ihn ein. Sehen wir nach, ob dieses System etwas besitzt, mit dem man sich näher befassen sollte.«

* * *

Roman sah sich die Aufzeichnungen der Rettungsboote zweimal an, und sein Magen verkrampfte sich immer mehr. Fort. Ein Raumpferdkalb, drei Menschen und zwei

Tampies waren verschwunden, obwohl es unmöglich war. »Marlowe?« fragte er.

Dieser richtete sich von seinem Steuerpult auf und schüttelte den Kopf. »Tut mir leid, Captain. Das Bild ist so weit entfernt, daß der Computer es unmöglich deutlicher hinkriegen kann.«

»Sie können mir also nicht sagen, in welche Richtung Quentin sah, als sie sprangen.«

Die Worte sollten nicht vorwurfsvoll klingen, aber Marlowe zuckte dennoch zusammen. »Nein, Sir. Bedaure.«

Roman blickte wieder auf sein Display und versuchte, mit der Tatsache fertigzuwerden, daß er eine Niederlage erlitten hatte. Demothi war also doch ein Agent der Anti-Tampies und hatte den Auftrag, ein Raumpferdkalb zu stehlen ... und Roman hatte untätig zugesehen und es nicht verhindert.

Aber wie, zum Teufel, hatte er Bucephalus zum Springen gebracht? Und wie hatte er eigentlich Quentin dazu gebracht zu springen?

Roman schaltete die nutzlose Aufzeichnung der Rettungsboote ab und wählte den Tampy-Abschnitt des Schiffs. Im nächsten Augenblick erschien Rrin-saa mit seinem gelb-orangefarbenen Halstuch auf dem Bildschirm. »Ja, Rro-maa?«

»Ich brauche einige Informationen, Rrin-saa«, begann Roman. »Nach allem, was wir von Raumpferden wissen, kann ein so junges Tier wie Quentin nicht springen. Wie hat er es dennoch geschafft?«

Er erhielt die übliche Antwort. »Das weiß ich nicht.«

Roman biß die Zähne zusammen. »Ist Hhom-jee da? Kannst du mich hören, Hhom-jee?«

»Ich höre dich«, antwortete eine Stimme aus dem Hintergrund.

»Wieso war Quentin imstande zu springen, Hhom-jee?« wiederholte Roman seine Frage.

»Das weiß ich nicht. Ich weiß nur, daß die Raumpferdkälber, die ich berührt habe, sich nicht angefühlt haben, als könnten sie springen, obwohl ihre Angst zuerst groß war. Das ist alles.«

Roman sah den schweigenden Rrin-saa zornig an. »Danke«, stieß er gerade noch heraus und schaltete ab.

»Die sind uns vielleicht eine Hilfe«, murmelte Marlowe.

»Sie hätten tatsächlich redseliger sein können«, stimmte Roman zu. »Es sieht aus, als müßten wir uns selbst helfen, Leute. Stellen Sie eine Theorie auf, Lieutenant.«

»Die einfachste Erklärung ist meiner Meinung nach, daß junge Kälber deshalb nicht springen, weil sie nicht sehen, wohin sie springen würden«, meinte Marlowe. »Wenn das stimmt, dann müssen wir nur eine Liste der hellsten von hier aus sichtbaren Sterne aufstellen und von einem zum anderen springen.«

Roman nickte. Die Hypothese war in mancher Hinsicht unvollkommen, aber es war die einzige, die logisch war und auf der sie aufbauen konnten.

»Lieutenant Yamoto?« fragte er.

»Ich schließe mich Marlowe an, Sir.« Sie rief am Computer etwas ab. »Hier ist die Liste der Sterne von den hellsten bis zu den lichtschwächsten erster Größe.«

Roman überflog die Liste. Sie enthielt fünfzehn Namen und an ihrer Spitze standen drei Sterne der Klasse B: ein B1, ein B4 und ein B6. Ungefähr in der Mitte der Liste ...

»Soll ich Hhom-jee den Kurs für Nummer eins übermitteln, Captain?« fragte Yamoto.

»Nein. Wir beginnen mit Nummer sechs.«

Marlowe sah ihn stirnrunzelnd an. »Wega?«

»Ja. Wenn sie nicht dort sind, will ich zur Kordonale zurückspringen können und mittels Tachyon Alarm schlagen.«

»Ja, Sir«, antwortete Marlowe ein wenig unsicher.

»Ja«, beantwortete Roman seine unausgesprochene Frage. »Ich halte es für absolut möglich, daß das Ganze ein Versuch von Demothi war, das Kalb zu stehlen ... und wenn das stimmt, dann wird er sehr wahrscheinlich zur Kordonale zurückkehren, um es abzuliefern.«

Marlowes Gesicht wurde hart. »Ich verstehe, Sir. Wir fliegen so rasch wie möglich hinter ihm her und schneiden ihm den Rückweg ab.«

»Richtig.« Roman blickte wieder zum Steuer. »Setzen Sie sich mit Hhom-jee in Verbindung, Lieutenant. Wir springen, sobald er Bucephalus so aufgestellt hat, daß er in die richtige Richtung blickt.«

»Ja, Sir.« Yamoto zögerte. »Was ist, Sir, wenn es sich tatsächlich um einen Unfall handelt? Dann sitzen sie dort irgendwo fest und warten darauf, daß wir sie retten.«

»Das werden wir auch tun. Nachdem wir die andere Möglichkeit überprüft haben.«

Sie errötete leicht. »Ja, Sir.«

Roman hatte ein schlechtes Gewissen, während er im Geist Pläne, Möglichkeiten und unvorhergesehene Ereignisse durchging. Sie hatte natürlich recht; wenn es nur ein Unfall gewesen war, dann mußten sich Ferrol und die übrigen auf einige unangenehme Stunden gefaßt machen. Aber die Landefähre war routinemäßig gut ausgerüstet und wenn es unbedingt erforderlich war, konnte sie zwei Wochen durchhalten.

Sie würden bestimmt überleben. Natürlich würden sie sich langweilen, aber im Gegensatz zur volkstümlichen Meinung war Langeweile selten tödlich.

* * *

»Ffe-rho?« Ferrol nahm am Teleskop die letzte Feineinstellung vor und antwortete dann: »Was gibt es, Sso-ngii?«

»Quentinninni hat Futter gefunden und möchte fressen. Darf er?«

Ferrol runzelte die Stirn. »Wohin will er?«

»Ungefähr fünfzigtausend Kilometer in ...« – der Tampy zeigte mit der Hand – »diese Richtung.«

»Kennedy?«

»Es handelt sich um einen Asteroidengürtel. Nach den Reflexionsdaten ist der Metallgehalt relativ hoch.«

»Also gutes Futter für Raumpferde. Wie steht es übrigens um die Dichte des Gesteins? Wir dürfen nicht vergessen, daß die Abschirmung dieser Untertasse gering ist.«

»Es dürfte nicht gefährlich sein. Vorausgesetzt, Quentin beginnt nicht wieder zu spinnen und versucht, uns im Krebsgang hinauszuziehen. Wir können genausogut hier wie sonstwo auf die *Amity* warten.«

»Okay.« Ferrol stieß sich ab. »Gib mir eine Minute Zeit, Sso-ngii, damit ich mich anschnallen kann, und dann werden wir das Baby füttern.«

Ihr Kurs wich um beinahe zwanzig Grad von der Ekliptik ab, und sie trieben mit einer leicht rückläufigen Bewegung gemächlich auf den zentralen Stern zu. Diese Situation war für ein normales Schiff mit normalem Treibstoffvorrat beinahe tödlich; bei einem von einem Raumpferd gezogenen Raumschiff war sie nicht einmal erwähnenswert. Unter Sso-ngiis Leitung zog Quentin sie nicht ganz eine Stunde lang gleichmäßig mit 0,5 Ge auf den Asteroidengürtel zu, wendete, verlangsamte während eines genauso langen Zeitraums, und beschleunigte schließlich wieder, um sich der Geschwindigkeit der treibenden Felsbrocken anzupassen.

Ferrol beobachtete von einem der seitlichen Bullaugen aus, wie Quentin einen kleineren Stein telekinetisch in eine seiner hinteren Nahrungs-Öffnungen beförderte. Er war noch nie einem fressenden Raumpferd so nahe gewesen; es war ein verdammt beeindruckender Anblick. »Besitzen Sie schon eine Analyse des Gesteins?« fragte er Kennedy.

»Der Computer müßte damit fertig sein ... ja, das ist sie. Wirklich sehr interessant — kein Wunder, daß Quentin es nicht erwarten konnte, hierher zu kommen. Ungewöhnlich hohe Prozentsätze an Eisen und Nickel; außergewöhnlich hohe Konzentrationen von Wismut, Telur, Thallium und einem Dutzend weiterer Spurenelemente. Vor allem hier an dieser Stelle — die Brocken, an denen wir vorbeikamen, während Quentin beschleunigte, waren nicht annähernd so ergiebig.«

Außergewöhnlich hohe Konzentrationen von Spurenelementen bedeuteten ... Ferrol sah zu den Tampies hinüber. Obwohl sie Filtermasken trugen, war nicht zu übersehen, daß sie plötzlich sehr interessiert waren. »Ein *Yishyar*-System?« fragte er.

»Theoretisch sicherlich.« Kennedy sah ebenfalls die Tampies an. »Sso-ngii?«

»Ja«, murmelte der Tampy. Seine krächzende Stimme war trocken und klang sehr fremd, als hätten Überraschung oder Erregung den menschlichen Akzent ausgelöscht.

Ferrol verstand ihr Interesse sehr gut; auch ihm gingen die verschiedensten Möglichkeiten durch den Kopf. Ein bisher unbekanntes *Yishyar*-System — genauer, ein *Yishyar*-System, das achthundert Lichtjahre außerhalb des von den Tampies beanspruchten Weltraums lag. Wenn der Senator die Kordonale daran hindern konnte, es den Tampies demütig zu überlassen — und wenn er, Ferrol, imstande war, das verdammte System wiederzufinden — dann war Demothis idiotisches Experiment vielleicht doch noch zu etwas gut.

»Ferrol?«

Er blinzelte und wandte sich Kennedy zu. »Entschuldigung, Sie sagten ...«

»Ich sagte, daß wir ein Ortungsprogramm für Raumpferde an Bord haben. Es ist wahrscheinlich einfach ein Programm für anormale Bewegungen, kombiniert mit einem Programm zum Erkennen von Gestalten. Soll ich es abrufen?«

Und nach Raumpferden Ausschau halten, die vielleicht hier weideten? »Eine gute Idee. Vergessen Sie nicht, die Recorder einzuschalten. Sso-ngii, Quentin soll ein bißchen schneller fliegen — ein paar Kilometer in der Stunde mehr werden ihn nicht beim Fressen stören, und wir können uns den Gürtel näher ansehen.«

»Eure Wünsche sind die unseren.« Der Tampy machte eine Pause. »Ffe-rho, Quentinninni ist nicht glücklich. Etwas beunruhigt ihn.«

Ferrol stieß sich vom Bullauge ab. »Etwas in der Landefähre?« fragte er, während er vor den Tampies anhielt.

»Nein.« Sso-ngii zögerte, dann nahm er den Helm ab und gab ihn Wwis-khaa. »Es ist etwas draußen, etwas, das ...« Er stockte wieder und machte eine Bewegung, die Ferrol noch nie gesehen hatte.

»Unbehagen«, brachte Wwis-khaa mühsam heraus. »Quentinninni empfindet Unbehagen. Vielleicht Angst.«

Ferrols Kehle schnürte sich zusammen. Er hatte erlebt, daß Raumpferde unruhig, panisch und gestresst waren — aber noch nie hatte eines Angst gehabt. Er hatte auch nie davon gehört, daß eines Angst gehabt hätte.

Verdammt noch mal — was da draußen konnte einem jungen Raumpferd Angst einjagen?

In der Landefähre war es plötzlich sehr still. Offenbar fragten sich alle dasselbe, und vielleicht gelangten auch alle zu dem gleichen Schluß. »Also gut«, sagte Ferrol, als Wwis-khaa den Helm zurückgab. »Beobachte das Gefühl weiter, Sso-ngii, und laß es mich sofort wissen, wenn es sich verändert oder verstärkt. Schalten Sie das Ortungssystem ein, Kennedy, aber abwechselnd mit dem normalen Scanning-Programm. Ich möchte nicht, daß wir etwas Wichtiges übersehen, nur weil es nicht die Gestalt eines Raumpferdes hat.«

»In Ordnung.« Kennedy machte sich an die Arbeit. Ihre Stimme war noch immer ruhig, aber deutlich härter.

* * *

Sie flogen eine Zeitlang schweigend weiter, und nur gelegentlich stellte jemand eine leise Frage und erhielt eine genauso leise Antwort. Außerhalb der Bullaugen zogen die ganze Zeit über Hunderte Asteroide vorbei; die nahen waren unregelmäßige Klumpen, die übrigen bemerkte man nur dadurch, daß sie das Licht der fernen Sonne reflektierten.

Ferrol hatte sich schon oft lange Zeit in Asteroidengürteln wie diesem herumgetrieben, ohne jemals einen Anfall von Klaustrophobie zu bekommen; doch als die Minuten zu Stunden wurden, hatte er allmählich das Gefühl, daß sich die weißen Punkte auf dem Monitor immer enger und immer gefährlicher um die Landefähre zusammendrängten. Die Luft, die er durch seine Filtermaske einatmete, schien immer heißer zu werden, und er berechnete unwillkürlich immer wieder Fluchtrouten durch die strömenden Felsbrocken. Er versuchte, sich einzureden, daß es daher kam, weil er die Maske schon so lange trug, wußte jedoch zugleich, daß das nicht stimmte.

Vier Stunden, nachdem sie mit der Suche begonnen hatten, fanden sie das Raumpferd.

»Es scheint sich überhaupt nicht zu bewegen«, sagte Kennedy, die die Computeranzeigen genau beobachtete. »Es treibt nur mit den Asteroiden mit.«

Ferrol rief noch einmal das Vergrößerungsprogramm ab. Das verschwommene Bild des fernen Geschöpfs wurde ein wenig schärfer; der Computer war jedoch wieder nicht imstande, einen Teil seines Umrisses zu analysieren.

Ferrol wußte nicht, was das zu bedeuten hatte, aber er wußte, daß es ihm nicht gefiel. »Hat Quentin das andere Raumpferd schon entdeckt, Sso-ngii?« erkundigte er sich.

»Ja. Sein Unbehagen nimmt zu.«

Ferrol fiel es schwer, diese Antwort zu verkraften, und die Unsicherheit belastete ihn immer mehr. Er wollte die Landefähre auf keinen Fall näher als unbedingt nötig an das Ding da draußen heranbringen ... aber wenn dieses Raumpferd nur verletzt und nicht tot war, dann würde es sie entdecken und springen, bevor die *Amity* mit ihren ferngesteuerten Untersuchungsgeräten eintraf und es studierte. Und wenn das geschah, war ihre Chance, herauszufinden, was dem Geschöpf solchen Schaden zugefügt hatte, vermutlich für immer vertan.

»Also gut«, erklärte er Sso-ngii mit trockenen Lippen. »Gehen wir ein wenig näher heran. Nur ein ganz klein wenig, und zwar langsam. Und sag es mir sofort, wenn Quentin beginnt, in Panik zu geraten. Melde mir jedes Anzeichen – wenn wir aus diesem System springen, wird uns die *Amity* nie mehr finden.«

»O Gott, dann sind wir für immer verloren«, murmelte Demothi; die Filtermaske dämpfte seine Stimme mehr als gewöhnlich. Ferrol wollte ihm gerade sagen, er solle den Mund halten, als Kennedy »Bewegung!« rief. »Kleine Objekte – eine ganze Menge – bewegen sich von dem anderen Raumpferd auf uns zu.«

Ferrol unterdrückte einen Fluch und wirbelte zu seinem Steuerpult herum. Wurden sie angegriffen? »Wie klein?« fragte er, während er mit zitternden Händen auf seiner Tastatur herumhackte.

»Fünf bis zehn Meter Durchmesser«, berichtete Kennedy. »Viel zu klein für Raumpferde.«

Ferrol hatte jetzt den richtigen Display zentriert, und während eines langen, entsetzlich langen Augenblicks glaubte er, daß sich die näherkommenden Punkte vor seinen Augen vermehrten ... »Was tun sie? Sammeln sie Felsbrocken?«

»Sieht so aus«, bestätigte Kennedy. »Sie ziehen sie telekinetisch an.«

Während Ferrol zusah, ballte er die Fäuste. Die Punkte entfernten sich voneinander wie bei einer zerplatzenden Rakete, und kamen zu seiner Überraschung dann wieder zusammen. »Sie sammeln sich etwa dreißig Kilometer vor uns«, las Kennedy von ihrem Display ab.

Sie hatten jetzt keine Wahl mehr. Auch wenn sie den Sprung besonders sorgfältig planten, blieb er verdammt gefährlich, denn dann konnten sie wirklich unauffindbar sein. Trotzdem war es noch gefährlicher, hierzubleiben und vielleicht abgeschlachtet zu werden. »Mach Quentin sprungbereit, Sso-ngii«, befahl Ferrol, während er ein astronomisches Display abrief. Wenn er einen kleinen Stern in der Nähe finden konnte ...

»Warten Sie, Ferrol, sie greifen nicht an«, rief Kennedy.

»Oder zumindest tut es der Rand nicht, den wir neben Quentin sehen können. Sie bleiben ständig in einer Entfernung von ungefähr siebenundzwanzig Kilometern.«

Ferrol schaltete auf das taktische Display zurück. Der Entfernungsmesser zeigte tatsächlich, daß sie sich vor Quentin zusammendrängten und ihre Geschwindigkeit genau der des Kalbes anpaßten.

Also handelte es sich nicht um einen Angriff. Oder es war zumindest noch kein Angriff. »Hat jemand eine Ahnung, was diese Dinger sind? Irgendwer?« Er sah zu den Tampies hinüber.

»Ich weiß es nicht«, antwortete Wwis-khaa für beide.

Ferrol wandte sich angewidert ab und ärgerte sich, weil er überhaupt gefragt hatte. »Sie sind wahrscheinlich mit den Raumpferden verwandt«, meinte Kennedy. »Die Triebkraft scheint die gleiche zu sein, ganz zu schweigen vom telekinetischen Einsammeln der Felsbrocken.«

»Und sie müssen etwas von Raumpferden verstehen«, warf Demothi leise ein.

»Warum müssen sie das?« fragte Ferrol.

Demothi sah ihn an. »Die telekinetische Reichweite der erwachsenen Raumpferde beträgt für gewöhnlich zwanzig, gelegentlich bis zu fünfundzwanzig Kilometer.« Er zeigte auf Quentin. »Sie haben gesagt, daß sich diese Geschöpfe in einer Entfernung von siebenundzwanzig Kilometern halten.«

Ferrol kroch es kalt über den Rücken. »Sie bleiben bewußt außerhalb seiner telekinetischen Reichweite.«

In der Landefähre trat kurz Stille ein, dann bewegte sich Kennedy. »Wenn sie sich außerhalb von Quentins Reichweite befinden, dann befinden wir uns vermutlich auch außerhalb der ihren.«

»Stimmt«, pflichtete Ferrol bei. »Also gut . . . fliegen wir weiterhin auf das Raumpferd dort draußen zu und warten wir ab, was geschieht. Sso-ngii?«

»Eure Wünsche sind die unseren.«

Während die etwas größere Beschleunigung Ferrol in

seinen Sitz drückte, fiel ihm etwas ein: Wenn die Geschöpfe dort draußen nicht erkennen konnten, daß Quentin ein Kalb war, das nur einen Bruchteil der telekinetischen Reichweite eines erwachsenen Tieres besaß, dann konnten sie nicht sehr intelligent sein. Es war gut, sich das zu merken.

»Wir bewegen uns«, berichtete Kennedy unnötigerweise. »Die Geschöpfe dort draußen machen die Bewegung mit.«

Ferrol sah auf sein Display. Er hatte erwartet, daß die Geschöpfe ihre derzeitige Position beibehalten und versuchen würden, eine Annäherung der Landefähre zu verhindern. Aber Kennedy hatte recht: sie klebten an ihnen wie Kleister und hielten sich wie versklavte Maschinen genau siebenundzwanzig Kilometer vor Quentin.

Direkt vor Quentin.

»Geben Sie uns ein wenig Schub vorwärts und nach Steuerbord, Kennedy«, verlangte Ferrol.» «Ich möchte mich um Quentin herumbewegen.»

»Okay.« Der Antrieb der Landefähre zischte kurz, und als die Zügel schlaff wurden und sie Quentin umkreisten, beobachtete Ferrol das taktische Display.

Es war kein Irrtum gewesen. Den Geschöpfen und den Felsbrocken war die Position der Landefähre gleichgültig.

Er wandte sich Kennedy zu, die ihn fragend ansah. »Sie bleiben bei Quentin«, sagte er.

Sie preßte die Lippen zusammen. »Wir sollten checken, wie undurchsichtig der Klumpen vor uns ist.«

»Das ist nicht notwendig«, wandte Sso-ngii leise ein. »Deine Annahme stimmt. Quentin kann nicht durch ihn hindurchsehen.«

»Was?« Demothis Stimme war ein Mittelding zwischen Keuchen und Knurren. Ferrol hatte den Mann noch nie so aufgeregt gesehen. »Warum, verdammt noch mal, hast du uns das nicht früher gesagt?«

»Wozu?« fragte der Tampy vernünftig. »Wir hätten ohnehin nicht springen können — die *Amity* wird hierher kommen, weil sie uns sucht.«

Demothi holte zitternd Luft und kämpfte sichtlich darum, sich zu beherrschen. »Wir hätten sie daran hindern können, vor Quentin Stellung zu beziehen«, fuhr er Sso-ngii an. »Wir hätten kehrt machen und versuchen können, zu entkommen. Statt dessen haben wir ...« Er zeigte vage nach vorn und verlor den Faden.

»Schon gut, beruhigen Sie sich«, mischte sich Ferrol ein. »Es wäre angenehm gewesen, wenn wir etwas früher gewußt hätten, was hier los ist, aber sobald die Dinger da draußen Position bezogen hatten, war es ohnehin zu spät. Sso-gnii hat recht; es wäre gefährlich gewesen, einen Sprung zu wagen.« Ihm wurde deutlich bewußt, daß es paradox war, wenn er bei einer Auseinandersetzung für die Tampies Partei ergreifen mußte, aber er hatte keine Zeit, sich weiter damit zu befassen. »Wenn die *Amity* hierher kommt, wird sie diese Dinger bestimmt ohne große Mühe loswerden; bis dahin scheinen sie nicht besonders gefährlich zu sein.«

»Da bin ich nicht so sicher«, sagte Kennedy plötzlich gespannt. »Sehen Sie sich das einmal an, Ferrol«

Ferrol wandte sich seinem Steuerpult zu. Während er sich in den letzten Minuten auf die Geschöpfe draußen konzentriert hatte, war die Raumfähre dem regungslosen Raumpferd erheblich nähergekommen. Und zwar so sehr, daß das Vergrößerungsprogramm des Computers endlich ein halbwegs scharfes Bild des Tieres liefern konnte.

Oder eigentlich der zwei Drittel von ihm, die noch vorhanden waren. Dort, wo sich der Rest befinden sollte, erblickte er nur ein Loch mit gezackten Rändern.

# 17. Kapitel

Kennedy fluchte leise. »Wenn Sie mich fragen, Ferrol: sehen wir zu, daß wir von hier verschwinden.«

»Ganz meine Meinung«, erwiderte Ferrol grimmig. »Dreh Quentin herum, Sso-ngii, und bringe uns vorsichtig von hier fort. Mach es langsam und unauffällig — wir wollen diese Dinger nicht durch plötzliche Bewegungen provozieren.«

»Eure Wünsche sind die unseren.«

Quentin begann, gemächlich kehrt zu machen, und Ferrol wurde leicht gegen seine Gurte gedrückt. Er beobachtete den taktischen Display nur so lange, bis er sicher war, daß die Wolke vor ihnen das Manöver mitmachte, dann wandte er sich den Tampies zu. In seinem Gehirn nahm langsam eine Idee Gestalt an ... »Wwis-khaa, du hast mir gesagt, daß du nichts über diese Geschöpfe weißt. Richtig?«

»Das ist richtig.«

»In Ordnung. Kannst du mir aber sagen, ob andere Tampies etwas über sie wissen?«

Der Alien zögerte. »Ich weiß es nicht mit Sicherheit. Ich weiß, daß einige es behauptet haben. Das ist alles.«

Ferrol grinste humorlos. »Und was würde mir einer dieser Tampies über diese Geschöpfe erzählen, wenn er hier wäre?«

Eine lange Stille trat ein, während Wwis-khaa sich den Kopf darüber zerbrach, ob eine solche Auskunft zu den gefürchteten Vermutungen zu rechnen war. »Bedenke etwas«, sagte Ferrol in die Stille, »unser Leben könnte davon abhängen, daß wir wissen, mit wem oder was wir es zu tun haben.« Dann hatte er eine Inspiration — »natürlich auch Quentins Leben.«

Wwis-khaa atmete so heftig, daß seine Zähne aufeinanderschlugen. »Man spricht von ihnen als ... Aasfresser. Als ...« Er suchte nach Worten.

»Geier«, half ihm Kennedy weiter. »Aasfressende Vögel auf der Erde.«

»Ja«, stimmte Wwis-khaa zu. »Angeblich wurden sie im Asteroidengürtel eines weit entfernten Systems neben einem toten Raumpferd beobachtet. Es wurden keine Aufzeichnungen gemacht.«

»Haben diese Geier das Tampy-Schiff angegriffen?«

»Sie haben sich auf das Schiff zubewegt, aber das Raumpferd sprang, bevor sie nahe waren. Der Betreuer berichtete nachher, daß es Angst empfand.«

Ferrol überlegte. »Haben die Tampies gesehen, wie das Raumpferd gestorben ist?«

»Nein. Als sie eintrafen, war es tot und wurde gefressen.«

»Hat man die Geier auch ein anderes Mal gesehen?« fragte Kennedy. »Hat jemand gesehen, wie ein Raumpferd starb, bevor die Geier eintrafen?«

»Das weiß ich nicht«, antwortete Wwis-khaa.

»Ich weiß es ebenfalls nicht«, mischte sich Sso-ngii ein. »Ich weiß, daß ich nichts von solchen Berichten gehört habe; das ist alles.«

»Sie glauben, daß sie mehr als nur Aasfresser sind?« fragte Ferrol Kennedy.

»Sie sind klein, aber hier gibt es verdammt viele. Nach der Literatur benützen die Tampies einige ihrer Raumpferde seit siebenhundert Jahren; niemand hat eine Ahnung, wie lang ihre natürliche Lebenszeit ist. Es geht ein bißchen zu weit, wenn wir annehmen, daß die Geier zufällig genau zu dem Zeitpunkt und an dem Ort auftauchen, an dem ein Raumpferd stirbt.«

»Aber wir wissen nicht, daß dies der Fall ist«, mischte sich Demothi beunruhigt ein. »Als die Geier das Raumpferd fanden, hätte es genauso gut seit Hunderten Jahren tot sein können. Oder vielleicht gibt es sie in der gesamten Galaxis in großer Zahl. Sie treiben scheintot wie Sporen durch den Raum, bis in ihrer Nähe ein Raumpferd stirbt. Vielleicht sendet ein sterbendes Raumpferd einen telepathischen Impuls oder etwas Ähnliches aus, das sie anzieht. Wir wissen es einfach nicht.«

Kennedy warf Ferrol einen Blick zu, und er nickte zustimmend. Demothi versuchte ein bißchen zu eifrig, sich einzureden, daß die Geier harmlos waren. Unter diesen Umständen war Wunschdenken ein Luxus, den sie sich nicht leisten konnten. »Sie sprechen so, wie ein Tampy denkt«, antwortete Ferrol, dem es überraschend wenig Spaß machte, Demothis Seifenblase zum Platzen zu bringen. »Bevor Sie feuchte Augen bekommen, weil das Universum so unendlich vielfältig ist, und weil wir uns vor vorgefaßten Meinungen hüten müssen, möchte ich Sie darauf aufmerksam machen, daß uns diese angeblich passiven Aasfresser sehr erfolgreich in dieses System eingesperrt haben.«

»Und uns vermutlich begutachten«, ergänzte Kennedy.

»Oder darauf warten, daß Quentin müde wird«, fügte Ferrol hinzu. »Obwohl ich es für ganz schön dumm halte, wenn sie versuchen, ein Raumpferd in einem *Yishyar*-System auszuhungern.« Quentin hatte inzwischen die Kehrtwendung durchgeführt und wurde schneller. »Sind die Geier die ganze Zeit bei uns geblieben?« fragte Ferrol Kennedy.

»Als wären sie angeschweißt. Quentin ist bei Kehrtwendungen zu langsam, um vor sie zu gelangen. Obwohl sie das optische Netz aus Felsbrocken mitschleppen müssen.«

Ein optisches Netz. Ein seltsamer Ausdruck ... aber er paßte genau. Eine halbsolide Scheibe, die sie genauso gründlich gefangen hielt, als befänden sie sich innerhalb der Netze im Kialinninni-Corral der Tampies.

Gefangen ... aber warum?

»Läuft das Leitstrahlprogramm noch, Kennedy?«

Sie überprüfte es. »Ja. Es hat noch nichts aufgezeichnet.«

»Kann der Abschnitt für anormale Bewegungen von den anderen Abschnitten getrennt und allein eingesetzt werden?«

Kennedy sah ihn scharf an. »Sie glauben«, fragte sie leise, »daß die Geier uns aus einem anderen Grund hier festhalten?«

»Ich glaube nicht, daß sie eine gute Mahlzeit einfach aus Spaß im Stich lassen«, antwortete Ferrol genauso leise.

Sie nickte und machte sich an die Arbeit, und eine Sekunde später wurde Ferrol kurz in seinen Sitz zurückgeschleudert, weil Quentin ruckte. »Was war das?« fragte er.

Sso-ngiis Mund bewegte sich eine Zeitlang wortlos, bevor er eine Antwort herausbrachte. »Ich weiß es nicht. Ich weiß nur, daß ich bei einem Raumpferd noch nie ein so intensives Gefühl erlebt habe; das ist alles.«

»Was für ein Gefühl ist es?« fuhr ihn Ferrol an. »Ist es Angst oder Sorge oder Glück ...«

»Bewegung!« unterbrach ihn Kennedy. »Ein Objekt, sehr groß; Peilung einhundert Steuerbord, dreißig Nadir, Entfernung hundertsiebzig Kilometer. Kommt näher!«

Ferrol hatte das Objekt auf seinem Display, blendete den Maßstab ein ...

»Ffe-rho! – Quentinninni hat Angst – ich kann ihn nicht halten ...«

»Laß die Zügel schießen!« brüllte Ferrol. »Nur laß ihn nicht springen ...«

Er konnte nicht weitersprechen, weil ihm die Luft wegblieb, als Quentin vorwärtsschoß und ihn mit einer Beschleunigung von zwei Ge in seinen Sitz rammte. Während sein Körper sich bemühte, sich an das Gewicht anzupassen, brachte er nur mit Mühe »Kennedy!« heraus.

»Keine Chance!« antwortete sie ruhig. »Das Ding macht mindestens sieben Ge.«

Ferrol schaltete das taktische Display ein. Zwei Ge oder nicht, die Geier waren noch immer da. Und der Maßstab des Aggressors – »Mein Gott«, stöhnte er. »Das verdammte Ding ist beinahe zwei Kilometer lang.«

»Damit hätten wir den Mörder der Raumpferde gefunden«, stellte Kennedy unbeeindruckt fest. »Das Ding stürzt sich auf uns wie ein hungriger Hai.«

»Also schön, versuchen wir, es ein bißchen abzuschrekken.« Ferrol überwand das zusätzliche Gewicht seiner Arme, stellte den Laser auf ungedämpften Impuls mit voller Intensität ein und ließ ihn den Hai verfolgen; er bedauerte sehr, daß er über keine echten Waffen verfügte. »Gibt es an Bord dieser Untertasse etwas anderes als den Laser?« fragte er.

»Nicht, daß ich wüßte«, antwortete Kennedy. »Aber wir laufen direkt vor ihm davon, was bedeutet, daß der Hauptantrieb genau auf sein Maul zielt.«

»Gut.« Das taktische Display zeigte, daß der Laser auf die langgestreckte Masse ausgerichtet war. »Vergessen Sie nicht, es mit den vorderen Jets auszugleichen — wir wollen Quentin nicht rammen.«

»Richtig. Entfernung fünfundvierzig Kilometer ...«

Sie verloren plötzlich ihr Gewicht. Einen Augenblick später wurde Ferrol wieder schmerzhaft gegen seine Gurte geschleudert, während das Zischen der Jets in seinen Ohren dröhnte. Er erblickte kurz Quentins dunklen Körper, der auf das vordere Bullauge zustürzte ...

Und die Landefähre prallte metallisch knirschend von der Flanke des Kalbes ab.

Es dauerte eine Sekunde, bis Ferrol den Schock überwunden hatte. »Was zum Teufel, Kennedy ...«

»Der Hai hat zugegriffen und Quentin gepackt«, antwortete sie etwas undeutlich. Ferrol sah sie scharf an, aber bei den nächsten Worten sprach sie wieder klar. »Ich konnte uns nicht rechtzeitig stoppen.«

Von hinten ertönte leises Stöhnen — Furcht oder Zorn oder sonst was — von Demothi. »Ist Quentin schwer verletzt, Sso-gnii?« rief Ferrol.

»Er ist nicht verletzt.« Die Worte waren kaum zu verstehen, als könne der Tampy nur einen winzigen Teil seines Gehirns für die Aufgabe abstellen, Englisch zu sprechen. Seine Augen leuchteten; sein verzerrtes Gesicht war unnatürlich wach und sehr fremd. »Er wird zu dem anderen hingezogen. Der ihn fressen wird.«

Demothi stöhnte wieder. »Kennedy, verpassen Sie dem Hai einen vollen Antriebsstrahl«, befahl Ferrol. »Vielleicht können wir ihn ablenken.«

»Dazu ist er zu verdammt weit weg.«

»Ja, aber der telekinetische Zug wird stärker, je näher er uns an sich zieht. Wir müssen es versuchen.«

»In Ordnung.«

Ferrol versteifte sich und wurde wieder einen Augenblick lang in seinen Sitz gedrückt, als das Dröhnen des Fusionsantriebs die Landefähre erfüllte. In dem Krach ging das Knacken des Kondensators unter, als Ferrol den Laser abfeuerte. Der Lärm und die Beschleunigung hörten gleichzeitig auf. »Sso-ngii? Sind wir frei?«

»Er hält uns noch immer.«

»Aber wir werden nicht mehr zurückgezogen«, stellte Kennedy fest. »Vielleicht haben wir ihn verwirrt oder erschreckt.«

»Beschießen Sie ihn noch einmal«, befahl Ferrol. Auf dem Display rotierte etwas, das wie eine der Freßöffnungen des Hais aussah, in Ferrols Gesichtsfeld, und er hatte gerade den Laser darauf eingestellt, als Kennedy den Antrieb wieder einschaltete. Er wartete ab, biß entschlossen die Zähne zusammen, und sie hatte den Antrieb gerade abgeschaltet, als der Kondensator grün blinkte. Diesmal hörte man das Knacken deutlich. »Noch einmal«, befahl er. Wenn die taktischen Zahlen stimmten, dann hatte sich die Entfernung zu dem Angreifer tatsächlich vergrößert. Das Dröhnen und die Beschleunigung setzten wieder ein...

Und die Landefähre sprang vorwärts und schwankte wild wie ein Pendel hin und her. »Sso-ngii!« rief Ferrol, der gegen das Zwei-Ge-Gewicht und plötzliche Übelkeit kämpfte.

»Quentinninni ist frei«, meldete Sso-ngii. »Er fliegt zu einem Asteroiden, hinter dem er sich verstecken will.«

Ferrol, der das taktische Display weiterhin beobachtete, holte tief Luft. Der Hai blieb zurück und verfolgte sie offenbar nicht. Fünfzig Kilometer ... fünfundfünfzig ...

sechzig — vermutlich befanden sie sich jetzt außerhalb der telekinetischen Reichweite ...

»Die Geier sind noch immer da«, stellte Kennedy fest.

Ferrol nickte. »Im Augenblick bin ich mit einem halben Sieg zufrieden. Sso-ngii, wie groß sind die Chancen, daß wir den Hai für immer abgeschreckt haben? Schließlich ist Quentin für einen so großen Räuber nur ein kleiner Happen.«

»Das weiß ich nicht«, lautete die vorhersehbare Antwort. »Aber ihr Menschen seid ebenfalls eine räuberische Spezies. Kannst du dir nicht aufgrund deiner eigenen Eigenschaften selbst eine Antwort geben?«

Ferrol schluckte. Das konnte er tatsächlich ... und die Antwort, zu der er gelangte, war nicht sehr ermutigend.

* * *

Sie flohen beinahe zehn Minuten lang mit einer Beschleunigung von zwei Ge, bevor sie Quentin dazu bringen konnten, das Tempo zu verlangsamen. Unter Sso-ngiis Führung veränderte das Kalb seine Geschwindigkeit und seine Richtung, bis es parallel zu einem besonders dichten Abschnitt des Asteroidengürtels flog. »Vielleicht sollten wir versuchen, uns hinein- und hinauszuschlängeln, um die Geier abzuhängen«, schlug Ferrol vor.

»Das wäre Zeitverschwendung.« Kennedy schüttelte den Kopf. »Obwohl sie sich genau vor Quentin halten, glaube ich nicht, daß sie sich nur visueller Mittel bedienen.«

»Wie kommen Sie auf diese Idee?« wollte Ferrol wissen.

»Als sie am Anfang auf uns zukamen, waren sie beinahe hundert Kilometer entfernt. Quentin ist nur hundert Meter lang und seine größte Breite beträgt ungefähr fünfundzwanzig Meter. Der Unterschied zwischen dem Anblick von vorn und von der Breitseite hätte nur sechzehn Bogenminuten ausgemacht. Das ist ... bei siebzehn Metern Entfernung eine Daumennagelbreite. Trotzdem haben sie sich sofort vor Quentin niedergelassen. Ich kann nur schwer glauben, daß sie so gut sehen.«

»Es ist doch gleichgültig, wie sie es anstellen«, knurrte Demothi ungeduldig.

Demothi hat zwei Monate lang versucht, alle menschlichen Gefühlsregungen zu unterdrücken, und will jetzt offenbar das Versäumte nachholen, dachte Ferrol verdrossen. »Es spielt schon eine Rolle«, widersprach er, »denn die Methode, mit der sie sich auf etwas fixieren, ist vermutlich die gleiche Methode, die der Hai anwenden wird, um uns aufzuspüren, falls er sich für ein Rückspiel entscheidet.« Er nahm jedenfalls an, daß es darum ging, und stellte zufrieden fest, daß Kennedy ihm zunickte. Er wandte sich den Tampies zu. »Sso-ngii, Wwis-khaa, weiß einer von euch etwas über weitreichende Sinne, die Raumpferde besitzen und die vielleicht auch beim Hai und den Geiern vorhanden sind?«

»Man nimmt an, daß die innere Quelle der telekinetischen Kraft feststellbar ist«, antwortete Wwis-khaa. Nachdem man ihn bereits einmal dazu gebracht hatte, etwas preiszugeben, das er nicht persönlich wußte, fiel es ihm beim zweiten Mal offenbar leichter. Oder aber die Tampies waren bereit, ihre kindlichen philosophischen Spiele aufzugeben, wenn es um ihr eigenes Leben ging. »Außerdem wird vermutlich ein großer Teil der Energie eines Raumpferdes durch kleine Fusions- und Fissiosreaktionen in seinem Körper erzeugt.«

»Dadurch werden unter anderem Neutrinos freigesetzt«, bemerkte Kennedy nachdenklich. »Vielleicht in einem erkennbaren Muster.«

»Ich glaube eher an den telekinetischen Detektor«, widersprach Ferrol. »Die Richtung oder Verteilung dieser Fähigkeit ist deutlich asymmetrisch; sonst könnten Raumpferde sich besser rückwärts bewegen, als es der Fall ist. Die Verteilung der Neutrinos müßte einheitlicher sein.«

Kennedy zuckte die Achseln. »Vielleicht. Aber in beiden Fällen gibt es für uns eine offensichtliche Lösung.« Sie warf

Ferrol einen vielsagenden Blick zu und deutete mit dem Kopf nach vorn.

»Was war das?« fragte Demothi mißtrauisch. »Wovon spricht sie?«

»Sie spricht davon, daß wir Quentin abschirren und ihn davonlaufen lassen sollen«, antwortete Ferrol.

Er war auf Einwände gefaßt, aber nicht auf diese Reaktion. »Was?« kreischte Demothi. »Das können Sie nicht tun – Quentin hätte keine Chance.«

»Er hätte vielleicht eine Chance«, wandte Kennedy ein. »Aber wenn wir die Wahl zwischen dem Raumpferd und uns haben ...«

»Das können Sie nicht tun«, wiederholte Demothi. »Verdammt, Ferrol, dann könnten Sie Quentin ebensogut an Ort und Stelle töten.«

»Mmo-thee.« Sso-ngii griff ungeschickt nach Demothis Schulter.

Demothi schüttelte die Hand ab. »Das ist ein Kalb, verdammt noch mal – ein Baby.«

»Es geht um das Überleben der Besten.« Ferrol hatte endlich genug davon, daß er um jede seiner Entscheidungen kämpfen mußte. »Ökologie, Demothi – Raumpferde fressen Steine, Haie fressen Raumpferde, und Geier fressen, was übrigbleibt. Sie sind ein Anhänger der Tampies und ihrer Philosophie? – Hier haben Sie eine kurze Zusammenfassung. Der Natur ihren Lauf lassen.«

Demothis Gesicht war rot, aber Sso-ngii antwortete. »Wir respektieren alle Lebewesen und die Systeme, in denen sie leben. Aber als Gegenleistung für die Dienste eines Raumpferds bieten wir ihm unseren Schutz. Unter so gefährlichen Bedingungen können wir Quentinninni nicht freilassen, Ffe-rho. Nicht einmal, um uns zu retten.«

»Es spielt keine Rolle, ob es euch gefällt oder nicht«, erklärte Ferrol. »Hier führe ich den Befehl, und ich tue, was ich für notwendig halte.« Er holte tief Luft. »Doch wenn wir Quentin jetzt freilassen, würden wir das Problem nur aufschieben. Sobald die *Amity* hier eintrifft, befindet sie sich in derselben Zwangslage wie wir, und je mehr Daten wir bis dahin sammeln können, desto größer sind die Chancen jedes einzelnen, lebendig davonzukommen.«

Er wandte sich Kennedy zu. »Als erstes sollten wir die Aufzeichnung des Kampfes abrufen, um zu sehen, ob wir dem Hai wirklich Schaden zugefügt haben.«

Er nahm nicht an, daß es ihnen geglückt war, und hatte damit recht. »Weder der Laser noch der Antrieb geben soviel Energie ab, daß sie die Absorptionsfähigkeit des Hais überfordern«, erklärte Kennedy. »Zumindest nicht bei der Entfernung, in der wir sie einsetzen mußten.«

»Wir müssen also eine Möglichkeit finden, ein großes Quantum Energie entweder auf ein kleineres Gebiet oder auf einen kürzeren Zeitraum zu konzentrieren.«

»Du sprichst von einem Angriff auf den Hai«, bemerkte Sso-ngii. »Vielleicht hast du vor, ihn zu töten. Ich würde vorziehen, daß wir einen anderen Weg finden.«

Natürlich, dachte Ferrol. Der Hai befand sich seit einigen Minuten außer Sichtweite, und die Tampies wurden prompt wieder weich und gefühlsduselig. Von wegen Selbsterhaltungstrieb. »Ihr könnt euch jetzt eine Minute lang beraten und entscheiden, ob ihr den Hai oder Quentin beschützen wollt.«

»Warum sollen wir nicht beide beschützen?« Der Tampy gab nicht nach. »Wenn wir dem Hai einfach ausweichen, bis die *Amity* eintrifft, dann das optische Netz, das uns an der Flucht hindert, zerstören ...«

»Und wie erwartest du, daß wir etwas gegen die Geier unternehmen, wenn sie in dreißig Kilometern Entfernung auf Quentins von uns abgewandter Seite bleiben?« fragte Demothi müde.

»Sso-ngii hat eigentlich recht«, griff Kennedy ein. »Wir können nicht damit rechnen, daß wir den Hai töten können — weder wir noch die *Amity* verfügen über die Waffen, die wir dazu benötigen würden. Wir können nur eines tun: fliehen; und die Geier sind der beste Punkt, an dem wir es versuchen können.«

»Sie haben vermutlich keine Vorschläge, wie wir das bewerkstelligen sollen«, knurrte Demothi.

»Vielleicht doch«, widersprach sie. »Es ist ohnehin der richtige Augenblick, es zu versuchen. Der Hai bewegt sich von uns fort.«

Mit 1,4 Ge, las Ferrol von den Instrumenten ab, auf einem Kurs, der ihn zu dem toten Raumpferd zurückführte. »Er wird zurückkommen«, flüsterte er Kennedy zu. »Es ist für ihn eigentlich das gleiche, ob er ein Raumpferd frißt oder in einem *Yishyar* Futter sucht, nur sind bei einem Raumpferd die Vorteile größer: Er bekommt alle Spuren- und alle seltenen Elemente, die er braucht, in dem richtigen Verhältnis und als ein Ganzes.«

»Mit anderen Worten, wie es bei allen Räubern der Fall ist«, bestätigte Kennedy. »Das heißt, wir müssen uns jetzt etwas einfallen lassen, bevor er draußen fertig ist und zum Dessert hierher zurückkommt.«

»Richtig. Haben Sie eine Idee?«

»Möglicherweise.« Sie betätigte ein paar Tasten, und auf ihrem Display erschien eine schematische Darstellung der Landefähre mitsamt ihrem Inventar. »Es hängt davon ab, wie viele Reservegurte wir an Bord haben und welche Wunder wir mit dem Antrieb wirken können.«

Sie begann, ihren Plan zu erläutern ... und während sie sprach, musterte Ferrol ihr Gesicht eingehend. Er nahm zum ersten Mal bewußt die kühlen Augen und die zarten Fältchen um sie herum wahr. In Kennedys Akte war ihr Alter mit sechsundvierzig Jahren angegeben — sie war nicht ganz doppelt so alt wie Ferrol -; ihre militärische Laufbahn wurde bewußt und beunruhigend vage geschildert. Der Senator hatte angedeutet, daß ihre nicht angeführten Leistungen beachtlich seien; er hatte Ferrol immer wieder darauf aufmerksam gemacht, daß sie wirklich gefährlich war.

Jemand Gefährlicher war genau das, was sie jetzt brauchten. Er hoffte nur, daß der Senator nicht übertrieben hatte.

# 18. Kapitel

Der B1-Stern war groß und beinahe bösartig hell gewesen, und obwohl ihn der trübe weiße Zwerg, der ihn begleitete, weit außerhalb seiner Photosphäre umkreiste, hatte das Ganze unangenehme Erinnerungen an den Vergnügungsflug der *Amity* durch Dr. Lowrys Prä-Nova-System geweckt. Nicht nur Roman erging es so; Yamoto und Marlowe arbeiteten besonders rasch und effizient, und es war klar, daß sie genauso empfanden und sich vorgenommen hatten, die Suche so schnell wie möglich durchzuführen und das System dann unverzüglich zu verlassen.

Der B4-Stern, der als zweiter auf ihrer Liste stand, war nicht wesentlich lichtschwächer, aber er hatte wenigstens keinen Gefährten. Statt dessen wartete er mit einer Überraschung auf.

Laut Rrin-saa handelte es sich um ein *Yishyar*-System.

»Das ist wirklich interessant, Rrin-saa«, stimmte Roman zu. Das fremde Gesicht auf seinem Monitor war verzerrter als für gewöhnlich. Aufregung? Wahrscheinlich. »Wäre Quentin imstande gewesen, diesen Umstand vom System 11612 aus zu entdecken? Ist er vielleicht absichtlich hierhergekommen, um zu fressen?«

»Das weiß ich nicht, Rro-maa.«

Als sich Marlowe einmischte, lag ein merkwürdiger Unterton in seiner Stimme. »Captain, das Programm für anormale Bewegung hat gerade etwas angezeigt.«

»Quentin?« fragte Roman und schaltete den entsprechenden Bildschirm ein.

Marlowe antwortete erst nach einer langen Pause. »Nein, Sir. Es ist ... das darf nicht wahr sein, Captain, es ist mehr als einer – es ist ein ganzer Haufen.« Er wandte sich mit leuchtenden Augen Roman zu. »Das ist etwas vollkommen Neues, Captain – eine neue Spezies von raumbewohnenden Geschöpfen.«

Roman schüttelte verblüfft den Kopf. Zuerst das Kalben der Raumpferde und jetzt das — die *Amity* war tatsächlich ein Zauberschiff. »Wirf einen Blick auf dein Display, Rrinsaa. Sind die Tampies schon jemals auf solche Wesen gestoßen?«

»Ich — weiß nicht.«

Roman warf einen Blick auf den Monitor. Das Zögern paßte nicht zu dem Tampy. »Rrin-saa?«

Wieder das Zögern. »Ich weiß, daß andere behauptet haben, sie gesehen zu haben; das ist alles.«

Roman warf Marlowe einen Blick zu. »Und was haben diese anderen darüber berichtet?«

»Daß es sich um Aasfresser handelt.«

Romans Herzschlag setzte einen Augenblick lang aus. »Quentin?«

»Das weiß ich nicht.«

Roman knirschte mit den Zähnen. »Marlowe?«

»Noch kein Zeichen von ihrem Leitstrahl«, berichtete dieser. »Aber ihre Reichweite muß sehr gering sein — der Sonnenwind, den dieser Stern abstrahlt, ist sehr stark.«

Roman zwang sich, seine Befürchtungen zu unterdrükken. Wahrscheinlich waren Quentin und die Landefähre überhaupt nicht gefährdet. »Okay, Yamoto, Sie wissen, an welchem theoretischen Punkt die Landefähre in das System eingetreten ist. Berechnen Sie einen spiralförmigen Suchweg und geben Sie dem Betreuer die Zahlen durch.«

»Ja, Sir, aber ich habe einen Vorschlag: Statt auf diesen Punkt zu zielen, sollten wir uns vielleicht auf jene Stelle des Asteroidengürtels konzentrieren, die dem Sprungpunkt am nächsten liegt.«

»Sie nehmen an, daß die viele Bewegung Quentin hungrig gemacht hat?« Roman hielt das für sehr wahrscheinlich. »Sehr gut. Berechnen Sie den Kurs und brechen wir auf. Haben Sie schon etwas über unsere Besucher herausbekommen, Marlowe?«

»Die Daten kommen allmählich herein, Sir. Die Computer der Forschungsabteilung arbeiten an ... ach, da ist es.«

Eine nicht sehr detaillierte Computerwiedergabe der Geschöpfe erschien von oben, von der Seite und von unten gesehen auf dem Display.

Roman beugte sich vor und studierte sie genau. Die Geschöpfe besaßen einen Durchmesser von ungefähr acht Metern, annähernd die Form einer Scheibe, hatten flache, dreieckige, flügelartige Fortsätze, die in vier Richtungen aus der Scheibe herausragten; ein großer Teil der flachen Unterseite bestand aus einer einzigen großen Freßöffnung und einem sensorischen Ring. »Das erinnert mich an einen schwanzlosen Manta-Rochen«, bemerkte er. »Der um neunzig Grad gedreht wurde, um zwei weitere Flügel unterzubringen. Merkwürdig, daß ein Geschöpf von dieser Größe eine so große Freßöffnung besitzt.«

»Das ist mir ebenfalls aufgefallen«, stimmte Marlowe zu. »Und wie Sie sehen, bleiben sie bei uns.«

Roman rief das taktische Display ab und runzelte die Stirn. Bucephalus hatte begonnen, sich dem Asteroidengürtel zuzuwenden, und die Geschöpfe da draußen machten das Manöver mit. Sie trieben in einer Entfernung von siebenundzwanzig Kilometern direkt vor ihnen.

Die Haare in Romans Nacken begannen leicht zu kribbeln. Er rief wieder die schematische Computerdarstellung der Geschöpfe ab und wählte auf der Bordsprechanlage die Forschungsabteilung. Tenzings Gesicht erschien. »Ja, was ist los?« fragte er geistesabwesend.

»Ich möchte wissen, was Sie von unseren Besuchern halten, Doktor«, sagte Roman.

»Sie sind schön«, erwiderte Tenzing, dessen Augen eine Stelle außerhalb des Raumschiffes betrachteten, die sich nicht im Blickfeld der Kamera befand. »Eine ganz neue Spezies von Geschöpfen, die den Weltraum bewohnen. Was möchten Sie noch wissen?«

»Mich interessiert vor allem, ob es sich um Räuber handeln kann.«

Tenzing blickte ungeduldig und leicht herablassend in die Kamera. »Das würde ich für äußerst unwahrscheinlich halten, Captain. Wie kommen Sie überhaupt auf diese Idee?«

»Zunächst durch die unverhältnismäßig große Freßöffnung.« Roman hatte nicht vor, sich von seinem Gesprächspartner zum Idioten stempeln zu lassen. »Und die Tatsache, daß sie angriffsbereit vor uns sitzen.«

Tenzing zuckte die Achseln. »Ich bezweifle, daß diese Ansammlung etwas zu bedeuten hat. Die Größe der Öffnung läßt sich damit erklären, daß das Geschöpf seine Nahrung einsaugt; es wandert durch den Raum und läßt Steine und Staub entweder in die Öffnung treiben oder zieht sie telekinetisch an, sobald sie sich in der Nähe befinden. Das würde auch die dreieckigen Körperfortsätze erklären: Sie könnten die Nahrung zur Mitte schaufeln.«

»Sie könnten auch dazu verwendet werden, um das Geschöpf an einem Raumpferd festzuhalten, während es sich hineinfrißt«, mischte sich Marlowe ein. »Wir haben nämlich etwas Zusätzliches auf diesen Fortsätzen gefunden, Captain. Sieht aus wie eine Anhäufung von Saugnäpfen wie bei einem Kraken.«

Roman betrachtete die veränderte Darstellung. »Doktor Tenzing? Kommentar?«

Tenzing wandte seine Aufmerksamkeit sichtlich unwillig und ärgerlich von seinem Display ab. »Ja, es könnte sich um Saugnäpfe handeln.« In seiner Stimme lag professionelle Gereiztheit. »Sie können aber auch hundert andere Aufgaben erfüllen. Vielleicht sind diese Geschöpfe die Weltraumversion von Schildfischen — Fische, die Autostopp machen und sich an Schildkröten, Haie oder sonstige Meeresbewohner anhängen, um mitgenommen zu werden. Aber sie sind ganz sicher, ganz entschieden keine Räuber, Captain — und schon gar nicht in dem Ausmaß, das Sie befürchten. Sie sind viel zu klein und zart, um auch nur daran zu denken, daß sie ein so großes Tier wie ein Raumpferd angreifen können. Bucephalus würde sie telekinetisch in Stücke reißen, bevor sie nur halbwegs in seine Nähe gelangen.«

Roman rieb nachdenklich Daumen und Zeigefinger aneinander. Tenzings Argumente klangen vernünftig, und doch ... »Wenn sie sich mitnehmen lassen wollen, warum halten sie dann eine so große Entfernung zu uns ein?«

»Vielleicht wollen sie sich nicht mitnehmen lassen«, antwortete Tenzing ungeduldig. »Vielleicht hält Bucephalus sie auf Distanz. Wir haben hier unten wirklich sehr viel zu tun, Captain, wie müssen Daten sammeln und vieles mehr, deshalb würde ich gern zu meiner Arbeit zurückkehren, falls Sie nichts anderes mit mir zu besprechen haben.«

»Natürlich, Doktor.« Roman schluckte seinen Ärger hinunter. »Viel Vergnügen.«

Das Bild verschwand und Roman betrachtete die Stelle, an der es sich befunden hatte, noch einen Augenblick lang finster. Als sich die Missionen des Schiffs von reiner Forschungsarbeit zu Forschungsarbeit plus Raumpferdzucht und dann nur noch zur Raumpferdzucht verlagert hatten, waren die wissenschaftliche Abteilung immer kleiner und Tenzings Ärger über die Pfuscherei der Raumflotte bei jeder Personalverminderung größer geworden. Roman fühlte mit ihm, aber dadurch wurde es auch nicht leichter, den Mann zu ertragen.

Er blickte wieder auf sein Display. Draußen befanden sich mindestens zwanzig dieser Geschöpfe; möglicherweise waren weitere zwischen den Felsbrocken verborgen, die die Gruppe anscheinend mitschleppte. Tenzings letzter Kommentar ... Er stellte die Verbindung zur Tampy-Abteilung her. »Rrin-saa?«

»Ich höre.«

»Hält Bucephalus die Geschöpfe da draußen von uns fern?«

»Nein«, antwortete ein unsichtbarer Sprecher. Wahrscheinlich war Hhom-jee im Augenblick der diensthabende Betreuer.

Damit war Tenzings Schildfisch-Theorie erledigt.

»Danke«, sagte Roman und wollte abschalten.

»Rro-maa?«

»Ja, Hhom-jee?«

Der Alien sprach erst nach einer langen Pause weiter.

»Bucephalus hat Angst, Rro-maa.«

Roman starrte Rrin-saas ausdrucksloses Gesicht an. »Was soll das heißen, Angst? Wovor hat er Angst?«

»Das weiß ich nicht.«

Romans Blick wanderte wieder zum Display. Tenzing hatte sie als Schildfische bezeichnet. Für ein Raumpferd ungefährlich ... »Versuche, die Ursache herauszufinden«, sagte er zu Hhom-jee. »Oder versuche, einen Standort oder eine Richtung oder sonst etwas herauszubekommen.«

»Eure Wünsche sind die unseren.«

Roman schaltete ab und sah Marlowe an. »Umfassendes Scanning«, befahl er. »Ich möchte, daß Sie sich einen Umkreis von zehntausend Kilometern genau ansehen.«

»Ja, Sir.« Marlowe machte sich an die Arbeit.

Roman blickte zu Yamoto hinüber. »In der Steuermann-Bibliothek gibt es eine Akte über Kampfoperationen. Graben Sie sie aus und behalten Sie sie in Reichweite.« Er zögerte, aber falls die ›Schildfische‹ sich für Bucephalus interessierten ... »Und lassen Sie die technische Abteilung mit der Antriebs-Aktivierungssequenz beginnen.«

»Ja, Sir.« Falls sie begriff, was dieser Befehl bedeutete, verbarg sie es gut.

Das war alles, was die *Amity* im Augenblick unternehmen konnte, dachte Roman. Jedenfalls bis sie Quentin und die Landefähre gefunden hatten.

Wie auf ein Stichwort kam von Marlowes Konsole ein lautes Piepsen. »Captain«, rief der Lieutenant. »Wir empfangen einen Leitstrahl; Peilung innerhalb des Asteroidengürtels. Wir haben sie gefunden.«

* * *

Es stellte sich heraus, daß keine Wunder erforderlich waren; Ferrol war nicht klar gewesen, wie mühelos die Ausrüstung der Landefähre auseinandergenommen und neu zusammengesetzt werden konnte, obwohl, wie er rückblickend feststellte, dies nicht ungewöhnlich war; schließlich handelte es sich um ein Schiff, das als überdimensionales Rettungsboot eingesetzt werden konnte. Die erforderlichen technischen Daten waren in einem der Datenpacks in dem Behälter der Überlebensbibliothek gespeichert; und außerdem war Kennedys Plan relativ einfach. Aber da nur zwei Personen daran arbeiten konnten — die Tampies waren natürlich nicht dazu zu gebrauchen, und Ferrol weigerte sich rundweg, Demothi auch nur in die Nähe der Ausrüstung zu lassen —, brauchten sie beinahe drei Stunden. Nur gut, daß der Hai es nicht eilig hatte.

Endlich war das merkwürdig geformte Geschoß fertig und außen am Rumpf befestigt. »Was jetzt?« fragte Demothi, während Ferrol angestrengt versuchte, in der Schwerelosigkeit den Raumanzug abzustreifen, den er bei der Außenarbeit getragen hatte.

»Was glauben Sie wohl?« brummte Ferrol, der gerade an einem Hosenbein zerrte, das nicht nachgeben wollte. »Wir warten. Wenn es funktioniert, haben wir für wenige Sekunden ein Sprungfenster, und bevor wir uns darauf einlassen, wäre es sehr gut, wenn wir eine Ahnung hätten, wohin wir springen. Glauben Sie nicht?«

»Und wenn der Hai angreift, bevor die *Amity* eintrifft?« bohrte Demothi weiter.

»Darüber werden wir uns die Köpfe zerbrechen, falls und sobald es dazu kommt«, knurrte Ferrol, stopfte den Raumanzug in sein Kästchen und schloß es. Bis dahin ...

Auf dem Armaturenbrett hinter Demothi leuchtete plötzlich ein blaues Licht auf. »Sie sind hier, Ferrol«, rief Kennedy.

Ferrol stieß sich von dem Kästchen ab, schoß vorwärts und bremste sich unterwegs an den Stühlen ab. »Wo stekken sie?« fragte er, packte seinen Sitz und zog sich hinein. Aus dem Lautsprecher kam Marlowes Stimme.

»Peilung vierundzwanzig Backbord, dreißig Zenit«, las

Kennedy die Zahlen ab. »Die Entfernung habe ich noch nicht. Der Laser sucht sie jetzt ... da sind sie.«

Ferrol schaltete auf Senden. »Hier spricht Commander Ferrol an Bord der Landefähre der *Amity*«, rief er ins Mikrophon. »Melden Sie sich, *Amity*.« Er blickte auf die Uhr und zählte die Sekunden: vier ... fünf ...

Marlowes Stimme verschwand plötzlich. »Ahoi, Landefähre«, sagte Roman. Sogar durch das statische Knistern der geladenen Partikelteilchen hörte Ferrol die Erleichterung in der Stimme des Captains. »Sie haben wohl nie gelernt, daß es unhöflich ist, eine Party zu verlassen, wenn der Gastgeber sich nicht im Zimmer befindet?«

»Tut mir leid, aber uns blieb kaum etwas anderes übrig — unser Zugpferd verabschiedete sich«, antwortete Ferrol. Die Verzögerung zwischen Frage und Antwort betrug sechs Sekunden, also drei Sekunden in jede Richtung, und das hieß, daß die *Amity* ungefähr neunhunderttausend Kilometer entfernt war. Zeitlich gesehen waren das ...

»Gute vier Stunden bei einem 2/Ge-Beschleunigungs/Bremskurs«, murmelte Kennedy neben ihm.

Er nickte ihr dankbar zu. »Können Sie uns sagen, wo wir uns befinden?« rief er ins Mikrophon.

»Wir haben eine komplette Navigationsberechnung für Sie zusammengestellt«, antwortete Roman sechs Sekunden später. »Hier kommt sie.« Auf Ferrols Schaltpult ging ein Lämpchen an, das eintreffende Daten anzeigte.

»Falls es Sie interessiert«, fuhr Roman fort, »Quentin hat bei diesem Sprung beinahe 1120 Lichtjahre zurückgelegt. Für einen Anfänger nicht schlecht ...«

»Wir werden uns später mit Höchstleistungen befassen«, meinte Ferrol. »Im Augenblick müssen wir alle möglichst rasch aus diesem System verschwinden. Haben Sie ein freies Sprungfenster?«

Diesmal dauerte es länger als sechs Sekunden, bis die Antwort eintraf. »Nein«, sagte Roman schließlich. »Wir haben eine Vorhut von kleinen, im Weltraum lebenden

Geschöpfen vor uns. Sie blockieren offenbar Bucephalus' Sicht für den Sprung.«

Ferrol fluchte leise. Eigentlich hätten die Geier gar nicht fähig sein dürfen, die *Amity* zu finden, weil sie viel zu weit von dem toten Raumpferd entfernt war. Wimmelte denn das ganze System von den verdammten Dingern?

Oder hatte der Hai seine vorherige Beute aufgegeben...?

»Marlowe, führen Sie mit Ihrem Anormale-Bewegungen-Programm ein Rundum-Scanning durch!« befahl er.

»Sofort. Ich rate Ihnen, Captain, sich in Bewegung zu setzen, und zwar mit so vielen Ge, wie es Ihnen möglich ist. Wenn die Geier Sie so schnell gefunden haben, dann ist anzunehmen, daß sich der Hai irgendwo in der Nähe be...«

»Bewegung, Captain«, unterbrach Marlowe. »Peilung achtzig-sieben Backbord, sechzig Nadir. Es ist ... Heiliger Strohsack!«

»Hhom-jee, gehen Sie auf vier Ge Beschleunigung«, befahl Roman eiskalt und ruhig. »Yamoto, halten wir noch immer Kurs auf die Landefähre?«

»Ja, Sir.« Während Yamoto antwortete, veränderte sich ihre Stimme, weil die hohe Beschleunigung eingesetzt hatte. »Wir werden den Kurs später wegen der hohen Beschleunigung korrigieren müssen, aber er stimmt ziemlich genau.«

»Marlowe?«

»Das Monster ist ebenfalls auf vier Ge gegangen, Captain. Bei dem derzeitigen Kurs ... fängt er uns in etwas über zwei Stunden ab.«

»Seien Sie nicht zu optimistisch«, warnte Ferrol, »er hat es auf sieben Ge gebracht. Wahrscheinlich läßt er sich jetzt Zeit, weil er nicht sehr hungrig ist.«

»Wir sind auch mit kleinen Geschenken zufrieden«, meinte Roman. »Ich nehme an, daß der Hai ein Räuber ist?«

Ferrol schnaubte. »Das ist die Untertreibung des Jahrhunderts. Wir haben einen Blick auf das Raumpferd geworfen, von dem er gefressen hat – das heißt, auf die kärglichen Überreste.«

»Wir haben einige Aufzeichnungen gemacht, Captain«, fügte Kennedy hinzu. »Sie sind nicht sehr gut, aber Sie bekommen wenigstens eine Vorstellung davon, womit Sie es zu tun haben.«

»Gut. Übertragen Sie, sobald Sie soweit sind.«

Kennedy begann sofort mit der Übertragung und einige Minuten lang herrschte Stille. »Ich sehe, was Sie meinen«, sagte Roman schließlich. »Ich schicke es zu der Forschungsabteilung hinunter; vielleicht können die mehr herausbekommen. Können Sie uns etwas empfehlen?«

Ferrol fuhr sich mit der Zunge über die Lippen. »Es ist beinahe sicher, daß wir den Hai nicht töten können, Sir. Die *Amity* verfügt nicht einmal über die Mittel, ein anderes Raumschiff auszuschalten, geschweige denn etwas, das Raumpferde tötet und frißt. Unsere einzige Chance besteht darin, daß wir die Geier und ihre optischen Netze lange genug loswerden, um zu springen. Kennedy hat sich eine erfolgversprechende Methode ausgedacht. Da wir jetzt wissen, wo wir uns befinden und wie wir nach Hause zurückkommen, sollten wir den Versuch unternehmen.«

»Die Spezifikationen zu meiner Methode befinden sich in dem Paket, das ich Ihnen soeben übermittelt habe«, fügte Kennedy hinzu.

»Warten Sie einen Augenblick, ich werfe einen Blick darauf.«

Wieder trat Stille ein, und Kennedy benützte die Gelegenheit, um die letzten Einzelheiten in der Programmierung ihres Geschosses zu vervollständigen. Ferrol sah ihr zu und bedauerte, daß er nichts zu tun hatte. »Eine interessante Idee«, brummte Roman schließlich. »Ja, Sie haben recht, es hat keinen Sinn zu warten. Moment ... wenn es funktioniert, versuchen Sie es mit Deneb. Geben Sie uns zwei Stunden, um Sie einzuholen; wenn wir bis dahin nicht auftauchen, können Sie bestimmt mit dem neuen Navigationspack nach Solomon zurückkehren.«

»Kennedy?« murmelte Ferrol.

Sie nickte. »Deneb geht in Ordnung, Captain.«

»Übermitteln Sie Ihre Daten ständig an uns, während Sie es durchführen«, wies Roman sie an. »Wenn es funktioniert, wollen wir sehen, wie es vor sich geht. Viel Glück.«

Ferrol holte tief Luft. »Fangen wir an, Kennedy.«

»Bring uns hinaus!« befahl Kennedy Wwis-khaa, der Sso-ngiis Platz unter dem Helm eingenommen hatte. »Wende Quentin um etwa dreißig Grad nach Backbord, siebzehn Nadir – ein großer, bläulicher Stern, der ganz allein steht.«

»Eure Wünsche sind die unseren.«

Eine Minute später befand sich Quentin in Position, jedenfalls so weit es Wwis-khaa trotz der Störung durch die Geier beurteilen konnte. »Geschoß bereit«, las Ferrol von der Anzeige ab und drückte sich im Geist die Daumen. »Okay, Kennedy, Feuer!«

Ihre Schöpfung kroch mit geringer Beschleunigung von der Landefähre fort. Eine Minute später schaltete sich der schwache Fusionsantrieb ein und das Geschoß sprang wie eine erschrockene Fledermaus davon. Es glitt an Quentin vorbei, den Wwis-khaa zur Seite gelenkt hatte; dann brachte der Tampy geschickt wie ein Chirurg Quentin in seine alte Position zurück, bis sich das optische Netz in einer Linie mit dem Geschoß befand. Ferrol hielt den Atem an ... und eine Sekunde vor dem Aufprall erblühte der Miniaturstern plötzlich zu einem Netz aus Raumpferdgurten, das mit einer Geschwindigkeit von fünfhundert Metern in der Sekunde auf das optische Netz der Geier aufprallte.

»Wwis-khaa«, brüllte Ferrol, ohne die Displays aus den Augen zu lassen. »Jetzt!«

»Quentinninni kann den Stern noch nicht sehen«, antwortete der Tampy.

»Verdammt!« Ferrol schlug mit der Faust auf den Rand des Schaltpults und sah hilflos zu, wie das Netz beinahe wirkungslos durch die Masse der Geier fegte. »Es funktioniert nicht. Es funktioniert nicht!«

»Ich sehe, wo das Problem liegt«, sagte Kennedy. »Das

Netz hat einen Haufen von ihnen erwischt, aber noch bevor es sie wegschleppen konnte, füllten die übrigen das Loch aus.«

Ferrol atmete zischend aus. »Ja. Verdammt! Und jetzt zwängen sie sich am offenen Ende hinaus und kehren zum Hauptschwarm zurück. Damit es funktioniert, brauchen wir entweder drei oder vier kleine oder ein wirklich großes Geschoß.«

»Und eine Vorrichtung, damit es sich am offenen Ende selbsttätig schließt, sobald es sie eingefangen hat«, fügte Kennedy hinzu. »Haben Sie das alles mitbekommen, Captain?«

»Ja«, erwiderte Roman. »Ich glaube, daß eure Idee richtig ist; wir werden sehen, ob die technische Abteilung und Tenzings Leute das Modell verbessern können. Hoffentlich bevor der Hai uns einholt.«

Für die *Amity* ist das in Ordnung, dachte Ferrol. Aber für uns ... »Wir haben alle Gurte aufgebraucht, die wir an Bord hatten«, stellte er fest.

»Das habe ich angenommen. Wir werden uns etwas einfallen lassen.«

»Zunächst ist es nicht mehr notwendig, daß wir uns weiterhin hier herumdrücken«, mischte sich Kennedy ein. »Ich empfehle, daß wir einander auf halbem Weg treffen.«

Roman überlegte. »Dadurch würde Quentin dem Hai unangenehm nahe kommen«, wandte er ein. »Sind Sie sicher, daß Sie dieses Risiko eingehen wollen?«

»Es ist jedenfalls viel weniger riskant, als zu hoffen, daß Sie vor dem Hai hier eintreffen können«, widersprach Ferrol.

»Damit haben Sie recht«, gab Roman zu. »Yamoto?«

»Bereit, Sir«, antwortete diese sofort. »Lieutenant?«

»Los!« sagte Kennedy. Sie bestätigte den Empfang, sobald sie die Daten erhalten hatte.

»Gut«, meinte Roman. »Wir sollten also in ... einer Stunde fünfzig Minuten zusammentreffen.«

Während der Hai sie in nicht ganz zwei Stunden abfangen würde. »Sehr knapp«, brummte Ferrol. »Vor allem, wenn der Hai sich entschließen sollte, ein paar Ge zuzulegen.«

»Ja, aber Bucephalus bringt es notfalls auf sechs Ge«, erinnerte ihn Roman.

Und der Hai schaffte sieben ... »Sie könnten noch etwas unternehmen, Captain.« Es fiel Ferrol schwer, weiterzusprechen. »In meiner Kabine befindet sich in einer der Schubladen unter dem Bett eine versperrte Schachtel — die Kombination ist sieben-zwei-sieben-drei-drei; in ihr liegt ein Datenpack, das die Auswirkungen übermäßiger Strahlung und Hitze auf Raumpferde zeigt. Falls die Physiologie des Hais jener der Raumpferde ähnlich genug ist, könnten Sie daraus entnehmen, wie Sie den Hai bekämpfen müssen.«

Er hielt die Luft an und wartete angsterfüllt auf die Frage, die jetzt fällig war. Aber Roman verstand es, Prioritäten zu setzen. »Danke, Commander. Ich gebe es sofort an die Forschungsabteilung weiter. Hoffen wir, daß es uns hilft.«

Ferrol hatte ein merkwürdiges Gefühl in der Magengrube. Lebt wohl, Geheimpolitik und Geheimwaffen, dachte er düster. Aber es ging ums Überleben — das seine und das der *Amity*. Dieses Mal konnte die Politik zum Teufel gehen.

Und falls es dem Senator nicht paßte, konnte er ebenfalls zum Teufel gehen.

# 19. Kapitel

Vier Ge bedeuteten das Vierfache des normalen Gewichts, das hieß, daß die Wissenschaftler der *Amity* von Beschleunigungsliegen aus arbeiten mußten, was in der Vergangenheit üblicherweise zu erbitterten Beschwerden und langen Verzögerungen geführt hatte. Doch diesmal beschwerte sich niemand; und nach nicht einmal einer halben Stunde trafen die ersten Ergebnisse ein.

»Er ist zweitausendfünfzehn Meter lang«, erklärte Tenzing Roman, während auf dem Bildschirm der bereits vertraute, spitz zulaufende Zylinder erschien. »Etwa zweieinhalbmal so lang wie ein durchschnittliches Raumpferd, und mit ähnlichen Proportionen. Die Sensoren-Gruppen befinden sich in einander ähnlichen axialen Ringen vorn und hinten, doch man kann aus dem Durchmesser dieser Gruppen darauf schließen, daß die Freßöffnungen proportional viel größer sind als bei einem Raumpferd.« Das Diagramm verschwand und an seine Stelle trat Tenzings erschöpftes Gesicht.

»Wenn die Theorie stimmt, daß die telekinetische Kraft im Verhältnis zum Rauminhalt zunimmt, sprechen wir von einem Geschöpf, das fünfzehn Mal stärker ist als Bucephalus«, stellte Roman fest.

Tenzing nickte. »Wir können hoffen, daß es nicht ganz so schlimm ist, aber es ist schlimm genug. Das zeigen die Daten der Landefähre.«

»Richtig. Wie steht es mit den Geiern?«

Tenzing zuckte die Achseln, so gut das bei vier Ge möglich war. »Der Hai ist von den Dingern praktisch bedeckt«, antwortete er. »So gesehen war meine Schildfischtheorie wenigstens teilweise richtig.«

»Bis auf die Tatsache, daß sich in diesem Fall die Aasfresser aktiv an der Jagd beteiligen.«

»Stimmt. Und das wird uns Schwierigkeiten bereiten.

Wir schätzen, daß der Hai etwa viermal mehr Geier mitschleppt als im Augenblick vor Bucephalus warten. Das ist wesentlich mehr, als das Netzgeschoß, das wir jetzt bauen, einfangen kann, vor allem, wenn sie uns in Wellen angreifen.«

Roman rieb sich nachdenklich das Kinn. »Falls die Wellen in so großem Abstand eintreffen, daß ein Sprungfenster entsteht, könnten wir doch springen.«

»Vielleicht«, antwortete Tenzing. »Es hängt davon ab, wie nahe uns der Hai zu diesem Zeitpunkt ist – und was, wenn überhaupt, er tun kann, um das Netzgeschoß abzuwehren.«

Und darauf lief es eigentlich hinaus: Ob der Hai instinktiv handelte, oder ob er über echte, kreative Intelligenz verfügte. »Glauben Sie, daß er soweit überlegen kann?« fragte Roman Tenzing.

»Meine professionelle Meinung?« Tenzing zuckte wieder die Achseln. »Ich weiß es nicht, Captain, ich weiß es wirklich nicht. Im allgemeinen nimmt die Intelligenz mit der Größe des Gehirns zu, aber das muß nicht sein, und es gibt Ausnahmen.« Er zeigte auf das Display. »Der Hai zog sich nach seiner Auseinandersetzung mit der Landefähre zu dem toten Raumpferd zurück; aber er muß es beinahe sofort wieder verlassen haben, um dorthin zu gelangen, wo wir ihn entdeckten. Also: Zog er sich zurück, fraß ein wenig und trieb sich dann herum, während er seine Wunden leckte? Oder kehrte er zurück, um den Rest der Geier einzusammeln, damit er seine volle Angriffskraft gegen das unbekannte Objekt einsetzen kann, das sich so seltsam gewehrt hat?« Er schüttelte den Kopf. »Sie können genauso gut raten wie ich.«

Roman sah das taktische Display an. Noch eine Stunde zwanzig Minuten, bis sie mit der Landefähre zusammentrafen ... und der Hai kam immer näher. »Was ist mit den Informationen in Commander Ferrols Datenpack?« fragte er Tenzing. »Können wir etwas davon verwenden?«

»In dem ist sehr viel drin. Ob wir es verwenden können,

steht auf einem ganz anderen Blatt. Es ist offensichtlich, daß große Dosen — damit meine ich wirklich große Dosen — ionisierter Strahlung und dichter relativistischer Partikelflüsse Raumpferde töten oder bewegungsunfähig machen können, wobei die Sensorengruppen besonders verletzlich sind. Aber in der Ausrüstung der *Amity* befinden sich keine Röntgenlaser und Partikelbeschleuniger mit Feineinstellung.«

Roman nickte. »Haben Sie alles mitbekommen, Landefähre?«

»Ja, Sir«, antwortete Ferrol grimmig. »Klingt nicht sehr hoffnungsvoll, was?«

»Wir sind noch nicht tot«, stellte Roman fest. »Die technische Abteilung wird den Antrieb lange bevor der Hai uns erreicht auf volle Kraft gebracht haben, und dabei wird genügend Partikelstrahlung erzeugt, damit wir ihm zumindest eine kräftige Ohrfeige versetzen können. Wir versuchen inzwischen, aus Teilen des Heck-Kommunikationslasers einen Röntgenlaser zu bauen — theoretisch sollte das möglich sein.«

»Ich habe gesehen, wie es gemacht wird«, mischte sich Kennedy ein. »Aber selbst falls die *Amity* über die erforderlichen Geräte verfügt, haben Sie beinahe mit Sicherheit nicht soviel Zeit, wie für diesen Umbau erforderlich ist. Es wäre besser, wenn Sie sich darauf konzentrierten, den Laser auf Multi-Impuls-Tauglichkeit umzurüsten und ihn dann dazu verwenden, um auf die Sensorengruppe des Hais zu schießen.«

»Das tun wir bereits mit dem Reserve-Kommunikationslaser«, erwiderte Roman. »Haben Sie noch etwas, Dr. Tenzing?«

»Ich habe tatsächlich etwas auf Lager«, antwortete der Wissenschaftler. »Und dieser Leckerbissen ist zur Abwechslung vielleicht brauchbar. Es sieht so aus, als wäre dieser Hai ein Sprinter.«

Roman runzelte die Stirn. »Wie war das noch?«

»Ein Sprinter — das Gegenteil von einem Langstreckenläufer. Ich zeige es Ihnen.« Tenzings Gesicht verschwand von der Sprechanlage und wurde durch eine Graphik ersetzt, die einem taktischen Programm überlagert war. »Das ist eine Analyse des Gerangels zwischen Landefähre und Hai. Sie werden bemerken, daß der Hai wartete, bis die Landefähre sich in seiner nächsten Nähe befand, und daß außerdem die ungeheure Sieben-Ge-Beschleunigung, mit der er der Landefähre nachjagte, bereits eine Minute bevor er Quentin packte nachließ. Auch jetzt« – das Diagramm veränderte sich – »können Sie sehen, daß der Hai ein bestimmtes Tempo einhält und nur soviel Ge macht, daß er uns allmählich näherkommt.«

»Interessant«, stellte Roman nachdenklich fest, während Tenzings Gesicht wieder auf dem Display erschien. »Sie sagen, daß der Hai zwar schneller ist, daß wir aber tatsächlich eine Chance haben, ihm davonzulaufen?«

»Ich kann das nicht mit Bestimmtheit sagen«, wandte Tenzing ein. »Vergessen Sie nicht, daß wir von einem Räuber sprechen. Ein Räuber, dem seine Beute ohne Schwierigkeiten davonlaufen kann, würde nicht lange als Räuber existieren.«

»Das stimmt«, brummte Roman. »Andererseits erwartet ein Räuber auch nicht, daß seine Beute langsamer wird, während er sie verfolgt. Wir werden demnächst eine Wendung ausführen und langsamer werden; vielleicht wird ihn das verwirren.«

»Vielleicht«, meinte Tenzing zweifelnd. »Aber ich würde mich nicht darauf verlassen.«

»Das habe ich auch nicht vor«, erwiderte Roman. »Ich hoffe, daß wir uns von unseren optischen Netzen befreien können, bevor uns der Hai zu Tode jagt. Landefähre, hält sich Ihr Geiergeschwader noch immer in siebenundzwanzig Kilometern Entfernung auf?«

»Als wäre es dort festgenagelt«, antwortete Ferrol.

»Wir befinden uns in der gleichen Lage. Sie bleiben knapp außerhalb von Bucephalus' telekinetischer Reichweite. Aber vor wenigen Minuten ist Yamoto etwas eingefallen. Was geschieht, wenn wir Bucephalus und Quentin Nase an Nase fliegen lassen?«

Jetzt trat eine längere Stille ein.

»Erstens«, sagte Ferrol nachdenklich, »geschieht, daß sich die beiden optischen Netze bei einer Entfernung von vierundfünfzig Kilometern überschneiden. Wenn sie einander näherkommen ... die Netze müssen einander entweder passieren, oder näher an ihre jeweiligen Ziele herankommen. In jedem Fall geraten beide in irgendeine telekinetische Reichweite.«

»Wir sind zu dem gleichen Schluß gelangt«, bestätigte Roman. »Ob es stimmt, werden wir ... in fünfundsiebzig Minuten feststellen.«

»Es sei denn, der Hai ist so intelligent, daß er merkt, was wir vorhaben«, warnte Tenzing, »und uns den Weg abschneidet, bevor wir einander nahe genug kommen.«

Roman verzog das Gesicht. Das war tatsächlich die entscheidende Frage.

»Falls es so ist, werden wir es etwas früher merken.«

Insgeheim klammerte sich Roman noch an die Hoffnung, daß die Wendung der *Amity* und ihre Verlangsamung den Hai verwirren würden; aber diese Hoffnung starb rasch und lautlos. Innerhalb von dreißig Sekunden nach Bucephalus' Wendung hatte der Hai das Manöver nachvollzogen sowie seinen Kurs etwas verändert und verlangsamt; die Computer der *Amity* berechneten, daß er beinahe genau an dem vorgesehenen Treffpunkt Null Ge erreicht haben würde.

Es lief also auf einen Wettlauf hinaus. Roman, den eine Beschleunigung von vier Ge in seinen Sitz drückte, beobachtete die Displays, hörte den laufenden Kommentaren der technischen und der Forschungsabteilung zu und stellte endlose Berechnungen an.

Alles wies darauf hin, daß es ein Kopf-an-Kopf-Rennen werden würde.

* * *

»Ich habe die Landefähre auf der Sichtanzeige«, meldete Marlowe. »Entfernung fünfundfünfzig Kilometer. Unsere jeweiligen optischen Netze müssen jeden Augenblick aneinander vorbeikommen.«

Bis jetzt hatte sich die Masse der Geier auf Romans taktischem Display nicht verändert. »Yamoto? – Was melden Ihre Anzeigen über den Hai?«

»Er kommt schnell näher.« Sie bemühte sich, ruhig zu sprechen, aber es gelang ihr nicht ganz. »Entfernung zweitausend Kilometer; er verlangsamt mit fünf Ge. Wenn er dabei bleibt, ist er in fünf Minuten da.«

»Landefähre?« fragte Roman.

»Wir sind bereit«, antwortete Ferrol.

Roman schaltete seine Sprechanlage ein. »Hhom-jee? – *jetzt*!«

Sofort setzte ein seitlicher Zug ein, weil Bucephalus nach Steuerbord wendete. Eine Minute später steuerte die *Amity* wieder auf Quentin zu, der ein ähnliches Manöver durchgeführt hatte. »Marlowe? – Wohin springt die Landefähre?«

»Wie vorgesehen direkt zu Deneb.«

»Gut. Sobald Sie ein Sprungfenster haben, Ferrol, springen Sie. Wenn wir zwei Stunden später noch nicht da sind, fliegen Sie heim.«

»Ja, Sir.«

Das war es. Roman biß die Zähne zusammen und wandte sich wieder dem taktischen Display zu. »Die optischen Netze kreuzen einander«, berichtete er Ferrol. »Sie beginnen einander zu passieren ... nein ... nein, das stimmt nicht – sie bleiben zusammen. Sie bilden eine einzige Masse zwischen uns.«

»Das sollte keine Rolle spielen, wenn sie dadurch in telekinetische Reichweite gelangen«, bemerkte Kennedy.

»Und solange Bucephalus sie festhalten kann«, murmelte Marlowe.

Roman nickte. Beim derzeitigen Stand der Dinge bildeten Bucephalus und Quentin füreinander optische Netze.

Nur wenn die Raumpferde die Geier fassen und festhalten konnten, während sie einander gegenseitig den Weg freigaben ...

»Die Netze trennen sich«, rief Marlowe plötzlich. »Quentins Geier bewegen sich wieder auf die Landefähre zu.«

»Verdammt«, fluchte Roman und schaltete den Maßstab auf dem taktischen Display dazu. Die Geier flogen auf Quentin und die Landefähre zu und hielten sich knapp außerhalb von Bucephalus' telekinetischer Reichweite. »Ferrol! Kann Quentin sie jetzt schon telekinetisch erreichen?«

Eine Pause: »Keine Chance«, stellte Ferrol fest. »Wwiskhaa sagt, daß Quentins Reichweite ungefähr vier Kilometer beträgt.«

»Captain, der Hai beschleunigt«, meldete Yamoto. »Und er schickt weitere Geier aus.«

»Sie kommen sehr rasch näher«, fügte Marlowe hinzu. »Eintreffen in annähernd zwei Minuten.«

»Der Hai hat offenbar begriffen, was wir vorhaben«, erklärte Roman Ferrol. »Versetzen Sie Quentin einen Tritt in den Hintern. Wir müssen das Netz loswerden, bevor die nächste Welle eintrifft.«

»Wir schaffen es nicht. Quentin ist einfach nicht schnell genug. Sie müssen ohne uns springen.«

»Rro-maa, Bucephalunninni hält die Geier«, rief Rrinsaa über die Sprechanlage.

Das Sprungfenster war offen. Für die nächsten neunzig Sekunden.

»Captain?« drängte Yamoto.

Roman stieß die Luft zischend aus. »Sprung abbrechen!« befahl er. »Alles bereit für gezielten Schub aus dem Haupttriebwerk auf den Hai. Laser-Mannschaft, auf Hai zielen — auf eine der vorderen Sensorengruppen. Geschoß-Mannschaft ...«

»Was, zum Teufel, tun Sie da?« knurrte Ferrol. »Sie haben Ihr Fenster — sehen Sie zu, daß Sie wegkommen!«

»Wir lassen Sie nicht allein zurück. Geschoß-Mannschaft, Ziel wechseln auf ...«

»Seien Sie kein so gottverdammter Idiot«, unterbrach ihn Ferrol. »Sir. Sie wissen genau, daß Sie den Hai nicht schlagen können. Kehren Sie zur Kordonale zurück und bringen Sie ein Kriegsschiff oder sonst etwas Nützliches mit.«

Roman warf einen Blick auf das taktische Display. Das Verteufelte an der Lage war, daß Ferrol recht hatte – wenn die *Amity* nicht zurückkehrte, würden die Tampies und die Kordonale erst von dieser Bedrohung erfahren, wenn es zu spät war. Aber seine eigene Mannschaft bewußt im Stich zu lassen ... »Bedaure, Ferrol, aber heute haben wir keinen Bedarf an Märtyrern. Der Hai wird keinen von uns bekommen.«

»Dem Hai sind wir vollkommen egal«, widersprach Ferrol. »Er hat es auf die Raumpferde abgesehen. Wir halftern Quentin ab, lassen ihn laufen und befinden uns in Sicherheit.«

»Vielleicht. Aber vielleicht auch nicht, und dieses Risiko können wir nicht eingehen.« Auf Romans Display erschien eine Einblendung: Eine Großaufnahme des Hais, auf dem die Zieleinrichtung des Lasers einen Sensorenring suchte. Das war schwierig; die näherkommende Wolke aus Geiern verstellte einen Großteil der Sicht.

»In der Landefähre und ihrer Ausrüstung sind viele der Elemente vorhanden, die ein Raumpferd zur Ernährung braucht«, erklärte Roman Ferrol. »In verschiedenen Zusammensetzungen und Verbindungen, aber das ist dem Hai vielleicht gleichgültig.« Die Geierwolke zwischen der *Amity* und ihrem Verfolger war noch immer vorhanden; sie wurde anscheinend sogar dichter. Wie viele der verdammten Aasfresser hat der Hai überhaupt ausgeschickt? fragte sich Roman beunruhigt. »Trotzdem, das Thema ist abgeschlossen. Wenden Sie Quentin und beginnen Sie, sich zu entfernen, während wir den Hai ein wenig bremsen.«

Er befürchtete, daß Ferrol widersprechen würde, aber dieser knirschte nur: »Ja, Sir. Wwis-khaa, du hast den Captain gehört.«

»Hauptantrieb bereit«, meldete Yamoto. »Laser-Mannschaft meldet schwierige Zielerfassung infolge der Geier.«

»Verstanden«, antwortete Roman. »Gesamte Mannschaft: bereithalten.« Der Alarm trillerte und einen kurzen Augenblick lang sah Roman die *Dryden* vor sich. Ein echtes Kampfschiff mit echten Waffen und einer Mannschaft, die für diesen Einsatz ausgebildet war.

Der Augenblick ging vorbei. Er befand sich auf der *Amity* mit notdürftig zusammengestoppelten Waffen und einer unausgebildeten Mannschaft, und stand einem Feind gegenüber, von dem sich die Planer der Raumflotte nie hatten träumen lassen.

Sie konnten nur eines tun: ihr Bestes geben.

Der Hai war nun nur noch fünfundfünfzig Kilometer entfernt, und seine Geiereskorte war der *Amity* etwa zehn Kilometer näher. Aus Ferrols Aufzeichnungen ging hervor, daß der Hai Quentin aus ungefähr fünfundvierzig Kilometern Entfernung gepackt hatte ...

Er holte tief Luft. Es war so weit. »Antrieb und Laser: Feuer!«

Der Fusionsantrieb erwachte dröhnend zum Leben und drückte Roman tiefer in seinen Sitz, während sich Bucephalus' Geschwindigkeit für kurze Zeit verdoppelte. Gleichzeitig setzte das leisere Grollen der vorderen Steuerjets ein, die gegen den Schub des Antriebs kämpften, und eine Sekunde später war die zusätzliche Beschleunigung ausgeglichen. Roman warf einen Blick auf den Steuerdisplay. Die Spannung der Zügel war auf Null gesunken: Der Antrieb der *Amity* erzeugte jetzt die gleiche Beschleunigung wie Bucephalus. »Yamoto? Beschleunigung der Landefähre?«

»2,6 Ge.«

»Hhom-jee, beschleunige Bucephalus auf 2,2 Ge!«, befahl Roman. »Achtung, Yamoto, Sie müssen ebenfalls diese Geschwindigkeit erreichen.«

»Ja, Sir.«

Einen Augenblick später hatte sich Roman angepaßt und warf einen Blick auf das taktische Display. Der Hai war jetzt nur noch vierzig Kilometer entfernt und kam noch immer näher. »Laser-Mannschaft: Bericht.«

»Wir kommen nicht durch!« Obwohl die Stimme des jungen Mannes durch den Lärm des Antriebs gedämpft wurde, hörte man die Verzweiflung heraus. »Die Geier weichen nicht aus – sie blockieren den Laser.«

»Immer mit der Ruhe«, fuhr ihn Roman an, obwohl ihm selbst mulmig zumute war. Der Hai hatte also aus seiner Auseinandersetzung mit der Landefähre etwas gelernt. Hatte er womöglich zuviel gelernt? »Schießen Sie gezielt auf einzelne Geier«, ordnete er an. »Vielleicht können Sie sie töten oder kampfunfähig machen. Geschoß-Mannschaft: Feuer!«

Das von der Heckkamera übermittelte Bild wurde schwarz, als der Sonnenschutz die grelle Flamme des Geschoßantriebs abblockte. Romans Aufmerksamkeit wanderte zwischen den visuellen und den taktischen Displays hin und her; einige Sekunden später löste sich das Geschoß in ein Netz aus silberglänzenden Raumpferdgurten auf. Es erhob sich über die nächste Gruppe von Geiern. »Es funktioniert nicht, Tenzing.«

»Nur noch eine Sekunde, Captain. – Da!«

Plötzlich änderte die Explosion ihre Richtung; Tenzings Mechanismus aus künstlichen Alpha-Speichermuskeln schloß das Netz hinter den Geiern wie eine riesige Faust. Ein weiterer Schub aus dem Antrieb des Geschosses schleuderte die zusammengedrängten Geier zur Seite.

»Laser-Mannschaft, da haben Sie Ihre Lücke!« schrie Roman. Noch während er sprach, flackerte eine dünne Linie von ionisiertem Wasserstoff über den Bildschirm und erreichte die Flanke des Räubers. Der Hai schien zusammenzuzucken – und eine Sekunde später wurde der Strahl durch einen Schwarm von Geiern abgefangen, die augenblicklich die Lücke füllten.

»Verdammt«, murmelte Marlowe. »Der Laser ist wieder blockiert.«

»Was haben wir getroffen?« wollte Roman wissen.

»Es sieht so aus, als hätte der Strahl den Rand einer Sensorengruppe erwischt. Aber er hielt nicht lang genug an, um wirklich Schaden anzurichten.«

»Trotzdem sind wir eindeutig auf dem richtigen Weg«, meinte Roman. »Er hätte nicht so stark darauf reagiert, wenn wir ihn nicht verletzt hätten. Geschoß-Mannschaft — Status?«

»Das zweite Geschoß ist beinahe abschußbereit, Captain.« Der Sprecher wandte sich offenbar nicht dem Mikrophon zu, denn Roman konnte ihn kaum verstehen. »Sobald wir den Abschußtimer eingestellt haben, s...«

Roman wurde ohne Vorwarnung gegen seine Gurte gedrückt, weil die *Amity* plötzlich zurückgerissen wurde.

»Yamoto! — Voller Schub!« rief er. Der Befehl erfolgte instinktiv; das Dröhnen des Antriebs hatte sich bereits verändert, weil Yamoto alle Register zog. Eine Sekunde lang sah es so aus, als würde das Schiff sich freikämpfen ... dann wurde der Druck auf die Zügel langsam stärker und die Trägheitsindikatoren zeigten eine Rückwärtsbewegung an.

Sie waren gefangen. Gefangen und wurden eingeholt wie ein Fisch an der Leine.

# 20. Kapitel

Ein Dutzend verzweifelter Stimmen kämpften um Romans Aufmerksamkeit. Er kümmerte sich um keine, überflog einen Display nach dem anderen, sammelte Informationen und suchte nach neuen Möglichkeiten. Der Hai war nur zweiunddreißig Kilometer entfernt – offenbar hatte er gewartet, bis sie sich weit genug in seiner telekinetischen Reichweite befanden, bevor er sie ergriff – und kam rasch näher. Der Antrieb lief mit voller Kraft, und obwohl er nicht stark genug war, um sie dem Hai zu entreißen, wirkten sich die zusätzliche Hitze und die Strahlung sicherlich auf die Geierwolke aus. Die Frage war, ob diese Wirkung genügen würde, und zwar bevor der Hai so nahe kam, daß er das Schiff in Stücke riß.

Wenn es nicht genügte ...

»Geschoß-Mannschaft: Unverzüglich umprogrammieren«, überschrie Roman das Dröhnen des Antriebs. »Schalten Sie den Annäherungszünder aus und feuern Sie das Geschoß auf die Geier ab. Hören Sie mich, Ferrol? – Sie lassen das Geschoß vorbeifliegen und verwenden dann ein Standard 460-Codex-Funksignal, um es zu zünden, sobald es in Position ist.«

Ferrols Stimme war in dem Lärm beinahe nicht zu hören. »Captain, wir können Sie nicht einfach ...«

»Halten Sie den Mund, Ferrol! Das ist ein Befehl. Laser-Mannschaft: Konzentrieren Sie sich auf die Geier, die sich genau in der Richtung der Antriebsemissionen befinden – vielleicht können wir dort ein Loch sprengen und zum Hai gelangen.«

»Captain, Bucephalus gerät in Panik«, rief Yamoto. »Hhom-jee hat Schwierigkeiten, den Kontakt zu halten.«

Roman biß die Zähne zusammen. Ihm fiel ein, daß Ferrol vorgeschlagen hatte, Quentin freizulassen. Interessierte sich der Hai tatsächlich für die *Amity*, oder hatte er das

Schiff gepackt, weil er erkannte, daß die *Amity* und Bucephalus miteinander verbunden waren? »Hhom-jee, wird auch Bucephalus festgehalten?« fragte er.

Das Dröhnen des Antriebs war die einzige Antwort. »Hhom-jee? — antworte mir!«

»Er kann nicht antworten«, meldete eine andere Tampystimme. »Er kann im Moment ausschießlich mit Bucephanninni sprechen.«

Roman fluchte leise. »Yamoto, wie groß ist die Belastung der Halteleinen?«

»Sie nähert sich dem kritischen Punkt. Wenn sie bleibt, wie sie ist, werden sie demnächst reißen.«

Der Hai hielt also tatsächlich nur die *Amity* fest. Hatte er vielleicht erkannt, daß er mit dem Schiff auch das Raumpferd bekommen würde?

Aber wenn die Haltestricke gekappt wurden und der Hai gezwungen war, zwischen ihnen zu wählen ...

Auf dem taktischen Display sprang unvermittelt eine Reihe von Zahlen auf Rot. Die internen Belastungsindikatoren der *Amity* begannen, verrückt zu spielen ... »Stolt?«

»Der Laser ist noch immer nutzlos. Der Antrieb macht Hackfleisch aus den Geiern, und der Hai hat sich so weit von der zentralen Linie entfernt, daß sich die Geier nicht mehr zwischen uns befinden.«

Das bewies wieder einmal die Lernfähigkeit des Geschöpfs. Es hatte erkannt, daß die *Amity* das gefährlichere seiner beiden Ziele war und setzte seine gesamte Kraft gegen das Schiff ein.

Wobei er sich offenbar überhaupt nicht um Bucephalus kümmerte ...

»Wie steht es um die strukturelle Festigkeit?« fragte Roman und sah zu den roten Beanspruchungszahlen hinüber.

»Der Rumpf wird gedehnt«, antwortete Stolt. »Sowohl längs wie quer — es ist wie eine Gezeitenwirkung, nur stärker. Wahrscheinlich versucht der Hai, und entzweizureißen.«

Und da sich die *Amity* mit Klauen und Zähnen wehrte, war logischerweise zu erwarten, daß der Hai seine ganze Kraft einsetzen würde. »Wann werden Ihrer Schätzung nach die ersten Schäden auftreten?«

»Bei dieser Stärke werden die Nieten in etwa dreißig Minuten zu platzen beginnen. Doch wenn der Hai näherkommt, wird die Beanspruchung wahrscheinlich größer.«

Roman nickte unentschlossen. Wenn Tenzing damit recht hatte, daß der Hai ein nicht sehr ausdauernder Sprinter war, konnte man vielleicht an dem jetzigen Status quo festhalten und warten, bis der Räuber erschöpft war.

Aber wenn sich Tenzing irrte, dann konnte sie jede Verzögerung ihre letzte Entkommenschance kosten.

Dieses Risiko mußte er eingehen. »Laser-Mannschaft: Feuer einstellen!« befahl er. »Laden Sie alle Impulskondensatoren und halten Sie sich bereit. Schalten Sie den Antrieb ein wenig zurück, Yamoto. Rrin-saa, ich muß Hhom-jee eine Nachricht zukommen lassen — kann das geschehen?«

»Er kann dich hören, Rro-maa.«

»Gut. Wenn ich den Befehl erteile, Hhom-jee, dann möchte ich, daß Bucephalus nach hinten greift und möglichst viele der Geier zwischen uns und dem Hai telekinetisch wegschiebt.«

»Eure Wünsche sind die unseren«, erwiderte Rrin-saa.

»Yamoto?« fragte Roman. »Entfernung?«

»Bis zum Hai vierundzwanzig Kilometer, Captain. Die vordere Kante der Geierwolke ist etwas mehr als achtzehn Kilometer entfernt.«

»Mindestens zwei Kilometer innerhalb von Bucephalus' telekinetischer Reichweite, vielleicht auch mehr. Lasermannschaft bereithalten.« Roman wandte seine Aufmerksamkeit wieder den Beanspruchungsanzeigen zu. Sie würden einen einzigen Schuß abfeuern können. Ein bißchen näher, nur ein kleines bißchen näher ...

»Captain, die Spannung der Halteleinen hat die rote Marke erreicht«, meldete Yamoto plötzlich. »Noch eine Minute, und wir verlieren Bucephalus.«

Roman ballte die Fäuste. Es war soweit. »Hhom-jee: Jetzt!«

Eine einzige schreckliche Sekunde lang glaubte er, daß es schiefgegangen sei. Dann erschien in der verschwommenen weißen Wolke aus Geiern und Felsbrocken wie durch Zauberei ein schwarzer Kreis. Das Loch breitete sich wie das Negativ einer Explosion aus ...

Und dahinter, im reflektierten Licht der Antriebsemissionen, war der Hai deutlich zu erkennen.

»Laser: Feuer!« befahl Roman. Die dünne Linie schoß hindurch ...

Und Roman wurde unvermittelt in seinen Stuhl zurückgeschleudert.

Er hatte keine Zeit, Warnungen oder Befehle zu brüllen, aber Yamoto war bereit. Während eines Sekundenbruchteils, in dem sie den Antrieb abschaltete, herrschte Schwerelosigkeit, dann folgte ein weiterer heftiger Ruck durch die hohe Beschleunigung, als Bucephalus vorwärtssprang und die schlaffen Halteleinen spannte.

Sie waren frei.

Roman schaffte es, »Weiterfeuern!« zu rufen.

»Der Hai fällt zurück«, rief Marlowe. »Entfernung: fünfzig Kilometer ... sechzig ... siebzig ... ich glaube nicht, daß er versucht, uns zu folgen, Captain.«

»Das hat er nicht nötig«, mischte sich Yamoto ein. »Das optische Netz hat uns wieder.«

Trotz der hohen Beschleunigung gelang es Roman, tief Luft zu holen. »Lasermannschaft: Feuer einstellen. Sobald es Ihnen möglich ist, unterziehen Sie Ihre Ausrüstung einem Wartungscheck – vielleicht brauchen wir sie wieder.« Seine bleischweren Hände versuchten vergeblich, die Displays einzuschalten. »Marlowe, ist die Landefähre entkommen?«

»Nein. Sie befinden sich etwa zweihundertdreißig Kilometer vor uns; Peilung zwanzig Backbord, fünf Nadir.«

Roman hob mühsam die Hand und schaltete den Kommunikationslaser ein. »*Amity* an Landefähre. Bericht.«

»Hier Landefähre«, erwiderte Ferrol. »Es macht Ihnen offenbar Spaß, knapp davonzukommen.«

»Es blieb uns kaum etwas anderes übrig.« Roman musterte rasch das taktische Display. Anscheinend verfolgte sie der Hai noch immer nicht. »Aus Ihrer Anwesenheit schließe ich, daß das Netzgeschoß, das wir Ihnen geschickt haben, nicht funktioniert hat?«

»Es hatte keine Gelegenheit dazu. Der Hai stoppte es in einem Kilometer Entfernung von Ihnen.«

»Wollen Sie die Aufzeichnungen sehen, Captain?« fragte Marlowe. Roman nickte. »Nur zu!«

›Stoppte‹ war eine Untertreibung, oder vielleicht hatte Ferrol es aus dieser Entfernung nicht genauer sehen können. Aus der unmittelbaren Nähe der *Amity* wirkte der Vorgang wesentlich spektakulärer. »Es wurde gestoppt«, erzählte Roman Ferrol, »aber auch in kleine Stücke zerrissen und zerstreut. Sehen Sie es sich selbst an.«

Er schickte eine Kopie über den Laser hinüber und eine Minute lang herrschte Stille. »Sieht aus, als hätte er es bewußt getan«, bemerkte Ferrol schließlich.

»Das meine ich auch«, stimmte Roman zu. »Der Hai hatte gesehen, was das erste Geschoß anrichtete, und das gefiel ihm nicht.«

»Und als ihm wieder eines vor Augen kam, zerfetzte er es.«

»Ein weiterer Beweis dafür, daß der Hai lernfähig ist. Als hätten wir den noch gebraucht«, meinte Roman. Die Beschleunigung ließ allmählich nach: Entweder wurde Bucephalus müde, oder Hhom-jee bekam ihn wieder unter Kontrolle. Roman drückte sich im Geist die Daumen und wandte sich der Bordsprechanlage zu. »Kannst du schon mit mir sprechen, Hhom-jee?«

Eine Pause. »Ich höre, Rro-maa.«

Roman atmete erleichtert auf — die Vorstellung, daß er mit einem vor Angst verrückten Raumpferd einen Weg aus dem System finden sollte, war nicht angenehm gewesen. »Hast du Bucephalus wieder unter Kontrolle?«

»Er fürchtet sich immer noch.«

»Er ist nicht der einzige. Sobald du ihn soweit beruhigt hast, daß er sich lenken läßt, möchte ich mit der Landefähre zusammentreffen. Yamoto wird dir die Richtung angeben.«

»Eure Wünsche sind die unseren.«

»Gut.« Roman wandte sich Yamoto zu. »Berechnen Sie das Rendezvous und halten Sie die Berechnung auf dem laufenden. Wir wissen nicht, wie lang er brauchen wird, um Bucephalus wieder zur Vernunft zu bringen.«

»Er sollte sich lieber beeilen«, murrte Ferrol. »Was immer Sie angestellt haben, um dem Hai zu entkommen, wird kein zweites Mal funktionieren. Die Geschichte mit dem Netzgeschoß zeigt das sehr deutlich.«

»Ich befürchte, daß Sie recht haben«, bestätigte Roman. »Das heißt, daß wir wieder auf Feld eins zurückmüssen.«

»Die Geier loswerden?«

»Richtig. Und weil der Hai jetzt auf der Hut sein wird, müssen wir etwas finden, das schnell geht, so daß der Hai keine Zeit hat, darauf zu reagieren.«

»Das ist ein bißchen viel verlangt.«

»Wir werden uns etwas einfallen lassen.«

* * *

Ferrol stemmte sich gegen die 2,4 Ge-Beschleunigung, beugte sich vor und schaltete die Bordsprechanlage ab. Einen Augenblick lang starrte er das Schaltbrett düster an und spürte, wie sich sein Magen noch mehr verkrampfte. »Wir werden uns etwas einfallen lassen«, murmelte er. »Berühmte letzte Worte.«

»Es könnte schlimmer sein«, widersprach Kennedy. »Wir hätten beinahe die *Amity* und Bucephalus verloren.«

Ferrol sah sie an. Ihr Gesicht und ihre Stimme waren genauso gelassen wie immer, und einen Augenblick lang fragte er sich, ob sie während der letzten Stunden tatsächlich kein einziges Mal in Panik geraten war. »Irgendwann«, meinte er, »wird irgend jemand Ihnen Feuer unterm Hintern machen. Ich hoffe nur, daß ich es erlebe.«

Sie lächelte. »Viel besser«, meinte sie anerkennend. »Zorn lähmt viel weniger als Angst. Er führt auch eher zu einer konstruktiven Denkweise.«

»Woher wollen Sie das wissen?« fuhr er sie an, aber der Seitenhieb war kraftlos. Obwohl er ihr den mütterlichen Ton übelnahm, mußte er zugeben, daß sie recht hatte.

Er holte tief Luft und überblickte die Instrumente. Während der ersten Minuten, in denen sie von der *Amity* und dem sie verfolgenden Hai geflohen waren, hatte Quentins Beschleunigung langsam aber gleichmäßig zugenommen; doch während der letzten Minuten ging sie genauso gleichmäßig zurück. »Quentin wird langsamer, Wwis-khaa«, rief er. »Was ist los?«

»Quentinninni wird würde«, antwortete der Tampy. Sein Ton war merkwürdig ...

Ferrol drehte sich um und sah ihn an. Ein Blick genügte. »Sso-ngii, übernehmen Sie«, sagte er. »Wwis-khaa hält nicht durch.«

Sso-ngii bewegte sich und sah sich kurz um, als wolle er sich orientieren. Dann schüttelte er sich wie ein nasser Hund und griff an Demothi vorbei, um Wwis-khaa den Helm abzunehmen. Er betrachtete das Gerät und setzte es sich dann langsam auf.

»Keiner von beiden hält durch«, murmelte Kennedy.

»Ich weiß. Wann soll die *Amity* eintreffen?«

»In etwa fünfzehn Minuten. Soll ich drüben anrufen und verlangen, daß sich ein anderer Betreuer in einem Rettungsboot bereithält?«

Er nickte. »Ich hoffe nur, daß sie jemanden in Reserve haben. Der Kampf mit dem Hai hat vielleicht auch einige ihrer Betreuer außer Gefecht gesetzt.«

Kennedy wandte sich ihrem Schaltpult zu. Ferrol, der zum vorderen Bullauge hinausblickte, hörte mit halbem Ohr zu. Fünfhundert Meter vor ihm war Quentin ein dunkler Fleck vor den Sternen. Weit dahinter, in dieser Entfernung unsichtbar, hielten sich die Geier mit ihren optischen Netzen bereit.

Siebenundzwanzig Kilometer entfernt ... und Roman wollte sie rasch ausschalten.

»Wenn wir unsere Geschwindigkeiten angleichen«, sagte Kennedy in seine Gedanken, »wird ein anderer Tampy bereit sein. Captain Roman meint, daß sie auch nicht gerade an einem Überfluß an Betreuern leiden, daß er uns aber einen abtreten kann.«

»Großartig«, meinte Ferrol spöttisch. »Wir werden Quentin vielleicht doch noch freilassen müssen. Wegen Nichterscheinens.« Auf seinem Display erschienen der vorgesehene Kurs der *Amity* und der Treffpunkt ...

Er runzelte plötzlich die Stirn. »Haben Sie diese Berechnung selbst durchgeführt?« fragte er Kennedy.

Sie schüttelte den Kopf. »Nein, das haben Yamoto und die Tampies getan. Schwierigkeiten?«

»Ich weiß nicht.« Er zeigte auf die Berechnungen. »Warum wird sich die *Amity* so weit draußen herumtreiben?« Kennedy zuckte die Achseln. »Warum nicht? Es ist nicht notwendig, daß die beiden Schiffe so nahe beieinander fliegen. Vor allem, wenn die Raumpferde durch den Hai ungebärdig geworden sind.«

Ungebärdig. Ferrol starrte das Display regungslos an, während das Wort in seinem Kopf widerhallte. Ungebärdig. »Brauchen wir deshalb einen halben Kilometer Zügel zwischen uns und Quentin?« fragte er. »Weil das Kalb sonst ungebärdig wird?«

Kennedy sah ihn stirnrunzelnd an. »Ich verstehe nicht ganz, was Sie meinen.«

»O doch, Sie verstehen es. Sie haben vielleicht nie bewußt daran gedacht, aber Sie wissen es trotzdem.« Ein Bild aus einem Biologielehrbuch in der Schule fiel ihm ein; eine Schar Meeresvögel stand in beinahe militärisch präzisen Abständen auf einem Zaun. »Verstehen Sie denn nicht? – Raumpferde sind keine sozialen Tiere. Sie wandern nicht in Gruppen, nicht einmal in Familien- oder Clanverbänden. Genauer gesagt – wenn sie auf Artgenossen treffen, drängen sie sich nicht zusammen.«

»Sie haben recht«, gab Kennedy zu. »Jedesmal, wenn wir bei der Geburt eines Kalbes Hebamme spielen, entfernt sich die Mutter als erstes von dem Kalb. Und das Kalb entfernt sich als erstes von dem Boot mit dem Netz. Interessant, aber was soll's?«

Ferrol grinste. »Folgendes soll's. Der Captain irrt sich; wir müssen den Geiern nicht davonfliegen oder sie zusammenschießen, wir müssen sie nur verwirren.« Er deutete mit dem Kopf auf Quentin. »Und ich weiß, wie wir es anstellen müssen.«

»Ich bin ganz Ohr«, sagte Kennedy.

## 21. Kapitel

Die Zügel waren schwach leuchtende Stränge, die die Bullaugen der Landefähre streiften und nicht einmal aus dieser geringen Entfernung deutlich auszumachen waren. Ferrol versuchte es dennoch, und versteifte sich gleichzeitig für den heftigen Ruck, der unvermeidlich war, sobald Quentin außer Kontrolle und in Panik geriet. Aber es kam nicht zu der Entwicklung, die die Tampies mehr oder weniger vorhergesagt hatten. Statt dessen meldete sich Roman. »Bereitmachen, Landefähre!« befahl er. »Die Boote mit den Gurten kommen jetzt zurück. Wir werden den Kommunikationslaser abfeuern, bis sie im Hangar sind — je länger wir die Geier ablenken, desto besser sind die Erfolgsaussichten. Vermutlich.«

Ferrol biß die Zähne zusammen, um die Bemerkung hinunterzuschlucken, die ihm auf der Zunge lag. Roman war von dem Plan keineswegs begeistert gewesen; nicht deshalb, weil der Plan Schwachstellen aufwies, sondern weil alle Tampies dagegen waren. Den Grund für diese Ablehnung hatten sie nicht bekanntgegeben; sie hielten es für ausreichend, wenn sie allgemeine Andeutungen und vage Zweifel äußerten.

»Wir treiben ein wenig ab«, sagte Kennedy in seine Gedanken hinein.

Ferrol zwang sich, seinen Ärger zu vergessen, Es war nicht der richtige Zeitpunkt, sich durch die Launen der Tampies ablenken zu lassen. »Ppla-zii, Quentin muß sich etwas nach Backbord bewegen«, rief er dem Tampy hinter ihnen zu.

»Euer ... Wunsch ist der meine.«

Ferrol blickte rasch über die Schulter zu dem Austauschbetreuer zurück, der zwischen Demothi und dem im Schlaf summenden Wwis-khaa saß. Er bedauerte es sofort; das Gesicht des Tampies war schmerzhaft verzerrt. Ferrol hätte diesen Ausdruck nicht einmal bei einem so schiefgesichtigen Geschöpf wie einem Tampy für möglich gehalten. »Was ist los, Ppla-zii?«

»Quentinninni ist ... beunruhigt«, brachte der Tampy stockend heraus.

Ferrol warf Kennedy einen Blick zu. »Wie sehr beunruhigt?«

Ppla-zii mußte zweimal zum Sprechen ansetzen, bevor er die Worte herausstieß. »Er wird ... durchhalten ... zwangsläufig.«

»Wir sollten den Plan möglichst rasch in die Tat umsetzen«, murmelte Kennedy.

Ferrol nickte und wandte sich wieder seinem Schaltpult zu. Vielleicht waren die Sorgen der Tampies doch nicht ganz unbegründet gewesen. »Landefähre an *Amity*: Es wäre gut, wenn die Boote sich beeilen, Captain.«

»Wie geht es Quentin?« fragte Roman.

»Ppla-zii sagt, daß er beunruhigt ist — was immer, zum Teufel, er damit meint.«

»Vermutlich genau das, was wir befürchten: Schwierigkeiten. Vor allem, weil mir Bbri-whoo das gleiche von Bucephalus meldet. Also gut, Rückkehr der Netzboote in zwei Minuten. Starten wir — sie werden im Hangar sein, bevor wir bereit sind.«

»In Ordnung.« Ferrol beugte sich vor und sah zum Bullauge hinaus. Links vor ihnen hielt sich Bucephalus parallel zu dem knapp hundert Meter von ihm entfernten Quentin. Im Licht der fernen Sonne sah er wie eine gespenstische, grauweiße Wand aus. »Du hast den Captain gehört, Ppla-zii«, rief er. »Fangen wir an.«

»Euer Wunsch ist der ... meine.«

Ferrol rückte sich in seinem Stuhl zurecht und schaltete das taktische Display ein. Achtundzwanzig Kilometer vor ihm waren undeutlich die beiden optischen Netze zu erkennen, die nebeneinander vor dem jeweiligen Raumpferd warteten. »Quentin beginnt zu rotieren«, berichtete Kennedy.

»Verstanden«, bestätigte Roman. »Die Geier machen die Bewegung mit.«

Ferrol nickte. Die Geier reagierten auf die langsame Rotation des Kalbes und glitten zu der Gruppe hinüber, die Bucephalus die Sicht für den Sprung verstellte. Noch ein kleines Stück ...

»Am Ziel!« rief Kennedy. »Okay, Ppla-zii: Laß ihn in die entgegengesetzte Richtung rotieren.«

Ferrol hielt die Luft an ... und als Quentin sich von Bucephalus entfernte, folgten ihm die Geier wieder.

Verdammt. »Wir müssen Quentin näher heranbringen.«

»Sie haben leider recht«, gab Roman zögernd zu. »Aber ich weiß nicht recht. Rrin-saa?«

»Es ist gefährlich«, antwortete der Tampy. »Bucephalunninni zeigt bereits Anzeichen von Stress.«

»Was für Anzeichen von Stress wird er erst zeigen, wenn er gefressen wird?« entgegnete Ferrol.

»Das reicht, Commander«, sagte Roman scharf. »Wenn wir dem Hai entkommen, aber jegliche Kontrolle über Bucephalus verlieren, haben wir nicht viel gewonnen.«

»Mit allem gebührenden Respekt, Captain, ...« knirschte Ferrol.

»Ffe-rho hat recht«, mischte sich Rrin-saa ein. »Um Bucephalunninnis und unserer selbst willen müssen wir es versuchen.«

»Ganz zu schweigen von den hilflosen Versuchsmäusen im Labor«, murmelte Ferrol vor sich hin. »Ppla-zii? Bringe uns fünfundzwanzig Meter näher an Bucephalus heran.«

Sie brauchten beinahe fünf Minuten, um das Kalb zu diesem Manöver zu überreden ... und schließlich erwies sich, daß Ppla-ziis Mühe umsonst gewesen war.

Es fiel den Geiern wieder nicht schwer, vor beiden Raumpferden optische Netze zu errichten.

»Aber wir sind auf dem richtigen Weg«, stellte Kennedy fest. »Die Geier haben diesmal auf Quentins Bewegung wesentlich langsamer reagiert.«

»Das nützt uns nichts«, knurrte Ferrol. »Wir sind mit

unserem Latein am Ende – wir werden sie nie dazu bringen, sich einander noch mehr zu nähern.« Vor Zorn und Frustration stieg ihm das Blut in den Kopf. Die Idee war ihm so gut vorgekommen ...

»Geben wir nicht voreilig auf«, widersprach Roman. »Es stimmt, daß es sinnlos ist, die Raumpferde noch näher zusammenzubringen, weil die Geier sogar bei dieser Entfernung zwei nebeneinander stehende Raumpferde voneinander trennen können. Vielleicht ist das Nebeneinander nicht die richtige Methode.«

Ferrol runzelte die Stirn. »Was meinen Sie damit? Vorn und hinten?«

»Genau. Wir schicken Ihnen einen anderen, längeren Zügel hinüber, schneiden die Halteleine durch, die Sie im Augenblick mit Bucephalus verbindet, und Quentin bezieht direkt hinter uns Position.«

Ferrol warf Kennedy einen vielsagenden Blick zu, den diese erwiderte. »Selbst wenn Quentin vor uns ist und uns abschirmt, hat der Antrieb der *Amity* nicht annähernd genügend Zeit, um abzukühlen«, wandte er ein.

»Natürlich nicht«, bestätigte Roman. »Sobald der Zügel befestigt und hier an einem Verstärkerhelm angeschlossen ist, halftern Sie Quentin ab und bringen die Landefähre in den Hangar der *Amity*. Wenn wir Quentin in eine Linie mit Bucephalus bringen können, werden die Geier vielleicht glauben, daß nur ein Raumpferd ...«

»Captain!« unterbrach ihn Marlowe. »Der Hai hat sich wieder in Bewegung gesetzt; er will uns den Weg abschneiden – heiliger Strohsack, er hat beinahe acht Ge drauf.«

Kennedy fluchte leise, während sie Berechnungen anstellte. »Wahrscheinlich hat er inzwischen gemerkt, was wir vorhaben. Er trifft in ... wir werden nicht annähernd genug Zeit haben, Captain, die Boote mit den Gurten wieder auszuschicken.«

Ferrol stellte rasch selbst eine Berechnung an. Sie hatte recht ... und dadurch blieb ihnen eine einzige Möglichkeit. »Wir müssen uns von hier aus bei Ihnen einreihen«, erklärte er Roman, »und die Landefähre und Quentin zwischen Bucephalus und die *Amity* zwängen.«

»Das wird nicht funktionieren«, antwortete Roman rasch – er war also auf diesen Vorschlag gefaßt gewesen. »So wie Quentin jetzt angeschirrt ist, werden Sie ihn etwa zwanzig Meter näher an Bucephalus heranbringen. Sie werden das Kalb aber nie in die Lücke steuern können.«

»Das wird nicht notwendig sein.« Ferrol musterte gerade die Gurte auf dem Display. Die Winkel und die Angelpunkte ... »Sie müssen nur Bucephalus einen Tritt versetzen. Dadurch streckt sich die Halteleine zu ihrer vollen Länge und wir können zwischen Sie hineinschwingen.«

»Aber nur, wenn Quentin nicht in Panik gerät«, wandte Roman ein.

»Bleibt uns eine andere Wahl?« wollte Ferrol wissen.

»Eigentlich nicht. Rrin-saa? – du hast uns gehört. Sag Bri-whoo, er soll Bucephalus einen Stups geben!«

Einen Augenblick lang geschah nichts, dann begann Bucephalus, sich in Bewegung zu setzen. »Das hätten wir«, murmelte Ferrol.

»Halteleine spannt sich«, meldete Kennedy. »Bucephalus beginnt zu ziehen.«

Durch die Landefähre lief ein leichtes Zittern, und Ferrol versteifte sich. Aber Quentin scheute nicht, und eine Minute später befanden sich das Kalb und die Landefähre genau in der einen Kilometer langen Lücke zwischen Bucephalus und der *Amity*.

Ferrol, der unbewußt die Luft angehalten hatte, atmete jetzt aus. »*Amity*? Wir sehen von hier aus nichts – was unternehmen die Geier?«

»Sie befinden sich immer noch vor uns, aber sie bilden eine einheitliche Masse, nicht zwei Gruppen wie bisher. Vielleicht haben wir es tatsächlich geschafft.«

»Das werden wir bald feststellen«, meinte Ferrol. »Okay, Ppla-zii: Versetze Quentin in leichte Rotation.«

Keine Antwort. »Plla-zii?« fragte Ferrol und drehte sich um. »Ach, verdammt.«

»Was ist los?« fuhr ihn Roman an.

»Ich bin nicht sicher«, antwortete Ferrol. »Aber – sehen Sie einmal nach, Demothi.«

Dieser beugte sich bereits vor und sah dem Tampy ins Gesicht. »Er befindet sich zweifellos in *perasiata*«, erwiderte er mit hörbar zitternder Stimme. »Das ist eine Art Tiefschlaf oder Koma.«

»Wir wissen, was *perasiata* ist«, knirschte Ferrol. Wenn sich der Betreuer in diesem Zustand befand, dann war Quentin beinahe sicher ebenfalls außer Gefecht. Und wenn Quentin nicht ansprechbar war ...

Romans Gedanken hatten sich offensichtlich in die gleiche Richtung bewegt. »Rrin-saa«, rief er. »Rrin-saa! Was ist da unten los? Ist Bucephalus noch bei Bewußtsein?«

»Nein. Es ist das Ende. Der Kreis des Lebens schließt sich ...«

»Wir geben nicht auf«, unterbrach ihn Roman scharf. »Marlowe, verpassen Sie Bucephalus einen Schuß aus dem Kommunikaktionslaser – vielleicht kommt er dadurch wieder zu sich.«

»Zeitverschwendung«, murmelte Demothi.

»Dann liefern Sie uns einen Alternativvorschlag«, forderte ihn Ferrol auf. »Sie sind unser Sachverständiger für Tampies – wie holen sie jemanden aus der *perasiata*?«

»Das tun sie nicht«, behauptete Demothi bitter. »Sie lehnen sich einfach zurück und lassen der Natur ihren Lauf.«

Natürlich, dachte Ferrol ironisch. Was war von den Tampies schon anderes zu erwarten?

»In diesem Fall besteht die Natur aus einem Räuber, der sich mit acht Ge auf uns stürzt«, warf Kennedy ein. »Was wäre mit einem Elektroschock, der durch die Zügel übertragen wird? Könnte man es damit schaffen?«

Ferrol schüttelte den Kopf. »Das bezweifle ich. Ein starker Schock kann ihnen das Bewußtsein rauben; jeder schwächere Impuls beeindruckt sie anscheinend nicht.«

Kennedy klopfte leicht mit dem Fingernagel gegen ihre Zähne. »Dann vielleicht eine körperliche Erschütterung.

Wenn wir zum Beispiel Quentin mit der Landefähre rammen.«

Ferrol blickte zurück. Nur zweihundert Meter hinter der Landefähre glänzte die Nase der *Amity*. »Wir sind ihnen etwas zu nahe, um den Antrieb einzuschalten.«

»Vergessen Sie den Anstrich der *Amity*«, erklärte Roman. »Versuchen Sie es.«

»Ja, Sir.« Kennedys Hand streifte über das Steuerpult und legte mit einer einzigen Bewegung alle Schalter um. »Halten Sie sich fest.«

Die Landefähre setzte sich in Bewegung, wurde schneller ... und rammte zehn Sekunden später mit voller Kraft Quentins sanft gerundetes Hinterteil.

Die Erschütterung schleuderte Ferrol in seine Gurte. »Ppla-zii?« Er blickte zurück.

Das Gesicht des Tampies hatte sich nicht verändert und Demothi schüttelte den Kopf. »Es hat nicht gewirkt, er ist noch immer nicht da.«

Ferrol wandte sich fluchend wieder dem taktischen Display zu. Der Hai hatte aufgehört zu beschleunigen und wendete schwerfällig, um vor dem Angriff zu verlangsamen. Wenn er mit den gleichen acht Ge, mit denen er sich ihnen genähert hatte, verlangsamte, würde er sich in etwa drei Minuten in telekinetischer Reichweite befinden.

»Sehen Sie sich die Geier an, Ferrol«, sagte Kennedy plötzlich.

Ferrol wandte seine Aufmerksamkeit diesem Teil des Displays zu. Durch den Aufprall der Landefähre auf Quentin befand sich dieser nicht mehr in einer Linie mit Bucephalus ... und zum ersten Mal seit ihrem Auftauchen hatten die Geier die Bewegung nicht mitvollzogen.

Ferrol kochte vor Enttäuschung. Das war die größte Ironie: Das Hindernis verschwand endlich und im gleichen Augenblick setzte der Motor aus. »Großartig. Eine phantastische Leistung. Zu schade, daß wir keine Zeit haben werden, die Champagnerflaschen zu entkorken.«

»Hören Sie auf«, knurrte Kennedy. »Wir haben zweieinhalb Minuten, um die Tampies aus der *perasiata* herauszuholen — und diese Zeit werden wir nützen.«

Ferrol biß die Zähne so fest zusammen, daß es schmerzte. Sie hatte recht ... aber die Sekunden verstrichen.

Der Hai mußte in zwei Minuten da sein. »Ein Räuber stürzt sich auf uns«, murmelte Kennedy. Sie war noch immer nicht bereit, aufzugeben. »Irgendwann müßte doch der Selbsterhaltungstrieb einsetzen.«

»Es sei denn, sie sind wie die Tampies. Sie sind bereit, aufzugeben und zu sterben, wann immer ...«

Er brach ab und wandte sich ruckartig zu Kennedy um. »Das ist es. Sie sind wie die Tampies — sie gehören beide einer nicht-räuberischen Spezies an.«

»Ich verstehe nicht ...«

»Demothi«, reif Ferrol, ohne sie zu beachten. »Setzen Sie sich den Helm auf — sofort!«

»Landefähre«, rief Roman scharf. »Was ist los?«

»Vielleicht eine Chance, Quentin aufzuwecken«, rief Ferrol zurück. Demothi quälte sich mit dem Helm ab — er war viel zu langsam — aber jetzt hatte er ihn von Ppla-ziis Kopf heruntergeholt und setzte ihn sich auf. »Weshalb ist Quentin ursprünglich in Panik geraten und gesprungen ... weil er Demothi als Räuber empfand und vor ihm flüchten wollte. Wenn Demothi ihn wieder erschrecken kann ...«

Die Landefähre schwankte plötzlich heftig, Ferrol wurde in seinen Sitz zurückgeschleudert und biß sich in die Zunge. Er hatte gerade noch Zeit, Blut zu schmecken ...

Und plötzlich strahlte ein blau-weißer Stern vor ihnen, dessen Licht Quentin umgab. Sie hatten es geschafft.

* * *

Kennedy und die übrigen brauchten eine Stunde, um ihre Position festzustellen und den Kurs zur Kordonale zu berechnen. Genauso lang brauchten Rrin-saa und seine Leute, um zu überlegen, was mit Quentin geschehen solle.

»Das verstehe ich nicht«, stellte Roman fest. Sein Blick ging an Rrin-saa vorbei zu Sso-ngii und Hhom-jee, die gemeinsam unter einem Zwillings-Verstärkerhelm saßen, der jetzt mit dem Betreuerraum verbunden war. »Ihr wart doch dagegen, daß Quentin im Stich gelassen wird.«

»Wir konnten ihn nicht dem Hai überlassen«, erwiderte der Tampy. »Diese Gefahr ist jetzt vorbei.«

»Weil er beschädigt ist«, erklärte Rrin-saa. »Nicht sein Körper, aber tief in seinem Innern.«

»Es ist ein Grund mehr, ihn zurückzubringen. Ihr könntet bestimmt etwas tun, um ihm zu helfen.«

»Es geht nicht um Hilfe.« Roman hörte aus der Stimme des Tampies Trauer. »Es geht um enttäuschtes Vertrauen.«

Roman runzelte die Stirn. »Es tut mir leid, aber das verstehe ich nicht. Was geschehen ist, war nicht eure Schuld.«

»Wir haben Quentinninni in euren Dienst gebracht. Wir haben ihn an ein Schiff angehängt, sind tief in seinen Geist eingedrungen. Als Gegenleistung haben wir ihm Betreuung und Schutz versprochen. Außerdem haben wir ihn in ein solches Trauma gezwungen, daß er in die *perasiata* gehen mußte, um es zu ertragen.« Der Tampy seufzte. »Wie könnten wir jetzt tun, als wäre nichts geschehen?«

»Meiner Meinung nach sind die Umstände so, daß euch eine zweite Chance zusteht.«

»Wir haben ein Versprechen gegeben«, antwortete Rrinsaa einfach.

Roman seufzte. Der Raumflotte und dem Senat würde das bestimmt nicht gefallen ... aber in der Charta der *Amity* stand ausdrücklich, daß dort, wo es um die Gesundheit der Raumpferde ging, die letzte Entscheidung bei den Tampies lag. Das war eindeutig. »Also gut. Es hat keinen Sinn, wenn wir Quentin mitsamt seinen Gurten freilassen. Wenn ihr mir noch eine Stunde gebt, schicke ich ein Boot hinaus, damit es das Zeug ordentlich entfernt.«

»Das können wir akzeptieren. Danke, Rro-maa.«

Eine Stunde später sah Roman von der Brücke aus zu, wie Quentin in der Schwärze des Raums verschwand, und fragte sich, ob die Tampies wirklich so fremdartig waren, daß die Menschen sie nie verstehen würden.

# 22. Kapitel

Achtundvierzig Stunden später begannen die Hearings — nicht im relativen Luxus des staatlichen Gebäudes auf Solomon, sondern in einem Erdorbit in den nüchternen Räumen des Kriegsschiffs *Defiance*. In Solomon waren die Raumflotte und der Senat zu gleichen Teilen vertreten gewesen; hier verzichtete man auf dieses Gleichgewicht. Männliche und weibliche Militärs dominierten die Sitzungen, und die Handvoll Zivilisten, die anwesend war, hörte meist nur aufmerksam zu.

Natürlich war der Senator einer dieser Zivilisten — was Ferrol erwartet hatte.

Doch in den ersten drei Tagen hatten sie keine Gelegenheit, unter vier Augen miteinander zu sprechen. Ferrols Tage waren bis zum Rand mit Einsatzbesprechungen ausgefüllt; manchmal war er allein, manchmal nahmen Roman oder Kennedy oder Tenzing daran teil. Nachts schlief er den Schlaf der Erschöpfung, doch er träumte immer wieder von Haien und Geiern.

Und von Prometheus. Die *Defiance* war auch das Raumschiff gewesen, das ihn und die übrigen vertriebenen Kolonisten von ihrer Welt weggebracht hatte. Er fragte sich mehr als einmal, ob jemand sich einen dummen Scherz geleistet hatte, als er ausgerechnet dieses Schiff für die Hearings einsetzte.

Wenn er wach war, sprach er; wenn er schlief, träumte er, und die ganze Zeit über wartete er mit zunehmender Ungeduld darauf, daß ihn der Senator endlich beiseite nahm. Am vierten Tag, dem letzten der Hearings, verlor er die Geduld.

»Ich bedaure«, sagte Stefain Reese sanft, aber entschieden, »aber der Senator ist im Augenblick wirklich sehr beschäftigt.«

»Er wird mich empfangen.« Ferrol verrenkte sich beinahe den Hals, um durch die halb geschlossene Tür in den nächsten Raum zu sehen, in dem der Senator in ein Gespräch mit zwei Zivilisten und zwei mit Orden behängten Militärs vertieft war. »Sagen Sie ihm, wer mit ihm sprechen will.«

Der Sekretär zögerte kurz, dann griff er nach dem Telefonhörer und murmelte etwas. Ferrol horchte angestrengt und merkte, wie sich der Ton des Senators änderte. »Er sagt, daß Sie in Ihr Zimmer zurückkehren sollen, Ferrol, und daß er sie später anrufen wird.«

In Ferrols Gehirn klingelten die Alarmglocken. Er mußte in spätestens zwei Stunden wieder auf der *Amity* sein. »Das ›später‹ kommt nicht in Frage«, erklärte er Reese. »Teilen Sie dem Senator mit, daß er eine Minute Zeit hat, um seine Gäste loszuwerden. Nach dieser Minute gehe ich zu ihm hinein und sage ihm vor allen Anwesenden, was ich von ihm will.«

Reese sah ihn lange und nachdenklich an, als überlege er, ob er den Sicherheitsdienst verständigen solle. Ferrol erwiderte den Blick und Reese sah nach einer Minute zu Boden und sprach wieder in das Telefon. Eine kurze Pause — »Er hat sofort Zeit für Sie«, murmelte er.

Ferrol nickte und begann die Sekunden zu zählen. Fünfundfünfzig Sekunden später erhoben sich die Besucher und verließen den Raum, ohne Ferrol besondere Beachtung zu schenken.

Der Senator blieb in der inneren Tür stehen und sah Ferrol erst an, als der letzte Besucher verschwunden war — allerdings vollkommen gleichgültig. »Commander«, sagte er und nickte ihm zu. Sein Tonfall paßte zum Blick. »Kommen Sie herein.«

Ferrol ging an ihm vorbei in das zweite Zimmer. Diesmal schloß der Senator die Tür ganz. »Sie haben eine wichtige Zusammenkunft unterbrochen«, bemerkte er, während er zum pompösen Metallschreibtisch ging und hinter ihm Platz nahm.

»Ich werde die *Defiance* in zwei Stunden verlassen«,

sagte Ferrol, der es geschafft hatte, eine Entschuldigung zu unterdrücken. Diesmal würde er nicht zulassen, daß ihn der Senator vom ersten Wort an in die Defensive drängte. »Die *Amity* wird irgendwann innerhalb der nächsten zwölf Stunden ihre Befehle erhalten, und ich werde für weiß Gott wie lange weiß Gott wo sein. Meine einzige Möglichkeit, überhaupt mit Ihnen zu reden, bestand darin, daß ich diese Besprechung unterbrach.«

Der Senator zog die Augenbrauen hoch. »Und wie kommen Sie auf die Idee, daß wir etwas zu besprechen haben?«

Ferrol starrte ihn an. »Ich verstehe nicht.«

Die Lippen des Senators zuckten. »Dann werde ich es Ihnen klar und deutlich sagen: Sie stehen nicht mehr in meinen Diensten, Chayne.«

Ferrols Mund klappte auf. »Was? Warum?«

»Spielt das eine Rolle?«

Ferrol schluckte schwer und seine Augen wurden feucht, so daß der Raum um ihn verschwamm. Die Luft im Arbeitszimmer war plötzlich kalt, von Mißbilligung und Verachtung erfüllt. Er war wieder ein Kind, stand vor seinem zornigen Vater ...

Er unterdrückte das Gefühl. Er war kein Kind und der Mann vor ihm war nicht sein Vater. »Ja«, brachte er durch die zusammengebissenen Zähne heraus — er mußte sie zusammenbeißen, damit sie nicht vor Erregung aufeinanderschlugen. »Es spielt eine Rolle. Ich bin seit Jahren einer Ihrer besten Agenten ...«

»›Besten?‹« wiederholte der Senator ironisch. »Kommen Sie, Chayne, das glauben Sie doch selbst nicht. Sie waren nützlich, das stimmt, aber kaum einer der Besten. Dazu brauchen Sie viel mehr Jahre an Erfahrung, als Sie überhaupt auf der Welt sind.«

»Und diese Erfahrung werde ich nicht mehr sammeln können«, begehrte Ferrol auf. Das kindliche, hilflose Gefühl ließ nach und an seine Stelle trat Zorn. »Warum?«

»Es gibt zum Beispiel ein kleines Vertrauensproblem«, antwortete der Senator betont lässig. Vielleicht hatte er erkannt, daß die bisherige Taktik nicht funktionierte. »Wenn einer meiner Agenten einem Gegner freiwillig geheime Informationen überläßt – dann verstehen Sie sicherlich, daß ich keine Lust habe, diesen Agenten weiterhin zu beschäftigen.«

Ferrol brauchte eine Sekunde, um zu begreifen, wovon der Senator sprach. »Es ging um Leben oder Tod, Senator. Hätte ich Kheslavs Daten verheimlichen und zulassen sollen, daß der Hai sowohl mich als auch die *Amity* frißt?«

»Aus Captain Romans Aussagen ging hervor, daß Kheslavs Daten ihm keine große Hilfe waren.«

»Das stimmt. Aber das konnte ich vorher kaum wissen.«

»Vielleicht. Doch die Tatsache bleibt bestehen, daß das Datenpack geheime Informationen enthielt, und daß Sie nicht das Recht hatten, eine Kopie dieser Daten zu besitzen.«

»Und darum geht es in Wirklichkeit«, stellte Ferrol fest. »Darum, daß ich zu illegalen Informationen gelangt bin, die zu Ihnen verfolgt werden könnten.«

Er erwartete irgendeine Reaktion – Zorn, Vorsicht, irgendwas, das ihm einen Hinweis darauf gab, was sein Gegenüber dachte. Aber der Senator blieb wie üblich undurchschaubar. »Illegale Informationen?« fragte er sanft. »Aber, aber, Chayne – wie können Informationen über ein Geschöpf, das einen nicht beanspruchten Planeten umkreist, illegal erhalten werden? Und daß man diese Informationen zu mir zurückverfolgen kann, ist absurd. Ich verwische meine Fährte besser.« Der Senator schüttelte den Kopf. »Nein, Chayne, hier geht es nicht darum, ob Sie und eine Ihrer früheren Aktivitäten mit mir in Verbindung gebracht werden können. Es geht nicht einmal darum, ob ich Ihnen noch zutrauen kann, daß Sie in meinem Sinn handeln. Ich habe die Kheslav-Geschichte eigentlich nur erwähnt, um meiner Enttäuschung darüber Ausdruck zu verleihen, wie Sie sich in dieser Situation verhalten haben. Worum es wirklich geht ...« er legte eine dramatische Pause ein –, »ist, daß wir gewonnen haben.«

Ferrol runzelte die Stirn. »Was soll das heißen, wir haben gewonnen? Was haben wir gewonnen?«

»Unseren nie erklärten Krieg gegen die Tampies, in dem kein Schuß gefallen ist. Kommen Sie, Sie haben doch sicherlich begriffen, wie sich diese Haie auf die Beförderung von Raumschiffen mittels Raumpferden auswirken werden.«

»Natürlich wird es Auswirkungen geben«, bestätigte Ferrol, »aber nicht die Folgen, an die Sie offenbar denken. Die Haie sind nicht aus dem Nichts entstanden, und wenn die Tampies jahrhundertelang mit Raumpferden geflogen sind, ohne auf die Haie zu stoßen, müssen sie äußerst selten sein. Jedenfalls in dieser Gegend.«

»Das stimmt; aber es ist nicht entscheidend, ob es viele oder wenige Haie gibt. Laut Captain Romans Aussage nehmen die Tampies in bezug auf ihre Raumpferde einen sehr einseitigen Standpunkt ein, der so weit geht, daß sie die Tiere freilassen, wenn sie das Gefühl haben, daß sie ihre Seite der Abmachung nicht eingehalten haben. Das heißt, so weit man überhaupt mit einem unintelligenten Tier eine Abmachung treffen kann«, fügte er mit unverhohlener Verachtung hinzu.

Deshalb hatten also Roman und Rrin-saa Quentin freigelassen ... und vielleicht hatte Roman deshalb Ferrol gegenüber so ausweichend über seine Gründe gesprochen. Wenn die Existenz der Haie genügte, damit die Tampies auf ihre Raumfahrt verzichteten ... »Was werden Sie also tun?« fragte er. »Einen Hai fangen und zum Kialinninni-Corral der Tampies schleppen?«

Der Senator lächelte böse. »Trauen Sie mir mehr gesunden Menschenverstand zu, Chayne. Außerdem glaube ich nicht, daß etwas so Drastisches und Gefährliches erforderlich sein wird. Die Haie sind Räuber, und Räuber müssen eine Möglichkeit haben, ihre Beute aufzuspüren. Irgendwann werden sie Kialinninni von selbst finden.«

»Damit geben wir uns mit einem Unentschieden zufrieden.«

»Und zwar?« wollte der Senator wissen.

»Es wird weder für uns noch für die Tampies Raumpferde geben. Die Tampies werden innerhalb ihres Systems festsitzen, und wir werden auf das Schneckentempo unseres Mitsuushi-Antriebs zurückgreifen.«

Der Senator sah ihn böse an. »Wir werden jedenfalls die Sterne haben.«

»Einige. Nicht viele.«

»Wir werden genügend Sterne haben. Alle Planeten, die wir jemals brauchen können, befinden sich jetzt schon in unserer Reichweite. Natürlich vorausgesetzt, daß die Tampies uns nicht über die Schulter schauen und uns sagen, was wir mit ihnen tun dürfen und was nicht.«

Ferrols Gedanken gingen zu den Entdeckungen zurück, die die *Amity* auf ihrer ersten Reise gemacht hatte — Entdeckungen, die von der Aufregung über Pegasus' Kalb überschattet worden waren. »Wir werden sicherlich genügend Platz haben«, meinte er höhnisch, »aber auf den Rest des Universums verzichten. Noch dazu grundlos. Demothi und jedere andere, der Raumpferde unter seine Kontrolle bringen wollte, hat Probleme gehabt, die jetzt, seit wir von den Haien wissen, erklärlich sind.«

»Ja; die Theorie, daß ein Räuber in den Geist eines Nicht-Räubers eindringt. Sie haben diese Theorie annähernd bei jeder dritten Frage erwähnt. Was schlagen Sie uns also vor? Daß wir einen Hai in ein Netz spannen und Demothi auf ihm reiten lassen?«

Ferrol schwieg, denn alle Argumente, die er sich in den letzten zwei Tagen zurechtgelegt hatte, blieben ihm im Hals stecken. Der Senator war nicht im geringsten daran interessiert, Raumpferde für die Kordonale zu gewinnen; er war nur daran interessiert, den Tampies ihre Raumpferde zu rauben. Punkt.

War das immer sein Ziel gewesen? Wahrscheinlich. Ferrol fragte sich, warum er das nie erkannt hatte. »Angesichts Ihres nicht zu übersehenden Desinteresses gibt es tatsächlich nichts mehr, worüber wir zu sprechen hätten.«

»Genau das habe ich gesagt, als Sie hereinkamen.« Der Senator erhob sich. »Wenn Sie mich jetzt entschuldigen wollen ...«

»Ich nehme an, daß meine Ernennung auf die *Amity* noch immer gültig ist.« Ferrol rührte sich nicht vom Fleck. »Wenn auch nur deshalb, weil es unerwünschte Aufmerksamkeit erregen würde, wenn Sie mich hinauswürfen. Was ist also mit meinem Schiff?«

Der Senator runzelte die Stirn. »Was für ein Schiff? – Ach, Sie meinen die *Scapa Flow*. Was ist mit ihr?«

»Als ich mich zur *Amity* meldete, haben Sie mir gesagt, daß Sie die *Scapa Flow* für geheime Kurierarbeit verwenden würden. Gilt diese Abmachung noch, oder ist jetzt meine gesamte Mannschaft offiziell arbeitslos?«

Der Senator sah ihn lang und nachdenklich an. »Ich habe nie viel für Leute übrig gehabt, die beim Hinausgehen den Fuß in der Tür lassen.«

»Ich bin überhaupt nicht daran interessiert, den Fuß in Ihrer Tür zu lassen«, erwiderte Ferrol im gleichen Tonfall. »Mich interessiert ausschließlich das Wohlergehen meiner Mannschaft. Sie sind den Leuten eine gewisse finanzielle Sicherheit schuldig, jedenfalls so lange, wie ich an Bord der *Amity* Ihre Interessen im Auge behalte.«

Der Senator verzog den Mund, nickte aber. »Ich bin ihnen nichts schuldig, aber ich kann ihnen eine Abfindung bezahlen. Falls Sie damit zufrieden sind ...« fügte er sarkastisch hinzu.

»Ich bin zufrieden.« Ferrol stand auf. »Danke, Senator, auch für Ihre Zeit.« Er wandte sich zum Gehen.

»Chayne?«

Er drehte sich um. »Ja?«

»Wenn ich Sie wäre, würde ich mich nicht drauf verlassen, daß die *Amity* noch lange Dienst macht.«

Ferrol starrte ihn an. »Das verstehe ich nicht.«

Der Senator lächelte. »Sie werden es verstehen.«

* * *

Zwei Stunden später verließ Ferrol gemeinsam mit den anderen die *Defiance* und kehrte auf die *Amity* zurück. Es war ein langer Flug mit dem Shuttle, und er hatte nichts dagegen. Dadurch hatte er Zeit nachzudenken.

Eine Stunde nach seinem Eintreffen auf der *Amity* befand er sich mit einer kurzen, mühsam von Hand verschlüsselten Nachricht im Hauptkommunikationsraum des Schiffes.

Trotz ihrer sagenhaften Preise waren die Tachyon-Sender der Kordonale normalerweise so sehr mit Nachrichten überhäuft, daß es nicht selten zu Verzögerungen von vierundzwanzig bis achtundvierzig Stunden kam. Aber Ferrols Status als stellvertretender Kommandeur eines großen Schiffs der Raumflotte verschaffte ihm Priorität, und nicht einmal dreißig Minuten später übermittelte der zentrale Sender/Empfänger auf der Erde die Bestätigung der *Scapa Flow*, daß sie die Nachricht erhalten hatte.

Der Senator war vielleicht bereit, sich mit einem Unentschieden zu begnügen. Ferrol war es nicht ... und wenn sich sonst niemand dafür interessierte, dann würden er und die *Scapa Flow* es eben auf eigene Faust durchführen müssen.

# 23. Kapitel

Die nächsten vier Tage verbrachte die *Amity* im Erdorbit und wartete auf Befehle, während widersprechende Gerüchte über diese Befehle im Schiff umgingen. Als die Anweisungen endlich eintrafen, waren sie beinahe eine Enttäuschung: Die *Amity* würde nach Solomon zurückkehren und Bucephalus gegen ihr nächstes Raumpferd eintauschen. Offenbar sollte das Zuchtprogramm fortgesetzt werden.

Eine Stunde später befanden sie sich wieder im Solomon-System, und einige weitere Stunden später umkreisten sie bereits den Planeten. Ein Tampy-Schiff kam ihnen entgegen und der beschwerliche, aber unkomplizierte Vorgang des Raumpferd-Austausches wurde abgewickelt. Bucephalus und das Tampy-Schiff verabschiedeten sich, und Sso-ngii und die übrigen Betreuer wechselten einander unter dem Verstärkerhelm ab — sie stellten sich dem Neuankömmling vor, hatte Rrin-saa einmal erklärt. Der menschliche Teil der Besatzung hatte in dieser Zeit wesentlich weniger zu tun; die Leute überprüften zum letzten Mal einige Funktionen, führten müßige Gespräche und übten sich darin, statt Bucephalus Sleipnir zu sagen.

Normalerweise dauerte das Begrüßungs- und Aklimatisierungsverfahren sieben Tage. Aber Sleipnir lernte schnell; oder aber die Betreuer an Bord der *Amity* hatten schon sehr viel Übung. Was immer es war, die *Amity* war innerhalb eines einzigen Tages — weniger als achtundvierzig Stunden, nachdem sie die Erde verlassen hatte — abflugbereit.

Ihren Befehlen gemäß blieb sie es die nächsten sechs Wochen.

Abflugbereit im Orbit von Solomon.

* * *

»Es tut mir leid, daß ich Sie wecken muß, Captain«, entschuldigte sich der Brückenoffizier. »Aber es ist als dringend eingestuft.«

»Das geht schon in Ordnung.« Roman rieb sich den Schlaf aus den Augen und schlüpfte in einen Bademantel, bevor er den Monitor der Bordsprechanlage einschaltete. Dann wählte er den Laser-Kommunikationsschaltkreis — »Solomon Tachyonstation, hier spricht Captain Roman«, meldete er sich. »Der Annahmecode folgt.« Er tippte die Sequenz ein.

»Empfangen«, bestätigte die Station einige Sekunden später. »Beginnen mit der Übertragung.«

Roman beugte sich vor und drückte sich im Geist die Daumen. Wenn nicht endlich ein Befehl eintraf ...

AN FORSCHUNGSSCHIFF *AMITY,* SOLOMON: VON KOMMANDANT RAUMFLOTTE ABSCHNITT GRENZSCHIFFE PREPYAT

DRINGEND EINS DRINGEND EINS DRINGEND EINS

MENSCHEN/TAMPLISSTA FORSCHUNGSTEAM IN NCL 9862 ÜBERFÄLLIG. *AMITY* SOFORT NACH PREPYAT STARTEN; WEITERFLUG NACH 9862 MIT FORSCHUNGSSCHIFFEN *ATLANTIS, STARSEEKER* UND *JNANA* IM SCHLEPPTAU.

WEITERE INFORMATIONEN KOMMEN VON FORSCHUNGSSCHIFFEN

VIZEADMIRAL MARCOSA, COMBOREX, PREPYAT CODE/VER/(A) 7882/53

2:16 GMT///ESD 6 MAI 2336.

Roman las die Nachricht zweimal, und ihm lief es kalt über den Rücken. Hier stimmte etwas nicht. Etwas stimmte ganz und gar nicht ...

»Befehle, Sir?« fragte der Brückenoffizier. Aus ihrem Ton war deutlich zu entnehmen, wie verzweifelt sie hoffte, daß sie endlich Befehle erhalten hatten.

»Kontaktieren Sie den Betreuer«, befahl ihr Roman. »Sobald er und Sleipnir bereit sind, springen wir nach Prepyat. Schleppleinenteam Eins soll seine Ausrüstung bereithalten — wir nehmen drei Schiffe ins Schlepptau und müssen Schleppleinen anbringen.« Er zögerte. »Wecken Sie Lieutenant Kennedy und sagen Sie ihr, daß ich sie in fünfzehn Minuten auf der Brücke erwarte.«

* * *

Die drei Schiffe drängten sich in hundert Metern Entfernung von der *Amity* zusammen, während die beiden Schleppleinenboote zwischen ihnen herumflogen und die Leinen anbrachten. Kennedy stand auf den Haftplatten neben der Befehlsstation und beobachtete Romans Display. »Ihre Meinung, Lieutenant?« fragte Roman leise.

»Es gibt keinen Zweifel, Sir. Sogar auf diese Entfernung sieht man, daß die Geschoßrohre nicht verschlossen wurden. Der Ionen-Parabolspiegel unterhalb der Haupt-Sensorenausbuchtung auf der *Atlantis* wäre nie auf einem als überschüssig eingestuften Schiff zurückgelassen worden. Ganz abgesehen von der rechtlichen Seite sind diese Dinge viel zu teuer, um verschenkt zu werden.«

Roman nickte. Sie war leider zu der gleichen Schlußfolgerung gelangt wie er. »Was wir hier haben, ist also in Wirklichkeit eine militärische Kommandoeinheit.«

»Ja, Sir. Wenn ich raten sollte, würde ich annehmen, daß die *Atlantis* entweder ein Zerstörer oder ein leichter Kreuzer ist, und die anderen beiden sind umgebaute und möglicherweise verstärkte Korvetten.«

Also jede Menge Feuerkraft. »Und was ist mit dem System 9862? Haben Sie schon etwas darüber ausgegraben?«

»Ja, Sir.« Sie beugte sich über seine Schulter und drückte ein paar Tasten auf seinem Schaltpult. Auf Romans Steuerdisplay erschien eine Karte des Systems, dessen Stern durch eine blinkende Klammer gekennzeichnet war. »Es handelt sich um einen etwa sechshundert Lichtjahre von der Kordonale entfernten blauweißen Riesen. Soviel ich den wenigen Angaben, die wir über ihn besitzen, entnehmen kann, ist er absolut durchschnittlich. Besuche des

Systems sind nicht erwähnt, und es gibt keinen Hinweis darauf, daß sich irgendwer jemals dafür interessiert hätte.«

»Bis jetzt«, wandte Roman ein und zeigte auf die Daten auf dem Display. »Der Stern ist in bezug auf Größe und Helligkeit demjenigen sehr ähnlich, von dem uns der Hai vertrieben hat. Zufall?«

»Es könnte ein *Yishyar* sein«, stimmte Kennedy zu. »Wir werden es in zwei Stunden wissen.«

Romans Radio knisterte. »Schleppleinen Eins an *Amity*. Alles erledigt; wir kommen hinein.«

»In Ordnung«, bestätigte Roman und schaltete zum Kommunikationslaser um. »*Amity* an *Atlantis*; bitte kommen.«

»*Atlantis*; Captain Lekander«, meldete sich die ruhige – sehr militärische – Stimme prompt. Das Gesicht auf dem Bildschirm paßte ausgezeichnet zur Stimme.

»Wie ist unser Status, *Amity*?«

»Meine Schleppleinenboote werden in zehn Minuten zurück sein«, erklärte Roman. »Ab dann sind wir abflugbereit, sobald Sie es sind.«

»Gut«, sagte Lekander forsch. »Ich weiß nicht, was man Ihnen erzählt hat, Captain, aber das Drehbuch sieht wie folgt aus. Ein Forschungsteam, das einen sehr genauen Fahrplan einhält, ist beinahe sechs Stunden überfällig. Wir sehen nach, was aus ihnen geworden ist.«

»Indem Sie vorgeben, daß Sie ein ziviles Forschungsteam sind?« fragte Roman sanft.

Lekanders Gesichtsausdruck veränderte sich nicht. »Man hat angenommen, daß Ihre Tampies sich dagegen sträuben würden, militärische Schiffe zu schleppen. Das ist jedoch nicht wichtig. Wichtig ist, daß Sie ausschließlich für den Transport gebraucht werden; sobald wir das System erreicht haben, werden Sie sich in nichts – ich wiederhole, nichts – einmischen, was immer auch geschieht. Sie werden sich nicht vom Fleck rühren, bis wir für den Heimflug bereit sind, werden alles beobachten, was geschieht, und sich heraushalten. Sobald wir 9862 erreichen, werden wir Ihnen für die Beobachtung ein Boot mit einem Hochleistungs-Teleskop/Recorder hinüberschicken. Die Zeit, in der Sie sich nicht vom Fleck rühren, fällt in Ihre Verantwortung.«

Roman sah ihm in die Augen. »Und wenn sich herausstellt, daß es in dem System Geier gibt?«

»Wenn Sie das Gefühl haben, daß Sie sich in Gefahr befinden, sind Sie ermächtigt, zu dem etwa zwei Lichtjahre entfernten System 66802 zu springen und zu warten, bis wir mit unserem Mitsuushi-Antrieb zu Ihnen stoßen. Andererseits würde es uns nicht schwerfallen, Sie von den Geiern zu befreien, bevor wir das System verlassen.«

»Das setzt voraus, daß Sie es verlassen.«

Lekanders Gesicht verzog sich unmerklich zu einem Lächeln. »Machen Sie sich keine Sorgen, wir werden es ganz bestimmt verlassen.« Er machte eine Pause. »Das Boot, das ich Ihnen schicken werde, wird auch eine nukleare AA-26-Mittelstreckenrakete an Bord haben. Nur sicherheitshalber.«

* * *

Sleipnir sprang, das Einsatzkommando warf die Schleppleinen ab und machte sich auf den Weg, und die Mannschaft der *Amity* machte sich daran, Lekanders Teleskop/Recorder aus dem Boot, das die *Atlantis* hinübergeschickt hatte, auszupacken.

Sie packten auch die Rakete aus und brachten sie und die Abschußvorrichtung an der äußeren Hülle an. Nur sicherheitshalber.

Als sie damit fertig waren, und das Teleskop den sich entfernenden Fusionsspuren folgte, hatten sie nichts anderes zu tun als zu warten. Stundenlang ...

»Sie wissen eindeutig, wohin sie wollen«, stellte Kennedy fest, lehnte sich zurück und beobachtete das Vorrükken des Einsatzkommandos. »Sie suchen nicht — sie fliegen geradewegs in den Asteroidengürtel hinein.«

»Das vermißte Schiff sendet vermutlich einen Leitstrahl aus«, meinte Marlowe. »Aber ich kann das Signal nicht auffangen.«

»Wahrscheinlich eine Split-Welle«, meinte Kennedy, »oder etwas anderes genauso Geheimes. Sie steuern einen direkten Kurs, Captain; sobald sie wenden, können wir ihren Zielpunkt berechnen.«

»Könnten wir das nicht schon jetzt?« mischte sich Ferrol ein. »Wir sollten zumindest imstande sein, eine Projektion ihres Kurses zu machen.«

»Ich bin dabei«, sagte Marlowe. »Bis jetzt habe ich nichts gefunden, was ein Schiff sein könnte.«

Auf der Brücke herrschte einen Augenblick lang Stille. Roman dachte an den Hai und wie er versucht hatte, die *Amity* in Stücke zu reißen. »Sie können hinter einem Asteroiden stecken«, meinte er. »Nehmen wir nicht gleich das Schlimmste an.«

»Bewegung!« rief Marlowe. »An der Backbordseite des Einsatzkommandos, vielleicht vierhundert Kilometer entfernt.«

»Sie sehen es«, fügte Kennedy hinzu. »Sie ändern den Kurs, um auf das Ding zuzusteuern. Die Formation hat sich aufgelöst ... sie sind dorthin unterwegs.«

»Geben Sie mir etwas mehr Energie auf dieses Teleskop, Marlowe!« befahl Roman, der sich bemühte, die Gestalt zu erkennen, die jetzt deutlich schneller wurde und auf das kreisende Einsatzkommando zuflog. »Ich kann nicht erkennen, ob es sich um einen Hai oder ein Raumpferd handelt.«

»Einen Augenblick, Captain — die verdammten Schalter sind widerspenstig.« Die Gestalt wurde undeutlich, ruckte heftig, wurde deutlich und größer ...

»Mann o Mann«, murmelte jemand.

Roman fand seine Stimme wieder. »Was sagt der Maßstab?«

»Es mißt um die zweitausendsechshundert Meter«, antwortete Marlowe. »Etwa dreißig Prozent länger als der

Hai, gegen den wir gekämpft haben, und der doppelte Rauminhalt.«

Wenn die telekinetische Kraft tatsächlich mit dem Rauminhalt zunahm ... Roman unterdrückte mit aller Macht das beinahe überwältigende Bedürfnis, mit dem Kommunikationslaser eine Warnung hinüberzuschicken. Zeitverschwendung oder schlimmer: Lekander wußte sicherlich, was sie vor sich hatten, und das letzte, was er jetzt brauchte, war Ablenkung. »Sind Geier zu sehen?« fragte er statt dessen.

»Ich kann keine entdecken«, antwortete Marlowe. »Es gibt — wenigstens bis jetzt —auch keine optischen Netze. Der Hai muß erkannt haben, daß es sich nicht um Raumpferde handelt.«

»Oder die nicht vorhandenen telekinetischen Fähigkeiten geben den Geiern kein Ziel, das sie erfassen können«, sagte Roman. »In beiden Fällen ...«

»Er gerät unter Laserfeuer«, unterbrach ihn Marlowe. »Von allen drei Schiffen.«

Roman blickte wieder auf den Bildschirm des Teleskops. Die blassen Linien aus ionisiertem Gas, die über die Oberfläche des Hais glitten, waren gerade noch zu erkennen. »Hat jemand eine Ahnung, was für eine Stärke sie einsetzen?«

»Das ist auf diese Entfernung schwer festzustellen«, antwortete Marlowe. »Doch wenn es die Standard-Kampflaser sind ... — na also, der Hai dreht ab.«

Als einer der Strahlen zu dem vorderen Ende des riesigen Räubers wanderte, schwenkte dieser scharf ab. Der Laser korrigierte, aber in dem Augenblick, in dem er sein Ziel wiederfand, löste sich eine Wolke vom Körper des Hais und trieb nach vorn. »Da sind die Geier«, murmelte Ferrol.

»Wahrscheinlich haben die Laser einen Sensorenring getroffen«, warf Kennedy ein. »Sie feuern wieder.«

Wieder schossen die blassen Linien hinaus ... aber diesmal wurden sie weit vor ihrem Ziel gestoppt und verschwanden in der Wolke, die sich auf ihrem Weg gebildet hatte. »Haben die Geier das verursacht?« fragte Roman Marlowe.

»Ja. Es sieht aus, als hätten sie eine Abschirmung aus Felsbrocken aufgebaut — eine Art optisches Hochleistungsnetz. Obwohl sie gegen militärische Laser — da; sie sind durchgestoßen.«

Eine der blassen Linien war durch die Barriere gedrungen und der Hai zuckte neuerlich vor der Berührung zurück. Doch der Strahl wurde beinahe sofort wieder abgeblockt. »Sie haben das Loch aufgefüllt«, berichtete Marlowe. »Die Haie lernen wirklich schnell.«

»Er kann nicht ewig so weitermachen.« Ferrol schüttelte den Kopf. »Irgendwann werden ihm die Geier ausgehen.«

»Ja, aber vielleicht erst, wenn sich das Schiff in seiner Reichweite befindet«, sagte Marlowe. »Wenn ein ausreichend großer Teil der Barriere aus Felsbrocken und nicht aus Geiern besteht, dann könnten sie imstande sein, lang genug durchzuhalten.«

Auf dem Rumpf der *Jnana* flammte etwas auf. »Das Geschoß ist unterwegs«, stellte Kennedy fest. »Es fliegt auf die Geier zu. Nein, es sind zwei«, stellte sie richtig, als auch neben der *Starseeker* etwas aufflackerte.

Roman runzelte die Stirn, als die beiden Geschosse sich hintereinander ausrichteten und das zweite beinahe am Schwanz des ersten klebte. Das erste Geschoß erreichte die Laserbarriere —

»Das Geschoß bricht auseinander«, verkündete Marlowe. »Es muß ein Netzgeschoß sein; ja, die Fäden glitzern. Es breitet sich um die Geier aus — verdammt.«

»Was?« fuhr ihn Roman an.

»Plasmaentladung aus dem Netz«, antwortete Marlowe verblüfft. »Absolut massiv. Sie muß mindestens tausend Ampère und zumindest genauso viele Volt stark gewesen sein.«

»Damit haben sie die Barriere geöffnet«, berichtete Kennedy. »Das zweite Geschoß ist direkt durch das Loch geflogen. Der Hai lenkt es telekinetisch ab – er hält es offenbar für ein weiteres Netzgeschoß.«

In diesem Augenblick wurden die Bildschirme dunkel, weil sich die Sonnenabschirmungen einschalteten. »Nukleare Explosion, Captain«, erklärte Marlowe. »Gesteuerte Explosion, etwa zwanzig Megatonnen, in ungefähr fünfzig Kilometern Entfernung, vom Hai ausgelöst.«

Roman atmete zischend aus. Sogar bei der Entfernung der *Amity* – »Ferrol, rufen Sie Tenzings Leute an und sagen sie ihnen, sie sollen die Strahlung überwachen. Und die Tampies sollen Sleipnir auf Anzeichen von Stress beobachten. Wir dürften zwar nicht in Schwierigkeiten geraten, aber es hat keinen Sinn, ein Risiko einzugehen.«

»Ja, Sir.« Ferrol wandte sich seiner Sprechanlage zu. Auf dem Bildschirm verblaßte der schwarze Fleck und verschwand allmählich.

Und der Hai bewegte sich noch immer. Unbeholfen, aber er war sichtlich am Leben. Roman schüttelte ungläubig den Kopf ... ungläubig, aber auch zum ersten Mal mit wirklicher Angst. Selbst auf fünfzig Kilometer Entfernung hätte eine solche Explosion einen Donnerschlag aus Hitze und Partikelstrahlung direkt auf die Oberfläche und die Sensorengruppen des Hais auslösen müssen. Wenn er etwas so Massives auf die leichte Schulter nehmen konnte...

»Geschoß unterwegs«, sagte Kennedy in seine Gedanken; Roman biß die Zähne zusammen und wandte seine Aufmerksamkeit den Schiffen zu. Neben der *Atlantis* flakkerte wieder etwas auf, und auch neben der *Starseeker* und neben der *Jnana*, und wieder neben der *Atlantis* – »Korrigiere: Salve«, stellte Kennedy richtig. »Es sieht so aus, als würden sie alles einsetzen, was sie haben.« Das erste Geschoß explodierte zu einem schwachen Lichtfleck ...

»Sie sind zu chemischen Sprengköpfen übergegangen«, murmelte Marlowe.

»Wahrscheinlich wollen sie ihn töten, ohne zu große Schäden anzurichten«, meinte Kennedy. »Sie nehmen vermutlich an, daß das erste Atomgeschoß seine Kampffähigkeit beeinträchtigt hat.«

»Verdammt gefährlich«, brummte Marlowe. »Da kommt es. Es wendet und ... Moment mal! Was, zum Teufel, ist jetzt los?«

Der Hai hatte sich schwerfällig von den Geschossen abgewendet, statt aber eine volle Wende um hundertachtzig Grad durchzuführen und zu flüchten, schlug er einen komplizierten Weg ein, der zum Teil eine Schneckenlinie, zum Teil eine Spirale und zum Teil willkürlich war. Während dieser Zeit flammte ein Sprengsatz nach dem anderen in der Mitte der Displays auf, wo sie wie seltsame Glühwürmchen wirkten. Erst dann, in dem Augenblick, in dem das Einsatzkommando neuerlich eine Salve von Geschossen abfeuerte, wendete der Hai endlich und floh.

»Er schafft nur zwei Ge«, berichtete Kennedy. »Er ist tatsächlich verwundet.«

»Verwundet und verrückt geworden«, ergänzte Ferrol. »Was war das überhaupt? Die ›Sterbender Schwan‹-Version eines Balztanzes?«

»Oder er hat ein Ausweichmanöver versucht«, sagte Marlowe. »Er hat die ganze Zeit über die Geschosse telekinetisch weggedrückt, obwohl sie ihm gegen Ende zu immer näher kamen.«

»Er wird langsamer.« Kennedy ließ ihr Display nicht aus den Augen. »Die Beschleunigung nimmt ab ... und ist bei Null angelangt.«

Roman hielt die Luft an. Die Glühwürmchen flackerten wieder über den Bildschirm ...

Aber diesmal prallten sie auf die Oberfläche des Hais auf.

»Sie haben ihn«, stellte Kennedy fest. »Jetzt setzen sie wieder die Laser ein.«

»Auch Ionenstrahlen«, berichtete Marlowe. »Sie kommen durch — wahrscheinlich haben die Explosionen die Geier zerstreut. Du meine Güte, die Laser durchschneiden tatsächlich die Haut des Haies. Sie schneiden tief hinein.«

Die Lichtshow aus Lasern, Ionenstrahlen und Sprengköpfen ging zwanzig Minuten weiter ... und als sie endlich vorbei war, konnte kein Zweifel mehr daran bestehen, daß der Hai tot war.

Oder, um genauer zu sein, das, was vom Hai übrig war.

»Dadurch haben sie natürlich beim Sezieren allen anderen gegenüber einen Vorsprung«, meinte Marlowe, ohne sich an jemand Bestimmten zu wenden.

Roman zwang sich, die verkrampften Kiefernmuskeln zu lockern. »Nicht nur einen Vorsprung.« Er griff nach dem Kommunikationslaser. Die Anzeige leuchtete auf. »*Amity* an *Atlantis*«, rief er. »*Atlantis*, bitte kommen.«

Die Antwort erfolgte beinahe augenblicklich. »*Atlantis*, Captain Lekander. Hat Ihnen die Show gefallen, *Amity*?»

»Es ist gut zu wissen, daß das Ding getötet werden kann«, antwortete Roman trocken. »Wir hegten gewisse Zweifel.«

»Alles, was lebt, kann getötet werden«, bemerkte Lekander. »Man muß nur das richtige Werkzeug haben.«

»Das ist klar. Und was geschieht jetzt?«

»Wir werden das Gebiet einige Stunden lang abkühlen lassen und dann ein Team hinüberschicken, damit es den Hai seziert. Vorausgesetzt, daß noch genug von ihm übrig ist; ich weiß nicht, ob Sie es von dort aus sehen können, aber die Geier sind schon beim Mittagessen. Sie halten anscheinend nicht viel von Räuberehre.«

Roman rief auf seinem Display Kennedys Projektion der Richtung ab, in die der Hai trieb. »Wie lange haben Sie vor, den Kadaver zu studieren, Captain?«

»Ich bin zeitlich ungebunden. Warum?«

»Unsere Projektion zeigt, daß Sie in einigen hunderttausend Kilometern Entfernung an unserer derzeitigen Position vorbeikommen werden. Wir könnten uns dort mit Ihnen treffen und den Kadaver mitnehmen.«

»Das ist verlockend, aber ich muß ablehnen«, antwortete Lekander. »Wie ich schon gesagt habe, sollen Sie dort bleiben, wo wir uns von Ihnen getrennt haben, und sich nicht einmischen.«

Roman nickte. »In Ordnung. Ich wollte nur fragen.«

»Rro-maa?«

Roman zuckte zusammen; er hatte nicht gewußt, daß die Tampies zuhörten. »Ja?«

»Können wir Lle-kann fragen, ob das verlorengegangene Raumpferd gefunden wurde?«

Roman wurde vor Verlegenheit rot. Er hatte sich ausschließlich auf den Hai konzentriert und vollkommen vergessen, daß sie eigentlich hergekommen waren, um ein Schiff zu retten. »Gute Frage«, antwortete er. »Wie steht es damit, Captain?«

»Weder vom Schiff noch vom Raumpferd ist eine Spur zu sehen.« Lekanders Ton war um eine Nuance zu lässig. »Aber ich würde mir deshalb nicht zu viele Sorgen machen. Ich nehme an, daß sie den Hai entdeckten, den Leitstrahl abschalteten und Fersengeld gaben, bevor die Geier sie erwischen konnten.«

Roman starrte die Bordsprechanlage an, und in ihm regte sich ein böser Verdacht. »Sie haben mir erzählt, daß das Schiff im Hafen sechs Stunden überfällig war,« rief er Lekander ins Gedächtnis. »Selbst wenn sie zuerst zu einem anderen Stern springen mußten, hätten sie nicht zusätzlich sechs Stunden gebraucht, um nach Hause zurückzukehren.«

»Vielleicht hatten sie mechanische Schwierigkeiten«, antwortete Lekander scharf. »Oder sie mußten anhalten, um zu kalben, oder etwas Ähnliches.«

»Oder sie sind pünktlich nach Hause gekommen, und wir hatten es nur deshalb so eilig, damit wir an Ort und Stelle waren, bevor der Hai weiterzog.«

»Ich verstehe wirklich nicht, wieso all das eine Rolle spielen sollte.« Lekanders Ton war jetzt unangenehm.

Roman verzog das Gesicht. Nein, Lekander verstand es vielleicht tatsächlich nicht. Aber jemand Höherstehender hatte es sicherlich verstanden ... und diesem Jemand war klar geworden, daß man die Tampies viel eher dazu bewegen konnte, sich an einer Rettungsmission zu beteiligen, als sie zu einer Haijagd zu überreden.

Und dieser Jemand hatte offensichtlich gefunden, daß es noch einfacher sein würde, wenn man Roman im unklaren ließ.

»Rro-maa?«

Roman riß sich zusammen. »Ja, Rrin-saa?«

»Stimmt es, daß sich niemand in Gefahr befunden hat?«

Roman zögerte. »Ich weiß es nicht, Rrin-saa, ich weiß es wirklich nicht.«

Der Tampy schwieg lange. »Wir sind keine Räuber, Rro-maa«, sagte er schließlich. »Wir töten nicht grundlos, und wir greifen auch nicht mutwillig in das Wirken der Natur ein.«

»Es ist notwendig, daß wir so viel wie möglich über die Haie erfahren, Rrin-saa.« Roman verfluchte den Holzkopf, der ihn in diese Situation gebracht hatte. »Sowohl zu eurem als auch zu unserem Vorteil. Wenn in diesem Gebiet Haie unterwegs sind, befinden sich eure Raumpferde in Gefahr.«

»Wenn es notwendig ist, werden wir alles in unserer Macht Stehende tun, um sie zu beschützen«, antwortete der Tampy. »Du hast uns belogen, Rro-maa.«

»Wir sind beide belogen worden, Rrin-saa. Es tut mir leid.«

»Auch mir tut es leid. Das *Amity*-Experiment hat auf Vertrauen beruht. Dieses Vertrauen ist jetzt zerstört.«

»Vielleicht können wir das Vertrauen wieder herstellen«, meinte Roman.

»Nein. Das *Amity*-Experiment ist zu Ende.«

Rrin-saas Worte schienen auf der Brücke widerzuhallen. Roman starrte die Bordsprechanlage an, ohne sie zu sehen. Er konnte es nicht glauben. Die letzte, zerbrechliche diplomatische Verbindung zwischen Tampies und Menschen sollte wegen so etwas kaputtgehen? »Was ist mit dem Zuchtprogramm für Raumpferde? Das besitzt doch einen gewissen Wert.«

»Es ist mehr wert, als du dir vorstellen kannst.« Rrin-saas Stimme war beinahe traurig. »Es wird ein schwerer

Verlust für uns sein. Aber wir haben keine Wahl. Unsere erste Pflicht besteht darin, die Vorgänge in der Natur zu respektieren, und ihr habt uns durch eine Täuschung gezwungen, diese Pflicht zu verletzen.« Er machte eine Pause. »Ich erwarte nicht, daß ihr das versteht.«

Roman seufzte. »Auch wir verfügen über ethische Grundsätze, Rrin-saa. Leider wird die Pragmatik zu oft für den wichtigsten Grundsatz gehalten.«

»Und Pflichtgefühl habt ihr nur euch selbst gegenüber.« Roman zuckte zusammen, aber in der Stimme des Tampies lag keine Bitterkeit, sondern nur Trauer. »Ich glaube nicht, daß ihr euch jemals anders verhalten werdet. Sobald ihr bereit seid, werden wir dich und die übrigen nach Solomon zurückbringen. Dann werden wir Sleipnninni nach Kialinninni zurückbringen.«

»Rrin-saa ...«

Der Bildschirm wurde dunkel.

Roman blickte auf — und sah, daß Ferrol ihn beobachtete. »Haben Sie etwas dazu zu sagen, Commander?«

Ferrols Gesicht war hart. »Ich glaube, daß er blufft, Captain.«

»Das glauben Sie tatsächlich?«

»Ja, Sir«, antwortete Ferrol eigensinnig. »Sie werden das Zuchtprogramm bestimmt nicht aufgeben — und ganz sicher nicht wegen der Laune eines einzigen Tampies. Ihre Anführer werden umschwenken; in der Zwischenzeit werden sie die Gelegenheit benützen, um uns zusätzlich mit dem wunderbaren Schuldbewußtsein der Tampies zu belasten. Es ist nur emotionelle Manipulation ... und das sehen bestimmt alle hier Anwesenden ein.«

»Vielleicht können das die Anwesenden tatsächlich.« Roman war plötzlich sehr müde. »Aber allgemeine Einigkeit war noch nie ein Beweis für Wahrheit.« Er schnallte sich los und stieß sich aus seinem Stuhl. »Machen Sie mit der Beobachtung und Aufzeichnung weiter, ich bin in meiner Kabine.« Er hielt sich an der Kopfstütze seines Stuhls fest, zielte auf die Tür der Brücke und ...

»Bewegung, Captain«, meldete sich Kennedy. »Etwa zweihunderttausend Kilometer jenseits des Einsatzkommandos.«

»Es hält direkt auf sie zu«, mischte sich Marlowe ein. »Jetzt wird es schneller ...« Er wandte sich ungläubig Roman zu. »Es ist wieder ein Hai, Captain.«

Roman machte in der Luft kehrt, zog sich in seine Liege zurück, griff mit einer Hand nach den Gurten und mit der anderen nach dem Kommunikationslaser. »*Amity* an *Atlantis*; dringend. Ein neuer Hai ist hinter Ihnen her.«

»Wir sehen ihn«, erwiderte Lekander ruhig. »Entspannen Sie sich, *Amity* — wir wissen jetzt, wie wir mit diesen Biestern umgehen müssen.«

»Das will ich verdammt hoffen«, murmelte Roman, ohne den Hai aus den Augen zu lassen. Er wurde noch immer schneller ... »Bekommen Sie heraus, Marlowe, von wo dieses Ding gekommen ist, oder ob er sich die ganze Zeit hier herumgetrieben und zugesehen hat.«

»Ja, Sir.«

Das Einsatzkommendo zog sich vom Kadaver zurück, wendete und verteilte sich für die Schlacht. Die bleichen Laserstrahlen schossen heraus ... und verschwanden in der Wolke aus Geiern, die dem Hai voranflog. »Marlowe? Machen Sie schnell«, knirschte Roman, den plötzliche Angst erfaßte. Wenn der Hai zugesehen hatte — wenn diese Intelligenz und Lernfähigkeit die Waffen der Schiffe in Aktion gesehen hatte ...

»Ich habe es, Captain«, verkündete Marlowe. »Die Aufzeichnung zeigt einen Sprungpunkt. Er ist vor weniger als zwei Minuten hier eingetroffen.«

Er war also bei dem vorhergehenden Kampf nicht dabeigewesen; das bedeutete, es war einfach Glück gewesen, daß die Geierwolke die erste Lasersalve blockiert hatte.

Aber das flaue Gefühl im Magen verging nicht.

»Er wendet nicht«, rief Kennedy abrupt. »Captain, er wendet nicht, um mit Null Ge mit dem Einsatzkommando zusammenzutreffen. Und er beschleunigt noch immer.«

»Er wird sie rammen«, flüsterte Ferrol.

Romans Hände ballten sich zu Fäusten. »*Amity* an *Atlantis* — bringen Sie Ihre Schiffe von dort weg, Captain.«

»Halten Sie den Mund, Roman!« knurrte Lekander. »Wir sind beschäftigt. Fertig — Feuer!«

Auf dem Bildschirm flackerte ein halbes Dutzend Lichtblitze an den Flanken der drei Schiffe auf. Die Geschosse flogen auf den Hai zu... Und stoppten unvermittelt.

Roman starrte ungläubig auf den Bildschirm. Die Geschosse, deren Antriebe immer noch ohnmächtig flackerten, standen auf etwa einem Drittel des Weges zum Hai regungslos im Weltraum.

»Der Hai beschleunigt nicht mehr«, stellte Kennedy sehr ruhig fest. »Er hält die Geschosse auf — das ist für ihn das Wichtigste.« Sie sah Roman an. »Er weiß also, daß Geschosse die größte Gefahr für ihn darstellen.«

»Das ist doch nicht möglich«, wandte Marlowe ein. »Er ist gerade erst hier eingetroffen — er kann unmöglich über die Geschosse Bescheid wissen.«

Ferrol fluchte plötzlich. »Es sind die Geier. Sie müssen es sein. Die Geier des Hais müssen den Kampf aufgezeichnet und die Aufzeichnungen an ihn weitergegeben haben.«

Roman biß die Zähne zusammen. Der Hai bewegte sich weiterhin auf das Einsatzkommando zu; aber die in seinem telekinetischen Griff erstarrten Geschosse hingen noch immer auf halbem Weg zwischen Schiff und Räuber. »Er hält sie fest, ist aber nicht stark genug, um sie zurückzuschieben«, sagte er. »Marlowe: falls es sich dabei um nukleare Geschosse handelt — um wieviel näher muß der Hai ihnen kommen, damit sie ihm Schaden zufügen, wenn sie gezündet werden?«

»Sie können sie nicht zünden«, wandte Kennedy ein, bevor Marlowe antworten konnte. »Die Schiffe sind viel zu nahe. Wenn sie es versuchen ...«

Sie brach ab, als auf dem Bildschirm die Antriebsflammen der Geschosse plötzlich gleichzeitig verschwanden. »Marlowe?« fragte Roman.

»Er hat sie zerbrochen.« In Marlowes Stimme lag ehrfürchtiges Entsetzen. »Er hat sie einfach in Stücke gerissen.«

Falls sie noch Zweifel gehegt hatten, waren sie jetzt vorbei. Der Hai wußte genau, wen er vor sich hatte ... und genau, wie er sich dagegen wehren mußte.

Lekander wußte es ebenfalls. Auf dem Bildschirm drehten die drei Schiffe quer zu der Bewegung des Hais ab. Roman hielt den Atem an – »*Atlantis* an *Amity*«, sagte Lekanders eisige Stimme plötzlich, so daß er zusammenzuckte. »Wir haben einige Geier aufgespürt, die zu Ihnen unterwegs sind; verschwinden Sie lieber, solange Sie können.«

»Kümmern Sie sich nicht um uns – sehen Sie zu, daß Sie wegkommen!« antwortete Roman. »Sie können den Hai jetzt unmöglich besiegen.«

»Das haben wir selbst gemerkt, danke«, knurrte Lekander. »Springen Sie zum System 66802 – wir kommen so bald wie möglich hin. *Atlantis* Ende.«

»Die Idioten«, sagte Ferrol. »Worauf, zum Teufel, warten sie?«

»Sie können nicht fort«, sagte Kennedy ruhig. »Die Atomexplosion, die sie beim ersten Hai eingesetzt haben, hat ihre Mitsuushi-Ringe voll ionisiert. Es dauert noch mindestens zehn Minuten, bis sie verschwinden können.«

Ferrol starrte sie wortlos an. Es gab ja auch nichts mehr zu sagen, dachte Roman betäubt.

Auf dem Bildschirm trieben die Schiffe noch immer mit einer Beschleunigung von acht Ge seitlich davon. *Sie können es schaffen,* dachte Roman und bemühte sich, es zu glauben. *Nur noch ein paar Minuten.*

Während er zusah, wurde die *Starseeker* plötzlich langsamer, bis sie stillstand – und dann rückwärts flog!

»Captain?« fragte Marlowe zögernd. »Ich habe jetzt die Geier. In ungefähr fünfzehn Minuten werden sie imstande sein, ein optisches Netz aufzuziehen.«

Roman nickte. Natürlich würden die Geier Jagd auf sie machen; das war ein Naturgesetz und so unvermeidlich, daß er nicht einmal zornig werden konnte. »Kennedy, übermitteln Sie dem Tampy-Abschnitt den Vektor für das System 66802!« befahl er. »Der Betreuer soll sich für den Notsprung bereithalten, sobald Sleipnir in Position ist. Ferrol — machen Sie das Torpedo scharf! Das Ziel sind die Geier — Explosion in ihrer nächsten Nähe; ich will nicht, daß sie sehen, in welche Richtung Sleipnir schaut, wenn wir springen.«

In Ferrols Wange zuckte ein Muskel. »Verstanden, Captain.« Er wandte sich seiner Aufgabe zu. Einen Augenblick später meldete er: »Torpedo scharf gemacht und bereit, Sir.«

»Feuer!«

Roman sah zu, wie der Lichtschein auf die näherkommenden Geier zuflog. Dann zwang er sich, wieder auf den Teleskop-Schirm zu sehen.

Die *Starseeker* fiel noch immer auf den Hai zu. Sie fiel durch die Abschirmung der Geier ... und plötzlich schien sich das Schiff auszudehnen und zu verschwinden. Der Hai, der seine Aufmerksamkeit nicht mehr teilen mußte, begann wieder zu beschleunigen und machte sich mit noch nie dagewesenen zehn Ge an die Verfolgung der *Jnana*.

»Betreuer berichtet, daß Sleipnir in Position ist, Captain.«

Roman hatte das Gefühl, daß Kennedys Stimme aus weiter Ferne kam.

»Stellen Sie das Torpedo auf Detonation in fünf Sekunden ein.« Roman holte tief Luft. Jetzt davonlaufen ... aber es gab überhaupt nichts, was sie tun konnten. »Sprung!«

* * *

Das System war nicht ganz zwei Lichtjahre entfernt; mit dem Mitsuushi-Antrieb zweieinhalb Tage. Als sie die Warteposition bezogen, drückten alle auf der *Amity* die Daumen.

Zehn Tage später waren die *Jnana* und die *Atlantis* immer noch nicht zu ihnen gestoßen.

# 24. Kapitel

»Als stellvertretender Kommandeur« – Ferrol bemühte sich sehr, ruhig und formell zu sprechen – »gehört es zu meinen Pflichten, den Captain darüber zu informieren, wenn ich seine Handlungsweise für unvernünftig oder für das Schiff, die Mannschaft oder die Interessen der Kordonale für schädlich halte. Daher ...«

»Sie möchten wissen, warum wir noch immer hier hokken?« unterbrach ihn Roman sanft. »Auf ein Einsatzkommando warten, das bei einem Flug von zwei Tagen zehn Tage überfällig ist?«

»Ja, Sir, das möchte ich wissen«, antwortete Ferrol entschieden. Der Captain war dieser Aussprache seit zwei Tagen ausgewichen, und Ferrol hatte nicht vor, sich von Roman mit seinem verdammten höflich/zivilisierten Getue abspeisen zu lassen. »Vor allem, wenn unser Zögern verhindert, daß die Raumflotte Informationen erhält, die für die Sicherheit der Kordonale lebenswichtig sind. Der stehende Befehl lautet ...«

»Sie glauben also nicht, daß es noch Überlebende gibt?«

Ferrol sah ihm in die Augen. »Glauben Sie es?«

Romans Gesichtsausdruck veränderte sich nicht. »Es gibt immer eine Chance. Ein beschädigtes Schiff, das imstande war, einen kurzen Mitsuushi-Hüpfer auszuführen, könnte sich einige Lichtstunden außerhalb von 9862 befinden und die Schäden reparieren. Können wir da wegfliegen und sie im Stich lassen?«

»Wir könnten ein Schiff hierherschicken, das auf sie wartet. Oder unsere Berichte und Aufzeichnungen in Solomon abliefern und dann selbst zurückkommen.«

Roman zog die Augenbrauen hoch. »Und wie stellen Sie sich das vor? Sobald wir die Kordonale erreichen, werden Rrin-saa und die Tampies Sleipnir nach Hause bringen.«

»Darum geht es ja in Wirklichkeit, nicht wahr?« fragte

Ferrol bissig. »Sie sind wegen des kleinen Kartenspielertricks auf die Raumflotte wütend und wollen ihr ein wenig einheizen.«

Roman sah ihn nachdenklich an. »Ich möchte etwas wissen, Commander. Bevor der zweite Hai im System 9862 auftauchte, meinten Sie, die Tampies betrieben nur emotionelle Manipulation, wenn sie darüber zornig waren, daß man sie betrogen hatte. Glauben Sie das wirklich?«

Ferrol wollte wütend auffahren, aber die Antwort blieb ihm im Hals stecken. Er hatte es damals geglaubt — es paßte nur zu gut zu der Standardvorgangsweise der Tampies, die Schuld dem anderen zuzuschieben. Doch jetzt hatte er zehn Tage Zeit gehabt nachzudenken, und da sah die Situation ganz anders aus. Es kam ihm immer noch unglaublich vor, daß die Admiralität die Jagd nach dem Hai so inszeniert hatte, daß das Projekt *Amity* scheitern mußte ... doch er konnte den selbstzufriedenen Gesichtsausdruck des Senators bei ihrem letzten Gespräch nicht vergessen. Den Ausdruck und die verschleierte Warnung, daß das Projekt *Amity* bald zu Ende gehen würde.

Wie die Dinge jetzt lagen, konnte der Senat die Schuld am Mißerfolg ohne weiteres den Tampies in die Schuhe schieben. Und der größte Teil der Kordonale würde darauf hereinfallen.

»Ich glaube, daß irgendwo irgendwer manipuliert wurde«, gab er zu. »Nur bin ich jetzt nicht mehr sicher, an welchem Ende sich die Tampies befunden haben.«

Er machte sich auf das unvermeidliche vielsagende Lächeln oder die hochgezogenen Augenbrauen gefaßt, doch zu seiner ungeheuren Erleichterung verkniff sich Roman jeglichen Kommentar zu Ferrols Meinungsumschwung. »In Ordnung«, sagte er statt dessen. »Nehmen wir also für den Augenblick an, daß Rrin-saas Reaktion ein echter Hinweis darauf war, wie tief die Tampies ihre Beteiligung an der Haijagd bedauerten. Wir wissen bereits, wie nahe ihnen solche Sachen gehen — daß sie Quentin freigelassen haben, ist ein Beweis dafür.«

Vielleicht wußten sie aber auch nur, dachte Ferrol mißmutig, daß das Kalb durch ein so schweres und frühes Trauma ohnehin unbrauchbar geworden ist. »Also gut«, sagte er laut, »nehmen wir das an. Worauf wollen Sie hinaus?«

Romans Gesicht blieb ruhig — doch plötzlich spürte Ferrol die Härte, die unter dieser Ruhe lag. »Ich will darauf hinweisen«, antwortete der Captain leise, »daß alle psychologischen Gegebenheiten aufgezeichnet sind und daß jeder, der das Projekt *Amity* versenken wollte, Zugang dazu hatte. Ich glaube, daß der Taschenspielertrick, von dem Sie gesprochen haben, absichtlich und zu diesem Zweck durchgeführt wurde.«

Ferrol holte tief Luft. »Das kann man natürlich nicht beweisen.«

»Das weiß ich. Ich habe eher daran gedacht, daß wir den Tampies eine Art Kompensation anbieten.«

Ferrol blinzelte; darauf war er nicht gefaßt gewesen. »Was für eine Kompensation?«

Roman zuckte gleichmütig die Achseln. »Sie haben jetzt ein Jahr mit den Tampies zusammengelebt. Was könnten wir von der *Amity* anbieten, das sie bereitwillig annehmen würden?«

Ferrol sah ihn mit gerunzelter Stirn an — dann hatte er es. »Sie meinen ein Kalb?«

»Ich würde es für ein passendes Abschiedsgeschenk halten, Sie nicht auch?«

Ferrol merkte plötzlich, daß sein Mund offenstand. »Soll das heißen, daß wir einfach hier draußen mitten im Nichts herumhocken, bis Sleipnir so weit ist, daß er sein verdammtes Kalb kriegt?«

Roman lächelte. »Warum glauben Sie, habe ich mich heute bereiterklärt, mit Ihnen zu sprechen, nachdem ich Sie zwei Tage lang hingehalten habe?«

»Weil Sie nicht ...« Ferrols Mund stand schon wieder offen. »Sie meinen ... jetzt?«

Roman nickte. »Alle Hinweise sind vorhanden. Rrin-saa

sagt mir, daß ein Sprung in etwa einer Stunde genau das Richtige sein wird.«

Ferrols Blicke wanderten zur Backbordseite und den fremden Sternbildern vor dem Bullauge. »Wir werden es also nicht hier tun?«

»Ich stelle mir vor, daß wir zuerst nach Solomon springen. Dann können die Tampies Sleipnir und das neue Kalb gleichzeitig mitnehmen.«

Ferrol nickte. Die Sterne — die fremden, fernen Sterne — verschwammen vor seinen Augen und etwas schnürte ihm den Hals zu. Es war also vorüber. Die Tampies hatten das Projekt *Amity* sterben lassen; Roman tat ohnehin, was sie wollten ... und wenn der Senator die Aliens richtig eingeschätzt hatte, würde der Weltraum bald wieder ausschließlich der Kordonale gehören.

Und weil die Menschheit über keinen Wagemut verfügte, würde sie sich mit dem Unentschieden zufriedengeben.

*Weil sie nicht über Wagemut verfügte* ... »Mit Ihrer Erlaubnis, Captain, ersuche ich darum, bei den Netzbooten eingesetzt zu werden.«

Roman neigte den Kopf, und Ferrol hielt den Atem an. »Wie Sie wollen, Commander. Dann gehen Sie am besten jetzt hinunter und fangen an, Ihr Team zusammenzustellen.« Er hielt inne und sah Ferrol in die Augen. »Denken Sie daran, daß es das letzte Kalben der *Amity* ist. Sorgen Sie dafür, daß es sich allen Beteiligten einprägt.«

Ferrol hatte wieder Mühe zu sprechen. »Machen Sie sich keine Sorgen, Sir, das werde ich tun.«

* * *

»Zügel sind gesichert«, meldete Yamoto von ihrem Platz neben Ferrol aus. Ihre Stimme klang hinter der Filtermaske hohl. »Das Kalb beginnt sich zu entfernen.«

Ferrol sah die drei Tampies an, die schweigend hinter Yamoto saßen. »Wwis-khaa? Haben wir es schon unter Kontrolle?«

»Es beruhigt sich.« Der Tampy klang ein wenig zerstreut. Drei der Lämpchen auf dem Verstärkerhelm leuchteten noch immer rot. »Es wird bald soweit sein.«

»Gut.« Ferrol drehte sich zum Mikrophon um. »Landefähre an *Amity*. Kalb ist gesichert. Bald volle Kontrolle. Irgendwelche Probleme mit Sleipnir?«

»Überhaupt keine«, antwortete Roman. »Sso-ngii berichtet, daß nichts von Stress oder Trauma zu merken ist. Gibt es bei Ihnen Schwierigkeiten?«

»Bis jetzt nicht.« Ferrol bemühte sich, ungezwungen zu sprechen. »Jedenfalls gibt Wwis-khaa nichts zu. Es sieht so aus, als hätten wir die zusätzlichen Betreuer doch nicht gebraucht.«

»Sie wissen ja, Vorsicht ist die Mutter der Porzellankiste.«

»Nach dem, was mit Quentin geschehen ist, haben Sie sicherlich recht«, bestätigte Ferrol. Er beobachtete Roman genau, entdeckte aber keine Anzeichen dafür, daß der Captain Ferrol wegen der drei zusätzlichen Betreuer, die dieser mitgebracht hatte, mißtraute. »Haben Sie sich schon für einen Namen für das Kalb entschieden, Sir? Oder machen wir uns erst gar nicht die Mühe, weil die Tampies es ja sofort mitnehmen werden?«

»Ich habe an *Epilog* gedacht«, sagte Roman. »Passend und nicht so deutlich wie etwa *Todessstoß*.« Die Bitterkeit in Romans Stimme war für Ferrol beinahe schmerzlich. Aber wenn Roman von Groll gegen Senat und Raumflotte erfüllt war, würde er nicht auf die Idee kommen, daß Ferrol etwas im Schild führte. »Ja, Sir. Haben wir bereits festgelegt, wie wir Sleipnir und Epilog den Tampies übergeben werden?«

»Ich habe eine Nachricht an den Kialinninni-Corral durchgegeben. Die Tampies werden zwei Huckepackschiffe schicken, damit sie die beiden Raumpferde abholen. Es wird allerdings einige Stunden dauern, bis sie Kialinninni verlassen können, deshalb ist es gut, daß Sie zusätzliche Betreuer mitgebracht haben.«

»Einige Stunden? Feiern sie eine Party oder sonst was?«

»Offenbar haben die Tampies beschlossen, der Bedrohung durch die Haie auszuweichen, indem sie den größten Teil ihrer Flotte in den Corral schleppen lassen. Ich weiß nicht, was sie damit erreichen wollen.«

Ferrol verzog verächtlich die Lippen. Der Senator hatte also recht gehabt. Die Tampies würden ihre Raumpferde nicht freilassen, aber wenn sie sie im Kialinninni-Corral versteckten, lief es beinahe auf das gleiche hinaus. In beiden Fällen gaben sie auf. »Sie gewinnen ein bißchen Zeit damit«, brummte er. »Vielleicht.« Er drehte sich halb um. »Wwis-khaa?«

»Er ist ruhig«, antwortete der Tampy. »Wir sprechen miteinander.«

»Gut.« Ferrol schluckte krampfhaft. »Yamoto, auf einen der Sitze in der Nähe des Eingangs ist eine Datenpackschachtel geschnallt. Würden Sie sie mir bitte bringen?«

»Ja, Sir.« Yamoto schlüpfte aus den Gurten und trieb nach hinten.

Es war soweit. Ferrol gab der Steuerung den von ihm sorgfältig berechneten Richtungsvektor ein und schaltete den Kommunikationslaser aus. »Wwis-khaa, bring Epilog in die angegebene Richtung. Vorsichtig und langsam.«

»Eure Wünsche sind die unseren.« Im nächsten Augenblick spürte Ferrol einen leichten Druck an seiner Hüfte, als Schiff und Raumpferd herumschwenkten. »Es ist geschehen.«

»Gut. Jetzt: Der helle Stern direkt vor uns ist Sirius. Kann Epilog ihn sehen?«

Eine lange Pause trat ein. Trotz der Geräusche, die von den Triebwerken der Landefähre kamen, hörte Ferrol, wie sein Herz hämmerte ... »Er kann«, antwortete Wwis-khaa endlich.

»Gut.« Ferrol holte tief Luft. »Spring uns dorthin!«

Diesmal war die Pause noch länger. »Wwis-khaa? Hast du mich gehört?«

»Ffe-rho ...«

»Ich habe dich gefragt, ob du mich gehört hast«, unterbrach ihn Ferrol und wandte sich ihm zu. Die fremden Augen über der Filtermaske starrten ihn an, ohne zu blinzeln.

»Ich höre.«

»Dann spring! Das ist ein Befehl.«

Wwis-khaa schloß kurz die Augen und öffnete sie wieder. »Eure Wünsche sind die unseren«, seufzte er.

Und einen Augenblick später fiel durch das vordere Bullauge blauweißes Licht in die Landefähre.

»Was zum Teufel?« fuhr Yamoto, die mit dem Datenpack hereingeschossen kam, Ferrol an. »Commander, wir sind gerade gesprungen!«

»Ich weiß. Machen Sie sich keine Sorgen, es ist alles unter Kontrolle«, beruhigte er sie. »Also gut, Wwis-khaa«, fügte er hinzu, während er der Steuerung den zweiten Vektor eingab, »bring jetzt Epilog in diese Position. Sobald er sie erreicht hat, springen wir.«

Er überzeugte sich davon, daß sie sich in die richtige Richtung drehten, und wandte sich dann Yamoto zu. »Fragen, Lieutenant?«

»Allerdings, Commander.« Um ihre Augen oberhalb der Filtermaske hatten sich vor Anspannung Fältchen gebildet. »Man hat mich nicht darüber informiert, daß wir die *Amity* verlassen.«

»Das stimmt. Wie geht es, Wwis-khaa?«

»Epilonninni ist beinahe bereit«, erwiderte der Tampy.

»Gut. Mach weiter!«

Yamoto blickte auf das Steuerpult. »Wir springen nach Arachne, Sir?«

»Nur für kurze Zeit. Das heißt, für die Tampies und mich wird es nur kurz sein. Wir werden Sie absetzen, bevor wir weiterspringen.«

Sie blickte zu ihm auf. »Was immer Sie tun, Commander ...«

»Geht Sie nichts an!« unterbrach er sie scharf. Er hatte nicht die Absicht, Yamoto in diese Geschichte hineinzuziehen, und da war es am einfachsten, wenn er sie vollkommen im dunklen ließ. »Wie gesagt werden wir Sie in Arachne absetzen, und damit ist Ihre Rolle zu Ende.«

Sie sah ihn lange mißtrauisch an. Ferrol erwiderte den Blick so ruhig er konnte: die Nadelpistole drückte sich unter der Uniform in seine Flanke. Er wollte auf keinen Fall mit dem verdammten Ding herumfuchteln.

Yamoto wandte zögernd den Blick ab. »Ich habe verstanden, Commander«, seufzte sie. »Hier ist Ihr Datenpack.« Sie hielt es ihm hin. »Falls Sie es wirklich haben wollten.«

»Natürlich will ich es«, knurrte er, während er danach griff. Er öffnete es, entnahm ihm einen der schlanken Zylinder und reichte diesen Yamoto. »Das ist für Sie: Alle Navigationsdaten über Arachne und die dortige Kolonie. Sobald wir den Planeten erreichen, werden wir Sie in ein Rettungsboot stecken, und Sie werden allein hinunterfliegen. Glauben Sie, daß Sie es schaffen werden?«

»Selbstverständlich.« Ihr professioneller Stolz war einen Augenblick lang stärker als ihre Befürchtungen.

»Gut. Wie weit sind wir, Wwis-khaa?«

»Epilonninni ist bereit.«

»Kann Epilonninni den Stern wirklich sehen?« fragte er sicherheitshalber noch einmal. Ein leuchtender Stern wie Sirius war ein Ziel, das man nicht verfehlen konnte; Arachnes Sonne war etwas ganz anderes.

»Er kann den Stern sehen«, antwortete Wwis-khaa.

Ferrol überblickte kurz den Raum um ihn. Das Glück stand auf seiner Seite: die *Amity* hatte ihn noch nicht eingeholt. Sein Manöver mußte Roman vollkommen überrumpelt haben. »Also gut: Sprung!«

Das blaue Sirius-Licht verschwand aus dem Bullauge; gleichzeitig tauchte direkt vor ihnen ein unscheinbarer rotorangefarbener Stern auf. »Wir sind da«, verkündete Ferrol und bemühte sich, selbstsicher zu klingen. Sie waren hier; aber wenn sein Richtungsvektor falsch gewesen war, dann war ›hier‹ nicht das Arachne-System. Und wenn er die Position des Planeten in der Umlaufbahn falsch berechnet hatte... Ihm trat der Schweiß auf die Stirn, während er den Scanner für die unmittelbare Umgebung einschaltete.

Er stellte sofort fest, daß seine Befürchtungen unbegründet gewesen waren. »Hi, Arachne«, sagte Yamoto, die ihre Bildschirme beobachtete. »Noch dazu auf den Punkt genau: achtundvierzigtausend Kilometer entfernt, Peilung sechs Backbord, zweiundachtzig Nadir. Eine Spur unterhalb von uns.«

Ferrol holte tief Luft. »Steuere den Planeten an, Wwis-khaa. Zwei Ge Beschleunigung oder so viel, wie Epilog zustande bringt.«

»Eure Wünsche sind die unseren.«

Eine Minute lang drückten die Gurte auf Ferrols Schultern, während Wwis-khaa Epilog Arachne zuwendete. Die blau-weiß gefleckte Sichel erschien im vorderen Bullauge, der Druck ließ nach, änderte die Richtung, und Ferrol wurde in seinen Sitz gedrückt. »Wir sind unterwegs«, meldete Yamoto unnötigerweise. »Zwei Ge Beschleunigung.«

Ferrol schaltete den Teleskop-Bildschirm der Landefähre ein, und dabei verkrampfte sich sein Magen wieder. Er hatte der *Scapa Flow* befohlen, hier auf ihn zu warten, aber das war beinahe zwei Monate her. Wenn sie von dem Warten genug gehabt hatte ...

Etwas blitzte kurz im Sonnenschein auf. Ein Schiff im geosynchronen Orbit über dem Teil des Planeten, in dem die Kolonien der Menschen und der Tampies lagen.

Ferrol stellte den Kommunikationslaser auf das Schiff ein und gab dem Steuer die Daten für einen Abfangkurs ein. »Ändere die Richtung auf den angegebenen Vektor, Wwis-khaa«, befahl er. Am Laser leuchtete das grüne Licht auf. »Hier ist Chayne Ferrol, *Scapa Flow*«, rief er. »Losungswort: Beta hopscotch. Bitte melden.« Er hielt den Atem an.

»Hier *Scapa Flow*«, antwortete Malraux Demarco hörbar erleichtert. »Wir haben lange nicht von Ihnen gehört, Chayne.«

»Viel zu lang«, stimmte Ferrol zu. »Wie ist der Status des Schiffs?«

»Wir können starten, sobald Sie bereit sind. Bringen Sie uns ein Geschenk mit?«

»Nur eine Leihgabe. Hören Sie mir jetzt genau zu. Wir sind in ungefähr fünfundvierzig Minuten bei Ihnen. Bis dahin muß Ihr Frachtraum leer sein — damit meine ich wirklich *leer* —, und ein Rettungsboot muß für einen Flug zum Planeten bereitgestellt und ausgerüstet sein. Außerdem holen Sie aus dem Stauraum zwei mittellange Zügelleinen — vierhundert Meter müßten genügen — und befestigen Sie sie am Bughaken. Und zwar ordentlich.«

Nach einer kurzen Pause sagte Demarco: »Das klingt, als würden wir doch nicht auf die Jagd gehen.«

»O doch, wir gehen auf die Jagd, darauf können Sie sich verlassen. Jetzt geschieht folgendes: Wir bringen die Landefähre in unseren Frachtraum, die Zügelleinen werden zur Hauptluke hinaushängen. Wir werden die Öffnung luftdicht verschließen, aber weil jeder etwas stärkere Zug an den Leinen die Versiegelung herausreißen würde, werden wir Ihre Zügelleinen an unserem Raumpferd und am vorderen Haken befestigen, so daß nur auf sie Zug ausgeübt wird, während die Zügelleinen von der Landefähre schlaff bleiben. Alles klar?«

»Bis auf die Frage, ob die Landefähre in unseren Frachtraum passen wird. Die Zahlen auf unserem Meßgerät zeigen, daß es verdammt knapp wird.«

»Es ist knapp, aber es wird klappen«, beruhigte ihn Ferrol. »Ich bin die Zahlen zweimal durchgegangen; es ist möglich.«

»Wenn Sie es sagen.« Demarco war noch immer nicht überzeugt.

»Vertrauen Sie mir. Außerdem ist es mein Problem. Sie konzentrieren sich darauf, daß ich genügend Platz habe, um das Ding hineinzubringen. Und sorgen dafür, daß die Zügelleinen angebracht sind. Außerdem bringen Sie ein Kabel an dem Schaltkasten im Frachtraum an, so daß wir es mit der äußeren Kommunikationsanlage der Landefähre verbinden können.« Er war ein wenig schuldbewußt, aber da sie nicht über genügend Filtermasken für die gesamte Mannschaft der *Scapa Flow* verfügten, blieb ihnen nichts anderes übrig, als die Tampies auf die Landefähre und den Frachtraum zu beschränken.

»Ich habe alles mitgekriegt. Ich nehme an, daß wir es ziemlich eilig haben?«

Ferrol warf Yamoto einen kurzen Blick zu. »Wir haben genügend Zeit, um die Arbeit gründlich zu machen. Das heißt aber nicht, daß Sie eine Kaffeepause einlegen sollen.«

»In Ordnung. Wir werden fertig sein, wenn Sie hier eintreffen.«

»Gut. Ferrol Ende.«

Er schaltete den Laser ab und stellte die Scanner auf ein volles Rundumscanning mittels Radar und Suchstrahl ein. Es war nicht wahrscheinlich, daß sich irgendwelche Schiffe in der Nähe befanden, aber es hatte keinen Sinn, ein Risiko einzugehen.

»Haben Sie vor, das Andocken selbst durchzuführen?« fragte Yamoto.

Ferrol nickte. »Ja. Warum?«

»Weil ich nicht glaube, daß Sie dazu imstande sind«, erwiderte Yamoto geradeheraus. »Sie würden entweder die Landefähre oder den Frachtraum oder beide kaputtmachen.«

Ferrol hegte selbst gewisse Zweifel. »Ich werde es wirklich langsam machen. Oder ich werde den Ersten Steuermann herauskommen und das Andocken besorgen lassen.«

»Wenn die *Amity* Ihnen im Nacken sitzt?«

»Wer hat gesagt, daß mir die *Amity* im Nacken sitzt?«

Yamoto sah ihn verächtlich an. »Ach, kommen Sie, Ferrol, hören wir mit dieser Versteckspielerei auf. Was immer Sie hier tun, tun Sie auf eigene Verantwortung, ohne daß Sie irgendwer dazu ermächtigt hat. Das wissen wir beide;

und wenn Sie einen Steuermann herauskommen lassen, strapazieren Sie Ihren Zeitplan so sehr, daß er wahrscheinlich Pfuscharbeit leisten wird.«

»Ich kann nicht zulassen, daß Sie andocken«, widersprach Ferrol. »Bis jetzt können Sie alles, was Sie getan haben, auf die Befehle Ihres Vorgesetzten schieben. Ich will Sie nicht noch tiefer hineinziehen.«

»Ihre Sorge um mich ist rührend. Aber beruhigen Sie Ihr Gewissen — ich tue es nicht für Sie.« Sie zeigte mit dem Kopf auf die Tampies. »Sie gefährden drei Unschuldige — vier, wenn Sie mich mitzählen. Das Andocken mache ich, und dabei bleibt es.«

Ferrol verzog hinter der Filtermaske das Gesicht und war froh, daß sie es nicht sehen konnte. Natürlich, so hatte es kommen müssen. Sie war einfach nicht bereit, ihm oder seinem Urteilsvermögen zu vertrauen.

Aber in letzter Zeit war kaum jemand bereit gewesen, seinem Urteilsvermögen zu vertrauen. Warum sollte Yamoto eine Ausnahme sein?

»In diesem Fall bin ich einverstanden«, erklärte er.

* * *

»Sie läßt sich verteufelt viel Zeit, um von hier wegzukommen«, knurrte Demarco, der seine Displays beobachtete. »Ich glaube, daß sie überhaupt nicht vorhat, auf dem Planeten zu landen.«

Ferrol blickte ebenfalls auf den Bildschirm. Demarco hatte recht: Yamoto ließ das Rettungsboot einfach treiben. »Wahrscheinlich hält sie es für besser, wenn sie wartet, bis die *Amity* auftaucht. Wahrscheinlich glaubt sie auch, daß sie ihnen einen Hinweis auf unser Ziel geben kann, indem sie unsere Sprungrichtung aufzeichnet.«

Demarco sah ihn stirnrunzelnd an. »Aber das können sie nicht, oder?«

»Machen Sie sich keine Sorgen. Bei der Route, die wir einschlagen werden, haben sie nicht die geringste Chance.«

Die Bordsprechanlage rührte sich. »Wir haben die Bordsprechanlage jetzt mit der Landefähre verbunden«, meldete jemand.

»Danke«. Ferrol schaltete um. »Wwis-khaa? Hier spricht Commander Ferrol. Ist bei dir und den übrigen alles in Ordnung?«

»Es geht uns gut, Ffe-rho.«

Sobald Ferrol und Yamoto die Landefähre verlassen hatten, hatten die drei Aliens die Filtermasken abgenommen; Ferrol bedauerte, daß er den Gesichtsausdruck des Tampies nicht besser deuten konnte. »Es tut mir leid, daß ihr in der Landefähre bleiben müßt«, entschuldigte er sich. »Aber ohne genügend Filtermasken können wir euch leider nicht in den Hauptteil des Schiffes lassen.«

»Kommt nicht in die Tüte«, murmelte Demarco. »Es würde Monate dauern, um den Gestank aus der Belüftungsanlage wegzukriegen.«

Ferrol warf ihm einen wütenden Blick zu, dann wandte er sich wieder an Wwis-khaa. »Ihr solltet inzwischen den nächsten Zielstern auf eurem Display haben. Kann Epilog ihn sehen?«

»Er kann.« Wwhis-khaa schwieg eine Weile. »Ich möchte wissen, Ffe-rho, was du von uns willst.«

»Eine berechtigte Frage. Sehr einfach, ich bitte euch, eurem Volk zu helfen. Eurem Volk und euren Raumpferden. Habt ihr schon einmal von einem Geschöpf auf der Erde gehört, das Hund genannt wird?«

»Ein domestizierter Fleischfresser aus der Gruppe Canis«, antwortete Wwis-khaa prompt. »Ökologisch gesehen ist er für gewöhnlich ein Begleiter oder ein Haustier der Menschen.«

»Richtig.« Es beeindruckte Ferrol, daß die Aliens das wußten. »Jetzt sind sie hauptsächlich Haustiere, aber ursprünglich wurden sie von Hirten zum Viehtreiben verwendet, um Tiere, von denen wir uns ernähren, vor gefährlichen Räubern zu schützen. An gewissen Orten ist das heute noch der Fall.«

Er hatte erwartet, daß Wwis-khaa begreifen würde, worauf er hinauswollte; er hatte sich nicht getäuscht. »Und du suchst solche Geschöpfe im Weltraum?« Wwhis-khaa neigte mit einer Bewegung, die Ferrol noch nie bei einem Tampy gesehen hatte, den Kopf schief. »Kleine Räuber, die unsere Raumpferde vor Haien schützen sollen?«

»Genau. Wir wissen nicht, ob es sie überhaupt gibt; aber wir wissen jetzt, daß im Weltraum wenigstens drei Arten von Lebewesen vorkommen, und da ist es nur logisch anzunehmen, daß es weitere gibt. Richtig?«

»Ich weiß es nicht. Wie willst du solche Geschöpfe in der Weite des Weltraums finden?«

»Ich werde sie nicht suchen«, erklärte Ferrol. »Wir werden uns nicht um den Weltraum und um normale Sternensysteme kümmern, sondern uns auf eine viel auserlesenere Gruppe konzentrieren: Auf die Akkretionsscheiben von Schwarzen Löchern.«

Demarco sah ihn verblüfft an, aber Ferrol kümmerte sich nicht um ihn. »Ich halte es für realistisch«, fuhr er fort. »Angeblich sind die Raumpferde dort entstanden; wenn das stimmt, muß noch ein Rest der Ökologie vorhanden sein. Bist du bereit, es dir anzusehen?«

Wwis-khaa schwieg lange. Ferrol hielt den Atem an, denn ihm war sehr deutlich bewußt, daß sein Plan gescheitert war, wenn die Tampies sich weigerten mitzumachen. »Eure Wünsche sind die unseren«, sagte der Alien schließlich. »Wann wünschst du aufzubrechen?«

Ferrol atmete erleichtert aus. »Sobald Epilog sich in Position befindet. Sag dem Steuermann – Randall – Bescheid, wenn du soweit bist.«

»Eure Wünsche sind die unseren.«

Ferrol fühlte sich schlapp, als er die Bordsprechanlage abschaltete. Es hatte funktioniert ... sie waren unterwegs.

Er blickte auf – und direkt in Demarcos Augen. »Ich hoffe sehr«, meinte dieser, »daß das alles nur Seemannsgarn war.«

»Nur zum Teil«, antwortete Ferrol. »Das meiste stimmt. Wir werden uns einige Schwarze Löcher näher ansehen, und wir sind auf der Suche nach einer Miniversion des Hais. Aber nicht aus dem Grund, den ich Wwis-khaa genannt habe — damit wollte ich ihn nur dazu bringen, mit uns zu kooperieren.«

»Sie hätten dem Schmelzgesicht einfach erklären sollen, daß es ein Befehl ist, daß Sie sein Vorgesetzter sind und daß es sich damit hat. Mehr Erklärungen verdienen diese bescheuerten Pflanzenliebhaber nicht.«

Ferrol sah Demarco stirnrunzelnd an. Er konnte sich nicht daran erinnern, daß dieser so primitiv gewesen war. »Wenn ich recht habe, besteht begründete Aussicht, daß wir unterwegs auf Haie treffen. Wwis-khaa und die übrigen verdienen es, daß man ihnen sagt, worauf sie sich einlassen.«

Demarco zog die Augenbrauen hoch. »Wie ich sehe, hat die rührselige Stimmung auf der *Amity* auf Sie abgefärbt, Sir. Wenn wir also keine Wachhunde für die Schmelzgesichter fangen wollen — wozu brauchen Sie dann die Minihaie?«

»Natürlich als Zugtiere«, knurrte Ferrol. Demarco bewegte sich am Rand der Insubordination. »Unser Versuch, Raumpferde abzurichten, hat in einer Sackgasse geendet. Die Menschen sind Raubtiere, und das können die Raumpferde nicht akzeptieren. Aber ein im Weltraum lebendes Raubtier ist vielleicht nicht so zart besaitet.«

»Wenn Sie meinen. Klingt aber wie das Geschwafel, das Ihre Freunde mit den Schmelzgesichtern von sich geben würden. Wenn Sie mich fragen.«

Ferrol hatte plötzlich genug von Demarco. »Dann versuchen wir es einmal andersrum«, sagte er kalt. »Wir tun es, weil ich es Ihnen befehle, und damit hat es sich.«

Damarcos Lippen zuckten, aber er nickte. »Ja, Sir«, murmelte er und wandte sich wieder seinem Schaltpult zu.

»Chayne?« fragte Randall vorsichtig. »Ihr Schmelzg... Ihr Tampy signalisiert, daß er bereit ist.«

Ferrol holte tief Luft und bemühte sich, Ruhe zu bewahren. »Sagen Sie ihm, daß er springen soll!«, befahl er.

Und fragte sich, was seiner Mannschaft im letzten Jahr zugestoßen war und sie so intolerant gemacht hatte.

## 25. Kapitel

»Der Leiter von Arachne sagt, daß sie die Erde und Prepyat mittels Tachyon verständigt haben«, berichtete Yamoto über den Kommunikationslaser. Sie klang müde und genauso emotionell ausgelaugt wie Roman. Was unter den Umständen kein Wunder war. »Ich nehme an, daß die Nachricht nicht durchgekommen ist.«

»Sie ist durchgekommen«, stellte Roman richtig, »aber nicht rechtzeitig.«

Yamoto seufzte. »Mein Fehler, Captain. Ich hätte die Kolonie alarmieren sollen, sobald wir in dem System eintrafen, ohne mich um die Folgen zu kümmern.«

Roman schüttelte den Kopf. »Es hätte nichts genützt. Wir waren zum Sirius und von dort zurück zum Solomon-System gesprungen und befanden uns nicht mehr in einer Position, von der aus wir direkt nach Arachne gelangen konnten. Ganz gleich, wann Sie Alarm schlugen – wir hätten nicht rechtzeitig eintreffen können, um Ferrol aufzuhalten. Es war auf keinen Fall Ihr Fehler.«

»Ja, Sir.« Es klang nicht so, als glaube sie ihm. »Sobald Sie bereit sind, kann ich jederzeit die Umlaufbahn verlassen.«

Roman sah rasch auf sein Display. Sie hatten einen harten Flug mit vier Stunden Drei-Ge-Beschleunigung/Bremsung durch das Arachne-System hinter sich und hatten endlich den Planeten erreicht. Das taktische Display zeigte, daß ihr Kurs Yamotos geosynchronen Orbit kreuzen würde... »Es ist einfacher, wenn Sie bleiben, wo Sie sind«, entschied Roman. »Es geht wahrscheinlich schneller, wenn wir zu Ihnen kommen, als wenn Sie Ihre Umlaufbahn korrigieren.« Er wußte allerdings nicht, wozu die Eile gut sein sollte – Yamotos Angaben zufolge hatten Ferrol und die *Scapa Flow* bereits gute sechs Stunden Vorsprung, und die Chancen der *Amity*, sie aufzuspüren, lagen nur geringfügig über Null. »Wir sind in zehn Minuten längsseits.«

»Ja, Sir.«

Kennedy, die am Steuer saß, drehte sich halb um. »Captain? Ich habe jetzt einen möglichen Vektor für Sie, wenn Sie ihn sich ansehen wollen.«

»Danke.« Roman studierte kurz die taktischen und visuellen Karten, die sie ihm vorlegte. In der von ihr angegebenen Richtung ...

Befand sich praktisch nichts. »Wie groß ist die Wahrscheinlichkeit bei diesem Kurs?« fragte er.

»Sie beträgt leider nur fünfundsiebzig Prozent«, gab sie zu. »Yamotos Bänder von Epilogs Sprung sind gut und scharf, aber bei einem halben Kilometer Entfernung können sie nicht hundertprozentig genau sein. Der Computer hält dieses Gebiet« – auf dem Bildschirm erschien ein kleiner Kreis, dessen Zentrum im ursprünglichen Vektor lag –, »zu neunundneunzig Prozent für wahrscheinlich, aber in ihm gibt es mindestens fünfzehn Sterne, die ein Raumpferd sehen kann.«

»Auch wenn es so jung ist wie Epilog?« fragte Roman.

Kennedy schüttelte den Kopf. »Das weiß ich nicht. Ich habe die Tampies gefragt: Sie wissen es genauso wenig.«

Und sie würden natürlich nie etwas so Vulgäres tun, wie Spekulationen anzustellen ... Roman biß die Zähne zusammen und unterdrückte den plötzlich aufsteigenden Zorn über die Aliens. Sie konnten genauso wenig etwas dafür. »Geben Sie mir alles, was wir über diese Sterne haben«, befahl er Kennedy. »Vielleicht können wir ausknobeln, was Ferrol vorhat.«

Er hatte nicht erwartet, daß Kennedy viel Brauchbares finden würde, und so war es auch. Geschätzte Größen, geschätzte Entfernungen, Spektralklassen, geschätzte Wahrscheinlichkeit von Sonnensystemen – in jedem einzelnen Fall bestanden die Informationen aus höchstens einem halben Dutzend Zeilen. »Hier gibt es kaum etwas, das jemand brauchen kann«, murmelte Marlowe.

»Es sei denn, Ferrol weiß etwas über einen dieser Sterne, das wir nicht wissen«, meinte Roman. »Haben Sie schon eine Aufstellung darüber, was seine Datenpacks enthalten haben könnten, Kennedy?«

»Soweit ich es überblicke, hatte er auf der *Amity* nur Zugang zu dem Navigations-Ortungsprogramm und der gesamten stellaren kartographischen Teleskop-Liste von Cygni, sowie zu den Arachne-Daten, die er Yamoto gegeben hat. Sie hat uns gesagt, daß er sechs Datenpacks mitgenommen hat, was ungefähr auf die Navigations- und Cygni-Packs paßt.« Kennedy sah Roman an. »Für mich ist das ein Hinweis darauf, daß der Stern, zu dem er von hier aus gesprungen ist, nur ein Zwischenstop zu einem anderen Ziel ist.«

Roman nickte nur; die Frustration und Verbitterung schnürten ihm den Hals zu. Er war zu dem gleichen deprimierenden Schluß gelangt ... und wenn Ferrol von hier aus einen mehrstufigen Sprung unternommen hatte, dann war er fort. Punkt.

Auf seinem Schaltpult klingelte der Annäherungsalarm: Die *Amity* gelangte längsseits zu Yamotos Rettungsboot. »Lassen Sie die Hangartüren öffnen, Kennedy; sobald die Geschwindigkeiten aufeinander abgestimmt sind, kann Yamoto das Boot hereinbringen.«

Und sobald sie an Bord war, mußte er eine Entscheidung treffen. Ob er trotz der massiven Unsicherheit den Versuch unternehmen sollte, Ferrol zu folgen, oder ob er sich damit abfinden sollte, daß ein solcher Versuch sinnlos war.

Ob er sich damit abfinden sollte, daß Ferrol gewonnen hatte.

*Ich hätte ihn daran hindern sollen,* dachte Roman müde. Am meisten bedrückte ihn, daß er die Möglichkeit dazu gehabt hatte. Er hätte vom ersten Augenblick an Ferrol jederzeit loswerden können. Es war ausschließlich sein Fehler — alles, was geschehen war.

Die Sprechanlage meldete sich. »Rro-maa?«

Roman betrachtete das schiefe, fremde Gesicht. Jetzt krieg ich's zu hören, dachte er. Die Anschuldigung — selbstverständlich in der üblichen ruhig/höflichen Tampy-

Art –, daß sie soeben infolge seines Mangels an Voraussicht oder einfach wegen seiner Dummheit ein unschätzbar wertvolles Raumpferd verloren hatten. »Ja, Rrin-saa, was möchtest du?«

»Ist es dein Wunsch, daß wir Ffe-rho folgen?«

»Im Augenblick geht es kaum darum, was ich wünsche, Rrin-saa«, knurrte Roman. Die Tampies wollten es also auf diese Art spielen. Sie würden nie so unfein sein, dem Captain Unfähigkeit vorzuwerfen; Rrin-saa würde einfach unschuldig klingende Fragen stellen, bis Roman diese Tatsache freiwillig zugab. »Ferrol und Epilog sind längst fort. Es sei denn, du weißt zufällig, wohin sie gesprungen sind.«

»Ich weiß es nicht«, antwortete Rrin-saa. »Aber Sleipnninni weiß es.«

Roman starrte den Schirm an – seine Frage war rein sarkastisch gewesen. »Bitte wiederhole das.«

»Sleipnninni weiß, wohin Epilog gesprungen ist. Wenn du es wünschst, kann er ihm folgen.«

Roman blickte auf, sah, daß Marlowe ungläubig die Stirn runzelte, und schaute wieder Rrin-saa an. »Das verstehe ich nicht. Epilog ist vor sechs Stunden gesprungen. Wie kann Sleipnir wissen, wohin er wollte?«

»Das weiß ich nicht«, erwiderte Rrin-saa. »Ich weiß nur, daß er es weiß; das ist alles.«

Roman rieb Daumen und Zeigefinger aneinander. »Ihre Meinung, Marlowe?« Dieser schüttelte den Kopf. »Keine Ahnung, Sir. Klingt wie reines Voodoo.«

»Das stimmt. Kennedy?«

Sie zuckte die Achseln. »Ich würde ebenfalls auf Voodoo tippen. Aber – was haben wir zu verlieren?«

Ja, was eigentlich? »Also gut, Rrin-saa, du übernimmst. Bring Sleipnir in Position; sobald sich Yamoto und das Rettungsboot an Bord befinden, springen wir.«

Das Gesicht des Tampies war wie üblich undurchdringlich. »Eure Wünsche sind die unseren.«

* * *

Die *Scapa Flow* brauchte beinahe achtzehn Stunden und sechs Sprünge, um das erste Schwarze Loch auf Ferrols Liste, Cygnus X-1, zu erreichen.

Es erinnerte Ferrol frappant an das Prä-Nova-System, in das die *Amity* vor so vielen Monaten eingedrungen war. Auf der einen Seite strahlte der Begleiter des Schwarzen Lochs, ein riesiger blau-weißer Stern mit der sechsfachen Masse der Sonne; auf der anderen Seite befand sich das Schwarze Loch, ein genauso heller, stecknadelkopfgroßer Fleck blauen Lichts. Beide umgab der strukturierte Wirbel der Gase, die die Schwerkraft des Schwarzen Lochs dem Stern entriß; der Wirbel war in einem gekrümmten Korridor zwischen den beiden Himmelskörpern am dichtesten. Infolge der aus dem Schwarzen Loch strömenden ionisierenden Röntgenstrahlen fluoreszierte die gesamte Masse strahlend. Auf dieser Seite war der Stern heller und auch merklich gedehnt. Die Gaswolke umschloß die beiden Massen wie ein unregelmäßiger Käfig; obwohl der größte Teil der Wolke sich so langsam bewegte, daß das menschliche Auge es nicht wahrnehmen konnte, sah man in nächster Nähe des blauen Stecknadelkopfs, wie sie wirbelte, aus der Unendlichkeit fiel und aus dem Universum verschwand. Sie gab dabei ihr Potential an Gravitationsenergie ab und verstärkte damit die ausströmende Strahlung.

Beeindruckend wie die Hölle. Und genauso gefährlich.

Ferrol hatte Epilog in einem der Systeme, durch die sie unterwegs gekommen waren, die *Scapa Flow* zusätzliche sechs Millionen Kilometer von dem Stern dieses Systems wegziehen lassen. Dadurch würden sie, sobald sie ihr Ziel erreichten, entsprechend weiter von dem Gravitationstrichter des Systems X-1 entfernt sein. Jetzt hörte er, wie die Rumpfplatten infolge der Beanspruchung durch die Hitze knackten, sah zu, wie die äußeren Strahlungsdetektoren infolge der Überlastung durchbrannten, und bedauerte, daß er sich nicht die Zeit genommen hatte, eine noch größere Entfernung zwischen sich und das System zu legen.

Sie blieben nicht lang dort. Sie schalteten das Anormale-Bewegungen-Programm für fünfzehn Minuten ein und stellten fest, daß sich in einem Radius von einer Million Kilometern um das Schiff keine der von Ferrol erhofften Lebensformen befand. Aber selbst wenn es solche Lebensformen gegeben hätte, war klar, daß das Schiff sich in seine Bestandteile auflösen würde, bevor sie sie untersuchen konnten.

Weitere vier Sprünge brachten sie in das nächste System auf der Liste: Es war weitaus ruhiger, denn der Begleiter des Schwarzen Lochs war viel zu weit von ihm entfernt, um durch die Anziehungskraft so große Mengen seiner Substanz zu verlieren, und deshalb war auch die Strahlung viel geringer. Hier blieben sie länger, aber sie fanden wieder keine Spuren von Leben.

Genauso erging es ihnen im dritten, vierten und fünften System.

Im sechsten System wurden sie endlich fündig.

* * *

»Verdammt noch mal«, flüsterte Demarco. »Verdammt.«

Der vor Aufregung zitternde Ferrol nickte geistesabwesend, während er abwechselnd die taktischen, visuellen und Scanner-Bildschirme beobachtete. In dem Gemisch aus Schotter und Felsen, aus dem die Akkretionsscheibe des Schwarzen Lochs bestand, markierten drei blinkende Kreise anormale Bewegungen; während er zusah, erschienen zwei weitere Kreise. »Es sind die Felsbrocken. Es kann nichts anderes sein«, erklärte er. »Sie sind das einzige, was in diesem System anders ist.«

Demarco riß sich zusammen. »Sie sind nicht das einzige. Zunächst einmal ist das Schwarze Loch im Hinblick auf die Strahlung wesentlich ruhiger als alle, die wir bisher gesehen haben.«

Ferrol biß die Zähne zusammen; der aufwallende Ärger brachte ihn mit einem Ruck in die reale Welt zurück. »Das stimmt.« Er zwang sich, ruhig zu sprechen. Im Augenblick waren weder die gespannte Erregung noch die Tatsache, wichtig, daß sich Demarco in den letzten Tagen aufreizend – und vielleicht bewußt – angewöhnt hatte, alles in Frage zu stellen, was Ferrol sagte oder tat. Wichtig war, daß sie diese Gelegenheit nicht durch ihre Kabbelei verpatzten, und das hieß, daß sie die Lebensformen in diesem Gebiet so vorsichtig und gründlich wie möglich untersuchten. Mit der größtmöglichen Sorgfalt und einem Minimum an persönlichen Konflikten. »Infolge der geringeren Strahlung ist die Umwelt hier bestimmt stabiler«, fügte er hinzu. »Haben Sie schon Daten über die Scheibe, Randall?«

»Vorläufig nur die ersten Einzelheiten, aber sie sieht wie ein normaler Asteroidengürtel aus. Zumindest hier draußen; wenn man zu weit hineingerät, versauen die Strahlung und die Auswirkungen der Schwerkraft die Umgebung gründlich. Ich bin übrigens Ihrer Ansicht, daß die klumpige Beschaffenheit dieser Scheibe der entscheidende Faktor ist. Mindestens zwei der Bewegungen, die wir bis jetzt beobachtet haben, sind von der dunklen Seite der Felsbrocken gekommen. Wenn man kleiner ist als ein Raumpferd, braucht man wahrscheinlich einen Ort, an dem man sich vor der Strahlung schützen kann, denn man besitzt weniger abschirmende Masse und so weiter.«

Ferrol nickte. »Sehen Sie sich das Schwarze Loch genauer an und schildern Sie mir, womit wir es zu tun haben.«

»In Ordnung.« Randall wandte sich seinen Scannern zu und Ferrol schaltete die Sprechanlage ein. Weil sie gerade von Raumpferden sprachen ... »Wwis-khaa? Bist du da?«

Von dem Gesicht, das auf dem Schirm erschien, war infolge des Verstärkerhelms und des gold-blauen Halstuchs nicht viel zu sehen. »Ffe-rho?«

»Ja, Ppla-zii«, bestätigte Ferrol. »Ich nehme an, daß Wwis-khaa sich ausruht?«

»Das stimmt. Er ruht sich zu lange aus.«

»Ihr ruht euch alle zu lange aus«, murmelte Demarco.

Ferrol sah ihn wütend an. »Ich weiß, Ppla-zii, und es tut

mir leid«, erwiderte er dem Tampy. »Mir ist klar, daß wir in den letzten Tagen nicht nur Epilog, sondern auch euch drei überfordert haben. Aber es hat sich gelohnt. Wir haben etwas gefunden, das die Gemeinschaft von Weltraumgeschöpfen sein könnte, die wir gesucht haben.«

»Ich weiß. Epilonninni hat es bereits gesehen.«

Von Demarco kam etwas, das wie verächtliches Schnauben klang. Diesmal machte sich Ferrol nicht einmal die Mühe, ihn wütend anzusehen. »Das freut mich. Was hat dir Epilog sonst noch mitgeteilt?«

»Ich verstehe nicht.«

»Ich möchte wissen, was für Eindrücke Epilog von diesem Ort hat«, erläuterte Ferrol. »Fühlt er sich zum Beispiel unbehaglich oder verursacht ihm die Strahlung des Schwarzen Lochs Schmerzen? Oder stört es ihn, daß die Schwerkraftfelder selbst in dieser Entfernung leicht verzerrt sind?« Er betrachtete die blinkenden Kreise auf dem Monitor. »Noch wichtiger ist, ob er das Gefühl hat, daß von einer der Lebensformen da draußen Gefahr droht.«

»Epilonninni spürt keine Gefahr«, antwortete Ppla-zii.

»Gut. Du verständigst mich sofort, wenn sich in dieser Hinsicht etwas ändert — verstanden?«

»Eure Wünsche sind die unseren.«

»Gut.« Trotzdem ... Ferrol sah sich auf der Brücke um. »Kohlhase, von nun an besteht Ihre einzige Aufgabe darin, Ausschau nach anormalen Bewegungen zu halten, die auf Epilog zukommen oder direkt vor ihm seine Bahn kreuzen. Randall?«

»Das Schwarze Loch hat etwa die hundertfache Masse der Sonne«, berichtete dieser. »Es ist nur leicht geladen, rotiert aber ziemlich schnell. Sein Ereignishorizont befindet sich bei etwa 150 Kilometern; im Augenblick sind wir ungefähr drei Millionen Kilometer davon entfernt.«

Ferrol versuchte, sich an alles zu erinnern, das er je über Schwarze Löcher gelesen hatte. »Stellen Sie bereits relativistische Effekte fest? Perikeldrehung oder andere Umlauf-Anomalien?«

»Aus dieser Entfernung nicht.« Randall zog die Augenbrauen hoch. »Wir werden natürlich viel näher herankommen müssen, wenn wir uns Ihre Tierchen genauer ansehen wollen.«

»Das stimmt. Dabei wird Ihre Aufgabe darin bestehen, dafür zu sorgen, daß wir vor Aufregung nicht außer Kontrolle geraten. Sie müssen vor allem auf die Strahlungsstärke und die Schwerkraftgradienten achten; aber wenn Sie außerhalb des Schiffes auch nur das Geringste entdecken, das Sie stört, will ich es erfahren. Klar?«

»Ja, Sir.«

Es war soweit. Ferrol holte tief Luft und blickte wieder auf den Monitor. Jetzt markierten über zwanzig blinkende Kreise anormale Bewegungen; der nächste befand sich in einer Entfernung von zwanzigtausend Kilometern zwischen ihnen und dem Schwarzen Loch. »Okay, Ppla-zii«, sagte er. »Bring uns hinein — ganz langsam und sehr vorsichtig.«

# 26. Kapitel

Der Asteroid war groß und zerklüftet, und das ferne Schwarze Loch tauchte seine Kanten in bleiches, gespenstisches, bläuliches Licht. Der weiße Fleck des Suchscheinwerfers der *Scapa Flow* glitt über das Gestein, hielt immer wieder bei Schatten an und glitt weiter. Ferrol schüttelte den Kopf. »Ich gebe auf. Wohin ist das verdammte Ding nur verschwunden?«

»Ich glaube, nach links«, antwortete Demarco. »Dort drüben bei — da ist es!«

Ein schwarzer Schatten hatte sich vom Asteroiden gelöst und jagte durch den Raum davon. Das Geschöpf erreichte den Rand des Monitors, bevor ihn das Verfolgungssystem einholte und es wieder zentrierte. Es war etwa einen halben Meter breit, neigte dazu, während des Fliegens im rechten Winkel abzuschwenken, und war bei seiner Entdeckung ›Schmetterling‹ getauft worden. Ferrol war der Ansicht, daß sie jetzt alles über das Geschöpf wußten, was man während einer zwanzigminütigen Beobachtung erfahren kann. »Holen wir es herein, Mal«, befahl er. »Sobald Sie freies Schußfeld haben.«

»In Ordnung. Wir sind soweit ...«

Die *Scapa Flow* ruckte leicht, als das Netz hinausschoß. Ferrol hielt die Luft an ... und im letzten Augenblick beschrieb der Schmetterling eine Haarnadelkurve. Zu spät; das Netz schloß sich um ihn, zog sich zusammen ...

Im blassen, blauen Licht war das kurze Aufflackern der Sprühentladung deutlich zu sehen. Der Schmetterling zuckte krampfhaft und wurde dann schlaff. »Wir haben ihn, Townne«, rief Ferrol in die Gegensprechanlage, »holen Sie ihn ein!«

»In Ordnung.«

Auf dem Monitor bewegte sich der gefangene Schmetterling auf das Schiff zu. Ferrol zog die Schultern hoch und versuchte, sich zu entspannen. Sie waren vier Stunden lang durch die Akkretionsscheibe getrieben und hatten in dieser Zeit nicht weniger als fünfzehn verschiedene Weltraumbewohner entdeckt, identifiziert und gefilmt. Vier — jetzt fünf — waren mit dem Netz gefangen, elektrisch betäubt oder getötet und an Bord geholt worden.

Und in der gesamten verdammten Menagerie hatte es kein einziges Raubtier gegeben.

»Ffe-rho?«

Ferrol riß sich aus seinen trüben Gedanken. »Ja, Wwiskhaa, was gibt es?«

»Ist es dein Wunsch, daß wir uns weiterhin dem Schwarzen Loch nähern?«

Ferrol überblickte rasch die Anzeigen über den äußeren Status des Schiffs. Er hatte, seit sie hier waren, das Schiff in der allgemeinen kreisförmigen Strömung der Akkretionsscheibe treiben und sich nur um wenige hundert Kilometer nach innen verlagern lassen. »Ja, es sei denn, es gibt ein Problem«, antwortete er. »Stört die seltsame Schwerkraft Epilog?«

»Das weiß ich nicht. Ich weiß nur, daß es für ihn ein beunruhigender Ort ist; das ist alles.«

Ein beunruhigtes Raumpferd bedeutete beunruhigte und erschöpfte Betreuer. In Ferrol wallte Zorn auf, aber er biß die Zähne zusammen. Es hatte keinen Sinn, wenn er den Tampies deshalb den Kopf abriß; obwohl die Effizienz, mit der sie Schiffe durch den Weltraum führten, berühmt war, wurde ihm schmerzlich klar, daß die Raumpferde keine langen Stressperioden ertrugen. »Kannst du abschätzen, wie lang es dauern wird, bis wir von hier fort müssen?« fragte er Wwis-khaa. »Du mußt dabei auch deine Müdigkeit und die der übrigen Betreuer berücksichtigen.«

»Das weiß ich nicht. Ich weiß nur, daß ich Epilonninni nur noch zwei Stunden betreuen kann, und daß Bbri-hwoo nicht imstande sein wird, meine Stelle einzunehmen; das ist alles.«

Zwei Stunden — und sie hatten das Potential des Systems gerade erst angekratzt. »Ich habe verstanden«, erklärte er dem Tampy. »Wir werden jetzt etwas Neues versuchen: Sobald Ppla-zii dich ablöst, suchen wir ein nahes System, zu dem wir springen können. Dort werdet ihr euch alle einige Tage ausruhen, und vielleicht können wir dann zurückkommen.«

»Vielleicht. Ich weiß es nicht.«

Ferrol blickte zu Demarco hinüber. »Es sieht aus, als wäre das das Ende ...«

»Ffe-rho?«

Ferrol wandte sich wieder der Bordsprechanlage zu. »Ja, Wwis-khaa, was ist jetzt los?«

»Epilonninni ist ... beunruhigt.« Die fremden Augen starrten Ferrol an, ohne zu blinzeln. »In der Nähe befindet sich etwas, das ihn beunruhigt.«

Ferrols Mund wurde plötzlich trocken. »Kohlhase? Haben Sie etwas?«

»In der Nähe von Epilogs Bug ist keine Bewegung festzustellen.«

»Halten Sie weiter Ausschau«, befahl Ferrol. »Mal, Randall: Sucht die gesamte ...«

»Bewegung!« unterbrach ihn Demarco. »Peilung fünfunddreißig Grad Steuerbord, drei Zenit; Entfernung elfhundert Meter.«

»Ich habe es«, stieß Ferrol heraus. Das Bild erschien auf seinem Monitor und wurde verfolgt; seine Finger zitterten plötzlich, als er eine Computer-Identifizierung abrief. Die fünfzehn verschiedenen Spezies, die sie entdeckt hatten, liefen vor seinem geistigen Augen ab ...

»Es ist etwas Neues«, bestätigte Demarco. »Größer als die übrigen — beinahe vier Meter breit.«

In einem Fenster von Ferrols Monitor erschien ein scharf eingestelltes Bild des Geschöpfs. »Sieht ein wenig wie ein Mini-Geier aus« murmelte er, während ihm eine Gänsehaut über den Rücken lief.

Demarco sah ihn an. »Ist das gut oder schlecht?«

Ferrol biß sich auf die Unterlippe. Bis jetzt hatte der

Scanner kein weiteres Lebewesen entdeckt ... »Solange nur eines von ihnen vorhanden ist, stellen sie keine Gefahr dar.«

»Es handelt sich also nicht um eines Ihrer Raubtiere?«

Ferrol unterdrückte die Panik, die ihn erfassen wollte. Es bestand keine Gefahr. Ganz bestimmt nicht. »Ich weiß es nicht«, erwiderte er Demarco. Er mußte sich bemühen, logisch und wissenschaftlich zu denken. »Wir haben sie deshalb Geier genannt, weil sie, als wir sie entdeckten, an einem toten Raumpferd herumnagten. Andererseits stürzten sie sich an der Seite des Hais in den Kampf, als er die *Amity* angriff. Vielleicht ähneln sie eher Schakalen als Geiern.«

»Wenn man sich nach dem Hai richtet, den Sie beschrieben haben, dann sehen sie nicht wie Räuber aus«, meinte Demarco.

»Das stimmt«, gab Ferrol zu. »Doch auch Raumpferde sind zylinderförmig. Vielleicht hat die Gestalt mehr mit der Fähigkeit zu springen zu tun als mit einer bestimmten Verhaltens- oder Ernährungsweise.« Er sah zu, wie das Geschöpf vorübertrieb; es war nur wenig schneller als die Felsbrocken und änderte alle paar Sekunden die Richtung. Falls es sich auf der Jagd befand, war es eine merkwürdige Vorgangssweise. »Schade, daß wir keinen Blick auf seine Unterseite werfen können«, bemerkte er. »Die Geier, mit denen wir zu tun hatten, besaßen dort unten wirklich übergroße Freßöffnungen.«

Demarco zuckte die Achseln. »Von mir aus. Sie wollten von jeder Spezies ein Exemplar haben — wir können genauso gut einen Jung-Geier einfangen. Sehen wir einmal nach, ob die zweite Netzkanone feuerbereit ist.« Er wandte sich seiner Sprechanlage zu —

»Bewegung!« rief Randall. »Der Felsbrocken genau vor dem Geier.«

Auf Ferrols Monitor wechselten die Bilder einen Augenblick lang schwindelerregend schnell, dann fixierte sich die Kamera auf eine Gestalt mit blauem Rand, die im Zickzack zwischen den Steinen herumflog. »Ein Schmetterling?« fragte er zögernd.

»Sieht wie einer aus«, bestätigte Randall. »Außerdem hat er es verdammt eilig.«

Ferrol rief auf seinem Monitor das Gesamtbild ab, und sein Herz hämmerte plötzlich wild. Wenn ihr Jung-Geier tatsächlich ein Raubtier war ...

Doch das war er nicht. Während der Schmetterling seinen Zickzack-Weg beschrieb, trieb der Geier weiterhin lässig in Kurvenlinien dahin und kümmerte sich nicht im geringsten um die Mahlzeit, die ihm praktisch vor der Nase entkommen war.

»Ich finde, daß Ihr Jung-Geier noch eine Menge über Raubtierverhalten zu lernen hat«, stellte Demarco trocken fest.

Ferrol seufzte. »Oder er hat gerade Zähne geputzt und will noch nicht essen.« Er versuchte, genauso leichthin zu sprechen wie Mal, schaffte es aber nicht.

»Und was jetzt?« fragte dieser. »Wollen Sie noch immer, daß ich es einfange?«

Ferrol zuckte die Achseln. »Warum nicht?« Der Geier kam gerade an dem Asteroiden vorbei, von dem aus der Schmetterling geflohen war; er war längst aus Ferrols Gesichtskreis verschwunden. Ferrol schaltete wieder auf eine Nahaufnahme des Geiers um. »Sie haben selbst gesagt, daß wir bisher alles ...«

Der Geier schoß plötzlich davon und verschwand vom Bildschirm.

»Verfolgen Sie ihn!« befahl Ferrol. Das Gesamtbild kam wieder; diesmal umfaßte es eine noch größere Fläche.

»Mich laust der Affe!« stieß Randall hervor. »Sehen Sie sich das Tempo von diesem Ding an!«

Ferrol ließ den Geier nicht aus den Augen. Er flog in einer Geschwindigkeit, die Ferrol ihm nie zugetraut hätte, im Zickzack zwischen den Felsbrocken herum, als vollziehe er den Flug des Schmetterlings nach.

Als vollziehe er den Flug des Schmetterlings nach ...

»Randall — vergleichen Sie die Flugbahnen des Geiers und des Schmetterlings.«

»Ist bereits geschehen, Chayne. Sie gleichen sich beinahe aufs Haar. Der Geier folgt eindeutig der Spur des Schmetterlings.«

»Wie schlau«, bemerkte Demarco. »Was für eine Spur kann er da draußen überhaupt verfolgen?«

Ferrol lächelte böse. »Natürlich den Staubschweiß des Schmetterlings.«

»Den was?«

»Ich erkläre es Ihnen später. Jetzt will ich die beiden beobachten.«

Der Schmetterling war wieder auf dem Monitor aufgetaucht. Er floh noch immer ... aber jetzt stand fest, daß ihn der Geier einholen würde. Der Räuber kam bis auf ein paar Meter an den Schmetterling heran ...

Und der Zickzackflug hörte abrupt auf. Die Geschöpfe flogen gemeinsam im Tempo des Verfolgers weiter. »Der Geier hat ihn«, murmelte Randall. »Er hält ihn telekinetisch fest.« Demarco stieß die Luft zischend aus. »Und holt ihn ein ... es ist soweit.«

Die beiden Geschöpfe stießen aneinander ... und einen Augenblick später war alles vorbei.

Eine Minute lang herrschte auf der Brücke Stille. »Rufen Sie Wwis-khaa an, Randall«, befahl Ferrol. »Er soll uns so nahe an den Geier heranbringen, daß wir ihn mit dem Netz einfangen können.«

»Chayne!« unterbrach Kohlhase. »Bewegung vorn und backbord. Etwas Großes.«

Ferrol schaltete die Sprechanlage ein. »Wwis-khaa, Notfall«, brüllte er. »Such einen Zielstern und bring uns von hier weg!«

»Eure Wünsche sind die unseren.«

»Sobald Epilog dazu bereit ist«, ergänzte Ferrol. »Demarco — der Computer soll die Identität des Dings feststellen; ich will wissen, wie groß es ist. Kohlhase, halten Sie Ausschau nach Geiern, die es begleiten könnten.«

In diesem Augenblick klingelte es auf seinem Schaltpult. Ein Kommunikationslaser hatte Kontakt mit ihnen aufgenommen.

»Hier spricht Captain Roman an Bord der *Amity*«, dröhnte eine vertraute Stimme aus dem Lautsprecher. »*Scapa Flow*, bitte kommen.«

* * *

Ferrol starrte den Lautsprecher an und hatte plötzlich das Gefühl, daß er diese Szene bereits einmal erlebt hatte. Das *yishyar*-System der Tampies — das gefangene Raumpferd-Kalb — Romans Stimme von der *Dryden*, und das knappe Entkommen der *Scapa Flow*...

Dann war diese Rückblende vorbei, er konnte wieder klar denken, und jetzt erst fiel ihm die entscheidende Frage ein.

Wie, zum Teufel, war es Roman gelungen, ihnen hierher zu folgen?

Er räusperte sich. »Sagen Sie Wwis-khaa, er soll den Sprung abbrechen«, befahl er Randall. Er schaltete das Bild ein. »Hier Ferrol. Sie sind ein bißchen weit von zu Hause weg, Captain, finden Sie nicht?«

»Ich könnte das gleiche von Ihnen behaupten.« Romans Bild erschien auf dem Monitor. Er sah müde, aber zugleich äußerst befriedigt aus. »Wie steht es im Augenblick um Ihren Status, Commander?«

»Keine Probleme, bis auf die Tatsache, daß wir in weniger als zwei Stunden von hier fort müssen. Die Bedingungen in diesem System verursachen bei unserem Raumpferd und seinen Betreuern Stress.«

»Ich kann doch annehmen, daß niemand verletzt wurde?«

Ferrol schluckte. Die Bemerkung hatte deutlich drohend geklungen. »Alle befinden sich bei bester Gesundheit. Und um Ihnen eine Frage zu ersparen: Es hat auch keinerlei Drohungen gegeben. Wwis-khaa und die übrigen sind freiwillig mitgekommen.«

»Zumindest ab Arachne«, meinte Roman anzüglich. »Yamotos Aussagen habe ich entnommen, daß Sie bis dahin keine Freiwilligen gesucht hatten. Und haben Sie gefunden, worauf Sie aus waren?«

Ferrol ballte die Fäuste und fragte sich, ob Roman erraten hatte, was er vorhatte. »Eigentlich nicht. Aber wir haben unterwegs viel über die weltraumbewohnende Ökologie dieser Gegend gelernt und fünf Exemplare an Bord genommen, um sie in der Kordonale genauer studieren zu lassen. Im Augenblick sind wir dabei, ein sechstes Geschöpf zu fangen; wenn Sie gestatten, möchten wir versuchen, es zu kriegen.«

»Machen Sie weiter.« Roman sah ihn ironisch an. »Das Wiedersehen mit uns hat Sie offenbar nicht überrascht.«

»O doch«, gab Ferrol zu. »Nur — die Erleichterung war größer als die Überraschung. Als wir Sie entdeckten, nahm ich an, daß Sie ein Hai sind. Sie werden uns wohl nicht verraten wollen, wie Sie uns aufgespürt haben.«

Roman schüttelte den Kopf. »Wir wissen es selbst nicht genau. Die Tampies können uns nur sagen, daß Sleipnir imstande war, Ihnen hierher zu folgen. Marlowe meint, daß es sich vielleicht um eine Störung in einem theoretischen telekinetischen Feld handelt, aber bis jetzt ...«

»Verdammt«, flüsterte Ferrol. Plötzlich waren alle Teile des Puzzles auf ihre Plätze gerutscht. »Es ist der Staubschweiß, Captain. Sleipnir hat unsere Fährte durch Epilogs Staubschweiß gefunden.«

Roman runzelte die Stirn. »Ich verstehe nicht ...«

»Warten Sie einen Augenblick.« Ferrol rief den Recorder ab. Der Angriff des Geiers auf den Schmetterling... da. »Das haben wir kurz vor Ihrem Auftauchen aufgezeichnet.«

Einige Augenblicke lang herrschte Stille, während Roman nachdenklich die Aufzeichnung betrachtete. »Interessant«, meinte er schließlich. »Sie haben recht, der Staubschweiß spielt offensichtlich im Weltraum die gleiche Rolle wie die Duftspur eines Tieres auf der Erde. Aber das kann nur funktionieren, wenn das Tier nicht springt.«

»Nein.« Ferrol schüttelte aufgeregt den Kopf. Warum hatte das noch keiner begriffen? »Der Staubschweiß hört beim Absprung-Punkt auf, aber die Fährte nicht. Erinnern Sie sich an die komplizierten Silikonmoleküle im Staub? Jeder hat sie betrachtet, und keiner hat sie wirklich gesehen. Es liegt an ihnen. Irgendwie ist die Information über den Sprung in diesen Molekülen gespeichert.«

»Du meine Güte.« Roman war plötzlich entsetzt. »Sie haben recht ... aber es handelt sich nicht nur um die Information über den Sprung. Es ist eine Aufzeichnung von allem, was das Tier getan hat. Kurzzeit-, vielleicht sogar Langzeitgedächtnis – komplett.«

»Ich verstehe nicht, wie Sie zu dieser Schlußfolgerung gelangen.«

»Der zweite Hai im System 9862. Der die Spezialeinheit der *Atlantis* vernichtet hat. *Er wußte alles über ihre Waffen und ihre Taktik.*«

Ferrol starrte den Captain an und sein Magen verkrampfte sich. Er sah im Geist wieder das entsetzliche Massaker vor sich: Wie der zweite Hai mit Hilfe seiner Geier-Wolke die Laser und die Ionenstrahlen blockierte, seine telekinetischen Fähigkeiten einsetzte, um die Geschosse aufzuhalten, und dann die Schiffe mit tödlichem Griff packte ...

Und der zuckende, rollende Totentanz des ersten Hais. »Es war kein Totentanz«, murmelte er. »Der erste Hai wollte nur seinen Staubschweiß verbreiten.«

»Damit könnten Sie recht haben«, gab Roman zu. »Marlowe?«

»Es stimmt, Captain«, antwortete Marlowe. »Der zweite Hai hat dieses Gebiet durchquert; wenn man genau hinsieht, merkt man, daß er dort einige Sekunden anhält, bevor er mit dem Angriff beginnt.«

Ferrol erschauerte. »Und wir sind nachher zehn Tage lang im System 66802 geblieben.«

»Allerdings. Und waren die ganze Zeit eine leichte Beute. Ich kann mir nur vorstellen, daß das Geschoß, mit dem wir die Geier blenden wollten, die Reste von Sleipnirs Staubschweiß so zerstört hat, daß der Hai sie nicht mehr lesen konnte.«

Ferrol betrachtete durch das Bullauge das unheimliche blaue Licht, das die nahen Asteroiden säumte und die fernen Felsbrocken in eine Art Hintergrundnebel verwandelte. »Es ist verrückt.« Er schüttelte den Kopf. »Die Tampies arbeiten seit über einem halben Jahrhundert mit Raumpferden. Wieso haben sie diesen Zusammenhang nie erkannt?«

»Wahrscheinlich hatten sie nie Grund dazu«, meinte Roman. »Ich bezweifle, daß ihnen jemals jemand ein Raumpferd unter dem Hintern weggestohlen hat.«

Die Seifenblase platzte und Ferrol erinnerte sich unvermittelt daran, wo er sich befand. Und warum. »Richtig. Was kommt jetzt?«

Roman sah einen Augenblick lang ins Leere. »Jetzt kommt, daß wir möglichst rasch mit diesen Informationen zur Kordonale zurückkehren. Oder vielleicht zu ...«

Er brach plötzlich ab, und in seinen Augen lag ein neuer Ausdruck. »Setzen Sie sich an Ihr Navigationssystem, Kennedy, und berechnen Sie die kürzeste Route zum Raumpferd-Corral in Kialinninni. Ferrol, Sie bleiben auf Ehrenwort auf Ihrem Posten; fangen Sie das Tier, das Sie jagen, und fliegen Sie zur Kordonale zurück — wir werden die Anschuldigungen gegen Sie später durchgehen.«

»Moment mal«, protestierte Ferrol. »Warum haben Sie es so eilig?«

»Erinnern Sie sich nicht? Die Tampies haben ihre Raumpferde nach Kialinninni zurückgebracht. Alle!«

Ferrol begriff. »Und haben überall Staubschweißfährten hinterlassen. Die alle zum Corral führen.«

»Genau. Wir müssen sie sofort warnen. Vielleicht können wir die Fährten irgendwie zerstören — indem wir nukleare Geschosse an den Ausgangspunkten der Sprünge zünden oder so etwas Ähnliches.«

Ferrol biß sich auf die Lippe. Die Möglichkeiten ... »Ich möchte mitkommen, Captain. Wenn wir sofort zu Ihnen fliegen, treffen wir in etwa einer halben Stunde zusammen.« Roman hatte sich inzwischen Kennedy zugewandt, und blickte jetzt betont langsam zu Ferrol zurück. »Darf ich fragen, warum?«

Ferrol zwang sich, Romans Blick standzuhalten. »Ich bin noch immer der stellvertretende Kommandeur der *Amity*«, erklärte er. Er erinnerte sich zum ersten Mal seit Stunden an die Nadelpistole, die er unter der Uniform trug. An die Nadelpistole und an das Kuvert des Senators ... »Ich gehöre dorthin. Selbst wenn ich meine Kabine nicht verlassen darf.« Dann fiel ihm noch etwas ein. »Außerdem ist die *Amity* viel besser für eine Untersuchung dieser Exemplare ausgerüstet als wir. Und da der Rückflug einige Stunden dauern wird, hätte Dr. Tenzing bereits Gelegenheit, sie sich anzusehen.«

Roman preßte die Lippen zusammen und sah Ferrol an, als versuche er, seine Gedanken zu lesen. Ferrol hielt den Atem an ... und schließlich nickte der Captain zögernd. »In Ordnung, Commander. Fangen Sie das Tier und bereiten Sie die Exemplare für den Transfer vor. Wir treffen in einer Stunde zusammen.«

Ferrol atmete auf. »Ja, Sir. Danke, Captain.«

»Ich werde dann mit Ihnen sprechen. *Amity* Ende.«

Der Bildschirm wurde leer. Ferrol starrte ihn an und spürte, wie ihm ein Stein im Magen lag. Roman war trotz Ferrols unentschuldbarer Handlungsweise wieder bereit, ihm noch eine Chance zu geben ... und Ferrol würde sehr wahrscheinlich wieder einmal dieses Vertrauen mißbrauchen.

Er hatte von Anfang an gewußt, daß es vermutlich dazu kommen würde. Aber er hatte nicht erwartet, daß es schmerzen würde.

* * *

»Erster Sprung durchgeführt, Captain«, meldete Kennedy von der Brücke. »Wir werden jetzt etwa zwanzig Minuten lang durch das System fliegen und damit in die richtige Position für den zweiten Sprung gelangen.«

Roman nickte. »Gibt es Probleme mit der *Scapa Flow*?«

»Bis jetzt nicht.« Sie überflog rasch ihre Monitore. »Nein. Die Schleppleine ist in Ordnung und Sleipnir hat mit dem zusätzlichen Gewicht offensichtlich keine Schwierigkeiten.«

»Sehr gut. Halten Sie mich auf dem laufenden.«

Die Bordsprechanlage wurde abgeschaltet und Roman blickte auf. Ferrol saß ihm gegenüber am Schreibtisch und versuchte, Respekt und gerechtfertigte Würde auszustrahlen, hatte aber nicht sehr viel Erfolg damit. »Die Männer da hinten werden ein wenig durchgerüttelt werden«, meinte Roman. »Wir können sie jederzeit hier unterbringen.«

»Ich bin Ihnen für das Angebot dankbar, Sir, aber ehrlich gesagt sind die Unterkünfte auf der *Scapa Flow* besser als die auf der *Amity*.«

»Außerdem haben sie dort eher die Möglichkeit, die Schleppleine zu kappen und zu fliehen, sobald wir uns in Mitsuushi-Entfernung von der Kordonale befinden«, meinte Roman anzüglich.

Ferrol richtete sich auf. »Die Mannschaft hat Ihnen ihr Wort gegeben, Captain«, antwortete er steif. »Die Leute werden nichts Derartiges versuchen.«

Roman überlegte. »Sie haben recht, Commander, ich bitte um Entschuldigung.«

»Danke.« Ferrol holte tief Luft. »Bekomme ich ein reguläres Hearing, bevor ich in meine Kabine gesperrt werde, oder schieben wir diese Formalitäten auf, bis wir wieder auf der Erde sind?«

Roman musterte ihn. Der nicht ganz echte Respekt war noch da, genau wie die gerechtfertigte Unschuld ... aber sein Gegenüber machte sich keine Sorgen. Was merkwürdig war, wenn man bedachte, wie viele Sorgen ein Mann in Ferrols Lage eigentlich haben müßte. »Sie nehmen an, daß ich die Anschuldigungen fallen lassen werde.«

Ferrol runzelte die Stirn und wirkte plötzlich unsicher. »Haben Sie es denn nicht vor?«

»Das hängt auch davon ab, warum Sie es getan haben.

Die Motivation ist ein wesentlicher Teil einer Handlung, finden Sie nicht?«

»Das hängt davon ab, ob man die Handlung vom ethischen oder vom juridischen Standpunkt aus betrachtet.«

Roman zuckte die Achseln. »Vielleicht. Während Sie damit beschäftigt waren, Ihre Musterexemplare zu uns zu transferieren, hatte ich jedenfalls Gelegenheit, kurz mit Wwis-khaa zu sprechen, bevor er mit der Landefähre und Epilog nach Hause flog. Er erzählte mir, daß Sie eine Art fliegenden Schäferhund suchen, der den Tampies helfen soll, ihre Raumpferde zu beschützen.« Er sah Ferrol an.

»Und das glauben Sie offensichtlich nicht«, antwortete Ferrol herausfordernd.

»Sie haben schließlich mit einem Tampy gesprochen.«

»Worauf Sie natürlich annehmen, daß ich wie gedruckt gelogen habe.«

Roman wartete nur, und einen Augenblick später zuckte Ferrol die Achseln. »Zufällig habe ich mehr oder weniger die Wahrheit gesagt. Sobald wir wußten, daß die Raumpferde kein isolierter Zufall der Evolution sind, war mir klar, daß sie Teil eines gesamten, im Weltraum existierenden Ökosystems sein müssen. In jedem Ökosystem, das etwas taugt, muß es mehrere Arten von Räubern geben, also machte ich mich auf die Suche nach ihnen.«

»Ohne vorher darüber gesprochen oder die Erlaubnis dazu erhalten zu haben.«

»Das stimmt«, gab Ferrol zu. »Andererseits hatte Rrinsaa bereits gesagt, daß er und die übrigen Tampies ihre Raumpferde einsammeln und nach Hause gehen würden, sobald wir uns wieder in Solomon befanden. Hätte ich diese Gelegenheit nicht ergriffen, so hätte sich uns vielleicht nie wieder eine geboten.« Er lächelte dünn. »Und wenn ich es Ihnen vorher erzählt hätte, würde Ihr Kopf genauso wackeln wie jetzt der meine.«

»Nicht, wenn ich Sie in Ihre Kabine gesperrt hätte.«

Ferrol hob die Hände und sah ihn an: »In diesem Fall hätten wir nie die Ökologie der Schwarzen Löcher gefunden.«

*Denn wenn es glückt, wagt niemand, es als Verrat zu bezeichnen.* Diese zynische Redensart fiel Roman ein. Die Politik der Bequemlichkeit und des Endergebnisses ... die Politik, die die Kordonale zur Zeit betrieb. »Sie haben erklärt, daß Sie Wwis-khaa mehr oder weniger die Wahrheit gesagt haben. Daraus entnehme ich, daß Sie Ihre theoretischen Räuber nicht als Wachhunde, sondern für etwas anderes einsetzen wollten.«

Ferrol, der plötzlich ernst geworden war, beugte sich vor. »Wir können sie dressieren, Captain«, sagte er leise, aber leidenschaftlich. »So dressieren, wie die Tampies die Raumpferde dressiert haben; nur wären es unsere Tiere. *Unsere*. Wenn wir eigene — was immer, von mir aus Wölfe — wenn wir eigene Raumwolf-Schiffe hätten, würde das Universum uns gehören. Wir könnten es erforschen und kolonisieren — wir könnten tun, wozu wir Lust haben, ohne daß sich die Tampies einmischen und uns händeringend zurückhalten würden.«

»Gehört auch die Aufstellung Ihrer Kriegspferde-Flotte dazu?«

»Dazu gehört alles ...« Als Ferrol endlich klar wurde, was er gehört hatte, stockte er und kniff die Augen zusammen. »Was haben Sie da gesagt?«

»Ihre Kriegspferde-Flotte«, wiederholte Roman ruhig. »Die Sie seit geraumer Zeit Ihren Hintermännern im Senat unterjubeln wollen. Auf jeden Fall seit dem ersten Kalben der *Amity*; möglicherweise schon, seit Sie im *yishyar*-System Cemwanninni der *Dryden* entkommen sind.«

Ferrol starrte ihn an. »Woher haben Sie ...?« Er schluckte krampfhaft, holte tief Luft und bemühte sich um einen indignierten Tonfall. »Ich weiß nicht, wovon Sie sprechen.«

»Ich spreche von Ihnen.« Roman ließ ihn nicht aus den Augen. »Von einem Mann, der unter Eid gelogen und Geld des Senats veruntreut hat, um im Cemwanninni-System als Wilddieb Raumpferde zu stehlen. Und der dann ...«

»Ich habe nie etwas unterschlagen«, protestierte Ferrol.

Er wirkte noch immer verwirrt ... aber dahinter verbarg sich wachsendes Entsetzen. »Niemals. Ich habe nichts davon aus eigenem Antrieb getan; sie haben mich dafür rekrutiert, verdammt noch mal.«

»Ich glaube Ihnen sogar. Aber die offizielle Geschichte lautet anders. Ihre bisherigen Hintermänner schaffen offensichtlich eine Grundlage dafür, alles, was Sie möglicherweise gegen sie vorbringen werden, zu diskreditieren.«

Ferrols Blick wanderte von Roman zum Bullauge; er starrte lange schweigend hinaus. Roman sah zu, wie auf dem Gesicht des jungen Mannes die Gefühle einander ablösten, und war beinahe schuldbewußt, weil er ihm die Augen hatte öffnen müssen.

Doch dieses Schuldgefühl verging allmählich und wurde durch Interesse und zunehmende Achtung ersetzt. Ferrol war immer sehr von sich und seinen Ansichten eingenommen gewesen, und Roman hatte diese Arroganz seiner Jugend und dem Einfluß der mächtigen Politiker zugeschoben, die ihn unauffällig unterstützten. Doch obwohl sich diese Politiker jetzt plötzlich gegen ihn wendeten, wurde deutlich, daß Ferrol von dieser Unterstützung keineswegs so abhängig gewesen war, wie der Captain angenommen hatte. Der Schock, den bei Ferrol die Erkenntnis ausgelöst hatte, daß er den Wölfen zum Fraß vorgeworfen wurde, verwandelte sich bereits in eiskalten Zorn ... und als er sich Roman zuwandte, hatte er sich wieder unter Kontrolle. »Seit wann ist die offizielle Geschichte in Umlauf?« fragte er.

»Ich habe sie bei der Einsatzbesprechung der *Defiance* zum ersten Mal gehört. Ich hatte vorher einige Male versucht, Ihre Akte auszugraben, aber Ihre Freunde hatten sie zu gut versteckt.«

Ferrol nickte bitter. »Und jetzt ist sie plötzlich wieder zugänglich. Natürlich entsprechend verändert.«

»Es sieht so aus. Was werden Sie nun unternehmen?«

»Ich werde versuchen, jemand anderen für die Zähmung von Raumraubtieren zu interessieren. Etwa das Sinshali Psychologische Institut — von dort kommt Demothi.«

»Es wird Ihnen vielleicht schwerfallen, bis zu den Zuständigen vorzudringen. Es ist nicht abzuschätzen, bis wohin die Geschichte gelangen wird.«

»Sie werden dafür sorgen, daß sie nicht allzu weit verbreitet wird«, widersprach Ferrol. »Wenn zu viele Leute sie hören, müßte der Senat vielleicht Anklage gegen mich erheben. Und sie werden bestimmt nicht wollen, daß ich meine Geschichte vor einem öffentlichen Forum erzähle.«

»Wir haben also eine Pattstellung.«

Ferrol hob unbehaglich die Schultern. »Vorausgesetzt, ich verhalte mich ruhig. Das ist wahrscheinlich einer der Gründe, warum sie dafür gesorgt haben, daß Sie die Geschichte erfahren. Ein guter Weg, um mir die Botschaft zukommen zu lassen.« Er sah Roman scharf an, als wäre ihm etwas aufgefallen. »Aber wenn Sie die offizielle Version kannten ... warum ließen Sie zu, daß ich Epilogs Kalben übernahm?«

»Wie schon gesagt, glaubte ich die entscheidenden Teile nicht. Wenn man ein Jahr lang gemeinsam mit einem Mann Dienst tut, erfährt man sehr viel über ihn, Ferrol – über seinen Charakter, seine Urteilsfähigkeit, wie weit und unter welchen Umständen man ihm vertrauen kann.«

In Ferrols Augen trat ein merkwürdiger Audruck – Roman erkannte ihn nicht genau. »Ja, Sir«, antwortete er betont ruhig. »Ich ... danke Ihnen für Ihr Vertrauen, Sir. Wenn Sie mich jetzt entschuldigen wollen, die letzten Tage waren sehr anstrengend. Mit Ihrer Erlaubnis möchte ich in meine Kabine gehen und mich ausruhen.«

»Gerne. Laut Kennedys Berechnung werden wir in zwölf Stunden in Kialinninni sein; dann sollten Sie auf der Brücke stehen.«

»Ja, Sir.« Ferrol erhob sich.

»Und Commander ...«

Ferrol blieb an der Tür stehen. »Ja, Sir?«

»Willkommen daheim.«

Diesmal war der Ausdruck in Ferrols Augen nicht zu übersehen. »Danke, Sir.« Damit verließ er den Raum.

Roman hatte den Eindruck, daß Ferrol etwas schmerzte.

## 27. Kapitel

Kialinninnis Sonne war auf Romans Steuermonitor ein durch einen blinkenden Kreis markierter, blasser, roter Stern; als Sleipnir einen Bogen beschrieb, um sich auf ihn auszurichten, bewegte er sich mit den übrigen Sternen über den Bildschirm. Bevor das Raumpferd ihn verdeckte, war der Stern einen Augenblick lang im Bullauge sichtbar, und Roman warf einen kurzen Blick auf ihn. Er war mit freiem Auge noch schlechter zu sehen als auf dem Monitor. »Bist du sicher, Sso-ngii, daß Sleipnir den Zielstern sehen kann?« fragte er über die Bordsprechanlage.

»Er kann es«, antwortete der Tampy.

Roman betrachtete das Display noch einmal stirnrunzelnd, aber Sso-gnii mußte schließlich wissen, wovon er sprach. »Gut. Laß ihn springen, wenn ich es sage. Und laß es mich sofort wissen, wenn dieser Vorgang Sleipnir erschreckt oder ihm Angst einjagt.« Er rief die technische Abteilung an. »Commander Stolt, Dr. Tenzing – sind Sie bereit?«

»Wir warten nur auf den Befehl, Sir«, erwiderte Stolt. »Die Boote sind aufgetankt und startbereit, und Dr. Tenzing hat das Sprüh-Schema zweimal gecheckt.«

»Sehr gut. Boote aussetzen!«

»Jawohl, Sir. Boote ... ausgesetzt.«

Roman wandte seine Aufmerksamkeit dem taktischen Display zu. Die beiden von Stolt neu ausgestatteten Boote kamen aus dem Hangar der *Amity* und flogen dicht nebeneinander bis zum Bug des Schiffs. Dort trennten sie sich voneinander; als sie Sleipnir erreichten, befanden sie sich beiderseits von ihm.

»Sie beginnen, das Gas zu versprühen«, meldete Stolt.

Die beiden Boote bewegten sich jetzt an Sleipnirs zylinderförmiger Gestalt entlang und zogen dabei etwas hinter sich her, das auf dem Bildschirm wie klebriger Nebel aussah. Dann änderten die Boote vollkommen die Richtung und begannen, einige Meter oberhalb von Sleipnirs Körper eine doppelte Spirale zu ziehen. Sie fingen bei Sleipnirs Kopf an und wanderten zu seinem hinteren Ende; hinter ihnen breitete sich der Nebel langsam aus und schloß das Tier wie in einen Heiligenschein aus einem seltsamen mittelalterlichen Bild ein.

»Die Boote sind beinahe fertig«, berichtete Stolt. »In einer Minute sind sie wieder da.«

Roman nickte. »Marlowe?«

»Die Wolke hält gut zusammen«, stellte dieser fest. »Sie dehnt sich genauso weit aus, daß sie die gesamte Lücke um Sleipnir ausfüllt.«

»Gut.« Roman fiel etwas ein. »Wenn Sie einen Augenblick Zeit haben, lassen Sie die *Scapa Flow* wissen, was wir tun, sonst bekommen sie vielleicht Angst.«

»Ja, Sir.« Marlowe drehte sich zur Bordsprechanlage um.

Roman wandte sich wieder dem taktischen Display zu. »Sso-ngii? Stört das Gasgemisch Sleipnir?«

»Nein. Er ist auf den Kialinninni-Stern ausgerichtet und bereit zu springen.«

Außerdem war er damit beschäftigt, alle Informationen zu verströmen, die ein vorbeikommender Hai brauchte, um den Tampy-Corral zu finden. Wenn der von Tenzing ausgedachte Trick nicht funktionierte ...

Falls der Trick aber funktionierte, würden sie es paradoxerweise wahrscheinlich nie erfahren.

Die zur *Amity* zurückgekehrten Boote waren inzwischen verschwunden. »Boote an Bord, Captain«, meldete Stolt. »Die Hangar-Tür schließt sich ... wir sind bereit.«

»Sso-ngii?«

»Ich höre, Rro-maa.«

Roman rückte sich zurecht und blickte auf den vorderen Bildschirm. »Also gut. Alle bereitmachen; Feuer und Sprung!«

Der Strahl des Kommunikationslasers schoß am Rand

des Bildschirms heraus; man erkannte ihn nur an dem Flackern der ionisierten Wasserstoffatome auf seinem Weg. Er bewegte sich nach innen, berührte den Rand der Gaswolke ...

Und Sleipnir war unvermittelt in Flammen gehüllt.

Das Feuer war nicht besonders heiß – darauf hatte Tenzing geachtet, als er seine Mischung zusammenbraute. Die Temperatur auf Sleipnirs Haut würde nicht mehr als sechshundert Grad Celsius betragen – für ein Raumpferd nicht mehr als ein Jucken, aber heiß genug, um die komplizierten Moleküle im Staubschweiß zu verkohlen und durcheinanderzubringen, so daß sie nicht mehr gelesen werden konnten.

Das war der logische Gedankengang gewesen. Doch in dem Augenblick, in dem das Gemisch aufflammte, dachte niemand an Chemie, Biologie oder Logik. In diesem kurzen Augenblick war Sleipnir ein Bild aus der halb mythischen Erinnerung der Menschheit: Ein Abbild der einstigen Begräbnisscheiterhaufen der Wikinger, oder der Selbstverbrennung des Phönix, oder des feurigen Entsetzens von Dantes *Inferno*.

Die Flammen erloschen, die Vision verblaßte und Roman holte tief Luft und kam sich ein bißchen lächerlich vor. Er überblickte rasch die Brücke, um zu sehen, ob ihn jemand beobachtet hatte. Aber alle beugten sich noch über ihre Schaltpulte und erledigten die ihnen bei einem Sprung zufallenden Aufgaben.

Der Sprung. Roman blickte jetzt erst auf seine Displays. Wenn der Trick nicht funktioniert hatte ...

Er hatte funktioniert. Genau vor ihm befand sich Kialinninnis matte Sonne, und eine Überprüfung der Zeitanzeige bewies, daß der Sprung auf dem Höhepunkt des Feuers stattgefunden hatte.

Er sah zu Ferrol hinüber. »Es scheint funktioniert zu haben.«

»Sieht so aus. Und was jetzt?«

»Wir suchen den Corral.« Roman rief auf dem Computer Daten ab. Wenn Kennedys Berechnungen stimmten, mußte sich der Corral irgendwo auf Steuerbord befinden...

»Da ist er, Sir«, verkündete Marlowe. »Peilung — also, der Rand der Einzäunung befindet sich ungefähr auf neununddreißig Steuerbord, zehn Nadir; Entfernung fünfundneunzigtausend Kilometer.«

Der Corral — oder eigentlich die computerverstärkte eiförmige Einfriedung, die seine unsichtbaren Grenzen markierte — erschien auf dem Scanner-Display. Roman rief eine zehnfache Vergrößerung ab, wiederholte den Vorgang ...

»Du meine Güte«, murmelte Kennedy, die ihren Display beobachtete. »Wenn sie sagen, daß sie die Raumpferde nach Hause bringen werden, machen sie sich sofort an die Arbeit, was?«

»Allerdings.« Roman war selbst ein wenig aus der Fassung geraten. Er hatte den Corral zum letzten Mal gesehen, als er das Kommando über die *Amity* übernahm, und da hatte vielleicht ein halbes Dutzend Raumpferde innerhalb der Umzäunung geschwebt; jetzt quoll der Corral beinahe über. Sie waren ständig in Bewegung, waren aber nur als blasse Splitter sichtbar, die das Licht des nächsten Sterns reflektierten, und erinnerten frappant an den Anblick, der sich bietet, wenn man einen Wassertropfen durch ein Mikroskop betrachtet. Roman fragte sich geistesabwesend, ob die Tampies das jemals bemerkt hatten; vermutlich ja. Schließlich waren die immer wiederkehrenden, aus geschlossenen Kreisen bestehenden Schemata des Lebens und der Natur das Rückgrat der Tampy-Philosophie.

»Da sind mindestens zweihundert Raumpferde drin«, bemerkte Marlowe beinahe ehrfürchtig.

Roman riß sich energisch von seinen philosophischen Betrachtungen los. Auf sie wartete Arbeit. »Angeblich handelt es sich um den Hauptteil der Tampy-Herde«, erklärte er Marlowe. »Oder ihrer Flotte, wie immer sie es nennen. Wie dem auch sei: Setzen Sie sich ans Funkgerät und kontaktieren Sie die Zentrale der Tampy-Raumstation — wir müssen sie wegen der Staubschweißfährten warnen, die ihre Raumpferde hinterlassen haben.« Er schaltete die Bordsprechanlage ein. »Dr. Tenzing?«

»Ich bin da, Captain«, meldete sich der Wissenschaftler geistesabwesend. »Bleiben Sie einen Augenblick dran; die spektroskopischen Daten des Feuers kommen gerade herein.«

Die zeigen — oder vielleicht nur darauf hinweisen — würden, ob Sleipnirs Staubschweißfährte tatsächlich vom Feuer zerstört worden war. Doch auch wenn es der Fall war ...

Roman schnitt eine Grimasse. Auch wenn es der Fall war, lag der schwerste Teil der Aufgabe noch vor ihnen. Es würde eine ungeheure Arbeit sein, die Fährten aus allen Systemen, aus denen die Tampies Raumpferde zurückgeholt hatten, aufzuspüren und auszulöschen. Diese Aufgabe überstieg die Fähigkeiten der Tampies bei weitem — aber vielleicht konnte man die Raumflotte dazu überreden, sich zu beteiligen, eventuell im Austausch gegen weitere Benutzung von Raumpferden ...

»Captain?« Marlowe sah Roman ratlos an. »Die Corral-Station meldet sich nicht.«

»Versuchen Sie es weiter!« Als Roman sich dem Scanner-Display zuwandte, lag in seinem Magen ein Eisklumpen. Die zylindrische Station sah genauso aus, wie er sie in Erinnerung hatte.

Außer ...

»Suchen Sie das gesamte Gebiet ab, Kennedy!« befahl er. »Nach anormaler Bewegung, und binden Sie die Raumpferde- und Hai-Erkennungsprogramme ein.«

»Ja, Sir.«

Ferrol mischte sich ein. »Schwierigkeiten?«

»Ich weiß nicht recht.« Roman deutete auf sein Display. »Als ich das letzte Mal hier war, befanden sich drei Kurierschiffe der Tampies in der Nähe der Station. Jetzt ist keines da.«

»Vielleicht hat das gar nichts zu bedeuten«, meinte Ferrol. »Möglicherweise helfen sie beim Zusammentreiben der Tiere oder etwas Ähnlichem.«

»Und lassen die Herde unbewacht?«

Ferrol antwortete nicht. Roman wandte sich wieder seinen Monitoren zu; die Spannung auf der Brücke war beinahe fühlbar. Kennedy war mit einer dreidimensionalen, spiralförmigen Suche beschäftigt, die sie immer weiter vom Schiff fortführte. Das war die übliche militärische Vorgangsweise, um die dem Schiff unmittelbar drohenden Gefahren zu finden. Aber wenn sich etwas in großer Entfernung ereignete ... »Rufen Sie die *Scapa Flow* an, Ferrol!« befahl er. »Sie sollen mit ihrem Anormale-Bewegungen-Programm eine Langstreckensuche durchführen.«

Ferrol warf ihm einen seltsamen Blick zu, nickte jedoch. »Ja, Sir.«

Roman schaltete seine Bordsprechanlage ein. »Sso-ngii? Wie hält sich Sleipnir?«

Eine Pause trat ein. »Er ist ... beunruhigt, Rro-maa«, antwortete der Tampy endlich.

»Genau wie wir.« Auf Romans Monitor waren noch immer nur Sterne zu sehen. »Bring uns zur Einfriedung des Corrals; zwei Ge Beschleunigungs/Bremskurs.«

Wieder eine Pause. »Eure Wünsche sind die unseren.«

Roman schaltete die Bordsprechanlage ab und beobachtete wieder seine Monitore. Kennedy hatte mit ihrer Suche eine Entfernung von zehntausend Kilometern erreicht. Noch immer nichts. Einen Augenblick später wurde Roman sanft in seinen Stuhl gedrückt, als Sleipnir zum Corral aufbrach; er spürte, wie der Druck zunahm, als das Raumpferd beschleunigte ...

Und wurde plötzlich mit aller Gewalt in seinen Sitz zurückgeschleudert. »Sso-ngii«, rief er. »Was in ...«

»Anormale Bewegung«, fuhr Kennedy dazwischen. »Nähert sich von hinten — schnell.«

»Überprüfen Sie es, Marlowe.« Romans Mund war plötzlich trocken.

»Ich bin dabei, Sir. Sieht wie ein Schwarm von Geiern aus ... stimmt. Etwa fünfzig Objekte, von denen vielleicht einige telekinetisch festgehaltene Felsbrocken sind. Kommen mit ungefähr fünfzehn Ge näher.«

Auf dem taktischen Monitor sah man, wie die Geier bereits nach außen abbogen, um im Vorbeifliegen nicht in Sleipnirs telekinetische Reichweite zu geraten. »Versuchen Sie es mit dem Kommunikationslaser«, befahl Roman. »Vielleicht können Sie ein wenig Schaden anrichten. Kennedy, verfolgen Sie ihren Vektor zurück — sehen Sie nach, wo sie herkommen.«

»Das habe ich gerade bekommen«, mischte sich Ferrol ein. »Da draußen befinden sich Haie — die *Scapa Flow* meldet mindestens sechs. Entfernung etwas mehr als fünfhunderttausend Kilometer.«

Kennedy zischte einen Fluch. »Bestätigt, Captain. Sechs Haie ... und anscheinend auch drei Raumpferde.«

Die fehlenden Kurierschiffe der Tampies? »Geben Sie mir ein klareres Bild.«

»Ich werde es versuchen.« Das Bild auf Romans Monitor wurde größer, schärfer ...

Einen Augenblick lang starrte Roman einfach auf die Szene; ein Teil von ihm konnte, ein anderer Teil wollte es nicht glauben. Sechs Haie flogen beinahe in Formation auf die *Amity* und den Corral zu; ihre Beschleunigung betrug beinahe fünf Ge. Etwa hundert Kilometer vor ihnen befanden sich die drei Raumpferde, die diese Entfernung mit Mühe hielten. Aus den kleinen Schiffen hinter den Pferden fiel eine seltsam flackernde Substanz auf die Haie zu. Er brauchte eine Sekunde, um zu erkennen, daß es Raumpferd-Netze waren, und eine weitere, um zu begreifen, was die Tampies vorhatten. »Sie wollen die Haie mit Schlingen fangen«, murmelte er. »Oder sie verstricken.«

»Netze gegen Haie«, flüsterte Kennedy. »Die Tampies müssen verrückt sein.«

Roman schüttelte die Lähmung ab, die ihn erfaßt hatte. »Marlowe — berichten Sie!«

»Der Kommunikationslaser ist wirkungslos. Die Geier befinden sich längsseits von der *Amity*— ziehen jetzt an ihr vorbei.«

Und wenn sie vor Sleipnir gelangten ... »Für Notsprung bereitmachen, Sso-ngii!« rief Roman. »Ganz gleich, wohin. Kennedy, wir werden von dem Punkt aus, zu dem wir geraten, den Kurs zur Kordonale zurück brauchen.« Wenn die Raumflotte rasch genug eine Einsatztruppe zusammenstellen konnte, würde die *Amity* vielleicht in der Lage sein, so rechtzeitig zu springen, daß sie ein Raumpferde-Gemetzel verhindern könnte.

»Rro-maa?«

Er wandte sich ungeduldig der Bordsprechanlage zu. »Hat Sso-ngii mich denn nicht gehört, Rrin-saa? Er soll weitermachen — wir müssen hier raus!«

Er brach ab. Der Ausdruck auf Rrin-saas Gesicht — »Was ist los?«

»Sso-ngii ist nicht in der Lage. Sleipnninni ist — er befindet sich in *perasiata*.«

Romans Magen verkrampfte sich. »Das ist unmöglich.« Noch während er sprach, hörte er, wie dumm die Worte klangen. »Sleipnir beschleunigt doch, verdammt noch mal — wie kann er da im Koma sein?«

»Er hat vor den Geiern und den Haien Angst. Er ist ...« Rrin-saa schien nach Worten zu suchen.

»Er ist in Panik geraten«, knirschte Roman, überblickte seine Monitore und suchte verzweifelt nach einem Plan. Die Geier waren inzwischen an der *Amity* vorbei und flogen zu dem siebenundzwanzig Kilometer vor dem Schiff liegenden Punkt, an dem sie das optische Netz aufbauen konnten. Sso-ngii und den übrigen Tampies blieb vielleicht eine Minute, um Sleipnir aus seiner Panik zu reißen ...

»Kommen uns weitere Geier nach, Marlowe?« fragte Kennedy. »Oder handelt es sich nur um diesen Schwarm?«

Marlowes Finger flogen über die Tastatur. »Ich sehe keine weiteren Geier.«

»Dann haben wir eigentlich kein Problem.« Sie wandte

sich Roman zu. »Die *Scapa Flow* hat Netze an Bord. Wir können die Schleppleine abwerfen, sie nach vorn schicken, damit sie das optische Netz wegräumt, und sie wieder anhängen, bevor wir springen.«

Roman sah Ferrol an. »Möglich?«

Ferrol zögerte, nickte dann aber. »Es könnte gehen. Aber nur, wenn Sso-ngii Sleipnir dazu bringt, seine Beschleunigung zu verringern.«

Die Spannung hatte ein wenig nachgelassen. Das Problem war noch immer vorhanden, aber ihnen blieb mehr Zeit, um etwas zu unternehmen. »Hast du das gehört, Rrin-saa?« rief Roman. »Du und Sso-gnii müßt Sleipnir wieder unter Kontrolle bekommen.«

»Wir werden es versuchen, Rro-maa.«

»Gut. Ferrol, setzen Sie sich mit Ihren Leuten auf der *Scapa Flow* in Verbindung. Sie sollen sobald wie möglich eingreifen.«

»Ja, Sir«, antwortete Ferrol, aber sein Gesichtsausdruck war merkwürdig.

Roman wandte seine Aufmerksamkeit wieder den Geiern zu. Sie befanden sich jetzt beinahe in Position ... und plötzlich ließ die Beschleunigung nach und hörte dann auf.

»Rro-maa? Sleipnir ist nicht mehr in *perasiata*.«

»Danke, Sso-ngii.« Roman sah Ferrol an. »Werfen Sie die Schleppleine ab und sagen Sie der *Scapa Flow*, sie soll sich vor uns setzen. Kennedy, überprüfen Sie, ob wir Schwierigkeiten beim Sprung haben werden, weil wir uns so tief im Gravitationstrichter befinden.«

»Bereits überprüft, Sir. Wir sind etwas nahe dran, aber wir sollten keine Schwierigkeiten damit haben. Am besten wäre das Torii-System; ich empfehle, daß wir dorthin springen und Prepyat und die Erde mittels Tachyon alarmieren.«

Und während die Raumflotte hastig eine Einsatzeinheit zusammenstellte, hatten sie Zeit, in Position für den nächsten Sprung zu gehen. »Klingt gut.« Er warf Ferrol einen Blick zu ...

Und sah ihn genauer an. »Ferrol? Was ist los?«

Ferrol schluckte krampfhaft. »Nichts, Sir.«

»Dann schicken Sie die *Scapa Flow* los!« Er wandte sich wieder Kennedy zu.

»Nein, Sir.«

Roman drehte sich um. »Nein?« fragte er sehr leise.

Ferrols Blick wanderte zu Kennedy, während er in die Tasche griff und einen Umschlag herauszog. »Captain Roman« – er wurde plötzlich formell – »aufgrund der in diesem Kuvert enthaltenen Carte-Blanche-Anweisung des Senats ...« Er holte tief Luft. »Ich enthebe Sie hiermit Ihres Postens.«

# 28. Kapitel

An diesen Augenblick hatte Ferrol immer wieder gedacht, seit er sich an Bord der *Amity* befand, hatte sich deshalb Sorgen gemacht und gelegentlich sogar von ihm geträumt. Ein Augenblick, der seit über einem Jahr ständig in seinem Unterbewußtsein vorhanden war.

Ein Augenblick, der ihm dank dieser Vorbereitung eigentlich viel leichter hätte fallen müssen.

Auf der Brücke herrschte vollkommene Stille, sogar das gelegentliche Klicken und Piepsen der Aufzeichnungsgeräte klang irgendwie gedämpft. Die anwesenden Besatzungsmitglieder schwiegen ebenfalls; die meisten waren zu Statuen erstarrt. Ferrol konzentrierte seine Aufmerksamkeit vor allem auf Roman und zwang sich, dem Captain in die Augen zu sehen; er fühlte sich seltsamerweise schuldbewußt und schamerfüllt und wartete angespannt auf die unvermeidliche Explosion von Unglauben und Zorn.

Die Explosion blieb aus. »Darf ich das sehen?« fragte Roman ruhig und streckte die Hand aus.

Ferrol schluckte krampfhaft, schnallte sich los, schwebte zum Captain und stellte einen Fuß auf eine Haftplatte. Roman ergriff das Kuvert, warf einen Blick auf die Handschrift des Senators auf der Vorderseite und öffnete es. Er entnahm ihm das Blatt Papier, sah Ferrol nachdenklich an und begann zu lesen.

Ferrol fuhr sich mit der Zunge über die Oberlippe und überblickte die Brücke. Das war der entscheidende Augenblick, in dem das Ganze an einem seidenen Faden hing. Wenn Roman sich weigerte, die Anweisung des Senats zu befolgen — wenn er sich weigerte, seinen Posten abzutreten ...

Sein Blick fiel auf Kennedy — und blieb an ihr haften.

Er fuhr sich wieder mit der Zunge über die Lippen, und der Knoten in seinem Magen zog sich schmerzhaft zusammen, als ihm die verschleierten Warnungen des Senators vor Kennedy einfielen. Er hatte sie als die gefährlichste Person an Bord der *Amity* bezeichnet ... und als Ferrol ihr in die Augen blickte, die hart waren wie Kieselsteine und seinem Blick ungerührt standhielten, bezweifelte er nicht, daß der Senator recht hatte.

Er holte vorsichtig Luft, denn plötzlich war ihm das Gewicht des Nadlers bewußt, der auf seine Rippen drückte. *Sie werden mit ihr fertigwerden,* hatte ihm der Senator versichert; aber als Ferrol jetzt in ihre Augen blickte, war er seiner Sache nicht mehr so sicher. Wenn sie tatsächlich ein ausgebildeter Profi war, bestand seine einzige Chance darin, als erster zu schießen.

Roman raschelte leise mit dem Papier; seltsam erleichtert und gleichzeitig widerstrebend löste sich Ferrol von Kennedy und wandte sich dem Captain zu. »Ich nehme an«, bemerkte dieser beinahe im Plauderton, »daß Sie eine Erklärung dafür haben.« Er schwenkte das Blatt.

»Die Anweisung bedarf meiner Ansicht nach keiner Erklärung«, erwiderte Ferrol.

»Die Anweisung ist vollkommen klar«, stimmte Roman kühl zu. »Ich bezog mich auf den Grund, warum Sie gerade diesen Augenblick gewählt haben, um sich auf sie zu berufen.«

Ferrol holte tief Luft. »Ich bin nicht hier, Captain, um zu debattieren.« Er mußte sich beherrschen, damit seine Stimme nicht zitterte. Auch ohne daß Roman die Diskussion verlängerte, fiel es ihm schon schwer genug, das Ganze zu ertragen. »In diesem Augenblick müssen Sie sich nur mit der Frage auseinandersetzen, ob Sie die Anweisung befolgen werden. Ja oder nein.«

Er stählte sich wieder für eine Explosion, und die Explosion erfolgte wieder nicht. Roman sah ihn lange ausdruckslos an; dann schaltete er ohne zu zögern die Bordsprechanlage ein. »An die gesamte Mannschaft: Hier spricht Captain Roman.« Er ließ Ferrol nicht aus den Augen. »Von diesem Augenblick an übertrage ich auf

Grund einer Anweisung des Senats den Befehl über die *Amity* an Commander Ferrol.«

Er schaltete ab, schnallte sich los und zog sich aus der Liege. »Ihre Befehle, Commander?« fragte er Ferrol.

Ferrol betrachtete den leeren Befehlsplatz, schluckte die Säure hinunter, die aus seinem Magen aufstieg, und wünschte sich sehnlichst, daß Roman wenigstens Unwillen über die Ungerechtigkeit äußerte, die man ihm angetan hatte. Einen Captain vor seiner Mannschaft so zu demütigen, war etwas Schreckliches; es war jedoch höllisch, wenn man es einem Mann antat, der den Schlag widerspruchslos hinnahm.

Aber andererseits war Roman vielleicht genau darauf aus, dieses Schuldbewußtsein bei Ferrol zu wecken. Ferrol gab sich einen Ruck, löste sich von der Haftplatte und setzte sich auf den Befehlsplatz. Er fühlte sich verdammt unbehaglich; aber wenn ihm der Senator etwas beigebracht hatte, dann war es die Tatsache, daß Anschein und Symbole wichtige Aspekte der Befehlsgewalt sind. »Marlowe: Statusbericht über die Haie!« befahl er.

»Sie sind zum Corral unterwegs«, knurrte Marlowe.

»Wann werden sie dort eintreffen?«

»Mit der jetzigen Beschleunigung und einer entsprechenden Bremsphase in etwa zwei Stunden.«

Zwei Stunden. Ferrol studierte einen Augenblick lang das taktische Display. Die drei Raumpferde der Tampies verloren nach wie vor an Boden; aber auf dem Monitor waren jetzt zwei weitere Schiffe zu sehen, die von hinten oben zu ihnen stießen, und während er zusah, sprang ein drittes in das Gebiet. Dem Rest des Tampy-Reichs war die Bedrohung offensichtlich bewußt geworden, und in dem verzweifelten Bestreben, den Corral zu verteidigen, warf es alles, was es noch zur Verfügung hatte, in das Kialinnini-System.

Damit setzten sie den Rest ihrer Raumpferde den angreifenden Haien aus, und trugen dadurch zur vollkommenen Vernichtung ihrer Raumfahrt bei.

Das war vielleicht das größte Paradoxon. Ferrol hatte neun Jahre lang davon geträumt, am Untergang der Tampies beteiligt zu sein; hatte einen großartigen Plan nach dem anderen ausgeheckt, um sie aus dem Weltraum zu vertreiben und ihnen den kaltblütigen Diebstahl seiner Welt mit Zinseszinsen heimzuzahlen. Und jetzt, nach all den Plänen, nahmen sie ihm die Arbeit ab. Sie taten es ganz allein, mit ein wenig Unterstützung durch die Zyklen der Natur, für die sie soviel Liebe zur Schau trugen.

Und Ferrol hatte buchstäblich nichts anderes zu tun, als während der nächsten zwei Stunden nichts zu unternehmen.

»Wir vergeuden Zeit, Commander.«

Ferrol sah Marlowe an. »Ich habe Ihren Einwand zur Kenntnis genommen. Kennedy, haben wir noch den Zwei-Ge-Beschleunigungs/Bremskurs zum Raumpferd-Corral gespeichert?«

Sie sah ihn noch immer eiskalt an. »Ja.«

»Gut. Verständigen Sie den Betreuer und machen wir uns auf den Weg.«

Sie rührte sich nicht. »Und was genau wollen Sie dort unternehmen?«

Er hielt ihrem Blick stand, denn er war entschlossen, sich nicht einschüchtern zu lassen. »Wie schon gesagt, bin ich nicht hier, um zu debattieren, Lieutenant. Sie haben Ihre Befehle; führen Sie sie aus.«

»Wenn Sie die Kordonale daran hindern wollen, Hilfe hierherzuschicken, müssen Sie uns nicht in den Corral bringen«, sagte Roman neben ihm ruhig. »Je länger Sie uns in diesem System festhalten, desto größer ist das Risiko, daß die Haie oder weitere Geier uns erreichen, bevor die *Scapa Flow* das optische Netz wegräumen kann.«

»Das ist mir klar«, knurrte Ferrol verstimmt, weil Roman seine Gedanken und Pläne so mühelos erraten hatte. »Wir werden uns nicht im Corral verstecken, sondern die Einzäunung öffnen und die Raumpferde freilassen.«

Das hatte er eigentlich nicht vorgehabt, und Romans Gesichtsausdruck entnahm er, daß dieser ebenfalls überrascht war. »Wir werden *was* tun?« fragte der Captain.

»Sie haben es gehört.« Wenn Ferrol es sich recht überlegte, war die Idee gar nicht so schlecht. Es gab keinen Grund, warum die Raumpferde gemeinsam mit ihren Herren, den Tampies, leiden sollten. Ob sie vernichtet oder zerstreut wurden, das Ergebnis blieb das gleiche. »Außer Sie ziehen vor, daß die Haie sie kriegen«, fügte er hinzu.

Roman musterte ihn schweigend. »Das soll also Ihre Rache sein«, meinte er schließlich.

»Den Tampies wird nichts geschehen, sie werden nur auf ihren Welten festsitzen und uns nicht mehr im Weg stehen. Wäre es Ihnen lieber, wenn wir einen Krieg anfingen und sie auslöschten?«

»Sie haben Raumpferde in Aktion gesehen«, sagte Roman, als hätte Ferrol nichts gesagt. »Sie wissen, wie schlecht sie mit Stress-Situationen fertigwerden. Glauben Sie wirklich immer noch, daß die Tampies irgendwo eine geheime Flotte von Kriegspferden versteckt halten?«

Ferrol verzog das Gesicht. Nein, eigentlich nicht. Nicht mehr. »Die Mechanismen und Methoden sind unwichtig«, erklärte er. »Wichtig ist, daß die Anwesenheit der Tampies im und um unseren Teil des Weltraums für die Menschheit eine Bedrohung darstellt ... und diese Bedrohung beseitigen wir.« Er sah Kennedy an. »Ich habe Ihnen einen Befehl erteilt, Lieutenant.«

Einen Augenblick lang glaubte er, daß sie sich weigern würde. Dann drehte sie sich wortlos um und beschäftigte sich mit ihrem Schaltpult. Ein kurzes, leises Gespräch mit dem Betreuer, und eine Minute später bewegte sich die *Amity* wieder. »Wann treffen wir im Corral ein?« fragte Ferrol, als Sleipnir die zwei Ge erreichte.

»In ungefähr siebzig Minuten.«

Damit hatten sie knapp eine Stunde Zeit, einen Teil des Netzes zu zerstören und zu verschwinden, bevor die Haie eintrafen. Genau richtig. »Sehr gut.«

»Rrin-saa möchte gern wissen, warum wir dorthin fliegen«, fügte sie hinzu.

»Antworten Sie ihm, daß wir tun, was ehrenhaft ist. Er kann es sich selbst ausrechnen.«

Roman machte eine Bewegung. »Ich würde es begrüßen, Commander, wenn ich mit Ihnen kurz in meinem Büro sprechen könnte. Natürlich nur, wenn Sie Zeit haben.«

Ferrol runzelte mißtrauisch die Stirn. »Was immer Sie mir sagen wollen, können Sie mir hier sagen.«

Roman schüttelte mit undurchdringlichem Gesicht den Kopf. »Was ich Ihnen zu sagen habe, ist streng vertraulich.«

Ferrol biß sich auf die Unterlippe. Vertraulich, Blödsinn! Roman hatte etwas vor, und sie wußten es beide. Aber was? Einen Versuch, die Anweisung des Senats umzustoßen oder zu umgehen? Vielleicht, indem er Kennedy veranlaßte, heimlich zur Kordonale zurückzuspringen und jemanden zu finden, der die Anweisung des Senats über Tachyon widerrief?

Oder hatte Roman etwas anderes vor? Vielleicht etwas Direkteres?

»Ihnen ist hoffentlich klar«, sagte er leise, »daß die *Amity* hier festsitzt, wenn mir etwas zustößt? Ich bezweifle, daß die *Scapa Flow* das optische Netz der Geier wegräumen wird, wenn der Befehl nicht von mir kommt.«

Er hielt die Luft an und fragte sich, ob Roman spüren würde, daß die Warnung mindestens zu fünfzig Prozent reiner Bluff war. Aber der Captain zog nur die Augenbrauen hoch. »Wollen Sie damit andeuten, Commander, daß ich gegen einen gesetzlich ernannten Kommandanten meutern würde?«

Ferrol sah ihn unsicher an ... aber es gab nur eine Möglichkeit herauszufinden, was Roman vorhatte. »Übernehmen Sie das Kommando über die Brücke, Kennedy«, befahl er, schnallte sich los und erhob sich. »Ich bin im Büro des Captains; behalten Sie den Kurs bei und unterrichten Sie mich, wenn sich die Situation in bezug auf die Haie ändert.«

»Verstanden.« Sie drehte sich nicht um.

Ferrol wandte sich Roman zu, und die beiden musterten einander einen Augenblick lang schweigend. Dann zeigte Ferrol auf die Tür. »Nach Ihnen, Captain.«

Außerdem spielte es überhaupt keine Rolle mehr, was Roman vorhatte. Was immer Ferrol oder die *Amity* unternahmen, die Tampies hatten bereits verloren.

* * *

»Es macht Ihnen hoffentlich nichts aus, wenn ich mich an den Schreibtisch setze«, sagte Ferrol, während sie das Büro betraten.

»Damit Sie die Tür im Augen behalten können?« fragte Roman ironisch.

»Damit ich das Steuerrelais beobachten kann.« Ferrol ging um den Schreibtisch herum und ließ sich in den Sessel fallen. Es war tatsächlich sein Hauptanliegen, über den Flug der *Amity* auf dem laufenden zu bleiben, redete er sich ein. Daß Roman jetzt zwischen ihm und eventuellen unangemeldeten Besuchern saß, war rein zufällig. »Also. Was haben Sie mir so vertraulich zu erzählen?«

Roman nahm ihm gegenüber Platz. »Das Datum auf der Anweisung des Senats liegt über ein Jahr zurück. Sie haben sie bei sich getragen, seit Sie sich an Bord befanden.«

»Das stimmt. Sie garantierte mir, daß Sie nicht in der Lage sein würden, die Daten aus dem wunderbaren Experiment mit der gemischten Mannschaft zu verändern oder verschwinden zu lassen.«

»Aber Sie haben die Anweisung damals nicht verwendet.«

»Es war nicht notwendig. Das Experiment war eine Katastrophe, und das wußten alle. Hätte Pegasus nicht überraschenderweise gekalbt, so wäre der Auftrag der *Amity* widerrufen und Sie wären auf die *Dryden* zurückgeschickt worden. Wir wären als Fußnote in einem obskuren Bericht der Raumflotte gelandet, und damit wäre die Geschichte zu Ende gewesen.«

»Das stimmt, aber genau darum geht es mir. Wenn die Daten den Anti-Tampy-Standpunkt so überwältigend bestätigten und Sie Angst davor hatten, daß ich diese Daten verstecken würde, warum haben Sie dann nicht das Kommando übernommen, als wir nach unserer Mission nach Solomon zurückkehrten?«

Ferrol öffnete den Mund und schloß ihn wieder. Irgendwie war er nie auf die Idee gekommen. »Das weiß ich nicht. Wahrscheinlich ... ja also, wahrscheinlich war ich davon überzeugt, daß man Ihnen vertrauen kann.«

Roman nickte merkwürdig gespannt. »Und das ist der Kern des Problems, nicht wahr? Vertrauen. Keiner von uns kann jemals alles wissen, jedenfalls nicht als persönliche Erfahrung aus eigener Anschauung. Unser Wissen, unsere Meinungen, sogar zum Teil unser Glaube hängen von der Vertrauenswürdigkeit anderer ab.«

»Falls Sie die Gültigkeit der Anweisung in Frage stellen...«

»Keineswegs. Vielleicht würden Ihre früheren Sponsoren sie jetzt widerrufen, aber wenn wir endlich in der Lage wären, sie zu fragen, wären unsere Aktivitäten hier bereits eine vollendete Tatsache. Das wissen wir beide.«

»Falls Sie etwas vorzubringen haben, wäre ich Ihnen dankbar, wenn Sie jetzt endlich dazu kämen.« Ferrols Nakkenhaare begannen zu kribbeln. Es war so weit: Roman war im Begriff, seinen Gegenzug zu machen.

»Was ich vorzubringen habe, befindet sich in einem schwarzen Kuvert in meinem Schreibtisch. Unterste Lade rechts.«

»Sie besitzen ebenfalls eine Anweisung des Senats?« Obwohl es Ferrol fröstelte, versuchte er, sardonisch zu klingen.

Roman schüttelte schweigend den Kopf.

Ferrol sah ihn kurz an, machte sich auf eine Überraschung gefaßt, griff hinunter, ohne Roman aus den Augen zu lassen, und zog die Lade auf. Das Kuvert war groß und dick und – vor allem bei zwei Ge – bemerkenswert schwer.

Auf ihm klebte ein blutrotes STRENG GEHEIM-Etikett.

»Was ist das?« fragte er.

»Öffnen Sie es und stellen Sie es selbst fest!«

Ferrol betrachtete das Kuvert und fragte sich, worin die Strafe für unbefugtes Öffnen bestehen würde. Aber Roman war nicht der Typ, der ihn auf so schmutzige Weise in bürokratische Schwierigkeiten bringen würde. Er erbrach das Siegel, öffnete das Kuvert und entnahm ihm die Mappe.

Auf dem Deckel ...

Er sah Roman scharf an. »Ja«, bestätigte Roman ruhig, »es ist der offizielle Bericht über die Prometheus-Kolonie. Es ist an der Zeit, daß Sie die Wahrheit erfahren.«

# 29. Kapitel

Ferrols Herz hämmerte schmerzhaft. »Wo haben Sie das her?« fragte er mit heiserer, gepreßter Stimme.

»Aus den Unterlagen des Senats.«

»Das heißt, von Ihren Pro-Tampy-Freunden.« Ferrols Hände begannen zu zittern; er umkrampfte den Rand des Schreibtisches, damit Roman es nicht merkte. »Worum handelt es sich genau? – Ist der Bericht nur kraß zu ihren Gunsten gefärbt oder ist er eine echte Fälschung?«

»Für jemanden, der nicht einmal weiß, was in dem Bericht steht, sind Sie sehr hitzig.«

Ferrol mußte die Zähne zusammenbeißen, denn die Gespenster der Vergangenheit und die Erinnerungen an Prometheus waren in ihm wieder lebendig geworden. »In diesem Kuvert stecken die Hoffnungen meiner Eltern«, stieß er hervor. »Ihre Hoffnungen, ihre Träume und ihre Leben. Ich weiß, was auf Prometheus geschehen ist, verdammt noch mal.«

»Dann lesen Sie es um meinetwillen.« Roman sprach immer noch ruhig, aber seine Augen glänzten hart. »Damit Sie mich darüber aufklären können, wo man mich belogen hat.«

Ferrol senkte den Blick und betrachtete die Akte. Wovor hatte er eigentlich Angst? Er wußte, was die Tampies seiner Welt angetan hatten, und keine noch so gewiefte Propaganda konnte etwas daran ändern.

Er holte tief Luft und schlug die Akte auf.

Ihr Gewicht war bereits ein Hinweis darauf gewesen, daß sie eine Menge Papier enthielt; er hatte aber nicht erwartet, daß es so verschiedenartige Unterlagen sein würden. Aussagen, offizielle Aufzeichnungen der Kolonie, Auszüge aus den Logbüchern der *Defiance*, transkribierte Befragungen einiger Tampies, logistische Berechnungen, Schilderungen von der Evakuierung der Kolonisten, Dokumente und Memos auf veränderungsgeschütztem Papier des Senats, wissenschaftliche und medizinische Berichte.

Eine Menge wissenschaftlicher und medizinischer Berichte.

»Obenauf finden Sie eine Zusammenfassung«, warf Roman ein.

Ferrol nickte, während er in den medizinischen Berichten blätterte. Der oberste war für den Leiter der Kolonie bestimmt und an Bord der *Defiance* niedergeschrieben worden; er überflog ihn ...

Und blickte jäh auf. »Hier ist Lüge Nummer eins.« Er zeigte mit dem Finger auf den Bericht. »Der ärztliche Bericht über Billingsham ist von A bis Z erlogen. Er konnte unmöglich mit Hive-Viren infiziert sein — es ist eine der ersten Untersuchungen, die bei künftigen Kolonisten durchgeführt wird.«

»Ich weiß«, bestätigte Roman. »Und Sie haben recht, er konnte das Virus unmöglich nach Prometheus mitgebracht haben. Niemand hätte es mitbringen können.«

Ferrol starrte ihn an. »Nein — vergessen Sie, was Sie gerade denken. Er hätte sich auf Prometheus unmöglich damit infizieren können — es gab auf dem Planeten keine Hive-Viren.«

»Sind Sie sicher?«

»Natürlich bin ich sicher. Ich habe den Bericht des Begutachtungsteams gelesen und ...«

Der Rest des Satzes blieb ihm im Hals stecken. »Nein«, flüsterte er. »Nein. Es ist unmöglich. Prometheus ist zur Kolonisierung freigegeben worden. Verdammt, der Planet ist *freigegeben* worden.«

Roman nickte bekümmert. »Freigegeben, bewilligt und organisiert. Daraufhin wurden dreitausend Kolonisten hingeschickt ... von denen seither über zweihundert am Hive-Virus gestorben sind. Wenn die Tampies sie nicht schleunigst fortgeschafft hätten, wären vielleicht alle gestorben.«

Ferrols Herz hämmerte schon wieder. »Ich weiß, worauf

Sie hinauswollen. Was Sie und Ihre Pro-Tampy-Freunde vorhaben. Aber es paßt nicht zusammen. Wenn es auf Prometheus ein Hive-Virus gab, das das Forschungsteam nicht entdeckt hatte, wieso haben es dann die Tampies gefunden? Ihre bioanalytische Ausrüstung verdient diesen Namen nicht — zum Teufel, sie waren nicht einmal zwei Monate auf Prometheus, als sie den Planeten stahlen und uns hinauswarfen.«

Roman breitete die Hände aus. »Ich weiß nicht, wie sie es herausbekommen haben. Das versteht wahrscheinlich niemand ganz. Das Untersuchungskomitee meinte, daß die Tampies im Einklang mit den Verhaltensmustern in der Natur stehen und daraus irgendwie auf die Anwesenheit des Virus geschlossen haben. Vielleicht war es so wie auf Alpha, als Llos-tlaa wußte, daß die Wolfsgeschöpfe das Landeteam nicht angreifen würden, uns aber nicht erklären konnte, wieso er es wußte. Und was das Stehlen des Planeten betrifft ...« Er schüttelte den Kopf. »Sie können sich genauso mit dem Hive-Virus infizieren wie wir. Prometheus ist vor neun Jahren aufgegeben worden und dabei wird es wahrscheinlich bleiben.«

Ferrol biß sich auf die Unterlippe und wußte nicht, was er denken sollte. Nein, es war nicht möglich. Ein Begutachtungsteam konnte nicht einfach ein Virus übersehen, von dem man seit so langer Zeit wußte, daß es tödlich war. Es mußte eine weitere Lüge der Pro-Tampies sein. Auch wenn Roman es tatsächlich glaubte, blieb es eine Lüge.

Aber wenn es stimmte ...

Er war mit seinem inneren Aufruhr noch nicht ins reine gekommen, als der Türöffner summte.

Ferrol starrte die Tür an ... und begriff blitzartig, was sie ihm angetan hatten. Romans Aufforderung, mit der er ihn von der Brücke weggelockt hatte, der gefälschte Bericht, damit er nicht sofort dorthin zurückkehrte ...

Die Tür begann zischend aufzugleiten; Ferrol stemmte sich halb aus seinem Sessel hoch und griff mit der rechten Hand unter die Uniform nach dem Nadler. Der Lauf blieb kurz hängen, löste sich aber, während Ferrol wieder schmerzhaft in den Sessel zurückfiel. Er hob die Waffe, richtete sie auf die Tür und faßte sie mit beiden Händen. Die Tür verschwand in der Wand ...

Und in der Öffnung stand Kennedy.

Die gefährlichste Person an Bord der *Amity*, hatte der Senator sie genannt; und in dieser lähmenden Sekunde wußte Ferrol, daß es stimmte. Sie blieb regungslos stehen, ließ die Hände locker und anscheinend leer herabhängen und blickte von seinem Gesicht zum Nadler und wieder zurück, ohne ihre eisige Ruhe zu verlieren. Sie war ruhig, kalt und professionell.

Und sie war gekommen, um ihn zu töten.

Ferrol hatte versucht, sich auch auf diesen Augenblick vorzubereiten ... und merkte jetzt, daß diese Vorbereitung vollkommen ungenügend gewesen war. *Sie werden imstande sein, mit ihr fertigzuwerden*, hatte der Senator selbstsicher gesagt, und Ferrol hatte genickt und ihm geglaubt.

Aber niemand hatte ihm gesagt, wie er sich fühlen würde, wenn er auf den Abzug drückte, während er jemandem in die Augen sah.

Roman räusperte sich. »Wenn Sie Kennedy kaltblütig niederschießen wollen, dann sollten Sie es hinter sich bringen«, meinte er beinahe beiläufig. »Wenn Sie es nicht vorhaben, dann könnten Sie die Waffe vielleicht weglegen und sie auffordern, hereinzukommen.«

Kennedy hatte sich noch immer nicht bewegt. »Sie können mich nicht daran hindern«, sagte Ferrol mit vor Erregung zitternder Stimme. In seinem Mund spürte er bereits den Geschmack der Niederlage. Wenn sie nur eine einzige Bewegung machen würde, etwas – irgend etwas, das er als Angriff betrachten konnte. Aber sie stand einfach da. »Auch wenn Sie mich töten, können Sie nicht rechtzeitig Hilfe für die Tampies herbeiholen.«

Kennedy warf Roman einen raschen Blick zu. »Ich bin nicht hier, um jemanden zu töten. Ganz bestimmt nicht«, erklärte sie beschwichtigend.

»Wozu sind Sie dann hier? Ich habe Ihnen befohlen, auf der Brücke zu bleiben.«

Ihr Blick wurde hart. »Ich wollte Sie daran hindern, sich lächerlich zu machen. Offenbar bin ich zu spät gekommen.« Ferrol war entschlossen, sich nicht ablenken zu lassen, und faßte den Nadler fester. »Ihre Sorge um mich rührt mich«, meinte er sarkastisch. »Und wie genau wollten Sie das schaffen?«

Roman bewegte sich. »Meiner Meinung nach ist jetzt eine ergänzende Vorstellung angebracht. Darf ich Sie mit Commander Erin Kennedy bekanntmachen — ehemaliger stellvertretender Kommandeur der *Defiance*.«

* * *

Ferrol starrte sie an, und die Finger, die die Waffe umklammerten, wurden plötzlich gefühllos. Die *Defiance* ... »Ich glaube es nicht«, stieß er hervor.

»Warum nicht?« fragte Kennedy. »Finden Sie, daß ich für den Posten ungeeignet bin, oder was?«

»Man hat mich darauf aufmerksam gemacht, daß Sie gefährlich sind ...« Er brach ab. Roman nickte, als könne er Gedanken lesen. »Der Hinweis kam zweifellos von Ihren Hintermännern im Senat. Für die die Wahrheit über Prometheus wirklich ein heikles Thema ist.«

Ferrol merkte kaum, daß er den Nadler auf den Schreibtisch legte. »Wer hat das gewußt? Ich meine, daß Sie auf der *Defiance* waren?«

Sie zog die Augenbrauen hoch. »Zunächst einmal jeder, der diesen Bericht las.« Sie zeigte auf die Mappe, die geöffnet vor ihm lag. »Mein Name kommt auf der Hälfte dieser Papiere vor — ich war mit der Aufnahme der Aussagen und den anschließenden Besprechungen mit dem Begutachtungsteam betraut.«

Ferrol blickte zur Akte hinunter und blätterte in dem Stoß der Aussagen. Name des verhörenden Offiziers ...

Er sah sie wieder an. »Es kann nicht wahr sein«, widersprach er, aber die Feststellung kam nur noch automatisch, nicht aus echter Überzeugung. »Das Begutachtungsteam bestätigte, daß Prometheus frei vom Hive-Virus ist.«

»Und ob sie das taten.« Sie wurde noch bei der Erinnerung zornig. »Sie bestätigten es und schilderten Prometheus in so leuchtenden Farben, daß der Senat auf die gesetzlich vorgeschriebene Kontroll-Begutachtung verzichtete. Warum haben sich denn Ihrer Ansicht nach alle solche Mühe gegeben, das Fiasko zu vertuschen?«

Ferrol betrachtete wieder die Mappe. Der Senat. Der gesamte Senat ... »Sie behaupten, daß sie es die ganze Zeit gewußt haben. Daß sie ... mich belogen haben.«

»Fällt es Ihnen so schwer, es zu glauben?« fragte Roman. »Sie wären für diese Leute nutzlos gewesen, wenn Sie die Tampies nicht gehaßt hätten.«

Ferrol sah ihn scharf an. »Wenn wir schon über Manipulation sprechen — was ist dann mit Ihnen?« fragte er vorwurfsvoll; an die Stelle seiner Betäubung trat allmählich Zorn. »Sie haben es die ganze Zeit über gewußt — Sie beide ...« Er sah Kennedy an. »Warum haben Sie es mir nicht schon früher gesagt?«

»Hätten Sie uns geglaubt?« fragte Kennedy.

»Darum geht es nicht.«

»Genau darum geht es.« Romans Stimme war hart. »Wenn ich Ihnen die Akte gezeigt hätte, als Sie an Bord kamen, hätten Sie das Ganze als raffinierte Masche der Pro-Tampy-Fraktion abgetan.«

»Also haben Sie mit mir gespielt wie mit einer Marionette«, bemerkte Ferrol bitter. »Mich an Ihren Fäden geführt, mich mit einer Menge Pro-Tampy-Typen umgeben, mich zum Verbindungsoffizier mit der Forschungsabteilung ernannt, damit ich möglichst oft Kontakt mit den verdammten Aliens hatte. Sie haben genau das gleiche mit mir getan wie der Senator, nur in umgekehrter Richtung. Warum sollte ich also Ihnen und nicht ihm glauben?«

»Weil wir Beweise besitzen.« Kennedy zeigte auf die Mappe.

»Und was ist, wenn es sich nur um eine raffinierte Masche handelt, wie der Captain sagte?« fragte Ferrol.

»Ach, kommen Sie, Ferrol ...«

Roman hob die Hand, um sie zum Schweigen zu bringen. »Wir können es Ihnen nicht beweisen, Chayne. Das wissen wir alle. Die Hinweise sind da, wenn Sie Ihr Gedächtnis durchstöbern — zum Beispiel die Tatsache, daß die Tampies zuerst Familien mit Kleinkindern evakuierten, die für eine Infektion mit dem Hive-Virus am anfälligsten sind. Aber das ist kein Beweis, jedenfalls nicht die Art von Beweis, die Sie erwarten.«

»Was soll ich dann Ihrer Meinung nach tun?«

»Das gleiche, was wir alle tun müssen. Da es keine Beweise gibt, müssen Sie entscheiden, wem Sie glauben wollen.«

Ferrol schluckte ... aber tief in seinem Innern wußte er, daß er sich gar nicht entscheiden mußte. Er sah im Geist den Senator vor sich: Die hochmütigen Augen, die blasierte, arrogante Stimme, die endlose Manipulation von Menschen und Ereignissen. Und er sah das Jahr, in dem er unter Roman Dienst getan hatte: Der unbeirrbare Verteidiger der Tampies, dessen vereinfachende Sicht des Universums oft aufreizend war, der sein Leben aufs Spiel setzte, um Ferrol und Kennedy vor dem ersten Hai zu retten.

Und er sah Kennedy: Ihre gleichbleibende Ruhe, die auf langer Erfahrung beruhende Kompetenz, und die ihrem psychologischen Diagramm entsprechende, absolut neutrale Einstellung zu den Tampies. Eine Frau, die weder für noch gegen jemanden eigennützige Zwecke verfolgte.

Eine Frau, die überhaupt keinen Grund hatte, in bezug auf Prometheus zu lügen.

Er blickte zu Romans Bordsprechanlage hinüber, und ihm fiel ein, daß er sich wahrscheinlich verdammt lächerlich machen und fühlen würde. Aber er hatte sich nie sonderlich darum gekümmert, was die anderen von ihm dachten. Er schaltete auf allgemeine Bekanntmachung und holte tief Luft. »Hier spricht Commander Ferrol. Ich übergebe den Befehl über die *Amity* wieder an Captain Roman. Das ist alles.«

Er schaltete ab und sah Roman an. Dieser verzichtete wieder einmal auf die Gelegenheit, hämisch zu grinsen, und sagte nur ernst: »Danke, Commander.«

Ferrol nickte. Er hatte recht gehabt: Er kam sich tatsächlich verdammt lächerlich vor. »Mit Ihrer Erlaubnis, Sir, werde ich in meiner Kabine bleiben, bis Sie soweit sind, die *Scapa Flow* das optische Netz wegräumen zu lassen.«

Er wollte aufstehen, hielt aber inne, als Roman abwinkte. »Wie ist die Sprung-Situation, Lieutenant?« fragte er Kennedy. »Befinden wir uns zu tief in dem Gravitationstrichter, um das System verlassen zu können?«

Sie schüttelte den Kopf. »Eigentlich nicht, obwohl wir den Rumpf der *Amity* gründlich versengen werden, ganz gleich, wohin wir springen.« Sie sah Ferrol an. »Aber Ferrol hat in anderer Hinsicht recht: Falls wir jemals Zeit hatten, Hilfe von der Raumflotte anzufordern, haben wir sie vergeudet.«

Roman rieb Daumen und Zeigefinger aneinander und starrte ins Leere. »In diesem Fall ...« Er erhob sich. »Es ist Zeit, daß wir auf die Brücke zurückkehren. Mit Ihnen, Commander.«

Ferrol stand auf; ihm war alles andere als wohl zumute. Sich wieder der Mannschaft auf der Brücke stellen zu müssen... »Ja, Sir. Ich sage der *Scapa Flow*, daß sie sich bereitmachen soll.«

»Danke, aber im Augenblick brauchen wir ihre Hilfe nicht. Wir müssen noch ein barmherziges Werk vollbringen, bevor wir fortkönnen.«

Ferrol sah ihn erstaunt an ... und verstand plötzlich. »Sie meinen, daß wir doch alle Raumpferde freilassen?«

Roman sah ihn lächelnd an. »Ich habe Ihnen gestern gesagt, Commander, daß ich im Lauf des vergangenen Jahres sehr viel über Ihren Charakter und Ihr Urteilsvermögen gelernt habe. Sie haben lange Zeit die Tampies, aber nie die Raumpferde gehaßt.« Er deutete auf das Bullauge und den fernen Corral dahinter. »Sie haben mit den Raumpferden instinktiv Mitleid gehabt. Ich neige dazu, solchen Instinkten zu vertrauen.«

Ferrol nickte, als hätte er Roman wirklich verstanden. Er war genau zwei Minuten lang davon überzeugt gewesen, daß er wußte, woran er in bezug auf Roman, die Tampies und das Universum war. Jetzt fand er sich wieder einmal überhaupt nicht zurecht. »Ich verstehe, Sir.« Etwas Besseres fiel ihm nicht ein.

»Gut.« Roman ging zur Tür. »Fangen wir also an. Es bleiben uns noch etwa vierzig Minuten, bis wir den Corral erreichen. Sie, Commander, haben genauso lange Zeit herauszubekommen, wie wir ein Loch in die Einfriedung schneiden können.«

* * *

»Wir sind beinahe fertig«, meldete Demarco über den Lautsprecher auf Ferrols Schaltpult. »Townne und Hlinka haben die Kabel am Zaun des Corrals befestigt und kommen gerade zurück. Die Hauptkondensatoren sind voll geladen, die Reservekondensatoren zu achtundneunzig Prozent.«

»In Ordnung.« Ferrol wandte sich an Roman. »Nur noch eine Minute, Captain.«

»Wann treffen die Haie ein, Marlowe?« fragte Roman.

»Der Anführer in achtundzwanzig Minuten, die übrigen einige Minuten danach.«

Als Ferrol sein taktisches Display betrachtete, erfüllte ihn eine seltsame Mischung aus Enttäuschung und Melancholie. Jetzt griffen insgesamt zehn Tampy-Schiffe die Haie an, aber sie hätten genauso gut zu Hause bleiben können. Die Haie flogen unbeirrt weiter, die plumpen Netzfallen der Tampies hingen sinnlos an irgendwelchen Geiern oder waren längst verschwunden. Sie kamen immer näher ... und die Raumpferde auf der anderen Seite der *Amity* wußten sichtlich Bescheid. Sie hatten aufgehört, ruhelos in der Einfriedung herumzuwandern; als hätten sie irgendwie erraten, was die *Amity* und die *Scapa Flow* vorhatten, drängten sie sich abnormal eng an der Stelle zusammen, an der, wenn alles gut ging, ein Teil ihres Käfigs verdampfen würde.

Und wenn das geschah ...

Ferrol biß sich auf die Lippen, denn seine Augen waren plötzlich feucht. Nach seiner Konfrontation mit Roman und Kennedy hatte sich alles, was er je über die Tampies gewußt oder zu wissen geglaubt hatte, in Chaos aufgelöst und einen solchen Wirrwarr in seinen Gefühlen verursacht, daß er überhaupt nicht mehr wußte, was er denken sollte. Doch eine Tatsache war ihm absolut klar.

Dank seiner kaltblütigen Intrigen hatte der Senator gesiegt, und bei diesem Gedanken wurde Ferrol übel.

»Reserve ebenfalls voll aufgeladen«, meldete Demarco. »Alle Signale stehen auf Grün.«

Ferrol blinzelte zornig, um die Feuchtigkeit zu vertreiben. »Sie sind bereit, Captain.«

»Sehr gut, Commander. Erteilen Sie den Befehl.«

Ferrol wandte sich dem optischen Display zu. »In Ordnung, Mal. Achtung ... Feuer.«

Aus dem Lautsprecher ertönte das leise Krachen der *Scapa Flow* – Kondensatoren, und auf dem Bildschirm erschien das schwache, leuchtend blaue Spinnennetz der koronaren Entladung, während der massive Stromstoß ein halbes Dutzend Quadratkilometer Einfriedung verdampfen ließ. Eine Sekunde lang beleuchtete das blaue Licht die dunklen Massen im Hintergrund. Dann war das Spinnennetz verschwunden ... und die Massen bewegten sich im düsteren roten Licht des Zwerg-Sterns auf die Öffnung zu.

Am Steuer atmete Kennedy hörbar aus. »Das war es. Das Ende einer Ära.«

Ferrol nickte. Die Raumpferde begannen jetzt, durch die Öffnung zu strömen; sobald sie das Netz hinter sich hatten, zerstreuten sie sich in alle Richtungen. Er warf einen Blick auf das taktische Display und hätte gern gewußt, ob die Tampies, die da draußen vor den Haien flüchteten, bemerkt hatten, daß ihre kostbare Herde auseinandertrieb, und ob sie es als Verrat oder als schmerzlichen, aber notwendigen freundlichen Akt betrachteten.

Er wußte es nicht. Er wußte nicht einmal, wie er es ursprünglich gemeint hatte.

*Hat sich was mit vertrauenswürdigen Instinkten*, dachte er bitter.

»Sie können zurückkommen«, sagte Marlowe, aber es klang nicht so, als glaube er daran. »Sie sind schon einmal ohne Raumpferde in den Weltraum gelangt; sie schaffen es bestimmt ein zweites Mal.«

Kennedy schüttelte den Kopf. »Nur mit unserer Hilfe. Das erste Mal war es ein Zufallstreffer — ein Raumpferd ist in eines ihrer Systeme geraten und so lange dortgeblieben, daß sie eine Fangmethode erfinden konnten. Sie besaßen nie einen eigenen Antrieb für den Tiefenraum.«

»Hoffentlich sind sie so vorausschauend, daß sie einige Raumpferde aus dem Kampf heraushalten«, meinte Roman. »Andererseits ...« Er verstummte, und in seiner Wange zuckte ein Muskel.

»Quentin?« fragte Ferrol leise.

Roman nickte beinahe widerstrebend. »Es spielt vielleicht keine Rolle, wie viele Tiere sie nachher noch haben. Die Tatsache, daß es Geschöpfe gibt, gegen die sie ihre Raumpferde nicht verteidigen können, zwingt sie wahrscheinlich, auch die letzten freizulassen.«

Eine Minute lang herrschte auf der Brücke Stille. Der Stau an der Öffnung hatte sich inzwischen aufgelöst, und die etwa fünfzig Raumpferde, die sich noch im Corral befanden, glitten rasch hinaus. In den letzten siebenhundert Jahren war keines der Tampy-Raumpferde gestorben ... das hieß, daß es siebenhundert Jahre gedauert hatte, bis sie diese Herde beisammen hatten.

Und jetzt verschwanden alle wie die Luft aus einem geplatzten Ballon. Es war wirklich das Ende einer Ära.

»Weil wir von Schiffen ohne mechanischem Raumantrieb sprechen«, sagte Roman, »es ist an der Zeit, daß wir die Geier wegräumen und selbst verschwinden. Commander?«

»Ja, Sir.« Ferrol holte tief Luft und schaltete den Sender ein. »*Amity* an *Scapa Flow*; wir verschwinden von hier, Mal. Macht die Netzkanonen fertig und dann ...«

Er brach ab. Etwas auf dem taktischen Display ...

»Was ist los?« fragte Roman.

Ferrol starrte den Monitor an, als traue er seinen Augen nicht. Aber es war kein Irrtum. Die befreiten Raumpferde, die beim Verlassen des Corrals sofort der Flugbahn der herannahenden Haie ausgewichen waren, kehrten in einer großen Kurve zu diesem Vektor zurück. »Werfen Sie einen Blick auf das taktische Display, Captain«, sagte er. »Die flüchtenden Raumpferde ... flüchten nicht.«

Roman wendete sich stirnrunzelnd seinem Monitor zu. »Kennedy, befinden sie sich noch zu nahe beim Stern, um zu springen?«

»Das glaube ich nicht, Sir. Wir wissen inzwischen, wieviel Strahlung und Hitze sie ertragen können.«

»Jedes von ihnen hat ein optisches Netz errichtet«, bemerkte Marlowe zweifelnd. »Vielleicht...« Er verstummte.

»Aber sie flüchten nicht.« Kennedy sah Roman verblüfft an. »Sie wollen angreifen.«

Roman zögerte einen Augenblick lang, dann griff er nach seinem Schaltpult. »*Amity* an Tampy-Schiffe. Hier spricht Captain Roman. Schert sofort aus, sonst werdet ihr von euren eigenen Raumpferden zermalmt.«

Die Antwort bestand aus unverständlichem, greinendem Quieken und Stöhnen. »Verdammt«, fluchte er.

»Schalten Sie Rrin-saa in die Leitung ein«, schlug Ferrol vor. »Er kann übersetzen, was Sie sagen.«

Roman nickte und drückte auf den entsprechenden Knopf. Ferrol blickte wieder auf seinen Monitor, und eine Minute später scherten die Tampy-Raumpferde aus dem Pfad der Haie aus und bewegten sich auf die lockere Kugel aus Raumpferden zu, die sich jetzt wie eine riesige Faust um die Räuber schloß. »Vergewissern Sie sich, daß alle Recorder eingeschaltet sind«, befahl Roman Marlowe. »Was jetzt geschieht, wollen wir vollständig aufzeichnen.«

Und die Schlacht begann.

Ferrol fand, daß es eine überraschend gemächliche Konfrontation war; aber vielleicht war sie gerade wegen ihres langsamen, unerbittlichen Tempos um so beeindruckender. In dem Momennt, in dem die Tampy-Schiffe die sich zusammenziehende Kugel aus Raumpferden erreichten, lösten die Haie ihre eigene Formation auf und stellten sich den Angreifern wie die gespreizten Finger einer Hand. Zwischen den beiden Gruppen schwärmten die Geier wie Rauch in wechselnden Windströmungen herum; entweder waren sie nicht fähig, angesichts des Angriffs ihre optischen Netze festzuhalten, oder sie wurden einfach durch die widersprüchlichen telekinetischen Kräfte herumgeschleudert.

Plötzlich ruckte die *Amity*, und Ferrol wurde in seinen Sitz gedrückt. »Was war das, Rrin-saa?« fragte Roman.

»Sleipnninni will sich beteiligen«, lautete die Antwort. »Es fällt Sso-ngii schwer, ihn zurückzuhalten.«

»Er muß es schaffen«, befahl Roman. »Es ist zu gefährlich, wenn die *Amity* in so etwas hineingezogen wird. Wechsle die Betreuer, wenn Sso-ngii es nicht schafft, verdopple sie, wenn nötig, aber *halte Sleipnir hier*. Verstanden?«

»Eure Wünsche sind die unseren.«

Kennedy drehte sich halb um. »Wir tragen vielleicht eine aussichtslose Schlacht aus, Captain. Die anderen Tampy-Pferde beteiligen sich ebenfalls am Kampf.«

Kennedy hatte recht: Sobald die Raumpferde, die den Haien am nächsten gewesen waren, dieser Bedrohung entkommen waren, hatten sie kehrtgemacht und sich der schrumpfenden Kugel angeschlossen; die mit ihnen verbundenen Schiffe schleppten sie wie Plunder hinter sich her. Wahrscheinlich hatte sie – so wie Sleipnir – der Blutdurst gepackt; im Gegensatz zu Sleipnir waren sie dem Mittelpunkt zu nahe, um sich diesem Gefühl zu entziehen.

Die Kugel zog sich weiterhin zusammen ... und dann bogen die Haie unvermittelt gleichzeitig von ihrem Vektor ab und hielten auf den Rand der Kugel zu, als wollten sie durchbrechen. Die Raumpferde reagierten sofort; etwa zwanzig bewegten sich zum Kollisionspunkt. Sie verstärkten die Streitkräfte an dieser Flanke ... und Ferrol erschauerte, weil es so paradox war.

Sein Traum von der Schaffung einer Flotte von Kriegspferden, über den sich jeder vom Senator abwärts lustig gemacht hatte ...

Die Haie wechselten wieder die Richtung. »Sie fliehen«, stellte Kennedy fest.

»Sie versuchen es jedenfalls«, berichtigte Roman, als die Raumpferde wieder auf den Schachzug reagierten. »Haben Sie einen Hinweis darauf, Marlowe, womit sie kämpfen?«

»Nein, Sir. Ich nehme an, daß sie einander telekinetisch ersticken oder erschlagen wollen, aber unsere Instrumente eignen sich nicht ...«

Er verstummte, als die *Amity* wieder ruckte. »Rromaa?«

»Ich bin hier, Rrin-saa. Habt ihr noch immer Schwierigkeiten?«

»Sso-ngii und Hhom-jee können Sleipnninni nicht mehr lange zurückhalten.« Die Stimme des Tampies klang sehr fremd. »Er ist wie besessen und verschließt seinen Geist vor allem anderem. Als befände er sich in *perasiata*.«

Ferrol stieß die Luft zischend aus. Die erste Definition der Tampies von *perasiata* war eine Art Koma gewesen; vor zwei Stunden hatten sie den Ausdruck für Sleipnirs panikartige Reaktion auf die Annäherung der Haie verwendet; und jetzt war es zu bersekerartigem Zorn geworden... Vielleicht wußten die Tampies nicht einmal annähernd soviel über Raumpferde, wie sie annahmen.

Ferrol blickte wieder auf den Monitor, auf dem der draußen stattfindende, gelassene Totentanz ablief. Nein, sie wußten wirklich nicht soviel, wie sie glaubten.

»Sag ihnen, daß sie Sleipnir so lange zurückhalten müssen, wie sie können«, erklärte Roman gerade Rrin-saa. »Zumindest noch ein paar Minuten. Soweit wir es beurteilen können, sind die Raumpferde im Begriff zu siegen, aber ...«

»Mich holt der Teufel!«

Ferrol fuhr herum. Kennedy hatte nur geflüstert, aber etwas in ihrer Stimme ... »Was ist los?« fragte Roman.

Kennedy holte Luft. »Ich glaube, daß die Schlacht zu Ende ist, Captain. Jedenfalls so gut wie zu Ende.«

»Erklären Sie das.«

Sie deutete auf die Monitore. »Beobachten Sie die Geier. Man kann es nur schlecht sehen — die Raumpferde verstellen die Sicht. Aber was Sie sehen können, genügt.«

»Jetzt holt mich der Teufel«, meinte Marlowe. »Sie hat recht, Sir. Die Geier haben sich wieder zu optischen Netzen gruppiert — aber vor den Haien.«

»Sie haben die Seite gewechselt.« Kennedy schüttelte staunend den Kopf. »Sie haben gesehen, wie die Schlacht ausgeht und beschlossen, sich den Siegern anzuschließen.«

Einem Impuls folgend richtete Ferrol den optischen Scanner auf das Gebiet vor dem Raumschiff. »Auch unser optisches Netz ist fort, Captain«, berichtete er. »Die Geier sind ...« Er brach ab und suchte.

»Sie fliegen in die Schlacht«, ergänzte Marlowe.

»Das ist wirklich interessant.« Roman konzentrierte sich kurz auf seine Monitore und schaltete dann die Bordsprechanlage ein. »Rrin-saa?«

»Ich höre, Rro-maa. Wir können Sleipnninni nicht mehr lange zurückhalten ...«

»Das ist auch nicht mehr nötig«, unterbrach ihn Roman. »Sag Sso-gnii, daß er ihm jederzeit seinen Willen lassen kann; er soll nur versuchen, die Beschleunigung über zwei Ge zu halten.«

»Eure Wünsche sind die unseren.«

Roman schaltete die Bordsprechanlage ab, und in diesem Augenblick ruckte die *Amity* vorwärts. Ferrol kämpfte mit seinem Magen, und Sekunden später hielt Sleipnir gleichmäßig eine Beschleunigung von drei Ge bei. »Hoffentlich stimmt Ihr Timing«, wandte sich Ferrol an Roman. »Wir wollen wirklich nicht dort aufkreuzen, solange noch gekämpft wird.«

»Ich glaube nicht, daß wir damit Probleme haben werden. Bis wir hinkommen, werden die Haie schon soweit erledigt sein, daß sie sich sicherlich nicht um uns kümmern. Außerdem halte ich es für besser, etwas zu früh als zu spät am Schauplatz der Handlung einzutreffen.«

»Zu spät wofür?«

»Das werden Sie schon sehen. Rufen Sie die *Scapa Flow* an; sobald alle Haie tot sind, soll sie uns bei dem ersten Hai treffen. Wenn ich mich nicht irre, erwartet uns eine Menge Arbeit.«

# 30. Kapitel

»Sie kommen zu spät.«

Roman, der durch das Bullauge die Vorgänge außerhalb des Schiffs beobachtet hatte, drehte sich um und musterte Ferrol. Dieser saß soweit wie möglich vom Schreibtisch und den beiden Gästestühlen entfernt in der gegenüberliegenden Ecke des Büros, und seine Körpersprache verriet, wie gespannt er war. »Sie kommen ganz bestimmt«, beruhigte ihn Roman. »Das Zuspätkommen macht die Tampies so verdammt liebenswert.«

Ferrol schnaubte, aber seine Spannung ließ nach. »Das stimmt«, bemerkte er trocken.

»Sind Sie sicher, daß Sie keine Filtermaske wollen? Obwohl die Klimaanlage voll aufgedreht ist, werden einige ihrer Gerüche bis zu uns dringen.«

Ferrol holte tief Luft, als wolle er sich noch einmal vollpumpen, solange sie rein war. »Danke, aber nein. Ich werde meine Reaktionen irgendwann umprogrammieren müssen, und kann genauso gut heute damit anfangen.«

»Von mir aus.« Roman zog die Augenbrauen hoch. »Aber kein Fausthieb«, mahnte er.

Ferrol errötete. Er hatte den kleinen Zwischenfall im Hangar der *Amity* längst vergessen. »Kein Fausthieb, Sir«, versprach er.

Der Türschnapper summte. »Da sind sie«, stellte Roman fest; die Tür glitt auf und in ihr standen Rrin-saa und Ssognii; die Filtermasken verdeckten ihre Gesichter zur Gänze. »Kommt herein«, forderte er sie auf und zeigte auf die beiden Gästestühle. »Bitte nehmt Platz.«

»Wir hören.« Rrin-saa betrat das Büro als erster.

Die Tür glitt hinter ihnen zu, und während sie sich setzten, musterte Roman schnell Ferrol. Er war noch immer gespannt, hatte sich aber sichtlich in der Gewalt. Roman wandte sich wieder den Tampies zu. »Dr. Tenzing hat mir erzählt, daß seine Leute alle mit den ihnen zur Verfügung stehenden Instrumenten machbaren Untersuchungen an den toten Haien durchgeführt haben, also werden wir Kialinninni bald verlassen können. Ich hatte gehofft, daß ihr es euch inzwischen anders überlegt habt und die Charter der *Amity* nicht beendet, sobald wir zur Kordonale zurückgekehrt sind.«

»Das können wir nicht tun«, erwiderte Rrin-saa. »Man hat uns belogen. Man hat uns belogen, damit wir an etwas Unnötigem teilnehmen. Ich habe festgestellt, daß das *Amity*-Experiment zu Ende ist, und bleibe bei dieser Feststellung.«

Roman nickte. »Ich verstehe. Natürlich ist Konsequenz ein wichtiger Teil politischer Entscheidungen. Da wir jedoch inzwischen genau wissen, wie das Raumpferd-Zuchtprogramm der *Amity* funktioniert, habe ich angenommen, daß sich die Grundlage für diese Entscheidung vielleicht geändert hat.«

Rrin-saa neigte kurz den Kopf zur Seite. »Wir wissen nicht, warum die Zucht erfolgreich war«, widersprach er entschieden. »Wir wissen, daß dazu die Anwesenheit von Menschen erforderlich ist; das ist alles.«

Der Tampy war also entschlossen, keinen Millimeter nachzugeben. Eigentlich war Roman darauf gefaßt gewesen; auf ihre gemessene Art konnten die Tampies genauso dickköpfig sein wie die Menschen. »Dann möchte ich es euch erklären. Es hat funktioniert, weil die Menschen, wie ihr so gern feststellt, Raubtiere sind ... und weil die Raumpferde auf die Anwesenheit von Räubern mit einem beschleunigten Reproduktionszyklus reagieren.«

»Das ist noch nicht bewiesen«, warf Rrin-saa ein.

»Vielleicht den Maßstäben der Tampies zufolge nicht, aber alle Hinweise sind vorhanden, und uns reichen sie. Wenn zweihundert Raumpferde nicht nur bereit, sondern sogar begierig sind, ein halbes Dutzend ihrer ärgsten Feinde anzugreifen, ist es klar, daß ihr ökologisches Verteidigungsverhalten darin besteht, mit der rohen Kraft der zahlenmäßigen Überlegenheit zurückzuschlagen. Und diese Überlegenheit erreicht man auf eine einzige Art.«

Rrin-saa zögerte, dann berührte er das Ohr mit dem Finger. »Du hast vielleicht recht.«

»Du weißt, daß ich recht habe,« stellte Roman richtig. »Ob du es zugibst oder nicht. Und das sollte dich beunruhigen ... weil die Raumpferde bei allen Aspekten und Verhaltensweisen der Natur, die ihr eurer Meinung nach begreift, immer an der Spitze gestanden haben.«

»Wir behaupten nicht, daß wir alles wissen, Rro-maa«, widersprach Rrin-saa. »Wir beobachten; wir lernen; wir verstehen. Manchmal verstehen wir rasch, manchmal brauchen wir Jahrhunderte des Studiums. Die Tamplissta werden über das, was wir beobachtet haben, nachdenken und daraus lernen.«

»Gut. Wenn ihr beginnt zu überlegen, dann nehmt auch folgendes in diese Überlegungen auf. Ihr habt euch in bezug auf die Raumpferde geirrt; ich behaupte, daß ihr euch auch in bezug auf die Menschheit geirrt habt.«

Rrin-saa reagierte nicht, sondern legte nur den Kopf schief. »Wir verstehen euch noch nicht ganz, Rro-maa, aber wir verstehen euch besser, als ihr vielleicht wißt.«

Roman schüttelte den Kopf. »Nein. Ihr glaubt, daß ihr uns versteht, aber das stimmt nicht. Ihr habt euch in den Kopf gesetzt, daß wir nichts anderes sind als hochgewachsene, mißgebildete Tampies, die die Verhaltensweisen der Natur rings um sie nicht sehen können oder wollen, und ihr seid entschlossen, uns auf eure Sensivitätsebene zu heben, auch wenn ihr uns damit umbringt. Ihr haltet seit zwanzig Jahren an diesem Bild fest und wollt es nicht aufgeben.«

»Ihr seid empfindungsfähige Geschöpfe, Rro-maa. Ihr habt Macht über das Gleichgewicht der Natur und tragt deshalb ihm gegenüber Verantwortung.«

»Ich verstehe, was du meinst. Und glaube es oder nicht, wir anerkennen und akzeptieren diese Verantwortung. Aber nicht zu euren, sondern zu unseren Bedingungen.« Er holte tief Luft, weil er das Gefühl hatte, daß die Last der Geschichte auf seinen Schultern ruhte. Er hatte die *Amity* in der Hoffnung übernommen, einen Krieg vermeiden zu können, den keine Seite wirklich gewinnen konnte. Es war vermutlich seine letzte Chance, dies zu erreichen. »Ihr seht euch als die Hüter und Bewahrer der Natur, Rrin-saa«, fuhr er langsam und deutlich fort. »Ihr seht die Verhaltensweisen und die Ökosysteme und paßt euch ihnen an. Die Menschen sind anders. Wir sehen die gleichen Verhaltensweisen, formen sie aber nach unseren Bedürfnissen.«

»Ihr benützt sie«, stellte Rrin-saa richtig; sein Tonfall war noch greinender als sonst. »Und ihr zerstört sie.«

Roman schüttelte den Kopf. »Benützen ja, zerstören nein. Natürlich gibt es Ausnahmen, von denen manche katastrophal sind. Aber meist haben wir die Verhaltensweisen der Natur nicht zerstört, sondern verändert. Dazwischen besteht nämlich ein Unterschied.«

»Aber es ist nicht richtig, sie zu verändern«, ließ Rrin-saa nicht locker.

»Und genau darin irrt ihr euch seit Jahren. Es ist unser Recht. Es ist unser Recht, weil wir uns damit in die Verhaltensweisen der Natur einfügen: Wir sind diejenigen, deren Fähigkeit darin besteht zu bauen, zu konstruieren, neu zusammenzustellen — das Antlitz unserer Erde zu verändern. Und da ihr Wesen seid, deren Fähigkeit darin besteht, alle solchen natürlichen Verhaltensweisen zu respektieren, fällt es in eure Verantwortung, uns diese Freiheit zuzugestehen.«

Die Tampies sahen ihn wortlos an und hatten die Köpfe in beinahe genau dem gleichen Winkel zur Seite geneigt. Roman war nicht sicher, ob sie überrascht oder in Gedanken versunken waren.

»Versteht ihr mich?« drängte er.

Rrin-saas Kopf kehrte langsam in die Senkrechte zurück. »Ich kann dir nicht antworten, Rro-maa. Aber ich werde mit den Tamplissta sprechen. Dieser Gedanke muß von allen erwogen werden.«

Roman atmete erleichtert auf. »Mehr wollte ich nicht erreichen, Rrin-saa. Und während ihr überlegt, erwägt auch folgendes.« Er ergriff eine kleine Phiole, die auf dem Schreibtisch lag und hielt sie Rrin-saa hin. »Hast du eine Ahnung, was das ist?«

Rrin-saa nahm die Phiole entgegen und musterte den Inhalt. »Es sieht wie Staub aus.«

»Es ist auch Staub. Genauer gesagt, Staubschweiß von einem der toten Haie. Staubschweiß, der wahrscheinlich die vollständige Aufzeichnung der letzten Minuten seines Lebens enthält. Die Aufzeichnung von sechs gewaltigen Haien, die verzweifelt versuchten zu entkommen, als sie von zweihundert wütenden Raumpferden telekinetisch getötet wurden.«

»Ein solcher Tod gehört zu den Gesetzen der Natur«, entgegnete Rrin-saa. »Er ist nicht das gleiche wie die Jagd, in die wir durch eine Lüge hineingezogen wurden.«

»Das bestreite ich nicht, denn mir geht es um etwas ganz anderes. Was wird ein Hai eurer Ansicht nach tun, wenn er in ein neues Sternensystem springt und auf eine solche Staubschweiß-Aufzeichnung stößt?«

Rrin-saa starrte die Phiole eine Weile an. »Ich weiß es nicht«, sagte er schließlich. »Ich weiß nur, daß einige Räuber Orte meiden, an denen andere Räuber den Tod gefunden haben; das ist alles.«

»Das genügt.« Roman spürte, daß er gewonnen hatte. Er hatte befürchtet, daß die Tampies die Bedeutung des Staubs nicht erkennen, oder sie erkennen, aber trotzdem leugnen würden. Doch Rrin-saa war offensichtlich genauso offen und ehrlich, wie die Tampies immer gewesen waren. »Wenn die Haie genauso reagieren, haben wir ein Verteidigungsmittel gegen sie gefunden — bitte beachte, daß dieses Verteidigungsmittel die Haie weder tötet noch ihre ökologischen Verhaltensweisen stört.«

Rrin-saa sah ihn an. »Vielleicht. Aber nur, wenn genügend Staub vorhanden ist. Und das ist nicht der Fall.«

»Damit hast du recht. Wir werden jedoch genügend

Staub zusammenbekommen. Eine der Methoden, mit denen wir Menschen unsere Umwelt verändern, besteht darin, daß wir interessante Funde wie den Staubschweiß in ihre Moleküle zerlegen ... und dann Duplikate herstellen. Wir werden vierhundert Kilogramm des Zeugs zur Kordonale zurückbringen; innerhalb einiger Wochen werden wir es tonnenweise zur Verfügung haben und können es in allen Systemen ausstreuen.« Er zeigte auf die Phiole in Rrin-saas Hand. »Bring die Probe den anderen Tamplissta mit ... und wenn ihr über eure zukünftigen Beziehungen zur Menschheit nachdenkt, zieht auch in Betracht, daß wir vielleicht deshalb im Weltraum zusammengetroffen sind, damit wir einander beistehen. Jede Rasse ergänzt die andere, jede bringt Talente und Standpunkte mit, die der anderen fehlen.«

»Wir wollen nicht eure Feinde sein, Rro-maa«, antwortete Rrin-saa leise. »Wir haben es nie gewollt.«

»Das freut mich. Auch wir wollen nicht eure Feinde sein ... aber wir können nie eure Duplikate sein.«

Die Tampies blieben einige Sekunden sitzen, dann erhob sich Rrin-saa. »Ich werde den Tamplissta deine Worte bringen, Rro-maa. Wir werden über sie nachdenken.«

»Das genügt mir. Ich danke euch dafür, daß ihr gekommen seid und will euch nicht länger von euren Abflugvorbereitungen abhalten.«

Sso-ngii erhob sich ebenfalls und stellte sich neben Rrin-saa. »Lebewohl, Roman«, sagte Rrin-saa mit merkwürdig ernster Stimme. Beide Tampies zeichneten mit den Händen gleichzeitig ein Muster in die Luft. »Wir haben an Bord der *Amity* viel gelernt. Wir hoffen, daß ihr genauso viel gelernt habt.«

»Das haben wir tatsächlich, Rrin-saa. Lebewohl.«

Die beiden wandten sich Ferrol zu, der still in seiner Ecke saß, und wiederholten die Handbewegungen. Dann verließen sie die Kabine, ohne zurückzuschauen.

Roman merkte erst, unter welcher Spannung er gestanden hatte, als sie nachließ und er in sich zusammensank.

»Ich habe schon geglaubt, daß sie Sie überhaupt nicht bemerken würden«, sagte er zu Ferrol.

Dieser zuckte die Achseln. »Es war mir gleichgültig. Die Rede war gut, Captain — eine der besten Stegreif-Reden, die ich je gehört habe.«

»Danke. Hoffentlich wirkt sie.«

»Wenn die Tampies sich selbst gegenüber ehrlich sind, muß sie etwas bewirken. Daß sie ihre ›hilflosen‹ Raumpferde so falsch eingeschätzt haben, muß ihr blasiertes Selbstvertrauen erschüttern. Wenn sie ihre Vorstellungen und Vorurteile unter die Lupe nehmen, sollte eine Menge davon im Mülleimer landen.«

Roman war einen Augenblick lang in Versuchung, auf Ferrols umfassende Erfahrung mit der Neubewertung von Vorurteilen hinzuweisen. Statt dessen sagte er: »Es war jedenfalls einen Versuch wert.«

»Richtig.« Ferrol zögerte. »Sie haben erwähnt, daß wir in wenigen Stunden nach Solomon aufbrechen werden?«

»Die *Amity* wird aufbrechen; ich nehme an, daß Sie nicht an Bord sein werden.«

»Woher wissen Sie das schon wieder?«

»Sie haben sehr viel Zeit am Laser verbracht und mit der *Scapa Flow* gesprochen«, rief ihm Roman ins Gedächtnis, »die sich damals bei den Tampy-Schiffen herumtrieb. Als dann Kuriere kamen und gingen, war mir klar, daß Sie ein Geschäft aushandelten.«

»Präziser gesagt, wurde mir ein Geschäft aufgedrängt. Der Senat hat offenbar in einer Anwandlung von gutem Willen und Freundschaft mich und die *Scapa Flow* den Tampies angeboten, damit wir ihnen helfen, ihre Herde zusammenzutreiben.«

Roman stieß einen leisen Pfiff aus. »Das ist einmal ein solider Posten.«

»Das kann man wohl sagen. Sogar die Tampies waren verblüfft, weil sich so viele Raumpferde im System herumtrieben — wahrscheinlich hatten sie den Überblick darüber verloren, wie viele sie gezähmt hatten. Doch während der ersten Stunden nach der Schlacht gingen ihnen beinahe hundert Tiere durch die Lappen, und die Raumpferde, die bis jetzt noch nicht eingefangen und in den Corral zurückgebracht wurden, beginnen ebenfalls, sich davonzustehlen.«

»Und die *Scapa Flow* hat natürlich aufgezeichnet, von wo jedes von ihnen gesprungen kam?« meinte Roman sanft. »Für alle Fälle ...«

»Für alle Fälle«, pflichtete ihm Ferrol bei. »Im Augenblick sieht der Plan so aus, daß wir ein Tampy-Schiff dorthin führen, von wo eines der Raumpferde gesprungen ist, ihr Raumpferd am Staubschweiß schnuppern lassen, so daß es das Zielsystem selbst herausbekommt, mit ihnen huckepack dorthin fliegen und das Tier einfangen. Wir bringen es zurück, liefern es im Corral ab und machen uns auf den Weg zum nächsten.« Er schüttelte den Kopf. »Wir werden eine Woche oder mehr pro Raumpferd brauchen – wie Sie selbst gesagt haben: ein solider Posten.«

»Und das alles spielt sich angenehmerweise in großen Entfernungen von der Kordonale ab«, ergänzte Roman. »Zumindest für gewisse Kreise angenehm, denen Sie Unannehmlichkeiten bereiten könnten.«

»Das ist auch mir aufgefallen«, gab Ferrol mürrisch zu.

»Der Senat wird Sie für Ihre Mühe bezahlen, oder?«

Ferrol lächelte. »Ja, sie denken an irgendeinen lumpigen Betrag. Zum Glück war ich in der Lage, auch direkt mit den Tampies zu verhandeln. Für jedes Raumpferd, das ich einfange, stellen sie mir – mir, nicht dem Senat – für drei Wochen ein Raumpferd und zwei Betreuer zur Verfügung. Und zwar zur freien Verfügung, denn Einwände oder Händeringen oder Moralpredigten sind verboten.«

Roman überraschten merkwürdigerweise weder die Bezahlung noch die Bedingungen. »Sie wollen selbst eine Handelsfirma aufmachen?«

»Kaum. Ich habe an die Erforschung von Planeten in mittlerer Entfernung gedacht – ein- bis zweihundert Lichtjahre –, so ähnlich wie die Begutachtung bei der ersten

Mission der *Amity*. Vielleicht halte ich auch Ausschau nach kolonisierbaren Planeten für Leute, denen es nichts ausmacht, ein bißchen isoliert zu sein.« Er verzog spöttisch den Mund. »Wer weiß? Vielleicht lasse ich mich sogar irgendwo dort draußen nieder. Ich könnte mir vorstellen, daß mir der Senat liebend gern eine Subvention aus öffentlichen Mitteln gewährt, um mich im hintersten Winkel des Universums anzusiedeln.« Er sah Roman fragend an. »Was ist mit Ihnen? Kehren Sie in den normalen Dienst der Raumflotte zurück?«

»Es sei denn, der Senat heuert mich für das diplomatische Korps an. Nein, sobald die *Amity* außer Dienst gestellt ist, wird man mich wahrscheinlich wieder Dienst an der Grenze machen lassen.«

»Kein empfehlenswerter Posten, falls es zu einem Krieg kommt. Vor allem für jemanden wie Sie, den es wahnsinnig machen würde, wenn er Tampy-Schiffe abschießen muß.«

»Es wird zu keinem Krieg kommen. Vorläufig nicht.«

»Sie müssen schon entschuldigen, aber ich glaube nicht recht an die bevorstehende Neueinschätzung der Menschheit durch die Tampies.«

»Sie haben das Wesentliche nicht erfaßt, Commander. Ich rechne mit keiner philosophischen Neubewertung, sondern mit sehr praktischem, fortschrittlichem Eigennutz.«

»Die Tampies halten nichts von praktischem, fortschrittlichem Eigennutz.«

»Aber natürlich tun sie es. Darauf läuft ja das Überleben der Art hinaus: Man tut, was den Interessen der Rasse am besten dient. Für die Tampies bestand das immer darin, ihren Einfluß auf die Umwelt zu minimieren und gleichzeitig ihren Nutzen aus dieser Umgebung zu maximieren. Das war der eigentliche springende Punkt unseres Konflikts; für sie stellten unsere Aktivitäten das genaue Gegenteil ihrer Grundsätze dar: Wir praktizieren eine Einmischung, die nicht immer ausgesprochen förderlich ist. Jetzt werden wir und unsere Technologie ihnen praktischen Nutzen bringen, und deshalb werden sie beinahe sicher die Kritik an unseren Methoden abschwächen. Sie werden natürlich nicht gänzlich damit aufhören, herumzugreinen, aber vielleicht werden sie ihre Beschwerden etwas diplomatischer vorbringen.«

Ferrol schüttelte den Kopf. »Sie sehen es nicht realistisch. Die Tampies haben ihre ethische Pose noch nie deshalb abgeschwächt, weil sie sie etwas kostete.«

Roman lächelte. »Natürlich haben sie es getan. Warum, glauben Sie, sind die gemeinsamen Weltprobleme noch nicht explodiert?«

»Da komme ich nicht mit.«

»Denken Sie doch daran, wie die Situation aussah, als die *Amity* zum ersten Mal auslief. Eine Kette von Bomben, die jeden Augenblick in die Luft gehen konnten. Als wir damals den Befehl erhielten, Lowrys Gruppe aus dem Prä-Novasystem zu holen, haben wir beide angenommen, daß man uns vom Ausbruch des Kriegs verständigt. Seither ist ein Jahr vergangen, und die Explosion hat noch immer nicht stattgefunden. Und warum nicht?«

Ferrol sah ihn mißtrauisch an. »Sie wollen mir doch nicht etwa einreden, daß das Raumpferd-Zuchtprogramm der *Amity* den Krieg verhindert hat?«

»Und ob es ihn verhindert hat. Denn wenn sie uns gegenüber zu laut und lästig sind, riskieren sie, daß es sie etwas sehr Wertvolles kostet: Raumpferd-Kälber – Tiere, die sie nicht jahrelang suchen und einfangen müssen. Und das gilt noch mehr für das Hai-Abwehrmittel. Sobald wir den Code der Staubschweiß-Moleküle geknackt haben, werden das Hai-Abwehrmittel, der Hai-Tranquilizer, das Geier-Abwehrmittel, der Stimulator für das Kalben von Raumpferden und eine Menge anderer Dinge auftauchen. Und uns werden engere Beziehungen zu den Tampies größeren Zugriff auf Raumpferde sowie alle damit verbundenen Vorteile bringen.«

Er blickte zum Bullauge hinaus. Draußen – im schwachen roten Licht gerade noch sichtbar – glitt eines der Rettungsboote der *Amity* vorsichtig über die Oberfläche eines toten Hais und sammelte den kostbaren Staubschweiß ein.

»Das Funktionieren des Universums beruht auf der Wirtschaft, Chayne. Nicht auf der Ethik, der Rhetorik, der öffentlichen Meinung — nur auf knallharten, wirtschaftlichen Überlegungen. Wenn beide Seiten eindeutig davon profitieren, daß sie einen Konflikt beenden, dann werden die Politiker Gründe finden, um den Konflikt zu entschärfen. Wenn eine der beiden Seiten annimmt, daß ihr ein Krieg größeren Profit bringt, dann kommt es zum Krieg. So war es in der Geschichte der Menschheit immer, und ich sehe keinen Grund, warum es sich ändern sollte.«

Ferrol atmete laut aus. »Sie sehen das Universum wesentlich zynischer, als mir je klar war, Captain.«

»Vielleicht. Aber ich war immer der Ansicht, daß man gegen die Folgen unangenehmer Tatsachen nicht dadurch immun wird, daß man sie nicht zur Kenntnis nimmt, sondern daß man damit die Gelegenheit vergibt, konstruktiven Gebrauch von ihnen zu machen. Natürlich würde ich es vorziehen, daß unser Friede mit den Tampies auf etwas Edlerem als auf Geld beruht ... aber diese Lösung ist mir lieber, als gar keinen Frieden zu haben. Alles übrige wird allmählich folgen — die öffentliche Meinung, die politische Einigkeit, alles. Es folgt immer ... wenn die Wirtschaft genügend Zeit dafür schaffen kann. Beeilen Sie sich also nicht allzusehr damit, sich auf einem kolonisierten Planeten zu begraben, sobald Sie mit den Raumpferden genügend Geld gemacht haben. In den nächsten Jahren werden wir Menschen wie Sie brauchen — Menschen, die bereit sind, sich gegen die Unbeweglichkeit der öffentlichen Meinung aufzulehnen und zu tun, woran sie glauben.«

Ferrol lächelte schief. »Auch wenn diese Menschen einmal an Krieg, Kriegspferde und Völkermord geglaubt haben?«

Roman zuckte die Achseln. »Wissen Sie noch, was Lieutenant Kennedy gesagt hat? Es ist wirklich das Ende einer Ära.«